ДР АРЧИБАЛД РАЈС

РАТНИ ИЗВЕШТАЈИ ИЗ СРБИЈЕ И СА СОЛУНСКОГ ФРОНТА

Необјављени текстови на српском језику

Београд,
2014.

Арчибалд Рајс у мојој души поред Светог Саве

Књига Арчибалда Рајса „Ратни извештаји из Србије и са Солунског фронта" долази у право време: у време када све људске вредности пропадају и губе се, као да човек никада није вредео. Ове године се обележава сто година од почетка Првог светског рата, од збивања каква нису забележена у целом свету.

Наши преци, малобројни и растурени по свету, неопорављени од турског ропства (Први балкански рат, потом Други, рат са Бугарима), сиромашни, дочекују најјачу силу у Европи. Освежени слободом после турског ропства, ништа им није вредно, па ни њихови животи. Зато су поново стали на браник своје Отаџбине и слободе.

Да буду јачи јунаци, да им да снагу, са њима је, раме уз раме, стао њихов краљ Пера, како су га они називали, са своја оба сина. Њихова љубав према Отаџбини превазишла је сва друга осећања. И због тога су задивили цео свет.

А онда им је дошао човек из редова њихових непријатеља: Арчибалд Рајс (рођен у Немачкој – прим.редакције), да би пратио сва збивања у Србији. Срећом, човек је био хришћанин, душа Исуса Христа је у њему пламтела. Племенитост, љубав и храброст наших дедова очарале су га толико да постаје саставни део Срба. Поклања им све што је имао, па и своју душу и тело. То пријатељство би умни људи могли да проуче и целом човечанству понуде као пример - да само љубав и племенитост пристају човечанству. Само тако долази благостање, а престају злоба и ратови.

Питам се ко је заслужнији за ово пријатељство – да ли наши преци или Арчибалд Рајс? Оставићу другима да донесу суд, а ја ћу се поносити нашим дедовима. Арчибалда Рајса носићу у мојој души поред Светог Саве. Хвала им на свему што су нам оставили.

Нићифор Аничић
Председник Друштва српских домаћина

Предговор

Ове године навршава се сто година од почетка Првог светског рата, највећег страдања и дотад незапамћене трагедије у историји људског рода. Сећање на ову светску катаклизму изазива осећање најдубљег пијетета према жртвама – поготово за настрадали недужни српски народ и Србију, која је пропорционално изгубила највише живота и материјалних добара.

Српској храброј али и страдалничкој војсци прикључили су се многи добровољци – Срби из прекоокеанских земаља, али и они из Аустроугарске монархије који су осећали Србију као своју матицу. Било је и добровољаца, страних држављана. Најпознатији страни добровољац српске војске био је др Арчибалд Рајс, швајцарски професор и научник, криминолог и хуманиста.

Др Арчибалд Рајс провео је четири године у редовима српске војске у току Првог светског рата (1914-1918), и једанаест у Београду као његов становник, све до смрти, 8. августа 1929. Тај период његовог живота представља необичан пример одрицања једног високопозиционираног интелектуалца, научника и професора, Европљанина демократских манира, од мирног и лагодног живота у једној земљи која је била држава владавине права, и одлазак у ратни вихор, понесен зовом истражитељског духа, и потом настањење у неизграђеном грађанском друштву с корумпираном политичком елитом и разбукталим националним страстима, каква је била Србија у саставу Краљевине Срба, Хрвата и Словенаца. По рођењу био је Немац јеврејског порекла, потом натурализовани држављанин Швајцарске, и на крају Србин, по властитом опредељењу.

Један не тако дуг живот: детињство и рану младост провео је у многочланој породици и био донекле запостављен у односу на другу своју браћу и сестре, младићство препуно радозналости и безбрижности проводи у Швајцарској, а као зрео човек, понесен жудњом за знањем био је марљив и предан научни радник; у ратном времену објективни, педантни и храбри истражитељ злочина, и особа која ни у најтежим условима није заборављала хуманост, а у миру – пожелевши да га проведе у земљи српских „сељака и ратника" – заправо остаје без њега, мира, и трагично скончава на прагу властитог дома, у свађи с једним корумпираним представником српског политичког миљеа. Срце није издржало духовни јад који се помаљао из моралне вертикале политичке и друштвене елите српског друштва. Остао је без ваздуха и без живота, на тугу и жалост својих ратних другова, којима је остао веран до свога краја.

Др Рајс је широј српској јавности постао познат тек по објављивању његовог заветног текста „Чујте, Срби – чувајте се себе", књиге која је први пут штампана 1997. године. До данас, штампано је четрдесет пет издања овог радо читаног штива. Пре 1997. др Зденко Левентал превео је делове овог Рајсовог рукописа у својој књизи „Швајцарац на Кајмакчалану". Што се тиче осталих популарних Рајсових текстова, односно књига, нарочито оних са ратном тематиком, на српском језику објављене су три целовите књиге: „Аустро-бугаро-немачке повреде ратних закона и правила – Дописи једног практичара криминалисте са српског маћедонског фронта" (1918), „Писма са српско-македонског фронта" (1924) и

„Шта сам видео и проживео у великим данима" („Мемоари", 1928). Према библиографији која се објављује у овој књизи, Рајсова мемоарска књига објављена још два пута – 1991. и 1997. године. И то би било све.

Данашњим генерацијама у Србији мало је познато то да је др Рајс, у току рата, готово свакодневно водио забелешке, које је обликовао у чланке и слао редакцијама неких листова у Лозани, Паризу и Амстердаму. Његови дописи који су објављивани у листовима *Gazette de Lausanne, Le petit Parisien* и *De Telegraaf* изазивали су велику пажњу и коментаре читалаца. Многи чланци из ових листова прештампани су у споменутим двема књигама Рајсових текстова, а више од пола њих није никад дошло до читалачке публике у Србији.

Имајући у виду чињеницу да већина чланака из „Лозанске газете" није преведена на српски језик, а држећи да је 2014. година право време да се то уради, приређивачи ове књиге прегледали су споменуте швајцарске новине и све Рајсове текстове превели и приредили за штампање. Такође, они указују и на то да би требало прегледати и остале његове текстове из споменута друга два листа, па их упоредити и утврдити коначно колико има чланака који нису никад стигли до српске читалачке публике.

Приређивачи сматрају да је следећа округла годишњица везана за Први светски рат 2018. година, и да би, до тада, требало све послове у вези са целокупном Рајсовом писаном оставштином завршити, па потом објавити једно целовито издање у неколико књига. То је најмање што можемо учинити када је реч о овом великом човеку. Већина Рајсовових текстова које је писао од почетка Великог рата па до своје смрти преведена је на енглески језик, а књига која је штампана на Крфу 1918. („Аустро-бугаро-немачке повреде ратних закона и правила") и на француски, за потребе Париске мировне конференције, 1926. Можда је овај податак и најбитнији кад се будемо опредељивали за комплетно издање споменутих Рајсових текстова. Овакав један посао не би требало да буде препуштен појединцима, родољубима и ентузијастима, као што је приликом ове књиге испало, већ би требало да то буде државна брига – брига њених историјских института.

Ова књига садржи сто осам Рајсових чланака, два саопштења које је приредио главни уредник „Лозанске газете" Едуар Секретан, и један текст ратног дописника лозанских новина, Емила С. Нажалост, нисмо могли да реконструишемо презиме овог новинара, и поред велике жеље и труда који је у то уложен. Овај текст нам се учинио веома занимљив зато што је у њему реч о путовању споменутог ратног дописника из Србије, преко Албаније, до Драча, у зиму 1915/1916. године, јер др Рајс, иако је и сам прешао споменути пут са српском војском, није стигао о томе да напише књигу, а тако страшну голготу коју су њени учесници доживели није могао да опише у једном, два или у више чланака.

Од укупно сто осам Рајсових текстова које су приређивачи пронашли у „Лозанској газети", од 1914. до 1918, двадесет један је преведен и објављен у књизи „Писма са српско-македонског фронта" (1924), а четири у публикацији „Аустро-бугаро-немачке повреде ратних закона и правила" (1918). Сем ових појединости, неке делове појединих чланака из „Газете" Рајс је убацивао у мемоарску књигу „Шта сам видео и проживео у великим данима" (1928), тако да њих нисмо узимали у обзир при рачунању. Оно што је најбитније за ово издање Рајсових текстова јесте то да се пред читалачком публиком појављују осамдесет три текста која досад у целини нису штампана ни у једној његовој књизи, нити у неким српским новинама.

Током зиме и раног пролећа 1914/1915, Рајс је био у Швајцарској око четири месеца. То време је искористио да састави извештај о ратним злочинима, а такође и за то да мало

ПРЕДГОВОР

шире упозна писање новина и брошура и да сазна више о бурним догађајима. Био је запрепашћен искривљеном истином о борбама на српском тлу које су шириле новине Централних сила, нарочито Аустрије и Немачке, те је морао на многе клевете које су се тицале лично њега и његовог положаја у српској војсци да одговори, па је и такве текстове објављивала „Газета". У више чланака Рајс је разматрао проблематику односа између Србије и других учесника у рату, Срба и Албанаца, или Аустроугарске и југословенске земље, те је изнео размишљања о Бањалучком процесу или учесницима Сарајевског атентата, као и о цензури његових текстова и шпијунажи у Швајцарској.

Свој боравак у Швајцарској Рајс је искористио и за писање једног апела швајцарској савезној влади за помоћ српским избеглицама и деци, због којег је доживео жучне нападе од германофилски настројених швајцарских грађана. Све ово су врло значајни текстови за потпуније разумевање тешкоћа с којима се борио др Рајс зато што је стао на српску страну. Стао је на страну истине и правде, и зато је ова књига важна и као подсећање на пријатеља који нас је бранио.

На крају, скрећемо пажњу на то да је уз сваки чланак, с његове леве стране, уписан датум његовог објављивања у „Лозанској газети", а испод самог наслова стоји датум кад је текст писан.

У књизи је штампан и краћи животопис Рајсов, од рођења, 1875, па до његове смрти, 1929.

Фотографије су с посебном пажњом и задовољством биране, имајући у виду да је др Рајс био врстан фотограф, један од најбољих у своје време, те смо водили рачуна о томе да оне не буду узнемирујуће, али и да могу на најбољи могућни начин визуелно да осликају мањи део онога што је у овој књизи штампано. Нисмо желели да мноштвом фотографија оптеретимо текстове, већ да их пажљивим избором употпунимо.

Библиографија др Арчибалда Рајса дата је у целости, тако да се читаоци могу, по први пут, упознати с тим колико је и шта је све овај пријатељ Срба написао, и колико је и ко све о њему писао. Из библиографије се види да је др Рајс и данас актуелан, да се о њему пише, да прештампавају његова научна дела, али и то да је, изузимајући књигу „Чујте, Срби – чувајте се себе", мало објављено његових текстова о нама, Србима, вођењу рата на територији Србије, злочинима које је учинила непријатељска војска, и низ других појединости које ни у једној званичној историји не можемо наћи. Ако све ово имамо на уму, онда нам и није за похвалу то што је стање такво какво је, те да бисмо га морали поправити и окренути у своју корист објављивањем споменутих записа јединог **Странца који нам је поклонио своје срце.**

На самом крају књиге налази се и регистар имена и географских појмова, којим су обухваћени сви појмови који се пишу великим почетним словом, и дата појашњења за многе његове одреднице.

Београд, августа 2014.   Приређивачи
                                                  Мр Живко В. Марковић
                                                  Милан Старчевић

GAZETTE DE LAUSANNE ET JOURNAL SUISSE

1914. година

15. октобар 1914.

СТАЊЕ ДУХА У СРБИЈИ
У Ваљеву, у Врховном штабу српске војске

29. септембра 1914.

Не тако давно наше швајцарске новине објавиле су депешу из Беча у којој се каже да се српска војска побунила, да је било устанака, итд. Ништа од овога није истина. Ова депеша се може објаснити само жељом да се по сваку цену износе лажи о снази морала свог противника.

Већ дуго година немачке и аустријске новине покушавале су да умање углед српског народа у очима света. Неке илустроване сатиричне новине, као што је, између осталих, „Simplicissimus", нису пропуштале прилику да објаве гадости на рачун овог малог народа који је само тражио да живи у слободи. Пошло им је за руком да обману не само своје немачке читаоце, већ су у извесној мери утицали и на мишљење швајцарског јавног мњења.

Они који су читали само овакве новине морали би да виде какав је српски народ у овом тренутку, јер прави карактер једног народа нарочито долази до изражаја у тренуцима великих искушења.

Видели би земљу која са изванредном храброшћу подноси жртве које су јој наметнула три узастопна рата, народ који се помирио са својом судбином, али који и даље верује у њу. Нема сумње да је српски народ много пропатио, јер се не могу водити три рата за две године, а да то не исцрпи чак и материјално богатију земљу него што је Србија. У овом тренутку на оружје је позвана класа овогодишњих регрута. Упркос томе, Србија није на измаку снага и ја имам снажан утисак да ће она изаћи као победник из овог последњег рата, најгорег од сва три, које су противници водили са највећом жестином. У ствари, у свим ратним операцијама српска војска, која се тренутно налази на неколико километара од Сарајева, имала је преимућство, свиђало се то агенцији „Wolff" или не.

Малопре сам рекао да су Срби доста пропатили, али овим не желим да кажем да их је храброст напустила. Напротив, они се са особитим и тихим ентузијазмом спремају за последњи напор, после кога се надају победи. Чињеница да су скоро сви за рат способни мушкарци под оружјем ставља Србију у овом тренутку на тешку пробу. Пољске радове обављају жене и деца. Многи мушкарци су далеко од својих кућа већ две године! Индустрија и трговина посустају. Развијени градови, као што су Београд или Шабац, делимично су или потпуно разорени.

Додајте овоме да је последњи рат био посебно крвав, да су школе, болнице и касарне препуне рањеника, да је број убијених или рањених официра врло велики, да је санитетски материјал потрошен и да, на крају, због мобилизације у другим земљама, он не може да се обнови. У болницама сам виђао српске лекаре (релативно малобројне) који су на задивљујући начин посвећени свом послу и који дано noћно раде да од смрти отргну све жртве које су страдале у борбама. Један мали број страних лекара, међу којима и неколико Швајцараца, дошао је да им помогне у овом послу, кога изгледа има толико да превазилази њихове могућности. Али лекара је и даље мало, чак сувише мало.

Србија сигурно заслужује наше симпатије, јер она и наша земља имају више додирних тачака. Осим тога што се обе сврставају у мале земље, дух ова два народа има много сличности. Путовао сам у многе земље, али ни у једној, осим у нашој, нисам видео да влада овако велика равноправност међу грађанима. Поштује се сваки грађанин и не примећује се разлика међу класама, што је у другим земљама чест случај. У врло дисциплинованој војсци влада братство, као и у нашој. Коначно, треба ли икога подсећати да Србија ратује за своју слободу, коју су јој тако дуго оспоравали, исто као што су наши швајцарски преци ратовали за нашу?

16. октобар 1914.

ПИСМО ИЗ СРБИЈЕ
Међу аустријским затвореницима

Ниш, 27. септембра 1914.

Ево ме у Нишу, после шест дана путовања. Изгледа да смо доктор Хуг из лозанске болнице и ја поставили рекорд у брзини путовања од Лозане до Ниша у ратним условима. Данас вам нећу писати ни о чему што смо видели на путу: ни о возовима пуним војника у Италији, ни о француској ескадри у грчком мору, ни о немачким и аустријским бродовима које су Енглези запленили и привремено склонили у грчке луке, итд. Нећу вам говорити ни о задивљујућем јунаштву и трезвености српског народа. То ће бити тема неког наредног писма. Данас ћу вам мало причати о ономе што сам чуо и видео код аустријских ратних заробљеника.

У Нишу има око 1 600 аустријских војника и 80 официра, док је један велики број ратних заробљеника пребачен на неко друго место.

Захваљујући изузетној љубазности српских власти, омогућено ми је да виђам затворенике кад год ја то хоћу, па чак и да слободно разговарам са њима и да их интервјуишем.

Сви заробљеници, било да су војници или официри, задовољни су начином на који се овде поступа према њима, утолико пре што су им говорили да су Срби дивљаци који својим заробљеницима одсецају уши, носеве, итд. Уместо тога, овде су наишли на људе који их негују као рођену војску. Оброци су обилни: два пута дневно месо и хлеб, који је, како ми је рекао војник из 32. ландверског пука, много бољи од онога који им дају у Аустрији. Додајте томе да многи од ових људи никада на фронту нису јели колико су хтели. Један мали војник, пешадинац из 37. допунског батаљона, рекао ми је да су јели само два пута седмично!

Они који имају неки занат раде од 6 до 11 и од 2 до 6 сати. Дозвољено им је да се слободно крећу унутар једне прилично велике просторије у којој су смештени. Народ се не буни због њиховог присуства, напротив: заробљени војници су ми причали да су их локални становници током спровођења до затвора снабдевали храном и пићем. Официри такође тврде да се за њих чини све што је могуће. Један аустријски официр рекао ми је да је понашање српских официра према њима апсолутно за пример.

А ипак, и српско становништво и српска војска имали би разлога да са својим заробљеницима поступају са мање благонаклоности, јер су ликвидације у Шапцу и њихов опис у швајцарским новинама били такви да смо имали утисак да су измишљени. Из уста аустријских заробљеника сазнао сам језиве детаље, али вам их данас нећу пренети. Више волим, као човек који је навикао да за злодела тражи материјалне доказе, да одем на лице места и да лично спроведем истрагу. За сада ћу се задовољити тиме да вам кажем да су изгледа неки виши официри, чија имена знам, наредили својим војницима да ништа и никога не поштеде, и то у њиховој сопственој земљи, у Босни.

С друге стране, морам одмах да кажем да су неки други официри строго забранили својим војницима да уништавају било шта што припада грађанима. Нажалост, њима подређени официри не придржавају се увек ове врло строге заповести. За сада, мање сумњам у ове људе који часно обављају своју дужност, него у оне друге, а могу посебно да наведем генерала Тролмана (из 18. дивизије), који је тражио да се по сваку цену избегава сваки нељудски поступак. Овде желим да вам наведем и речи капетана Волфцетела из 94. пешадијског пука, који је у свакој могућој прилици понављао својим војницима да је рањеник светиња, и да је дужност свакога да му пружи помоћ, кад год је то могуће и без обзира на националност. Овај племенити човек лично је превијао своје рањенике. Пао је погођен метком у срце. Судбина је често врло неправедна!

За крај овог првог писма, додаћу још да већину аустријских заробљеника чине Босанци, Хрвати, Чеси и Румуни. Заробљеници српске националности носе мале српске заставе и слободно се крећу кроз град. Они су поново у својој домовини!

19. октобар 1914.

ПИСМО ИЗ СРБИЈЕ
Аустријска експлозивна зрна

Ваљево, 30. септембра /1914./

У Швајцарској смо читали о протестима Француске и Немачке против думдум метака. Швајцарска јавност није могла да верује да су држављани једне цивилизоване земље могли да користе овакве метке. Додуше, Француска је дала једно врло прихватљиво објашњење у вези са мецима које су Немци сматрали думдум мецима. Изгледа да се ради о школској муницији. Ја лично нисам видео сумњиве немачке метке, као ни француске, тако да не могу да учествујем у дискусији о аутентичности наводних думдум метака.

Међутим, са сигурношћу могу да вам потврдим да Аустријанци користе једну врсту која је много страшнија од думдум метака: то су експлозивни меци. Знам да је ова моја тврдња врло озбиљна, али ако сам сигуран у оно што тврдим, то значи да лично имам те метке и да сам видео повреде које они наносе.

Аустријанци су овим мецима дали еуфемистичко име „Einschusspatronen" („меци за нишањење") и дали објашњење да они треба да служе да исправе хитац, јер приликом експлозије производе дим који омогућава стрелцу да провери да ли је циљана мета погођена. Нажалост, они ове метке употребљавају против непријатељских снага, а повреде које меци наносе су застрашујуће. Ако се њима погоде руке или ноге, ампутација је неизбежна, а уколико метак погоди главу или труп, наступа смрт. Распитајте се код наших швајцарских лекара који раде у овдашњим болницама шта они мисле о повредама нанетим овим експлозивним зрнима. Нећу описивати како ране изгледају, само ћу рећи да су застрашујуће.

Овде смо отворили те метке, и лично поседујем један. Споља, он изгледа као обичан метак, али када се зрно отвори, види се да је спољашњост израђена од пуног олова. Затим долази један цилиндар испуњен компримованим црним прахом, помешаним са мало алуминијума. Затворено дно овог цилиндра садржи једну малу капислу са живиним фулминатом, а са задње стране, у клизачу, има шиљасти ударач. Ако испаљено зрно наиђе на неку препреку (нпр. кост), ударач удари у капислу и она побуди прах да експлодира. Дакле, ради се о експлозивном зрну са одличним карактеристикама, које се до сада користило само за лов на дебелокошце.

Хтео сам да сазнам како су ови меци достављени аустријским војницима, па сам обавио једну велику анкету међу ратним заробљеницима, која је показала да војници пре рата нису знали за „Einschusspatronen", и да су се они релативно скоро појавили. Паковања од по 10 комада добили су само подофицири и добри стрелци, којих је било до 60 у једној чети, и који су понекад имали и по 20 ових метака. Осим тога, овде у главном штабу имамо један митраљески реденик пун ових метака. Изгледа да нису сви пукови имали ову муницију, али је сигурно да су је имали 78, 96. и 28. пешадијски пук.

Додао бих да се на основици чауре „Ајншуспатрона" налази аустријски орао и да су ови меци произведени у државној фабрици у Велесдорфу, близу Беча.

Жртве ових експлозивних метака су релативно бројне. Само један војни лекар у болници у Ваљеву лечио је 117 случајева рањавања експлозивним зрнима, за само девет дана.

Имајући у виду ове чињенице, питамо се чему је служио напредак цивилизације, ако је могуће да се у XX веку користи оваква ратна муниција.

26. октобар 1914.

ПИСМО ИЗ СРБИЈЕ
Посета Београду под опсадом

Ваљево, 5. октобра 1914.

У петак, 2. октобра, пошли смо аутом за Београд. У нашој малој групи били су господин Прајс, дописник „Тајмса", г. Мариновић из „Њујорк хералда", веома љубазни и услужни капетан артиљерије, г. Милан Ђорђевић, и ваш дописник.

Време је било идеално за шетњу кроз плодну српску земљу, али немам намеру да вам је описујем из аутомобила. Не бих вам говорио ни о српским одбрамбеним положајима око Београда. Пошто стратегија никада није била моја јача страна, постојала би опасност да говорим глупости, или чак да се сукобим са цензуром ових новина, које иначе имају много разумевања за нас. Биће довољно да вам кажем да нас је врло срдачно примио командант одбране Београда, генерал Михајло Живковић, који је у Првом балканском рату заузео Санџак и кога су Аустријанци звали „гвоздени генерал". У Београд смо стигли увече, а целу суботу посветили смо детаљном разгледању делова града који су претрпели оштећења у току аустријског бомбардовања.

***

До 3. октобра, Београд је бомбардован 36 дана и исто толико ноћи. Упркос томе, бројни становници нису хтели да напусте град. Они су већ навикли на ту тешку и опасну ситуацију и, гледајући их како се марљиво баве својим послом, ако га уопште имају, човек никада не би рекао да се налази у граду који је под опсадом. Наравно, деца су открила занимљиву страну ове ситуације, и са одушевљењем скупљају комаде распрснутих аустријских граната и шрапнела. После рата ће моћи да продају комаде гвожђа који су остали после бомбардовања. Укратко, становници Београда доказују колико су храбри.

А треба имати храбрости па остати у овом граду, јер су последице разарања огромне: оштећено је 700 кућа, од којих 60 државних. Гранате или пожари потпуно су уништили неке од ових зграда. Непријатељ је бацао све врсте пројектила на несрећни град, почев од великих граната од 28, до пољских топова и запаљивих пројектила.

Универзитет је такорећи потпуно уништен, а Државна фабрика дувана комплетно је изгорела. Зграда Државне лутрије, Стари двор, руско и аустријско посланство озбиљно су оштећени. Ипак, највише је страдала градска тврђава: погођене су архива и зграда главног штаба, а мали Војни музеј више не постоји.

Зашто су Аустријанци тако жестоко бомбардовали Београд?

Град је потпуно отворен, а чини ми се да сам временом научио да ратни обичаји забрањују бомбардовање отворених градова, осим у сасвим специјалним околностима. У Београду постоји тврђава, али она је потпуно одвојена од града. Штавише, то је толико старо утврђење (датира још из турског времена) да га пре треба сматрати историјском знаменитошћу него модерним одбрамбеним објектом. Али, претпоставимо да је постојање тврђаве представљало опасност за Аустрију. Зар није онда требало ограничити бомбардовање само на њу? Аустријанци су урадили нешто друго: осим тврђаве, бомбардовали су и цео небрањени град.

Испитајмо сада шта су хтели да постигну бомбардовањем градске тврђаве. Да ли су хтели да науде држави тако што ће уништити њене зграде? Разорили су куће које су власништво државе или Круне: зграду лутрије, краљевску палату, железничку станицу, зграду царине, итд. Међу овим зградама налазе се и оне које су према обичајима рата и међународним конвенцијама биле, такорећи, свете: Универзитет, Народни музеј, итд. И, оно што је још чудније, судећи по томе у каквом се стању налазе ове зграде за науку и уметност, њих су гађали са много више рушилачког беса него друге. Ретко сам у свом животу виђао овако жалосне призоре, као што су уништена слушаоница или кабинет за физику. Ипак, гранатираних државних зграда има само 60, док је приватних кућа 640, и, ово треба запамтити, већина приватних кућа није у близини државних. Из овога се може закључити да су хтели да униште град што је више могуће.

Нису биле поштеђене ни болнице, па је тако Општа државна болница гранатирана у четири наврата. Оштећени су зграда администрације и хируршко одељење. Са нешто мање жестине пројектилима је гађано и одељење за умоболне. Како сам већ рекао, Аустријанци су на Београд испалили врло различите пројектиле. Универзитет су гађали шрапнелима и са клупе у слушаоници за физику узео сам парче дрвета које је било избушено шрапнелима, као и велики број зрна из истог оруђа. И на другим местима приметио сам трагове од шрапнела, као на пример на зидовима приватних кућа у Рајићевој улици и у Улици краља Петра. Шрапнели се обично употребљавају да би се десетковао непријатељ: дакле, користе се за гађање непријатељских снага, а не зграда и одбрамбених објеката. Коришћење шрапнела у разарању Београда могло би да значи да су намерно гађали и цивилно становништво. Убили су двадесет пет особа и ранили сто двадесет шест. Од овог броја, од шрапнела су страдала четири лица, док је тридесет седам рањено. Уосталом, ни предстраже са Ратног острва нису нас увериле да воде рачуна како гађају, јер су пуцале на нас за време док је наша група, састављена само од цивила, вршила преглед овог краја града.

Са српским трупама прешао сам чувени мост на Сави и ушао у Мађарску, а да ми аустријски жандарми нису ни тражили пасош.

1. новембар 1914.

ПИСМО ИЗ СРБИЈЕ
Грађанска и војничка храброст

Ваљево, 9. октобра 1914.

Историја нас учи да је у ратним приликама одувек било храбрих и јуначких дела. Врло је могуће да их има и сада, усред војних акција свих армија у рату. Занимљиво је, међутим, проучавати их на лицу места, и пошто имам среће да следим српску војску, данас ћу вам причати о српској храбрости.

Посматрач може да уочи две врсте храбрости: грађанску и војничку храброст, а обе често прерасту у јунаштво. Можда се о грађанској храбрости мање зна, с обзиром на то да њена дела нису тако упадљива. Али, ова храброст заслужује похвалу баш зато што је лишена сјаја и што готово увек захтева крајње пожртвовање у корист некога или нечега другог.

Војничка храброст много више фасцинира. Она доноси поштовање војнику или официру, а често и тренутну славу, чак и ако погине. Дакле, после храброг војничког подухвата следи награда, док се за храброст цивила често ни не зна, или се потцењује. Осим тога, војничку храброст, да тако кажемо, често подстиче и утицај средине. Да би њена војска била успешна и да би сигурно напредовала према коначној победи, јасно је да у држави треба да постоје обе врсте храбрости. Питаћете ме у чему се састоји грађанска храброст српског народа. У потпуном повиновању цивила захтевима које рат намеће. Није само у питању то што ће свака жена, старац или дете узети пушку да пуца на непријатеља. Изузев комита, о којима ћу вам причати у неком другом писму, ниједан цивил није поступио непријатељски према свом противнику. Становници се на задивљујући начин покоравају тешким захтевима овог трећег рата. Сви здрави мушкарци су под оружјем, жене и деца се баве радовима у пољу и у домаћинству, и тако, сасвим добро расположени, обављају дупли посао. Да би се сместили војници или рањеници, заплењен је велики број јавних установа, па чак и приватних кућа. Мирно, као да је то потпуно нормално, власници напуштају своје куће. Дечаци, девојке и мајке породица проводе читаве дане у санитетима или болницама, како би олакшали муке рањеницима.

Скоро сви образовани људи који више не могу активно да служе војску ставили су се на располагање властима и обављају задатке који су корисни за земљу. Рат је, да тако кажем, у тренутку збрисао индустрију и трговину, многа имања су уништена, али нигде не можете чути да народ јадикује због тога. Колико ће рат још трајати? То нико не зна, али српски народ је решен да до краја храбро поднесе све патње. Свуда по улицама, на малим провинцијским кућама, можете видети црне заставе. Неко из породице пао је на бојном пољу, али родитељи не кукају због тога. Упркос њиховој великој тузи, поносни су што је њихово дете дало свој допринос у одбрани вољене земље. Ето, то је српска грађанска храброст!

Не треба да вам објашњавам шта је војничка храброст. У свим армијама можете наћи подвиге који личе једни на друге. Овде ћу навести само три примера из различитих средина у које сам имао прилике лично да се уверим, а који су типични за српски морал.

Дана 19. септембра принц Ђорђе од Србије, у пратњи свог ађутанта Милана Ђићевића, пошао је да обиђе положај

Мачков камен (Слава). После једне битке са Аустријанцима, Срби су заузели једно од узвишења, на коме се сместила и утврдила пешадија. Непријатељ, који се повукао на око километар одатле, изненада је отворио жестоку артиљеријску ватру. Срби су почели да се повлаче јер нису могли да користе артиљерију. Наиме, сви артиљеријски официри били су рањени или убијени. Док се повлачио са осталим војницима, принц Ђорђе се срео са једним резервним батаљоном, чији командант није успевао да покрене своје војнике, и поред изричите наредбе. Тада је принц стао на чело батаљона и после наредбе „Јуриш!" војници су кренули у напад. Аустријанци су се разбежали, али је принц пао са коња, погођен куршумом у пределу слабина. Он је данас у Нишу, на добром путу да се опорави.

Драгољуб Јеличић има 12 година. То је дечак широм отворених очију и румених образа, чији је отац убијен у Куманову. Био је у првом разреду Шабачке гимназије када је избио рат. Од самог почетка рата налази се у комитским редовима и са својом четом учествовао је у седам битака. Пуцао је као прави војник, а када је на Сончи рањен у руку, принц наследник му је доделио чин каплара.

Живка Јевић је из околине Сокобање. Њен син има 24 године и био је на ратишту. Када је сазнала да је рањен, хтела је да оде да га види, али је болница у Аранђеловцу, у којој је био, била сувише далеко од њеног села. Како су возови превозили само војску, женама је била потребна специјална дозвола за путовање. Живка је одлучила да се жртвује тако што је, ником не говорећи, одсекла косу и обукла синовљеву одећу. Тако прерушена, отишла је пешке до Алексинца, а затим возом до Ћуприје. Одатле је препешачила још 150 километара до Аранђеловца, где се видела са својим сином, који је био рањен у ногу. Она сад има 50 година и каже да би волела да јој се син врати кући, „да јој затвори очи кад умре".

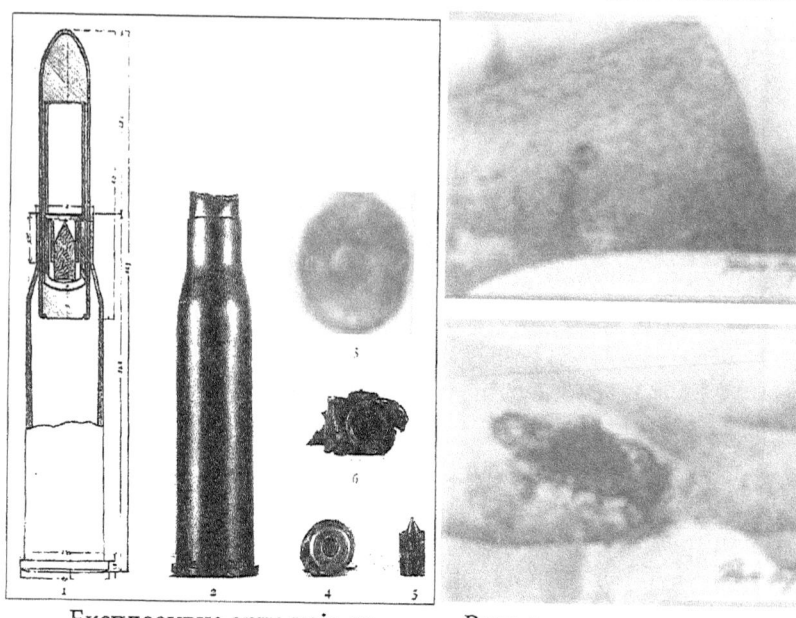

Експлозивна зрна која су користили Аустроугари

Ране од експлозивних зрна

Порушени објекти у Београду

Изглед Националног музеја у Београду након бомбардовања Аустроугара

Пустош у Шапцу после аустроугарске офанзиве, октобра 1914.

Шабац и видне последице ратних дејстава

Јесен, 1914. после повлачења аустроугарских трупа из Мачве,
остали су лешеви деце, жена и стараца

Стрељање везаних Срба у Лешници, августа 1914.

Вешање српских сељанки у Мачви, септембра 1914.

4. новембар 1914.

ПИСМО ИЗ СРБИЈЕ
Упутства аустријским трупама

Ваљево, 14. октобра 1914.

Ми, обични грађани Централне Европе, били смо тако поносни на нашу цивилизацију. Мислили смо да, ако неком несрећом дође до рата, он ће се водити уз примену свих нових изума и уз поштовање свих хуманитарних закона који су донети од 1871. године: хумана зрна која пробијају тканину и не наносе много штете, заштита целокупног уметничког блага и научних достигнућа, строго поштовање приватне својине, и остало.

Али, авај! Треба се освестити! У данашњем рату, или бар у овом који сам лично у прилици да пратим, нема ничег хуманог, и, што је још чудније, од два противника суровији је био онај који је у мирнодопско време себе радо називао поборником културе („Kulturträger").

Аустроугарска је против мале Србије водила прави истребљивачки рат. Доказ за то је све што сам овде видео: наређења за убиства цивила, за паљење села, експлозивна зрна, бомбардовање отворених градова као што су Београд и Шабац, гађање цивилног становништва шрапнелима, итд. Доказе о свему овоме прикупио сам у току спровођења анкете на самом терену, приликом саслушања аустријских ратних заробљеника, као и на основу материјалних доказа и докумената које сам код њих пронашао.

Већ сам вам детаљно описао експлозивна зрна. Данас вам преносим неколико одломака из неке врсте књижице коју су аустријским војницима поделили њихови надређени команданти. Оригинал документа је преда мном.

Дословце преводим (документ је на немачком језику) најзанимљивије одељке. Књижица има седам страна штампаног текста, са насловом: „К. и К. 9 *Korpkommando*. Инструкције у вези са поступањем према становништву у Србији". Инструкције почињу овако:

„Рат нас води у земљу настањену људима који су задојени фанатичном мржњом према нама, у земљу у којој се убиство сматра дозвољеним чак и у вишим друштвеним слојевима, као што нам је то показала трагедија у Сарајеву, и у којој се оно сматра јунаштвом.

Према оваквом становништву потпуно је излишно показати било какву племенитост срца и хуманост: то је чак и штетно, јер би овакви обзири, које је могуће понекад имати током рата, овде довели у опасност наше сопствене трупе.

Стога издајем наређење да се према свима поступа на најстрожи и најгрубљи начин и са максималним опрезом, докле год трају војне операције.

Као прво, не дозвољавам да се заробљавају неуниформисана лица која носе оружје, било да су у групи или појединачно. Они морају бити по сваку цену ликвидирани. (Аустријанци сигурно знају да српски војници трећег позива, као што је наш *landsturm*, носе своју цивилну сељачку одећу (прим. А. Пајс).)

Ко год у оваквим случајевима покаже самилост, биће најстроже кажњен."

Следе инструкције за заузимање градова и села, од којих издвајам ове делове:

„Приликом проласка кроз село: ако је потребно да војска само прође или да брзо делује, треба брзо извршити упад у село, са бајонетима на пушкама, које морају бити спремне за паљбу. У сваком случају, војници треба одмах да узму неколико талаца да би се заштитили (свештенике, учитеље, виђене имућне људе, итд.). Када наставе пут кроз село, војници треба да их воде са собом, ако је могуће у колони, једног по једног, а ако у селу на војску буде испаљен макар један метак, треба их безусловно ликвидирати".

Мало даље:

„Мештане села треба одмах обавестити да треба да предају све оружје и да ће бити извршен претрес. Свака кућа у којој буде пронађено оружје биће уништена. Ако се не пронађе домаћин куће, узеће се први житељи који се појаве и тражиће се од њих да кажу ко је домаћин и где је нестао. Ако је јасно да намерно одбијају да кажу, биће обешени.

Приликом кантоновања војске у селима: окупити мештане села и упозорити их — и најмање непријатељство, чак и само једног човека, одлучиваће о судбини села и талаца. На улици не смеју да се затекну више од три човека у исто време; после мрака ниједан становник села не сме да напусти своју кућу. У свим кућама мора да гори светло до одређеног времена.

Официри и војници строго ће мотрити на сваког житеља села и неће им дозвољавати да држе руке у џеповима, јер у њима сигурно крију оружје. Све у свему, поступаће на најстрожи и најгрубљи начин".

У даљем тексту се још каже:

„У сваком становнику који се затекне ван села, а нарочито у шуми, треба видети само члана банде који је негде сакрио своје оружје: ми немамо времена да га тражимо. Ако постоји и најмања сумња у њихове намере, такве људе треба једноставно ликвидирати".

Могао бих да наведем још оваквих цитата, али мислим да је ово што је речено већ довољно да створите тачну представу о њиховом садржају. Сматрам да ће бити сасвим довољно ако вам додам још и резиме ових инструкција: још једном, дисциплина, достојанство, али и највећа строгост и највећа грубост.

У неком следећем писму објавићу друге документе који, као и овај, описују начин на који Аустријанци воде рат у Србији.

24. новембар 1914.

ПИСМО ИЗ СРБИЈЕ
Аустријанци у Србији

Ваљево, 5. новембра 1914.

У једном од мојих првих дописа рекао сам вам да су Аустријанци починили дела тешке злоупотребе власти у Србији и да ти ексцеси чак превазилазе насиље о коме се могло читати у француским и енглеским новинама. Међутим, нисам желео да вам говорим о томе пре него што се сам не уверим. Данас се враћам из једног дугог обиласка крајева у које је пре око два месеца упала аустроугарска војска. У пратњи окружног начелника Лазића и М. Барловца, бившег конзула Србије у Паризу, спровео сам једну пажљиву анкету. Испитали смо велики број сведока и било ми је омогућено да отворим бројне гробнице. Прегледом места у којима су куће спаљене или покрадене, утврдили смо да су многе изјаве сведока тачне.

Оно што сам видео превазилази све што сам могао да замислим. Не желим да кажем да је цела аустроугарска војска крива, јер би то било неправедно. Желим да вам саопштим шта се дешавало у Шабачком округу, кроз који су једино прошле аустроугарске трупе.

За почетак, мало статистике: у селима и варошицама кроз које сам прошао, Аустријанци су побили 1 148 цивила. Њихова тела су пронађена и идентификована. С друге стране, нестало је 2 280 цивила. Познајући „начин рада" окупатора, може се претпоставити да је најмање половина несталих убијена, чиме би се број убијених попео на 2 400.

Али, ако знамо да је један део Шабачког округа (највећи део Рађевачке области и део Јадранског и Азбуковачког региона) и даље у рукама Аустријанаца, немогуће је утврдити тачан број мртвих. Ако овоме додате још и то да нисам набројао све преостале општине у којима је такође било насиља, заједно ћемо доћи до закључка да је моја цифра од 3 000 до 4 000 убијених цивила потпуно основана.

Узраст жртава варира између два месеца и 92 године старости. Већина их је била стара између 4 и 65 година, а највећи број представљају дечаци од 10 до 18 година. Ни деца најмлађег узраста нису била поштеђена. У гробницама сам пронашао тела деце која нису имала више од 2-3 године. Међу 1 148 масакрираних, број жена је релативно висок. Наиме, утврдили смо идентитет 250 мртвих женских тела.

Како су ти цивили били убијани? Многи су најпре одвођени као таоци и убијани по доласку у наредно село. Јасно вам је да трупа није могла да са собом води толико цивила пре уласка у следеће село, где је узимала нове таоце и где је требало решити се старих. Најједноставније је било пустити их на слободу, али су постојале „инструкције" команданта армије, инструкције о којима сам вам говорио у једном претходном писму. Та упутства гласе: свако цивилно лице које се затекне изван села сматраће се чланом неке ратне банде, чак иако није наоружано. Према томе, да би се одбранили од тих опасних „комита" од 10 или од 75-80 година, као и од „женских комита" од 60 година, једноставно су их стрељали, или би их обесили. Сувишно је додати да је моја анкета показала да су ти несрећници били недужни сељаци и сељанке који чак нису ни имали оружје код себе.

Поред тога што су их узимали као таоце, многе цивиле су убијали у њиховим кућама. Да бих вам приказао методе које су користили, навешћу вам неколико случајева из анкете: када су се Аустријанци приближили, суседи Драгомира Маринковића из Липолиста окупили су се у његовој кући која је била пространија и чвршћа него остале. Сакрили су се колико су могли, али су аустријски војници, пролазећи поред куће, отворили жестоку паљбу кроз прозоре и убили Теодора Маринковића, 60 година, Марка и Ружицу Маринковић, 19 и 20 година, Милутина Стерковића, 18 година, и Загора Кастејковића, 10 година. Петоро преосталих, узраста од 18, 60, 10, 6 и 40 година, били су рањени. Међу тих десет жртава има три жене. Утврдио сам путање метака и констатовао да су сви меци испаљени споља ка унутрашњости куће кроз затворене прозоре. Према томе, могућност да се могло пуцати из унутрашњости куће потпуно је искључена.

Марта Стојковић, удовица, 40 година, из Липолиста, памти посету аустријских војника који су украли све што је могло да се једе. Али они су желели још, а Марта више ништа није имала. Да би се спасила од војника који су почели да јој прете, хтела је да побегне са својом децом код суседа. Међутим, војници су припуцали, убили њеног сина Веселина од 12 година, а њу тешко ранили секиром у кук и лево стопало. Веселиново тело је обешено на вратима дворишта.

У Бастави су скоро сви побегли када су сазнали да се Аустријанци приближавају. Две немоћне старице Солдатовић, од 72 и 78 година, нису желеле да напусте кућу. Мислиле су да чак ни најокрутнији људи неће дирати старе и болесне жене. Када су се по одласку Аустријанаца сељаци вратили у село, затекли су, како су изјавили, ове две несрећнице избодене бајонетима и одсечених ушију, носа и дојки.

Ватра је такође коришћена за мучење жртава „штрафекспедиције" (казнене експедиције). У Прњавору је дошло до сукоба између једног вода српске коњице и аустријских трупа. Када је један српски коњаник тешко рањен, један племенити добростојећи мештанин га је одвео у своју кућу и сместио га у свој кревет. Међутим, Срби се повлаче, и Аустријанци улазе у село. Гостољубиви домаћин бежи, убеђен да ће непријатељ упасти у његову кућу због рањеника. После одласка аустријских војника, затиче потпуно изгорео под испод кревета, а на њему рањениково нагорело тело. Лично сам се уверио да површина изгорелог дашчаног пода испод лежаја износи 2 пута 1 метар, а да су на лежају врло јасно видљиви трагови ватре. Леш је покопан испред куће.

Ово набрајање типичних случајева ће вероватно бити довољно да вас увери какве су страхоте преживели ови људи. Ипак, морам вам навести још један случај масовног погубљења, који није усамљен.

Једна група „талаца", старости од 8 до 82 године, одведена је у Лешницу. Било их је 109. Близу месне железничке станице војници копају јаму 20 метара дугачку, 3 метра широку и 2 метра дубоку. Испред те гробнице постројавају групу од 109 особа, везују их конопцима за лактове и све их заједно обмотавају жицом. Након тога, један пешадијски вод заузима положај на железничком насипу и отвара ватру на сељаке. Цела се група стропоштава у јаму и војници је одмах затрпавају земљом, чак не проверавајући да ли су све жртве мртве. Сигурно је да добар број жртава није био смртно рањен, неки чак нису били ни погођени, али су били затрпани телима осталих.

Током ове операције доведена је још једна група од 40 талаца. Они су морали да присуствују масовном стрељању својих суграђана и да кличу: „Живела Аустроугарска! Живео цар Франц Јозеф". Захтевао сам да се ова гробница отвори.

Методе „кажњавања" биле су и паљење кућа и амбара. Процењујем да број запаљених кућа, газдинстава итд. у крајевима које сам обишао износи најмање 8 000. Бомбардовање отворених градова је такође део програма штрафекспедиције. Тако су Шабац и Лозница потпуно уништени. Поред бомбардовања, вршене су и бројне пљачке.

Био сам у Шапцу и у Лозници за време бомбардовања и видео сам да им нису само свакакве врсте пројектила, међу којима треба истаћи запаљиве фугасе, нанеле велику штету. Ова два града уништила су безбројна тешка разбојништва, јер су у том тренутку били у рукама Аустријанаца. Тамо сам обишао много кућа, и слика је свуда била иста: уништено је све што се није могло понети – намештај је поломљен, душеци поцепани, слике избушене, роба из продавница прљава и разбацана по поду или улици, одећа поцепана, итд. Заиста је тужно видети до те мере опустошене домове. И имајте у виду да готово нико није побегао из Шапца када су се Аустријанци приближили. Аустријанци су однели све ствари које су могли да понесу са собом. Сви вредни предмети, као на пример посуђе од сребра, накит, новац, важна документа, све је нестало. У Шапцу, онда када сам ја тамо био, остале су само три банкарске касе које нису биле обијене, и то само зато што нису успели да их отворе. Обијено је око хиљаду каса. (Шабац је био веома богат трговачки град.) Слика која ми се стално враћа јесте обијена каса, бачена на улицу. У шабачкој банци обијене су три велике касе, али на тако савршен начин да би чак и стручњаци за обијање пукли од зависти. Из једне друге банке однели су све касе које нису могли да отворе.

Шабац и Лозница нису једина места одакле су однесени сви предмети од вредности и где су касе обијане: са тим смо се свуда сретали.

<u>15. децембар 1914.</u>

ПИСМО ИЗ МАКЕДОНИЈЕ
*(Депешом, задржаном због цензуре,
од нашег специјалног дописника)*

Солун, 10. децембра /1914./

Вероватно се питате шта се дешава са вашим повременим дописником. Он је једноставно током пет недеља крстарио српском Македонијом, са циљем да се увери да ли су се заиста десила зверства за које Бугари окривљују Србе и Грке. И поред тога што сам са великом пажњом радио на њиховом откривању, ништа нисам нашао. И сама бугарска влада била је изненађена изјавама сведока без икаквих моралних принципа. Тако је сведок Гаве Стојлов убио Марију Ристовић, Марију Кракутевић, Димитрија, њеног десетогодишњег сина, а Димитрију Кучевићу одсекао је парче левог уха. Један други сведок, Кочо Дурјацов, побегао је на бугарску територију јер је живео са једном женом која се звала Магдалена. Она га је притискала да озаконе њихову везу, али Кочо, који је волео другу, одлучио је да побегне. Убијен је 13/26. октобра у Бугарској, између села Сушиста и Крупник. Детаље су ми испричали сама Магдалена и Кочов рођени брат.

Пошто се сада налазим у грчкој Македонији, посебно за ову прилику испричаћу вам до каквих сам закључака дошао у вези са овим крајем. Уопштено говорећи, уверио сам се да Грци врло вешто управљају својим новим територијама. Свих 250 испитаних сведока изјавили су да су задовољни новим режимом. Они имају слободу, сигурност и ред, на шта раније нису били навикнути. Ја сам ноћу, на коњу, обишао цео крај, у коме су боравиле комите пре грчке окупације.

Веома бројни муслимани захвални су грчким властима зато што су им вратили џамије и дали им пуну верску слободу. Један стари мујезин ми је рекао: „За време Турака, третирали су нас као животиње. Данас знамо шта је правда". Они сада имају своје школе, у којима хоџа слободно држи верску наставу малим Турцима.

За хришћанске сведоке побринуо сам се да нађем људе који говоре македонски, оне које овде зову „бугарофони", а који су били познати по својим везама са комитама или другим бугарским групацијама, у време турске власти. Иако не верујем сасвим у њихове тврдње о лојалности, мислим да могу да им верујем када се жале да им Бугари нису платили за насилно одузету имовину када су окупирали њихове крајеве, а који су данас грчки; исто тако и када тврде да немају ништа да замере грчкој администрацији.

Никако нисам могао да нађем доказе да су Грци злоупотребљавали власт, откако су заузели нове територије. С друге стране, нажалост, морао сам да констатујем да су Бугари то радили у току њихове окупације и одмах након потписивања Букурешког мира. Насиље је толико страшно да је зачуђујуће то што је чувена Карнегијева комисија о свему томе ћутала. Овде сам сазнао да, осим кратког боравка у Солуну, ова комисија није посетила ни српску ни грчку Македонију. Њен председник је боравио у Серу, и могао је лично да се увери у масакре и разарање града које су починили Бугари. Али, заборавио је да то напише у свом извештају, који је пристрасан у корист једне од сукобљених страна.

У току окупације Бугари су потпуно уништили богате градове у пуном развоју, као што је Сер, који данас представља само гомилу рушевина. Доксат, Нигрита и многа друга села деле исту судбину. Нису имали поштовања ни према људским животима. У Демир Хисару сам разговарао са 42 удовице и сирочади, чији су мужеви и очеви били убијени. А има их још много више. Бугари су посебно бездушно кажњавали муслимане, тако да је број убијених Турака огроман. У Ветерни је масакрирано 400 муслимана, од којих је најмлађи имао 12 година, у Ескичи је убијено 70% становништва, у Катопорови је од укупно 500 становника убијено њих 380, у Мачици 80. У Петрову су сви муслимани, којих је било више од 300, убијени бајонетима. Међу њима је било и 60 деце.

Бугарска мржња према муслиманима испољавала се и кроз уништавање минарета и џамија. Рушили су их свуда куда су прошли. Оне које нису срушили претварали су у цркве и у кафане са музиком, а често су насилно покрштавали муслимане и муслиманке. У Стартисти, жена која се звала Руждија постала је Надежда, Ајше је крштена у Катарину, а Абдурахман Фезола из Меленика постао је Ђорђе.

Прва брига грчке војске која је кренула у заузимање нових територија била је да џамије врати муслиманима.

Православни хришћани су такође имали разлога да се жале на верску нетолеранцију Бугара. Тако су, на пример, православни Грци из Стартисте били принуђени да потпишу протокол којим се обавезују да ће убудуће припадати бугарском егзархату из Софије.

Један број жртава и данас је жив. Гиоргоса Чаталчиноса, 34 године, ухватили су бугарски војници 3. јула 1913. године у Демир Хисару, заједно са још 14 особа. Сви су избодени бајонетима, бачени у једну јаму и закопани. Како је био само рањен, Чаталчинос је успео да се извуче из јаме. На његовом телу избројао сам седам ожиљака од бајонета. Колико ли је њих осталих било живо закопано?

Трандафилос Кариофилис, 70 година, из Асбуге, има један дугачак ожиљак од 10 цм на средини груди: неизбрисив траг посекотине од бугарског бајонета. Константино Илије Драгацис, 48 година, на глави има ожиљак од сабље дуг 10 цм, други преко целог потиљка, и један иза ува, све од бајонета. Тада је убијено сто људи који су били са њим. Могао бих да наставим набрајање ових зверстава, која су изостављена у Карнегијевом извештају, али верујем да ће бити довољно и ово што сам навео.

После Букурешког мира, Бугари нису престали да теришу Грке који су живели на њиховој територији. У овом тренутку овде има 37 161 избеглица и протераних из Бугарске. Од овог броја, њих 7 952 дошло је до 15. фебруара 1914, а 27 695 од тада па до данас. Бугари се, међутим, нису задовољили тиме да их једноставно протерају. Запленили су им сву имовину, тако да је већина њих могла да понесе само оно што су имали при себи. Видео сам људе чији је иметак вредео 500 000 франака, и који су доведени до просјачког штапа. Није ми јасно како овакви поступци експропријације приватне имовине могу да буду у складу са међународним правом.

Протеривање је понекад било праћено и физичким сакаћењем људи, што је 11. октобра 1913. године доживео и Крисафис Пападоглу, 63 године, из села Чикертикли, дистрикт Ортакеј. Тога дана дошли су му у посету бугарски војници у пратњи својих верних комита. Уцењивали су га да им да 1 000 франака, и притом су му исекли обе ушне шкољке. Да би спасио свој нос, морао је да им да још 40 турских лира. Лично сам прегледао и скицирао оно што је остало од ушију овог човека.

Овде додајем да се на бугарском тлу тренутно налази и известан број становника са грчке територије, а њихов укупан збир не би требало да прелази 2 000. Ови људи су се повукли са бугарском војском, а многи су дошли после. Један мали број људи напустио је земљу на самом почетку грчке окупације, а то су они за које се зна да су имали врло блиске везе са комитама. Грчке власти су се са поштовањем односиле према њиховој имовини. Укратко, Бугарској би можда било боље да испита шта се код ње ради, и да стави тачку на злодела њених комита, који убијају чобане, краду стоку, нападају српске страже митраљезима и дижу мостове у ваздух пиритом и осталим експлозивима, пре него што оптужи друге за дивљаштво и свирепост, у коју један иследник, жељан да сазна истину, није успео да се увери.

24. децембар 1914.

О СРБИЈИ

Лозана, 21. децембра 1914.

Господине директоре „Лозанске газете",
Тек по повратку из Србије у Солун сазнао сам за чланак који је објављен као одговор на моје писмо, а чији је потписник „Један стари Аустријанац". Пошто имам много посла, нисам могао одмах да одговорим, али сада када сам у Лозани, сматрам да је неопходно да разјасним неке тврдње из овог чланка.

Разумем то што је једног „старог Аустријанца", који воли своју земљу, изненадило и заболело оно што сам изнео у допису. И ја, који сам у неколико наврата боравио у Бечу, где су ме сваки пут врло љубазно дочекали, био сам изненађен и тужан због оног што сам видео. Међутим, сматрам да је дужност сваког честитог човека да укаже на све облике злоупотребе у које се лично уверио. То је управо оно што сам урадио и што ћу наставити да радим, без икакве мржње према аустријском народу, али и без страха од оних који на све начине покушавају да заташкају истину.

Да би поткрепио своје тврдње, ваш аустријски дописник служи се још и иронијом, која није примерена садржају о коме је реч у мојим писмима.

„Стари Аустријанац" умишља, или жели да верује, да сам податке које сам изнео добио од српских званичника. Међутим, вара се. Прикупљао сам их на бојном пољу, усред експлозија граната и шрапнела. Изгледало је да сам својим присуством, с обзиром да сам био сâм, сметао војницима његове земље, јер сам шест пута имао част да будем топовска мета његових сународника.

Ваш повремени дописник доводи у сумњу истинитост мојих тврдњи о експлозивним зрнима. Па, ево, ја сам неколико комада донео у Лозану и показао их компетентним људима из области гађања и војне вештине, који су изразили жељу да их виде. Он сада може да одахне: то су стварно експлозивна зрна. Уосталом, војска његове земље користи такође думдум метке, чије сам узорке такође донео. Покупио сам их у пакетима на поприщту битке у Црној Бари и Парашници. То што „стари Аустријанац" није чуо за то да је Русија поднела тужбе у вези са експлозивним зрнима вероватно произлази из чињенице да он не чита ни руске, ни француске, ни остале новине.

Ваш дописник ми пребацује да хвалим велику грађанску храброст српског народа. Могу да му потврдим да никада нисам имао намеру да тврдим да су је Срби измислили, јер она постоји откад постоји и људски род. Али ништа мање није тачно то да многе новине, а нарочито аустријске, желе да српском народу оспоре ову храброст. Од почетка рата, у бечким, немачким и осталим листовима читали смо да је српски народ обесхрабрен, да је огорчен на своју владу која га приморава на рат, итд. Дакле, било је неопходно да се један објективни посматрач увери да је лаж оно што се у овим новинама тврди, односно да се увери у грађанску храброст српског народа.

Што се тиче тога да међу ратним заробљеницима има много Словена, објашњење је много једноставније него што то „стари Аустријанац" мисли. Уместо да аустријске војнике српског порекла супротставе снагама друге расе, тиме што ће их, на пример, слати на руски фронт, бездушно су пустили Србе да их потуку њихова браћа из регуларних јединица немачке и мађарске војске. Објашњење „Мира" (из Софије) морало је бити сумњиво једном Аустријанцу, јер он зна, колико и ја, за „велико пријатељство" које Бугарска гаји према Србији. Израз тог пријатељства је рушење моста на Струмици, дело бугарских банди наоружаних митраљезима, као и други слични инциденти. Додао бих још да у овом тренутку у Србији има много мађарских и немачких заробљеника.

Ваш дописник затим објашњава упутства која су дата аустроугарским трупама, и он их сматра природним и неопходним. Он се ослања на ауторитет господина Џона Фишера, који каже да је у рату најважније насиље, а да је умереност за будале. „Ударите први, ударите жестоко, ударите било где!"

Међутим, верујем да би господин Џон Фишер поцрвенео од стида када би знао да су његове речи схваћене као позив на масакр деце, жена и стараца. Наиме, после окупације Шабачког округа, аустроугарска армија снажно је ударила по женама, деци и старцима. Да ли хоћете да вам наведем неки од стотина таквих примера? Навешћу их неколико.

У школи у Цуљковићу, између осталих, убијена су и ова деца.

Видосава, ћерка Павла Ружичића, 12 година: рана од метка на десном рамену, два ударца бајонетом.

Госпава, ћерка Јована Товитовића, 7 година: два ударца бајонетом у груди и један у леђа.

Добривоје, син Војислава Адамовића, 3 године: убод бајонетом у груди.

Драгиша, син Павла Адамовића, 11 година: лакша повреда од бајонета на грудима и једна смртоносна у пределу десног бока.

Загорка, ћерка Јована Ловчевића, 10 година: ране од бајонета на леђима и десном боку.

Зорка, ћерка Станка Адамовића, 3 године: два ударца бајонетом у груди и леву руку.

Јованка, ћерка Ивана Грујића, 10 година: ударац бајонетом у леђа.

Љубомир, син Живка Адамовића, 9 година: ударац бајонетом у груди.

Светозар, син Јована Ловчевића, 8 година: ударац бајонетом у десни кук.

Олга, ћерка Петра Адамовића, 8 година: ударац бајонетом у главу.

Ранка, ћерка Антонија Адамовића, 2 године: вишеструке повреде нанете бајонетом.

Милутин, син Павла Адамовића, 9 година: дубока, смртоносна повреда стомака.

Могао бих још дуго да набрајам имена масакриране деце, жена и стараца, али верујем да су наведени примери довољни да убеде чак и „старог Аустријанца" да је аустроугарска војска која је прошла кроз Шабачки округ погрешно протумачила речи господина Џона Фишера.

Ваш дописник на крају наговештава да Срби врше свирепе злочине: „Нисмо ни морали да им поделимо те књижице. Са добрим Србима разумемо се и с пола речи, итд." Он тврди да су Срби ти који су искасапили тела војника и официра. То мора да су тврдиле аустроугарске војне власти, оне исте власти које никада нису хтеле да признају чувени пораз на Јадру и Церу (од 2. до 6. августа по старом календару), и које су ужурбано повлачење њихове војске са српске територије објасниле чињеницом да није више било потребно да се баве Србима, пошто су их већ довољно казнили!

Он такође наводи случај да су Срби убили два заробљена припадника коњице 6. септембра у Купинову. Нисам ишао у

Купиново, и не могу ову информацију ни да потврдим ни да оповргнем, јер тврдим само оно у шта сам се лично уверио. Међутим, истина је да сам у многим приликама виђао српске војнике и њихове непријатеље заједно, и да у њиховом понашању никада нисам приметио ништа што би заслуживало осуду. Напротив, српски војници, иако често врло лоше одевени, делили су хлеб са изгладнелим аустријским затвореницима. Уверио сам се и у то да су аустроугарски војници у једној малој соби у Јовановцу испребијали 48 српских војника другопозиваца, који су се били предали. Фотографија њихових тела налази се у мојој архиви.

Још једном, ја разумем љутњу „старог Аустријанца", али уместо да набеђује вашег повременог ратног дописника да је лоше информисан, и да је српски плаћеник, учинио би својој земљи много већу услугу тиме што би сам истраживао масакре, њихове починиоце и остала недела. Ја му стојим на располагању да му пружим помоћ у том смислу.

1915. година

<u>6. јануар 1915.</u>

АУСТРОУГАРСКЕ ТРУПЕ У СРБИЈИ

/Напомена Уредништва „Лозанске газете"/
У бечком листу „Correspondance européenne" („Европско дописништво") објављен је један дугачак ауторски чланак, као одговор на писма у којима господин Рајс пише о понашању аустроугарске војске у Србији.

Замољени смо да га објавимо. У жељи да останемо непристрасни, ми то и чинимо, уз напомену да нам је господин Рајс, који се обично не вара, доставио, између осталог, и имена дванаестак деце млађе од 12 година која су убијена или рањена у једној школи у Цуљковићу, што се у овом чланку ни не помиње.

Уосталом, ево тог чланка који је објавило ово незванично бечко гласило:

„У писмима које је недавно објавила 'Лозанска газета' говори се о нечувеним зверствима које су аустроугарске трупе наводно починиле у Србији. Пошто дописник швајцарског листа признаје да је своју анкету спроводио уз помоћ српских државних чиновника, с правом се питамо није ли ипак обманут, и поред своје добронамерности.

Не желимо да доводимо у сумњу оно што је видео приликом ископавања гробница са телима српских цивила које су наше трупе побиле. Не поричемо да су српски цивили страдали од оружја наших војника. Званични извештаји високе команде наших трупа на југу често су указивали на злочине које су на подмукао начин вршили српски цивили над нашим војницима, рањеницима и лекарским особљем. У овим извештајима се такође наводе и казне које су предузете сваки пут када би се открили починиоци. Осим ових извештаја, и изјаве наших рањеника који су се вратили са ратног попришта доказују да је цивилно становништво својим мешањем умногоме ометало нашу војну акцију, што је противно свим обичајима ратовања.

У Србији, у близини Шапца, пронађена су тела аустроугарских војника које су Срби стравично унаказили. Једнима су ископали очи и у очне дупље ставили дугмад са униформе. Другима су ножем распорили стомак. Чак су једном војнику, обешеном на дрво, одсекли главу, руке и ноге и разбацали их по земљи. Мештани Шапца и околних места углавном су пуцали с леђа у наше војнике, највише циљајући официре. Шабац је већ 24 сата био у нашим рукама, а његови грађани су и даље пуцали на наше војнике који су туда пролазили. Тада су кривци, ухваћени на лицу места, сви заједно ликвидирани. На наше људе пуцано је из једне шабачке фабрике, и због тога је фабрика запаљена. Код Мишара, неколико цивила, који су пуцали на једну од наших колона у маршу, ухваћени су и заробљени. Међу њима је била и једна трудница, која је због стања у коме се налазила пуштена на слободу, по наређењу једног поручника. Тек што је направила неколико корака, извукла је отпозади пиштољ и убила нашег официра. За време једног окршаја код Текериша српски војници су изненада истакли белу заставу. Аустроугарски командант наредио је обуставу ватре и са поверењем кренуо према непријатељу, заједно са својим људима. Када су му се приближили на око триста корака, непријатељ је отворио смртоносну паљбу на њих. Једна девојчица од 12 година ранила је из пушке нашег артиљерца који се био сагнуо да захвати воде. Десило се више пута да српски рањеник убије ножем у леђа аустроугарског лекара у тренутку када га му је овај превијао рану.

Чим је српска влада почела да шири ове тенденциозне оптужбе да се наводно служимо суровим методама ратовања, висока команда наше армије на југу наредила је да се спроведе једна темељна анкета. Резултати ове анкете су толико оптужујући за Србију да је наша влада објавила само неке од њих, да не бисмо додатно узнемиравали наше породице чији се чланови боре у Србији. Уосталом, можемо очекивати да ће једнога дана наша влада доставити штампи на увид овај досије са документацијом и именима, и да ће тада сви морати да признају да ниједна армија не би другачије поступила у сличним околностима.

Треба се надати да ће се, чак и у земљама које нам нису наклоњене, више веровати аустроугарским официрима који су били задужени за спровођење ове анкете, него српским државним службеницима које је швајцарски дописник сам одабрао или који су му били наметнути. Ми бисмо такође могли да отворимо гробнице, како би наши војници потврдили да они који ту леже сигурно нису часно страдали у борби. Ово би могли да потврде не само припадници немачке и мађарске националности: највећи број војника који се боре на југу сачињавају Чеси, српска браћа по раси, Словенци, Хрвати, па чак и војници из српских крајева Аустрије и Угарске. Одувек је постојало мишљење да Монархија не би смела да користи словенске трупе, а нарочито јужнословенске, на српском ратном попришту. Но, она је то ипак покушала, и имала је много успеха. Трупе о којима је реч, у чијим су новинама већ дуго хвалили врлине српског народа, сада имају прилику да се увере у потпуно супротно. Војници са ужасом причају о дивљаштву и подмуклости које су у Србији показале не само комитске банде, већ, у хиљадама случајева, и жене и деца.

Истина је да су наши војници убијали цивиле у Србији. Али, они би били ослобођени кривице за ово дело пред обичним као и пред војним судом, јер су ови цивили заслужили смрт. Истина је да су наши војници палили куће. Али, у тим истим кућама почињена су небројена зверства над нашим рањеним друговима. Међутим, није истина да су све куће, па и цела села, спалили наши војници. Колико се пута могло прочитати у новинама неутралних земаља да су, према српским изворима, српске трупе до темеља уништавале многа насеља како наша војска не би могла да се снабде животним намирницама.

Аустроугарске власти су прикупиле изјаве српских официра које су они добровољно дали. Ако је веровати њима, српске трупе су саме пустошиле своје варошице и села. То се већ дешавало у српско-турском рату, само што су тада српске војне власти енергично реаговале и тражиле да се престане са оваквим разарањима, а овога пута су то дозволиле. Ти исти српски официри додали су да је Аранђеловац, у време када наше трупе још нису стигле до њега, представљао само гомилу рушевина.

Шта год ко рекао, неће успети да нашкоди угледу наших трупа које ратују у Србији. Оне исто тако добро обављају своје задатке као наше северне трупе, а званични руски извештаји су прави доказ о томе да су према непријатељским рањеницима биле хумане.

Можда би било добро подсетити се колику су буку и протесте изазвали чланци у енглеским новинама у вези са зверствима које су српске трупе починиле у Албанији".

12. јануар 1915.

РАТ У СРБИЈИ

Господину директору „Лозанске газете"

У вашем броју од 6. јануара објавили сте, желећи да останете непристрасни, званично саопштење о проласку аустроугарских трупа кроз Србију. Пошто се то саопштење тиче мене лично, морао сам још једанпут да замолим Ваш цењени лист да ми изађе у сусрет и да објави следеће.

Најпре, видим да је саопштење преузето из новина „Correspondance européenne" из Беча. (Да ли Немци и Аустријанци штампањем новина на француском, „Correspondance européenne" у Бечу, „Nouvelliste" у Женеви, „XX siècle" у Солуну итд. предвиђају победу Савезника?) Оно потиче из „ауторизованог извора", али није потписано, као ни писма „старог Аустријанца", који ме је такође напао.

На другом месту примећујем нешто што сам често виђао током своје истражитељске каријере: пошто оптужени не могу да се боре против материјалних доказа мојих експертиза, покушавају да нападну мене самог. Поменути „ауторизовани извор" служи се истом тактиком када каже: „Дописник швајцарских новина признаје да је своју анкету спроводио уз помоћ српских државних чиновника…"

Реч „признати" указује на то да је претходно нешто било порицано. Аутор чланка, према томе, жели да наведе читаоце да верују да сам најпре демантовао да сам у току анкете био у пратњи српских државних службеника, а да сам после био принуђен да признам да јесам. Елем, у свом првом допису рекао сам да сам био у пратњи два српска функционера, окружног начелника из Шапца господина Лазића, и господина Барловца, бившег генералног конзула у Паризу. Чини ми се да у чињеници што сам био у пратњи та два државна службеника нема ничег ненормалног, да је то чак је било неопходно, пошто нисам познавао земљу. Да ли господин „аутор извора" верује да Немци пуштају „представнике италијанске штампе", по које су ишли у Италију, да се слободно сами шетају? Ја верујем да су та господа имала озбиљну пратњу, судећи по фотографијама које сам управо видео у једном немачком илустрованом часопису.

У чланку се даље каже: „Треба очекивати да се, чак и у земљама које нам нису наклоњене, више верује аустроугарским официрима задуженим за спровођење те анкете, него српским државним службеницима које је швајцарски новинар својом вољом изабрао или који су му били наметнути". Ово је клевета и увреда за функционере који су били са мном, и за мене лично. Са којим правом сумњате у часне функционере и људе, господине „ауторизовани изворе"? Јесте ли већ заборавили порекло чувених оптужујућих докумената у Фридјунговом процесу? А потпуно измишљене приче вашег конзула Прохаске у Призрену, ни тога се више не сећате?

Одговор „старом Аустријанцу", као што сам то већ рекао и показао пред бројним еминентним особама наше земље на једној мојој приватној конференцији, гласи: не доносим закључке на основу препричавања званичника, ја их базирам на својој анкети коју сам спровео на лицу места, на начин који је потпуно независан од утицаја српских власти. Моје методе истраге су разноврсне: саслушање стотина очевидаца, испитивање стотина аустријских затвореника, и, оно најважније: прикупљање материјалних доказа са лица места.

У саопштењу се говори о темељној анкети спроведеној по наређењу главне аустроугарске команде. Али да ли је заиста било могуће да се она и спроведе? Та анкета је морала бити обављена на лицу места, што значи у српским окрузима које је Аустроугарска окупирала на почетку рата. Дакле, аустријска војска је тамо била само у кратким временским интервалима, између повлачења српске војске и одласка аустроугарских трупа ван српских територија. Током напредовања, Аустријанци су се стално борили са српском заштитницом, а приликом њеног... рецимо, ужурбаног повлачења, да ли су аустријске војне власти имале времена и начина да спроведу, по мојој процени, двомесечну анкету?

Одговориће ми да је анкета спроведена међу војницима и подофицирима који су били у Србији у време пораза на Јадру и Церу. Али тим људима, који су били свесни да је њихово понашање незаконито, било је изузетно важно да настоје да умање или сакрију страхоте својих недела и да покушају да их оправдају.

У досијеу такође поседујем велики број званичних докумената официра различитих српских јединица. Нисам их до сада користио јер, како сам рекао у мом одговору „старом Аустријанцу", хтео сам да користим само резултате моје личне анкете. Међутим, пошто „ауторизовани извор" користи само испразне и неодређене извештаје, без тачног навођења именā и местā, ја бих исто тако могао да употребим оне које ја имам. Реч једног српског официра вреди исто колико реч аустроугарског. Зато ћу изнети ствари које су још страшније од оних које сам до сада објавио.

Ево једног случајно изабраног примера телеграфског извештаја.

Командант 4. чете 2. батаљона 13. пешадијског пука, Илија Пантић, подноси извештај дана 12/25. августа:

„Чим је аустријска војска ушла у село Прњавор, командант је наредио да се убије више виђенијих људи у сврху застрашивања становништва. Сва храна је одмах одузета. Опљачкане су куће и однесене су све вредне ствари, а нарочито девојачка спрема.

Када су Аустријанци били приморани да крену у повлачење, запалили су Прњавор: У улици која води до пута Лозница–Шабац, скоро све зграде су биле спаљене. Исто тако и у улици која излази на пут за Бадовинце. Цело село је било збрисано у пламену, изузев југозападног дела, одакле полази пут за Петковицу. Аустријанци су са упереним пушкама приморали житеље да уђу у своје куће, које су одмах затим запалили. Командант је видео угљенисано тело једне жене која је била изгорела заједно са својим дететом. Држала га је у наручју покривеног њеном сукњом, као да је покушавала да га заштити. На једном другом месту наишао је на једну жену са једним дететом на прсима и још двоје поред ње. Сви су били живи спаљени. Мале девојчице и младе девојке силовали су не само војници, већ и официри.

Аустријанци су, у два наврата, узимали људе за таоце. Први пут су групи отетих наредили да пређе Дрину и нико не зна се шта се са њима после десило. Други пут су одвели све мушкарце од 12 година па навише. Међутим, већина оних који су се нашли у тој другој групи успели су да се спасу, јер је наишла наша коњица која је гонила Аустријанце.

У селу Прњавор команданту су показали пет кућа у којима њихови власници, војници, неће ништа и никога затећи, кад се врате из рата. Куће је прогутао пламен, а сви чланови њихових породица су живи изгорели.

У четири друге куће нико није био поштеђен, па ни најмлађа деца. Њихове породице су сада угашене".

„Ауторизовани извор" каже да су аустроугарске трупе биле приморане да побију цивиле због њиховог понашања, другим речима – зато што су активно учествовали у рату. Већ сам истакао, на једном другом месту, да су погубљена деца од 2, 3, 5 и 7 година, жене и старе особе од 82, 90 и 95 година – сви они који тешко могу бити сврстани у ратнике, па макар и илегалне. Данас желим да истакнем две друге чињенице: када су цивили убијани да би се казнили због противзаконитог понашања, обично су били убијани из пушке. Ниједна војска се не би тако ниско спуштала да убија људе на овако окрутан начин. Како то да је један значајан број „погубљених" од стране Аустријанаца убијен кундацима пушака, бајонетом, ножем, и често искасапљен? Како то да су рањене стотине цивила, жена и деце? Има и случајева полупогубљења, где се једино рањава а не убија. Лично сам прегледао велики број таквих рањеника.

Ево два примера.

Станислав Теодоровић има 13 година и из Мрђеновца је. Чувао је стоку кад су Аустријанци дошли. Одвели су га заједно са још пет других лица, међу којима су и три старца, везали су им руке једну за другу, и одвели су их до Саве. Оданде су их потерали ка унутрашњости земље. У једном тренутку, издају им наређење да легну на један пласт сена и војници почињу да пуцају на њих са раздаљине од 4 до 5 метара. Теодоровић је тешко рањен у главу и оперисан је у ваљевској болници, где сам га ја видео и прегледао. Осим тога, имао је и рану на левој подлактици, кроз коју му је прошао метак.

Стана Бергић, 68 година, налази се у руској болници у Ваљеву. Њој су сломљене обе руке. Када су аустријски војници дошли, налазила се у својој кући у Равњу. Цела њена породица од осам чланова масакрирана је испред куће, пред њеним очима, а њој су поломљене обе руке кундаком пушке.

„Ауторизовани извор" такође говори о убиству једног аустријског официра од стране једне труднице. Према датим индикацијама, треба да је реч о једном случају који је мени лично описао један аустријски ратни заробљеник из 28. ландверског пешадијског пука. Мој Аустријанац је подофицир, са универзитетским образовањем. Нећу објављивати његово име да му не стварам потешкоће када се врати у Аустрију. Он каже: „У истом селу, мало даље удесно, налазила се гостионица. Гостионичара је убодима бајонета убио каплар Беговић. Видевши то, гостионичарева жена је зграбила пушку и убила Беговића. Други војници су јој распарали утробу од врха наниже. Њено дете је такође убијено бајонетом". Ово је изјава једног аустријског подофицира и надам се да ће господин „ауторизовани извор" у то поверовати!

На крају, у саопштењу се доста говори о страхотама које су српски војници починили над аустријским војницима, мада се ништа прецизно не каже. Могуће је да и у српској армији, као и у свим армијама, постоје разбојници који су у стању да почине недела. У сваком случају, то су изоловани случајеви, њих 20 до 30. Међутим, када се утврди да је било на хиљаде случајева окрутног понашања, што сам ја урадио када сам водио истрагу о злочинима аустроугарских трупа које су опустошиле Шабачки округ, то доказује да је постојао систем за истребљивање, а не неколико спорадичних случајева дивљаштва. Нека ми „ауторизовани извор" да прецизне податке, и сигуран сам да би ми српска влада на сваки начин помогла да се кривци пронађу!

Саопштење се завршава присећањем на неколико чланака енглеских новинара о суровостима које су Срби починили у Албанији. Нека ми буде дозвољено да цитирам мишљење једног човека који се тренутно не може сматрати љубитељем Срба: Максимилијен Харден, у листу „Zukunft" од 6. септембра 1913, каже: „У ова два рата, Срби су се најбоље понашали. Без иједне лажи, без икакве хвалисавости. Најбржа мобилизација, најбоље увежбана војска, најбољи санитетски састав. Како смо само били преварени!"

Нудим „Дописничкој канцеларији" („Korrespondenzbüreau"), пардон, „Европском дописништву" („Correspondance européenne") и „ауторизованом извору", као и „старом Аустријанцу", своју помоћ у разоткривању криваца и зверстава. То би било много корисније него спровођење у дело Авиненовог аксиома који је, док се пео на вешала, добацио као своју последњу поруку: „Нипошто и никада немојте признати!"

Лозана, 6. јануара 1915.

Р. А. Рајс

20. фебруар 1915.

БУГАРИ У МАКЕДОНИЈИ

Удружење бугарских студената, у броју 45 „Gazette de Lausanne", одговара на мој допис из Солуна. Ово врло учтиво писмо захтева нека појашњења.

Овде не могу да расправљам о томе да ли је Македонија бугарска или није. То би захтевало једну ширу дискусију, коју „Gazette" не би могла да ми омогући, без обзира на сву своју гостопримљивост. Биће довољно да кажем да ми, после посете Македонији, она не изгледа ни бугарска ни српска, већ једноставно – македонска. Тамо се не говори ни српски ни бугарски већ македонски, који је посебан дијалект, као што је романиш, поред италијанског. Македонски језик је, као и сама земља, претрпео утицај многих окупатора. Уосталом, пре турског пораза, многи Македонци који су се бавили политиком нису сањали о бугарској Македонији, већ о независној земљи, без обзира на скорашњи црквени раскол (1870. године) и на школско образовање на српском и бугарском језику. Турци су подржавали – *divide et impera* – борбе за утицај на овој земљи, све док привремено уједињене Србија и Македонија нису отеле свој плен од султана из Цариграда.

Дати независност Македонији значило би створити другу Албанију, па је, према томе, земљу требало поделити. Ова подела извршена је после Балканског рата, а Бугарска је добила велики део колача. Али, она је хтела више, и зато је поново изгубила свој плен. Напала је, па је изгубила. Она нема право да тражи од оних које је напала и који су је победили да јој врате све и да јој приде дају и одштету. Свакако, један обострани договор са Србијом остаје могућ, али Бугарска мора да уложи мало више добре воље и искрености у своју игру.

Моји опоненти кажу да Бугарска није непријатељ Србије и да је бугарска штампа наклоњена српском народу, осим две или три новине без икаквог политичког значаја. Ово је мало смелија тврдња.

Знам да има Бугара који појединачно нису непријатељи Срба и желим да верујем да бугарски студенти из Лозане, другови оних који се данас тако храбро боре против десет пута јачег непријатеља, тако мисле. Али, нажалост, то исто се не може рећи за бугарску владу и за комитске банде. Многобројни упади бугарских банди и уништавање српских мостова говоре управо супротно.

Што се тиче бугарске штампе, сећам се да сам у листовима „Echo de Bulgarie" (више незваничан него званичан), „Народни права" и „Камбана" видео у најмању руку србофобне чланке. Ова штампа уосталом користи исте чудне поступке против оних који се усуђују да кажу истину. Да наведем само један лични пример: ове новине ме оптужују да су ме купиле српска и грчка влада. Пре него што су изрекли овако озбиљне оптужбе, могли су да се распитају, и сазнали би да сам одбио понуду обе владе да примим било какву новчану надокнаду за време које сам им посветио, па сам чак одбио и аванс за путне трошкове.

Оптужују ме такође да сам одбио захтев бугарског министра у Србији да урадим анкету у Струмици (Бугарска). Међутим, ја сам, напротив, прихватио тај задатак, што доказује и телеграм који сам послао поменутом министру 9/22. новембра око 2 сата после подне, са железничке станице Струмица.

„Спреман сам да одем у Струмицу на Ваш захтев. Молим Вас да ми кажете да ли су Ваше власти у Струмици обавештене о овоме. Уколико јесу, молим Вас да дођу по мене и господина Жиковића, са којим сутра, у понедељак, око 3 сата после подне идем у Костурно. Очекујем Ваш одговор на станици у Струмици. Уколико ми не одговорите, ја сутра одлазим за Солун. Рајс".

Нисам добио одговор и отишао сам из Струмице сутрадан у 4 сата после подне. У Солуну сам узалуд чекао одговор, који сам добио тек 24. децембра у Лозани. Дакле, то што нисам отишао у Струмицу није моја грешка, а још мање недостатак моје добре воље. Осим тога, чуди ме што господин Папрашиков, министар Бугарске у Србији, није демантовао ову лаж коју је објавила бугарска штампа.

Што се тиче исељавања неких људи са српске територије, то сам већ објаснио. Оно се дешава највише због терористичких акција бугарских комита, али и због неких људи који имају интереса да поставе границу између њих и српске жандармерије (имам дугачку листу тих људи у чије сам се деловање лично уверио). Један од разлога је и страх младих Македонаца да не буду регрутовани за време рата, а тај страх им је углавном улила бугарска пропаганда. Не поричем да међу српским Македонцима има и неколико бугарофила (као што је било и србофила у време Турака). Потпуно је разумљиво то што они желе да живе у Бугарској. Међутим, великом броју Македонаца националност није много важна. Њима је најважније да их коначно оставе да мирно обрађују своју земљу. Упознао сам македонске породице у којима је један брат био српске националности, други бугарске, а трећи грчке или турске, што је прави доказ за моју тврдњу. Сасвим је природно да Срби своје нове суграђане сматрају Србима и да се тако понашају према њима. Бугари се исто тако понашају на новоосвојеној територији, која је највећим делом грчка или турска, као на пример Дедеагач.

Уверен сам у то да наши бугарски студенти увиђају грешку њихове владе и њиховог краља који су изазвали Други балкански рат. Они обећавају да ће тражити да кривци поднесу рачун. Али, зашто толико чекати одговоре? Зашто, када је одговорност већ откривена и преузета, не тражити одмах да кривци одговарају? Зашто је процес покренут пред Високим судом био одложен *sine die*? Зашто је генерал Савов, један од оптужених, поново *persona gratissima* код краља Фердинанда, са којим је био на Ђумулджини од 30. октобра до 2. новембра 1914?

Они који ми противрече пребацују Русији да у Београду сплеткари против Бугарске. Они заборављају да је Бугарску, то најмлађе балканско дете, створила Русија, која се, као и Енглеска, према њој увек понашала као према размаженом детету. Они такође заборављају да је у Другом балканском рату управо Русија спречила Србију и Грчку да свог пораженог противника потисну све до Софије. Да је Русија то дозволила, Бугарска би данас била у оквиру неке друге државе.

Бугарски студенти потврђују оно што сам рекао у вези са аустро-немачким утицајем и њиховим интригама, и ја им на томе захваљујем. Што се овога тиче, слажемо се.

На крају, они желе да се не ради ништа што би додатно распиривало мржњу. То би, међутим, Аустрији и Немачкој омогућило да несметано наставе своју дипломатску игру. Нико мање од мене не жели да спречи зближавање Србије и Бугарске. Верујем у неопходност балканског савеза и надам се да ће Бугари увидети своју грешку. Један поштен и искрен договор са Србијом вреди више него кампања којом се повређују туђи понос и самопоштовање.

Али, ти исти моји опоненти морају признати да је неопходно исправити лажи и утврдити истину. Нису Срби ти који су путем штампе и телеграма водили тенденциозну кампању против Бугара. То су радили Бугари против Срба. Српске комитске банде не харају по Бугарској, већ то раде бугарске банде у Србији. Срби не врше масовно протеривање Бугара са своје територије и не заплењују њихову имовину, већ то раде Бугари, који су протерали око 40 000 Грка из родних градова и села и одузели им све што су имали. Коначно, можемо ли а да се не побунимо против једне наводно независне међународне комисије, која врши истрагу само у једној земљи, а да на две друге, у којима није вршила анкету, сваљује кривицу за сва злодела почињена у рату?

Имам доказе за све чињенице које сам овде изнео, као и за многе друге. Изнео сам их јавно, да бих одбранио неправедно оптужене. Нисам циљао на бугарски народ, већ на оне који су водили ову неправедну и срамну кампању.

Нека бугарски студенти, у које имам пуно поверење и који представљају будућу интелектуалну елиту своје земље, раде на томе да исправе неправду коју су починили људи из њихових владајућих кругова. Могу бити сигурни да ћу од свег срца, и у границама својих могућности, радити са њима на стварању једног поштеног и пријатељског савеза између Бугарске, Србије и Грчке. Сваки од ова три народа има право да га греје сунце, али ниједан од њих не треба да баца сенку на остала два!

17. март 1915.

АУСТРОУГАРСКА ВОЈСКА У СРБИЈИ

Часопис „Berner Tagblatt" објавио је одговор на моје чланке о злочинима које су починиле аустријске трупе у Србији. Чини се да његов тон није више тако коректан као тон аустријских реплика у „Gazette de Lausanne". Могао бих да будем непристојан, али сматрам да је најбоља борба она која се води на учтив начин.

Чланак о коме је реч започиње поново подозрењем према мени. Анонимни аутор овог напада, који очигледно своје аргументе црпи из неких званичних извора, мора да се присети да они који су хтели да пошаљу људе на робију или чак у смрт, на основу лажних докумената израђених у згради једног посланства (Фридјунгов процес), немају право да оптужују друге за фалсификовање чињеница.

У чланку се такође тврди да су фотографије жртава које сам послао у ствари фотографије аустроугарских војника које су Срби масакрирали, а затим их обукли у српске униформе. Објашњење је заиста генијално. На њихову жалост, имам велики број фотографија које сам показао овде, али и на другим местима. На њима се виде бројна тела осакаћених жена и деце. Да ли је аустроугарска војска имала жене и децу међу војницима? Или су Срби толико вешти да тела мушкараца претворе у тела жена и деце? Поседујем такође и фотографије голих масакрираних жена. Да ли су Срби успели да промене и анатомију голог тела? Не, ове инсинуације анонимног дописника „Berner Tagblatta" у ствари су подлост уперена против мене и Срба, којом покушавају да их понизе у очима јавног мњења, кад већ не могу да их победе оружјем.

Чланак се затим бави питањем чувених „Einschusspatronen", то јест мецима са експлозивним зрнима, које су аустроугарски војници употребљавали против Срба. Тврди се да сам ја лично признао да се не ради о муницији која потпада под „експлозивне пројектиле". Ова лаж је намерно изречена, јер аутор овог напада, као и сви остали читаоци мојих чланака, добро зна да сам увек истицао експлозивну моћ ових зрна, а о којима сам увек говорио као о „експлозивним пројектилима који су се до сада користили само за лов на дебелокошце, а који су изричито забрањени свим конвенцијама и правилима ратовања". Више нећу инсистирати на специјалним карактеристикама ових метака. Сви они који су видели и прочитали мој рад у „Revue militaire Suisse", знају о чему се ради. Овде бих поставио три питања аутору чланка из бернских новина. Како се десило да се, према сведочењу аустроугарских војника и заробљеника, за ове метке, безопасне корекгоре гађања, сазнало тек после чувеног пораза на Јадру и Церу? Како то да је на чаури угравирана 1912. година? Зашто су се „Ајншуспатроне" употребљавале за пуцање на српске војнике? Само у шестој резервној болници у Ваљеву, за девет дана, избројали смо 117 случајева рањавања српских војника овим мецима. Да ли дописник часописа „Tagblatt" верује да дим и блесак експлозивног зрна у телу неког несрећника може да се види споља, и да се према томе може кориговати хитац?

У овом тексту поново наилазим на војника коме су наводно Срби одсекли руке и натерали га да се придружи својој армији, јашући на коњу. Додуше, у својој документацији имам изјаву једног аустријског војника, коју су и други потврдили (не објављујем њихова имена, како не би имали проблема по повратку у своју земљу). Он каже да су, пре него што су прешли границу, испред њиховог пука спровели једног човека са одсеченим подлактицама и ушима, обученог у униформу пука мог сведока, а официри су говорили војницима: „Ево шта ће да вас снађе ако вас Срби ухвате!" Питао сам сведоке да ли познају тог човека без руку и ушију. Нису га познавали. Имао сам утисак да се радило о Србину преобученом у аустроугарску униформу, утолико пре што ниједан официр не би био тако окрутан да приказује једног од својих тако унакажених војника испред целог пука. Али нисам имао доказе, па нисам ни причао о овоме. Данас аустријски новинар без икаквог доказа оптужује Србе да су они овог војника направили богаљем. Само ћу му скренути пажњу да се овакве информације не стављају на папир ако се претходно не провери да ли су стварно тачне.

Осим тога, сматрају да против моје анкете могу да употребе и чињеницу да ја не говорим српски. Из тога закључују да ми пратиоци погрешно преводе изјаве сведока. Поштење ових службеника је ван сваке сумње. Зашто би високи српски функционери заслуживали мање поштовања од свих других? Ниједан од њих није штампао лажна документа како би невине људе послао на вешала.

Штавише, немачки се у Србији доста говори, што Аустријанци врло добро знају. Као пример навешћу жену учитеља у Брезјаку, једну Берлинку, која је провела целу своју младост у Аустрији и која је побегла чим су у Брезјак дошли Аустроугари. Када се вратила, њена кућа је била комплетно опљачкана. На савршеном немачком ми је рекла: „Некада сам била поносна што сам Немица, а сада ме је неизмерно срамота због тога!"

Овим дописом се не може оповргнути ниједан од мојих прецизних навода: напротив, у њему се на све могуће монструозне начине износе оптужбе на рачун Србије, без икаквих прецизних података. Али, те оптужбе су често лишене икаквог смисла, или, како каже „стари Аустријанац", све су то невероватне приче.

У њему се такође тврди да су Срби обили око 900 металних каса у Шапцу, да су Срби опљачкали Ваљево, а да се становништво које је у њима остало топло захваљује Аустријанцима што су их спасли од сународника. И коначно, да су све то урадили лично Срби. Недостаје још и то да их оптуже да су извршили самоубиство како би људи мислили да је то урадила окупаторска војска. Не, стварно, за кога ви сматрате швајцарску читалачку публику?

Анонимни аутор затим говори о томе да су жене које су пуцале на војску молиле за милост. Када су их поштедели, оне су почеле да бацају на земљу торбе у којима су наводно била деца, а које су почеле да експлодирају једна за другом, јер су у њима у ствари биле бомбе. Мој опонент сигурно зна да Срби користе четвртасте ручне бомбе, висине око 12 цм. Да би експлодирале, мора најпре да им се одврне поклопац и да се детонатор пробије ударцем у неки тврд предмет. Овај даље треба да запали један штапин, који гори осам секунди, тако да до експлозије долази тек након тих осам секунди. Немогуће је да бомба експлодира само зато што је бачена на земљу, и то одмах.

Немам довољно простора да одговорим на све неодређене и нејасне информације изнете у листу „Berner Tagblatt", и завршићу тиме што ћу објавити неке статистичке податке о аустроугарским зверствима почињеним у три мала пољопривредна среза, што је само један део укупне статистике.

У Поцерском, Јадарском и Мачванском срезу и у седам општина изван њих убијено је 1 300 цивила. Међу убијенима има 994 мушкарца и 306 жена. Ево неких бројки, према узрасту: 8 млађих од годину дана, 5 од годину дана, 6 од две године, 13 од три године, 6 од 4 године, 10 од 5 година, 11 од 6 година, 10 од 7 година, 6 од 8 година, 11 од 9 година, 5 од 10 година, 5 од 11 година, 17 од 12 година, 79 од 60 година, 36 од 65 година, 33 од 70 година, 12 од 75 година, 9 од 80 година, 4 од 90 година и 2 од 95 година. Што се тиче начина на који су убијени, статистика је следећа:

	Мушкарци	Жене
Убијени из пушке	34	564
Убијени бајонетом	181	64
Заклани ножем	113	27
Обешени	7	6
Масакрирани и на смрт пребијени кундацима	48	26
Распореног трбуха	2	4
Живи спаљени	35	96
Везани и опљачкани	52	12
Одсечених или сломљених руку	5	1
Одсечених или сломљених ногу	3	0
Одсеченог носа	28	6
Одсечених ушију	31	7

Извађених очију	30	38
Одсечених полних органа	3	3
Коже исечене на траке или са откинутим месом	15	3
Каменовани	12	1
Одсечених дојки	0	2
Раскомадани	17	16
Одрубљене главе	1	0
Девојчица бачена свињама	0	1
Жртве за које се не зна како су убијене	240	55

Треба обратити пажњу на жртве код којих су утврђена два или више узрока смрти. Сваки од ових узрока сврстан је у своју категорију, тако да је укупан збир већи од раније наведеног броја жртава од укупно 1 300 цивила.

Верујем да није потребно коментарисати ову статистику. Језик бројки је довољно јасан и веома убедљив.

Овај анонимни дописник каже да ме је српска влада именовала за свог јавног тужиоца у спору. То је част за коју нисам знао, али је прихватам јер је права улога тужиоца врло лепа: он брани право! Пошто ми је аустријски аутор дозволио да будем јавни тужилац, ја испуњавам обавезе своје нове функције: оптужујем и тражим казне за кривце!

20. мај 1915.
ПИСМО ИЗ СРБИЈЕ
(Од нашег специјалног дописника)

Крагујевац, 23. априла 1915.

После одсуства од четири месеца, поново сам у Србији. Земља је искористила ово време да се организује. Рат је тако неочекивано избио да ју је затекао неспремну за огромне напоре које мора да уложи да би се супротставила десет пута бројнијем непријатељу. Али, виталност и енергија српског народа, потпомогнута победничким духом, учиниле су чудо: војска је победила непријатеља, а механизам управљања земљом не само да је наставио да ради, већ се у извесној мери и побољшао.

Истина је да савезничке снаге – Француска, Русија и Енглеска – ефикасно помажу своју малу пријатељицу. Шаљу муницију, санитетске мисије, опрему, пилоте и тако даље, који представљају не само материјално појачање, већ и снажну моралну подршку. Током мог првог боравка, Србија је била скоро изолована. Русија је била једини савезник који је послао санитетску мисију. Имао сам утисак да се српско-аустријско ратиште сматрало ратиштем другога реда. Уз ефикасну и адекватну помоћ, Србија је могла да заузме Мађарску, што би имало утицаја на дужину трајања рата. Треба ипак признати да је једну такву операцију било веома тешко извести на почетку Европског рата, с обзиром на то да су догађаји изненадили и саме Француску, Русију и Енглеску.

Укратко, Србија данас није више сама, она осећа да је подржавају и користи прилику да се организује.

Већ при самом доласку на српску границу у Ђевђелији, приметио сам једну значајну промену: воз за Ниш има удобна кола прве и друге класе, па чак и спаваћа кола, која су за ратне прилике велики луксуз. Контрола путника је строжа него што је била на почетку рата. Записују се имена путника, њихове дестинације и пажљиво се прегледају пасоши.

Са садашњим пасошима, нејасним подацима и често фалсификованим фотографијама, немогуће је вршити сигурну контролу. Једино поуздано средство идентификације путника, којим се у ратним условима може спречити прелазак границе на непријатељску територију, јесте врло распрострањено узимање отисака прстију.

Санитетска служба у Нишу и Крагујевцу предузима енергичне мере да обузда епидемију тифуса и да спречи могуће ширење болести. Угоститељи су принуђени да подове у собама перу петролејом после одласка сваког госта, а неке кафане су затворене преко дана, како би се спречило веће окупљање гостију. Из истог разлога забрањен је рад биоскопа, а наређено је да се ресторани и кафане затварају у 9 или 10 сати увече. Окречена су сва места где се људи окупљају. Склоњена су сва тапацирана седишта у возовима, итд.

Све у свему, чини се све да се побољшају санитарни услови, а то није лако у једној сиромашној земљи која је претрпела три тешка рата! Али, како цивилне, тако и војне власти, награђене су за труд који су уложиле: епидемија, која је била врло озбиљна, убрзано јењава. Проценат смртних случајева је опао са 60 на 15.

У овом тренутку предузимају се мере за сузбијање колере, уколико се она појави на српском тлу. Граде се дрвене бараке за изолацију и вакцинише се војска. Спроведене су све хигијенске мере, уз велику помоћ страних мисија, о чијим ћу вам активностима говорити у једном од наредних писама. Сматрам да је за данас довољно да вам кажем да је Француска послала 100 војних лекара да помогну српским колегама.

После сјајних победа на Руднику и на Колубари, искористивши дане затишја, српска војска се потпуно реформисала. О свему се водило рачуна: нови регрути су добро обучени, муниција је комплетирана, а стање превозних средстава побољшано. Камиона, којих готово да није ни било на почетку рата, сада има доста и сви су прилагођени условима који владају на српским путевима.

Пролеће је на селу лепо, а српска земља обећава добар род, захваљујући женама које су радиле на пољу. Надајмо се да ће жетву обавити заједно са мушкарцима када се врате из овог крвавог, али славног рата.

Аустроугари пале и пљачкају куће у Подрињу

Јевремовац код Шапца: побијени рањеници
14. пука у дворишту апотекара Гошића

Јавно погубљење браће Радић и њихове тетке у Ћуприји, у режији немачко-бугарских завојевача

Аустријанци вешају цивиле у Јагодини

29. мај 1915.

ДАЛМАТИНСКО ПИТАЊЕ
(*Од нашег посебног дописника*)

Крагујевац, 11. маја 1915.

У новинама се много говори о Далмацији, јер изгледа да Италија, као цену за свој улазак у рат, између осталог тражи и један значајан део ове земље. Природно, такав захтев Италијана доста забрињава српско јавно мњење које сматра да Далмација припада српско-хрватском народу.

Ја сам се свуда по Србији помало распитивао шта мисле о томе, и потрудићу се да, за читаоце „Лозанске газете", резимирам резултате до којих сам дошао.

***

Италијани су своје претензије засновали на чињеници да је Далмација четири века била под венецијанском влашћу и да је тако примила италијанску културу, као и на чињеници да јој је ово приморско подручје у политичком и стратешком смислу потребно, како би служило као брана од евентуалних будућих снажних притисака Југословена.

На ово Срби одговарају да је, пре него што је постала венецијанска, Далмација била српско-хрватска, којом су управљали владари те две земље. Рагуза је чак била чисто српска, а њени књижевници писали су на српском језику, због чега је добила име „Српска Атина".

Још и данас се може наћи и велики број српских споменика, поред венецијанских. Тако се у јужној Далмацији налази православни манастир Савина, који је основао Свети Сава, син жупана Стефана Немање, као и једна црква, недалеко од Книна, где на ходочашће иде становништво целе Далмације ради обележавања 15. јуна, годишњице Косовског боја, када је поражена војска кнеза Лазара и са њом велико средњовековно српско царство.

Српске успомене су уосталом врло живе у Далмацији, што између осталог доказује следећа анегдота: кад је цар Франц Јозеф први и последњи пут дошао у посету Далмацији (1895), он се обрати једном угледном Далматинцу из Котора овим речима: "Ја сам први владар који је, до данас, дошао у Котор". "Не, висости", одговори му овај, "српски цар Стефан Душан је био први". Уосталом, њему се и приписује оснивање Котора.

Далмација је остала током 400 година под венецијанском управом, али ти господари Јадрана су Далмацију сматрали пре колонијом него својом провинцијом. Јасно је да су функционери, трговци, свештенство и војници у граду дуждева уводили италијански језик у градове у којима су живели. Пошто далматински универзитет није постојао, омладина те земље, жељна учења, била је принуђена да се школује у чувеној Високој школи у Падови, а и саме образовне институције у земљи такође су изводиле наставу на италијанском језику. Међутим, продор италијанског језика ипак је био ограничен само на градове. У селима, па чак и у предграђима, никада нису били прихваћени језик и обичаји господара. Далматински сељак је остао Србин и било је сеоских општина у којима су житељи остали истрајни у томе да са властима врше преписку на српском, упркос томе што је италијански био званични језик.

***

Бонапарта је вратио Далмацију Аустријанцима 1797. године. Међутим, она није дуго остала аустријска јер ју је Француска окупирала 1806. Без обзира на то што та окупација није дуго трајала, она је ипак имала извесног утицаја на Далматинце. Тај широки, отворени дух, који је нешто раније створила Француска револуција, пробудио је националну свест у земљи. Уосталом, и сами Французи признају словенски карактер овог становништва и у Зари издају званични билтен на српском језику.

***

На Бечком конгресу 1815. Далмација поново мења господара и поново постаје аустријска. У том моменту, Аустрија се сматра силом, помало италијанском, и навелико фаворизује „италијанизацију" нове провинције. Администрација, војска и нарочито свештенство, које се по природи ствари бори против православне цркве, усвајају италијански језик. Школе се налазе у рукама свештеника и оне су тако моћно средство италијанизације да образовани слој људи у Далмацији од 1815. до 1848. говори само италијански.

Године 1859. и 1866. Аустрија губи Ломбардију и Венецију и скоро у исто време бива принуђена да реформише свој политички систем. Тада се Далмација, раздвојена од земаља са којима је била веома дуго економски везана, приближава словенским земљама које је окружују. Истовремено, близина независне Србије има снажан утицаја на буђење националне идеје преосталог народа који је већином чисто словенски. Тако се формира српско-хрватска национална странка која се отворено бори за ослобођење и осамостаљење јужних Словена. Она настоји да свој циљ постигне најпре посредством књижевних заједница и путем штампе, а затим и на политичком терену. Ова странка је отворено непријатељски настројена према италијанској партији коју Беч подржава и охрабрује.

Без обзира на велике потешкоће и отворено непријатељство у владиним круговима, српско-хрватска партија односи победу и добија већину у Далматинском сабору. Она користи ову прилику да уведе српски језик у државну управу и отвара школе свих нивоа са наставом на српском језику. Данас се италијански посланички кандидати морају обраћати својим бирачима на српском језику!

Године 1910, по аустријском попису становништва, у Далмацији живи 645 506 душа, од којих су 610 669 Срби, а 18 018 Италијани, који, дакле, чине само 3% од укупне популације.

Међу 42 посланика Далматинског сабора само је један представник италијанске партије, док у Рајхсрату (Аустријски савезни парламент у Бечу од 1867. до 1918.) седи 11 посланика из Далмације и сви су Србо-Хрвати.

Што се тиче градова као што су Рагуза, Шибеник, Котор итд., који се у јавности представљају као чисто италијански, они јесу претрпели италијански утицај, што ни сами Срби не могу да порекну, нити то желе. Четири века доминација не могу а да не оставе неког трага. Али, и поред тога, велики број домаћег становништва сачувао је успомену на своје корене. Чак и Шибенчанин Николас Томазео, који се сматра једним од славних Италијана, себе сматра Србином и каже: „Нама, другим Србима, националне песме су јединствена школа где можемо учити о лепоти нашег језика".

Код Далматинаца је веома жива успомена на њихову стару отаџбину, изгубљену на Косову.

***

Готово нигде другде српски успеси у балканским ратовима нису били примљени са толико одушевљења као у Далмацији. Наиме, околне српско-хрватске земље од великог су значаја за живот становнике овог уског парчета земље, или, боље рећи, камењара. Овим другима пак веза са Далмацијом представља природан и преко потребан излаз на море.

Србији, Босни и Херцеговини потребне су луке да би извозиле производе са своје земље. Нарочито је за просперитет Србије, богате али мало искоришћене земље, потребна добро уређена трговачка лука. Хоће ли јој садашњи рат то донети? Срби се томе надају и они то заслужују! Али требало би да та лука служи и после овог периода. Треба да буде савршено организована и да са својим залеђем буде повезана добро опремљеним железничким везама. Луке Рагузе, Котора, Заре, итд. немају такве услове. Да би једна таква лука могла да се користи, потребно је извршити велике и скупе грађевинске и друге радове. Хоће ли Србија, после три рата, имати довољно материјалних средстава да поправи сву штету коју је претрпела, да се изнутра организује и да се, преко свега тога, још и упусти у посао толиких размера? Само је једна лука у тим крајевима добро опремљена, а то је Ријека.

Рекао сам да Италијани желе да запоседну далматинско приморје да би спречили југословенски притисак према западу. Бојазан од таквог будућег ширења Срба не изгледа основана. Ако се овај рат заврши повољно за Србе, они ће у потпуности или великим делом остварити своје националне тежње, а то је уједињење свих српских територија. Нимало их није брига да себи присаједине државе које им етнографски не припадају. Они су и сами сувише дуго живели под туђим јармом да би желели да такву муку наметну другима.

Они не траже никакву стратешку базу на Јадрану: Трст и Валона биће италијански. Они само траже луке које ће им служити за трговину.

Можда ће већ једног од наредних дана Срби и Италијани ратовати раме уз раме. Тако ће се успоставити прва веза између старе и моћне Италије и младе и храбре Србије. После рата, италијански здрав разум неће дозволити да се ратне заслуге неправедно расподеле и да се повреде српска осећања. Мало по мало, тако ће доћи до итало-српског савеза, који једног дана може постати неопходан како би се Јадран одбранио од једног новог притиска, који долази са севера.

15. јун 1915.

У СРБИЈИ
Писмо из Београда

Београд, 19. маја 1915.

Вратио сам се у Београд. Многе ствари су се промениле од моје последње посете у октобру. Град је и даље под опсадом, али Београђани су се на то навикли. Делимично су поправили штету коју су им нанеле аустријске гранате прошле јесени, и организовали су свој живот у граду, иако им је он свакодневно угрожен. Наиме, Аустроугари настављају да бомбардују овај отворени град у коме нема војске, осим војника на одсуству. С времена на време, понека кућа се сруши од удара гранате 305 која усмрти неколико цивила, али јавност више на то не обраћа пажњу. На тераси препуног „Руског цара" гости коментаришу новинске вести, и не обазиру се на звиждање карактеристично за смртоносне пројектиле. Неки се кладе којом ће путањом ићи граната. Има нечег запањујућег и задивљујућег у стоичком држању ових људи!

Човек се пита зашто Аустроугари настављају да бомбардују овај отворени град, када сигурно знају да је њихово рушилачко оруђе уперено само против цивила. Рекли су да неће гађати град, али сваки пут када се деси нешто непријатно по њих, они се свете Београду. Тако је пре неки дан један њихов пилот дошао у посету Београду. Пошто га је француска авијатичарска ескадрила најурила, он се вратио у Земун, који је и даље био на нишану српског топа, из кога је гађан. Једно шрапнелско зрно пало је на ову мађарску варошицу и убило једну жену. Одмах је започела жестока паљба по српској престоници. С времена на време, деси се да Аустроугари скупо плате за оваква бомбардовања, јер им Срби успешно узврате. Једнога дана, на пример, артиљерци краља Петра, изнервирани гранатама које су падале на Београд, почели су да гађају Земун, нарочито циљајући зграду која је служила као официрска кантина. Било је то у време ручка, и четрдесетак официра платило је животом непоштовање параграфа Хашке конвенције, којом се забрањује бомбардовање отворених градова.

У време мира, Београд је имао око 100 000 становника, док их је у октобру, у време моје прве посете, било једва 10 000. Данас их има најмање 40 000. Један велики број фабрика поново је почео да ради, тако да не недостаје ништа, осим дувана и цигарета. Држава држи монопол над дуваном, а аустријске фугасе запалиле су државну фабрику. Њено мало истурено одељење у Нишу не успева да испоручи довољно дувана, како би задовољило многобројне пушаче. Зато, сваки пут када се објави да стиже дуван, људи нагрну на трафике, али многи се врате празних руку.

Упркос рату, а можда и због њега, Београд је постао интернационални град, у који су послате многе санитетске и војне мисије. Могу се видети свакакве униформе, а збуњени конобари, који знају само српски језик, не умеју да одговоре када им Француз наручи „аперо" или када Енглез мирно затражи „виски енд сода". Остаје да се надамо да ови гости после рата неће заборавити пут до Београда, јер овај град са прелепом околином сада заслужује да се види.

Говорио сам вам о мисијама, али бих желео да посебно истакнем мисију америчког Црвеног крста, која је била прва страна мисија у главном граду. Њоме стручно управља др Рајан, цењени и врло познати лекар у Америци, који је раније водио једну сличну мисију у Мексику. Ова америчка мисија била је овде током целе аустријске окупације, и остала је да настави свој рад. Урадила је и више него што је био њен задатак: спречила је окупатора да приликом повлачења уништи неке делове града. Наиме, др Рајан је рекао Аустријанцима да, ако остваре свој план, он неће ништа урадити да спречи огорчене Србе да убију непријатељске заробљенике. Он је такође протестовао код команданта града, пуковника Шварца, против намере да се јавно изложи тело младића од 17 година кога су Аустроугари обесили усред Београда испред хотела „Балкан", у коме су његови официри обедовали. Овај младић био је оптужен да је припадао комитској банди, а његов леш остао је на вешалима 24 сата.

Београд и његова околина често су мета аустроугарских авијатичара, које у стопу прате авиони француске ескадриле. За неупућене, ове ваздушне битке у којима свуда около експлодирају шрапнели, правећи притом карактеристичне облике дима, прилично су узнемирујуће. Београђани, навикнути на ратне призоре, посматрају их са интересовањем, али без нервирања. У ствари, ово су за њих тренуци одмора од буке граната које падају на њихов град. Шта ли ће радити ови „посматрачи" после рата, када њихов град постане миран и сигуран?

1. јул 1915.

ПИСМО ИЗ СРБИЈЕ
Једно путовање на фронт

Крагујевац, 13. јуна /1915./

У последњем писму сам већ изнео неколико запажања са северног српског фронта. Данас ћу вам говорити о својим утисцима о стању морала који влада у јединицама које чувају обале Дунава од Београда па све до Прахова.

Према ономе што сам писао о нашем празнику Духовима, могли сте видети да упркос трогодишњем ратовању и изгубљеним животима многих њихових другова који су пали на бојном пољу, српски официри нису обесхрабрени. Једна од карактеристика српског официра јесте јака жеља за животом, мало ублажена словенском сентименталношћу. У сваком случају, он се не боји смрти и зна да јадиковање због губитака не служи ничему. Скоро сваки од њих изгубио је некога ко му је драг. Ретке су породице које нису завијене у црно, али то није разлог да ови храбри ратници не уживају у лепим пролећним данима.

Обичан војник се слично осећа. Сутра ће можда он пасти погођен метком, али то га не брине много. Простодушан, какав јесте, каже да ће погинути као јунак, а да ће његова највећа награда бити то што ће народни песници уз гусле опевати његове подвиге. Овде је реч о једном старомодном схватању оданости отаџбини!

Српска војска је уистину народна и демократска и, како се песма овде посебно цени, у војсци се такође пева. Војник пева док јуриша у напад, а често и умире певајући.

Без обзира што су углавном озбиљни, често се могу срести за забаву расположени официри, који се у тренуцима предаха надмећу са својим друговима са Западног фронта. Упознао сам једног младог попа при војсци, божанственог тенора, који је у стању да целе вечери забавља друштво.

На фронту сам такође упознао чувеног команданта Танкосића, чију су главу тражили Аустријанци у свом ултиматуму Србији. Провео сам с њим једно цело вече, и то баш у тренутку када су аустријске новине објавиле да је заробљен на руском фронту, прерушен у часну сестру. Можете да замислите колико се смејао због овога. Он је иначе занимљив човек. Још млад, средњег раста, нежан. Он је, оно што би се рекло, „леп момак", са извесном цртом женствености. Прек је и изузетно храбар, али, у суштини, то је један стидљив и благ момак, који снагу за своја безбројна јуначка дела црпи само из своје огромне љубави према отаџбини.

Овде сам такође видео и чувени Вардарски батаљон, „Вардарце", који су само у Смедереву претњом пушкама и бајонетима успели да заробе 2 600 Аустријанаца, да убију више од 1 000, и да протерају на другу страну Дунава 2 000 осталих. У самом батаљону било је само 18 погинулих и рањених. У њему се налазе само млади људи из Нове Србије, из околине Скопља и Тетова. Батаљон је изводио вежбе пред нама, изузетно прецизно и дисциплиновано. Када су завршили, сви војници и официри заиграли су коло, које је водио старешина чете, иначе бивши учитељ и бугарски комита. У овом рату је добио медаљу за храброст, а своју сабљу поносно носи на темњаку (каишу) који је на бојном пољу узео са сабље једног аустријског официра.

Обишли смо кампове са војницима другог и трећег позива. То су често права села са кућицама или колибама од грања које је чврсто побијено у земљу, и покривено земљом из које ниче трава. Свуда су водили рачуна о томе да се успешно сакрију од авиона. Војници су свој дом уредили тако да им буде што удобнији. Секирама, направљеним од комада граната, направили су намештај. Досетљиви и вешти војници успели су да направе чак и пећи за зиму, а куће су дезинфиковали кречом. Храна им је добра и обилна. Месо једу два пута дневно, а хлеб им је врло укусан.

Највећи број њихових команданата јесу резервни официри. Али они су већ толико дуго у рату да се човек пита није ли им војничко занимање постало главно занимање. Многи од ових људи представили су се овако: „капетан артиљерије и резервни професор Београдског универзитета" или „командант артиљеријског батаљона и резервни директор банке". На крају, упознао сам и једног изванредног команданта батаљона трећег позива, који је био чак „резервни" професор теологије.

Сви су доброг здравља, а свуда где сам био, распитивао сам се о здравственом стању људи и уверио сам се да се на фронту више не осећају последице епидемије тифуса, која је харала прошле зиме. Француске и енглеске санитетске мисије вакцинисале су војнике против колере, тако да им ова опасност више не прети.

Официри и војници на фронту жељни су ратних акција. Релативно дуго мировање им тешко пада, а „артиљеријски дуели" с времена на време нису им довољни. Са нестрпљењем очекују наредбу: „Напред!". Када се то буде десило, српски војник ће поново бити онакав какав је био на Јадру и Церу, на Руднику и на Колубари. Али зато, када уђе на непријатељску земљу, увек ће имати у виду да ратује против непријатељских војника, а не против стараца, жена и деце.

8. јул 1915.

ПИСМО ИЗ СРБИЈЕ
(*Од нашег дописника*)
Општа политичка ситуација

Крагујевац, 17. јуна 1915.

Ни даље нема војних акција. Неколико артиљеријских дуела, бомбардовање Крагујевца из авиона о коме сам вам причао у једном од мојих последњих писама, неколико размена пушчане ватре између ровова са обе стране Дунава, и то је све. Али, ако се војници мало и одмарају у овом тренутку, дипломате имају пуне руке посла који треба обавити. Управо ова дипломатска активност забрињава јавно мњење јер се баш у овом тренутку одлучује о најзначајнијим питањима за српски народ.

Бивши савезници, видевши да се рат одужио и да једино они нису успели оствare све циљеве којима су тежили, сада настоје да у рат увуку и земље које су до сада биле неутралне. Тако су привукли Италију да активно сарађује са њима. Румунија и Бугарска ће вероватно следити њен пример.

Међутим, међу народима који су ратовали од самог почетка и оних који су им се сада прикључили, постоји суштинска разлика: први се боре за своју егзистенцију, док други нису заинтересовани да се одмах и без размишљања умешају у рат. Ако и прихвате ризик да уђу у рат, они очекују да буду богато награђени. Отуда њихово упорно ценкање, како би од своје сарадње извукли највећу корист. Сасвим природно, они од којих се тражи услуга такође користе ову прилику да остваре што више својих националних циљева, од којих су неки у директном сукобу са националним циљевима једне од садашњих савезничких земаља, то јест Србије.

***

Италијанске претензије према Далмацији већ су узрујале овдашњу јавност. Међутим, Срби су брзо схватили да је сарадња са Италијом око заједничке ствари неопходна, чак иако треба да се плати великом жртвом. Осим тога, прикључивање целе Далмације Србији до сада је био само пусти сан, с обзиром да је земља и даље припадала хабзбуршкој круни. Коначно, са разлогом се каже да су Италијани одувек били опрезни политичари и да италијански народ воли правду, тако да треба рачунати да ће далматинско питање бити правично решено. Овај споразум ће омогућити формирање италијанско-српског савеза, обавезујућег за обе земље, како би се у будућности спречио притисак опорављене Аустрије и Немачке према северу.

Румунске претензије тичу се такође само области које су још у туђим рукама. Румуни желе, између осталог, да придобију Банат. Није спорно да је његов источни део насељен углавном Румунима, док је западни део, као и део према Београду, српски.

Румунија и Србија сада имају одличне односе и имају много разлога да их негују. Румунија неће хтети да се свађа са својим суседима и савезницима из 1913. године због парчета земље које јој етнографски не припада. Утолико пре што ће, ако буде сарађивала са Савезницима а они победе, добити друге, много важније области, у којима заиста има највише Румуна.

***

Оно што највише забрињава Србе, то су услови које, по писању њене штампе, Бугарска поставља, да би се борила на страни Савезника. Овога пута се не ради о територији која је под влашћу супарничког блока. Бугари траже парче српске земље: скоро целу српску Македонију, турске територије све до линије Енос–Мидија, и на крају Добруџу, коју су 1913. године освојили Румуни.

За све српске патриоте велико разочарење представља губитак наде да ће се све српске земље ујединити у „Велику Србију", али, на крају, то је само изгубљена нада. За разлику од тога, потпуно им је неподношљива и неприхватљива помисао да ће бити принуђени да предају скоро све што је освојено у два крвава рата. Није реч о томе да се они Бугарима супротстављају једним апсолутним и категоричним *non possumus*. Они искрено желе да се договоре са својим суседима, како би и једни и други могли коначно да живе у миру једни поред других. Бугарска ће, са своје стране, морати да покаже добру вољу. Не треба да заборави да није Србија та која је започела Други балкански рат. Бугарска је та која је направила грешку када је напала своје дојучерашње савезнике. Вођена лошом проценом ситуације и погрешним калкулацијама, на крају је поражена. Ко разбије чашу, тај плаћа. Тако је и земља цара Фердинанда морала да плати штету својим противницима.

***

Бугарска данас верује да је ово прилика да поврати све што је изгубила, једним великим делом на штету Србије. Зато врши притисак на Србију, посредством сила Тројне антанте. Да ли ће оне пристати на ову игру? То изгледа мало вероватно, јер оне не заборављају да је Србија била верни савезник, која је, упркос појединачним понудама за мир, наставила да се бори за заједничку ствар. Осим тога, савезници знају врло добро да ће Срби, ако Србија остане без свеукупних плодова њених претходних победа, само гледати како да се спреме за нови рат, а Савезници ће одмах изгубити њихове симпатије. Тројна антанта такође зна да Србија страхује да ће, ако буде принуђена да преда целу јужну Македонију Бугарима, изгубити саобраћајну везу са луком у Солуну, која јој је данас омогућена захваљујући савезништву са Грчком, а која јој је и те како важна за трговину.

Надајмо се да ће, у тренутку када се буду сводили рачуни, Русија, Енглеска и нарочито Француска, обезбедити правичан третман свом српском савезнику. И заиста, оне сада саветују Србији да учине уступак Бугарима у Македонији. Али, оне ће такође настојати да Софија схвати да су њени захтеви наведени у тамошњим новинама претерани и да ће, чак и ако све ово није тачно, бугарска сарадња увек бити богато награђена, утолико пре што ова земља до сада није пружила конкретну помоћ заједничком циљу савезника.

У Бугарској ће сигурно разумети и поштовати мудре речи Савезника. Бугарски народ је вредан и штедљив. Ако не буде претеривала у захтевима, Бугарска ће себи обезбедити дуг период мира и према томе просперитет и могућност да се индустрија и трговина слободно развијају. На Балкану има места за све. Велика Бугарска и велика Србија могу сасвим нормално да егзистирају једна поред друге. Чак је у обостраном интересу ове две словенске земље да живе у хармонији. Непријатељство може само да их ослаби, а мир може само да ојача позиције и једне и друге. Србија једино жели да се успостави ера искреног и пријатељског мира са њеним суседима, због чега је спремна да поднесе жртве. Нека Бугарска са своје стране уради то исто.

19. јул 1915.

АЛБАНСКО ПИТАЊЕ

Крагујевац, 28. јуна 1915.

На дневном реду је поново албанско питање, најпре због напада Албанаца на Србе, а затим и због заузимања Елбасана, Тиране итд. од стране Срба, због чега је јавност узнемирена, нарочито у Италији. Новине су објавиле чланке у којима се изражава забринутост у вези са овим догађајима. Сматрао сам да би било занимљиво видети шта о овом питању мисле надлежни кругови, па сам спровео једно истраживање. Овде ћу вам укратко изложити његове резултате.

За Албанију су, осим балканских народа, већ одавно биле заинтересоване и Аустроугарска и Италија. Аустроугарска је сматрала да је Албанија потребна због реализације германског „Drang nach Osten" („Продора на Исток"), а Италија ју је сматрала суштински важном за свој принцип „Mare nostro" („Наше море"), који се односи на Јадранско море. Србија, која се налази између ове две велике силе, бранила је принцип „Балкан Балканцима" и била је принуђена да се заштити од освајачких тежњи својих суседа. Зато је 1912. године закључила мировни споразум и савез са Бугарском. На основу одредби овог споразума, Србији је признато право на Албанију.

За време српско-турског рата, српске трупе су заузеле Албанију од Сан Ђовани ди Медуа до југа реке Шкумбе. Србија је скупо платила ову тешко извојевану победу. Међутим, Аустроугарска није дозволила земљи краља Петра да извуче корист из тога, јер се бојала да ће се Србија у економском и политичком погледу потпуно ослободити аустроугарског туторства. Зар јој запоседање албанске обале не би омогућило излаз на море, који јој је толико био потребан?

Дакле, ова сила је, у договору са Италијом, на конференцији у Лондону захтевала да се Србија повуче из Албаније. Том приликом је чак и трасирана граница нове кнежевине, по којој су све стратешке тачке остале у Албанији, упркос упорним молбама и притисцима који су вршили српски представници. Тако су градови Струга, Призрен и Ђаковица остали без одбране, на милост и немилост Албанцима. Осим свега овога, конференција је Албанији доделила и значајан број чисто српских села на обали Дрима.

Србија је морала да прихвати ову одлуку Европе, између осталог и зато што њен тадашњи савезник, Бугарска, ништа није урадила у њену корист, упркос изричитој обавези коју је преузела потписивањем уговора о савезништву.

Србија је уступнула, иако је већ унапред знала какве ће проблеме због тога имати. И није се преварила. Већ у септембру 1913. године Албанци, предвођени аустроугарским официрима и агентима, наоружани муницијом из Двојне монархије, извели су један опасан упад на српску територију. Србија је већ била извршила демобилизацију, тако да је на брзину морала поново да мобилише армију од 50 000 војника.

Српске трупе тада заузимају све стратешки важне тачке које су Лондонским миром додељене Албанији и ред се одмах успоставља. Али, Аустроугарска поново интервенише и захтева да се напусте те стратешке тачке које је српска војска заузела за само осам дана. Србија поново мора да се повуче. Она тада чини и више од тога: покушава да успостави добре односе са привременом владом принца Вида, али без успеха. Овај принц чак није ни обавестио Србију о свом ступању на престо, што уосталом није ништа чудно, с обзиром на то да свако зна да је овај владар у ствари само агент Дунавске монархије. Под његовом влашћу, у Албанији је владала потпуна анархија. Младотурци су подстрекивали албанска племена да међусобно ратују, а Аустроугарска их је у томе охрабривала, желећи да по сваку цену осујети извршење одлука Лондонске конференције, којима се Србији омогућује слободан излаз на Јадранско море преко једне међународне железничке линије. Таква је била ситуација у Албанији у тренутку када је избио садашњи рат.

Првих пет месеци Албанија је била мирна, али 9. јануара по старом календару у Тирани је одржан састанак револуционара централне Албаније, који су одлучили да се одазову на позив Цариграда на акцију против Србије.

Први напад код Морине и Врбнице изведен је 27. јануара. Скоро истовремено, албанске банде су извршиле упад код Охрида, али српске пограничне трупе успеле су да их потисну. Неко време револуционари нису предузимали никакве акције, и у том периоду је понуђено да се принц Кирил од Бугарске постави на албански трон, који је био упражњен од одласка принца Вида.

У априлу, Кара Саид-паша долази у Албанију са великим бројем аустријских официра, са којима организује племена за напад на Србију. Њихов циљ је да привуку српску армију на ту страну, како би Аустроугарима олакшали упад у Србију преко Мађарске и Босне. Потребан новац обезбеђује Аустрија, чији официри постају мухамеданци, како би стекли поверење Албанаца. У исто време, покушава се да се муслимански и католички Албанци помире. У том циљу, одржани су састанци са чувеним Принк Биб Додом и Акиф-пашом. Овим састанцима присуствовали су и Горкра Кичи, бивши министар принца Вида, и Фејси Беј, бивши гувернер Валоне и генерални секретар министарства унутрашњих послова истог принца. Главни центри антисрпске акције налазе се у Шкутарима и у Тирани.

Дана 12. маја уследио је нови напад Албанаца на граничну станицу између Растелице и Стеририце. Од тог тренутка па све до 26. маја вођене су битке на разним местима. Албанским бандама, наоружаним топовима и митраљезима, командују Аустријанци и Младотурци.

Српске трупе су 26. маја потпуно потиснуле Албанце и сломиле њихов отпор. Затим заузимају стратешке тачке које су важне за одбрану границе од нових напада, као и градове Елбасан, Тирану и Спас.

Да ли ова освајања Срби сматрају коначним? Могу да вам тврдим да не. Србија врло добро зна да ће о судбини Албаније одлучивати велике силе на следећој конференцији, а никако она сама. Ове силе ће одлучити да ли ће Албанија наставити да буде независна држава, или ће бити подељена. Уколико хоће да је доделе Србији, она ће овај поклон прихватити без одушевљења, јер из искуства зна да ће бити тешко и скупо довести у ред и цивилизовати ову земљу разорену ратовима између племена, од којих су многа и даље полудивља.

Недавни напади Албанаца довели су Србију у дилему да ли да своје границе оставе отвореним за албанске упаде, или да их задржи тако што ће заузети стратешки важне тачке. Она је изабрала овај други пут, али је била принуђена да се осигура против нових напада у две области: у долини реке Шкумбе и у Дримској долини, с обзиром на то да се центри за деловање против Србије налазе у Тирани и у Шкутарима, којима аустријски конзул редовно шаље новац, оружје, миницију, итд. Из истих разлога Србија је заузела Елбасан, Тирану и Спас.

Подразумева се да ће Србија, како би ефикасно бранила своје границе са те стране, бити приморана да дефинитивно задржи освојена стратешка места, која је узалудно тражила у Лондону, али нема никакве сумње да јој велике силе то неће одобрити. Она такође са разлогом верује да ће Албанија, ако нова конференција одлучи да јој одузме независност, припасти Србији, Грчкој и Црној Гори, и никоме више.

Дакле, влада краља Петра није окупирала албанске територије због тога што је то желела: то је била операција која је била неопходна како би се сачувале границе земље. Осим тога, с обзиром на то да су Аустријанци и Младотурци учествовали у подстицању албанских банди, ова операција је у директној вези са дешавањима на другим деловима ратишта.

10. август 1915.

ПИСМО ИЗ СРБИЈЕ
(*Од нашег дописника*)
Интервју са Живојином Дачићем

Крагујевац, 12. јула 1915.

Још памтимо меморандум који је аустроугарска влада послала 27. јула 1914. године, са намером да оправда свој ултиматум Србији. Овај документ је права оптужница против Народне одбране и против неких српских грађана и официра. Највише оптужби изречено је на рачун Живојина Дачића, директора Државне штампарије.

Хтео сам да већ данас покушам да утврдим историју овог случаја, или, боље рећи, директног изговора за ратни пожар у Европи. Обавио сам интервју са Дачићем и поставио му питања о ономе за шта га овај аустријски документ оптужује. Овај ватрени родољуб и популарни писац, који невероватно подсећа на кратковидог намесника, одговарао је на моја питања сасвим отворено и на најљубазнији могући начин. Укратко ћу препричати подужи разговор, а на важним местима ћу тачно навести речи мог саговорника.

Најпре сам га испитивао о формирању Народне одбране и о њеном првобитном циљу. Одговор је гласио:

„Дана 24. септембра (7. октобра) 1908. године српском народу је задат ударац у најосетљивију тачку његовог националног бића. Аустроугарска влада је непосредно пре тога погазила међународни уговор и анектирала Босну и Херцеговину, која јој је Берлинским конгресом привремено уступљена, под изговором да тамо успостави ред.

Ова анексија представљала је велику опасност по српски народ и његову самосталност. С обзиром на то да је Монархија од самог оснивања српске краљевине била непријатељски расположена према Србима, анексијом се нашла у још повољнијем положају да несметано кочи економски и културни развој Србије.

Сви су осећали да је анексија уперена против српске независности и сви су тражили начина да се супротставе овој опасности која би Србију довела у такав положај да буде приморана да прихвати оријашки рат који јој се наметао.

Сазване су седнице народне скупштине у Београду, Нишу, Шапцу, Ваљеву, итд. како би се расправљало о овом питању. Тада је донета одлука да се формира 'Комитет за народну одбрану', са циљем да у земљи организује снаге које ће се супротставити аустријској агресији."

На састанку у Београду, који је одржан у градској скупштини, изабран је комитет од девет чланова, међу њима и Ж. Дачић, чији је члан остао до данас.

„Што се тиче мојих активности у Народној одбрани, то је једино што је тачно у ономе што тврди аустроугарска влада", рекао ми је Дашић.

Комитет се састао 8/21. октобра 1908. да би био конституисан, и тада је утврдио следећи програм:

- удружење треба да ради на буђењу и јачању националне свести код српског народа;

- да регрутује и припреми добровољце за борбу;

- да прикупља добровољне новчане и друге прилоге, како би се обезбедила помоћ за потребе борбе.

- Како је Народна одбрана прихваћена у земљи?

- Са највећим одушевљењем у целој Србији. За мање од два месеца основано је 223 поткомитета и више од 200 придружених организација. Цела земља се ујединила под девизом: „Све за народ и отаџбину".

У поткомитетима су се налазили угледници из свих партија, професори, школски учитељи, представници добротворних и спортских друштава, итд. Добровољци су се масовно пријављивали, а помоћ је обилато пристизала. Основане су новине које су шириле пропаганду, као на пример „Народна одбрана" у Шапцу, „Прве жртве" у Ваљеву, итд. Сва штампа је једногласно подржавала заједничку ствар.

- Каква је била организација добровољаца и њихова обука?

- Видевши од самог почетка да противник има велику бројчану надмоћ, Народна одбрана је потражила добровољце и ван земље, како би их било што више. Приступиле су јој хиљаде чланова, а хиљаде њих упутили су своје понуде из Аустроугарске, Русије, Немачке, Бугарске, Турске, Грчке, Италије, Америке и других земаља, али већином из Русије и Италије.

Многи од ових људи имали су дирљиве разлоге за приступање. На пример, један бивши добровољац из турско-српског рата из 1876. године, написао је: „Иако сам прешао шездесету, спреман сам да пролијем своју крв за правду, против неправде. Осећам носталгију према вашим равницама и планинама и желим да у њима поново носим пушку на рамену".

Нисмо могли да прихватимо све добровољце. Они који су дошли право у Србију, били су подељени у чете и обучавани у Ћуприји.

Ту се налазила чувена комитска школа која се толико помиње у документу бечке владе. Иначе, Ћуприја се не налази у Јагодинском округу, како се тврди. Јагодински округ не постоји. Све што се радило било је отворено и јавно. Претили су нам ратом и ми смо се спремали за одбрану. Међу добровољцима из Ћуприје био је и Трифко Крстановић, који се помиње у овом меморандуму. Прихватили смо га, иако смо чули да се ради о агенту аустријске полиције. Могли смо овако да радимо јер нисмо имали шта да кријемо.

- *Како је Народна одбрана била организована?*

- Након признавања анексије Босне и Херцеговине од стране великих сила и изјаве српске владе од 18/31. марта 1909. да њена права нису повређена, укинут је и први циљ Народне одбране. Добровољци су отпуштени, а поставило се и питање распуштања самог удружења. Међутим, оно је народу било постало потреба, тако да је главни комитет донео одлуку да га реорганизује и да га преиначи у удружење за културни и економски препород. У ствари, било је јасно да народу недостаје образовање. Дакле, нови циљ Народне одбране био је: 1. организовање интелектуалне пропаганде; 2. борба против политичких размирица; 3. организовање конференција од стране учених људи; 4. јачање националних осећања; 5. спорт; 6. пропагирање хигијене; 7. унапређење пољопривреде.

Тако је Народна одбрана престала да буде инструмент за рат и постала средство за просвећивање народа.

- *Јесте ли имали јавна предавања?*

- Ја сам сељачко дете и сваки пут када сам одлазио у своје село запрепастило би ме то колико је сеоско становништво неуко и неупућено у најновија достигнућа, што је нанело штете њима самима. Прионуо сам на посао и основао народне новине, како бих остварио везу са сељаком.

(Дачић је свуда био добро прихваћен. Са истим циљем путовао је у Босну, Хрватску, Славонију, Срем, Банат, па чак и у Беч, Будимпешту, Загреб и Сарајево. Сва предавања која је држао била су јавна, и с обзиром на то да нису имала политички карактер, полиција их никада није ометала.

Међутим, аустроугарске власти нису благонаклоно гледале на Дачићева шетања тамо-амо и покушавале су на све начине да их онемогуће. Ишле су чак дотле да их забрањују, због страха од могућег избијања скандала.)

- *Јесте ли држали конференцију у Карловцима?*
- Био сам и у Карловцима, у Срему.

(Пре Дачићевог одласка, аустријско посланство у Београду протурило је вест да ће бити ухапшен у Мађарској, али он је ипак отишао. Упркос томе што је полиција препоручила да се не излази на улице јер је предавач дошао да подигне устанак, одушевљено становништво му је приредило дочек. На одржаној конференцији полиција није нашла ништа због чега би је забранила.)

- Не сећам се свих детаља, јер увек импровизујем конференције, али сам сигуран да сам изговорио ове речи: „да је неопходно да се сви Срби уједине у борби против неукости која је погубна за цео људски род". Изненадило ме је то што су ове речи добиле сасвим други смисао у свести аустријских владајућих кругова, приписујући им политички карактер.

- *Јесте ли упутили апел српском народу?*
- Меморандум ми приписује један апел који сам српском народу послао 8. априла 1909. године, у коме сам наводно Аустрију означио као непријатеља Србије и да сам Србе позивао на борбу против Монархије. И поред тога што је аустријска влада потрошила огромне суме новца на агенте

који ме прате, како у Србији, тако и ван ње, они су сваки пут лоше обавили свој посао. Како би другачије једна лаж у коју се толико верује могла да нађе места у једном званичном документу! То не могу да схватим.

Никада, ни у једној прилици, нисам послао апел политичке природе српском народу, али на захтев пријатеља, за време мог боравка у Бањи Ковиљачи у јулу 1909, одржао сам једну конференцију о општој ситуацији у којој се налази наш народ. Тада сам изнео мишљење да је Аустрија непријатељ независне Србије и да морамо да будемо спремни да бранимо нашу отаџбину.

- Јесте ли познавали Чабриновића, извршиоца Сарајевског атентата?

- Недељка Чабриновића сам врло добро познавао. Он је типограф, и примио сам га у Државну штампарију после балканских ратова, у којима је учествовао. Запослио сам га јер су ми били потребни радници. Осим тога, био ми је симпатичан јер се заједно са нама борио у два рата. Чабриновић је био веома добар типограф.

За разлику од њега, врло сам слабо познавао Принципа. Аустријска влада тврди да су ова два младића дошла код мене да ми траже оружје и да им дам упутства за извршење атентата. Они никада нису дошли код мене са том намером и сумњам да су на саслушању тако нешто рекли. Цела ствар ће се разјаснити после рата и сигуран сам да ће се свет запрепастити када се до краја открије какву је улогу у овоме имала аустријска влада. Можда се и варам, али сам дубоко убеђен у то. На крају, када се доноси суд о аустријским потезима, никада не треба губити из вида све афере које су претходиле сарајевској, као што су Загребачки процес, Фридјунгов процес, итд.

Нису ми позната политичка уверења Принципа и Чабриновића, али мислим да припадају Социјалистичкој партији. Они су били млади српски ентузијасти, врло осетљиви на сваку неправду коју су аустријске власти у Босни нанеле православном становништву. Такве ствари су их вероватно мотивисале на атентат, али одбијам да верујем да су деловали као агенти или инструмент у рукама некога другог.

Бечки и мађарски дворски кругови немају симпатија за убијеног престолонаследника Фердинанда, али ипак мислим да је атентат у Сарајеву само дело Чабриновића и Принципа.

- Јесте ли познавали Прибићевића?
- Прибићевића врло добро познајем. Он је мој лични пријатељ. Он и ја смо добили задатак да организујемо Народну одбрану у Србији. Служио је као официр у аустријској војсци, али био је принуђен да је напусти због свих неправди и понижења којима су били изложени он и његови другови у војсци Франца Јозефа. Поднео је оставку, која је прихваћена. Тек је после тога, пре 11 година, дошао у Србију и ушао у војску. Одлучно тврдим да Прибићевић ништа није знао о атентату у Сарајеву. О Цигановићу не могу ништа да кажем јер га не познајем.

18. август 1915.

ПИСМО ИЗ СРБИЈЕ
(*Од нашег дописника*)
Интервју са господином Н. Пашићем

Крагујевац, 27. јула /1915./

Био сам у Нишу, где сам имао част да дуго разговарам са господином Н. Пашићем, председником Министарског савета и министром спољних послова. Искористио сам ту прилику да му поставим одређен број питања у вези са тренутном политичком ситуацијом, на која је г. Пашић врло љубазно одговарао. За читаоце „Газете" изнећу укратко шта је изјавио овај истакнути државник.

Аустријске мировне понуде
Желео сам пре свега да сазнам да ли је Аустроугарска заиста понудила примирје Србији. Г. Пашић ми је потврдио да је посредством страних политичара бечка влада заиста понудила мир Србији, којој би заузврат била уступљена Босна и Херцеговина. Али, Аустрија је желела да склопи мир само са Србијом, што је она одбила, желећи да одржи реч коју је дала својим савезницима. Данас, Аустроугарска, која је постигла извесне успехе на руском фронту, демантује да је Влади у Нишу упутила овакав предлог. То је трећи пут како је она покушала да понуди мир свом противнику са ове стране ратног попришта.

Србија и Бугарска
Затим сам се распитивао шта председник Савета мисли о савезу са Бугарском. Он ми одговара да Србија жели савез са том земљом, али искрен и трајан савез, који неће бити раскинут као претходна три. Да би се тај циљ остварио, Влада Србије је спремна да поднесе одређене жртве. Ипак, то што Бугари сада траже је превише, заиста превише. Када би им Србија дала све што они траже, то би било равно њеном самоубиству. Али Пашић мисли да би, уз мало добре воље, суседна земља могла лако да постигне споразум са Србијом, којој таква воља не недостаје.

Итало-српска алијанса
Желео сам такође да чујем мишљење шефа српске владе око будућности и евентуалног итало-српског савеза. Његов одговор је био врло јасан. Србија је желела такав савез пре садашњег рата, а желеће га и после њега. Његово стварање у потпуности зависи од воље Италије. Ако се ова задовољи стратешки важним местима јадранског приморја и ако препусти Србима оне крајеве који су им потребни за њихов економски развој, краљевина Карађорђевића биће сигуран

и користан савезник Италијана, савезник којем ће она можда једнога дана бити потребна како би одбио нове нападе германских земаља са југа. Страх Италијана од руског туторства над Србијом није основан.

Србија и Албанија

На дневном реду је питање Албаније. Питао сам господина Пашића да ли је српска окупација те земље трајна или не. Он ми је одговорио да та окупација није никако коначна. Она је била неопходна јер Албанци нису мировали и вршили су упаде у српске територије, а Србија није могла да дозволи да неко други окупира њену земљу. Чим то буде могуће, Албанија ће бити издвојена, јер Срби желе независност ове државе. Ако велике силе одлуче да се земља подели, у том случају, Италија је већ за себе осигурала стратешки важан положај, Валону, која је за њу од пресудног значаја.

Албанија није много привлачан добитак, и Влада у Нишу из искуства зна да је то осиње гнездо које ће скупо коштати онога коме она буде додељена. Ако та држава остане независна, што Србима одговара, они ће закључити са Албанијом споразуме којима ће се Србији омогућити да извози робу преко албанских приморских лука.

Све у свему, председник Савета је потврдио идеје која сам вам изложио у мојим ранијим дописима.

Србија и Швајцарска

На крају, такође сам желео да сазнам шта господин Пашић мисли о будућим односима своје земље са нашом, и поставио сам му следеће питање: „Мислите ли да после овог рата проширите Ваше односе са Швајцарском отварањем посланства у Берну, на пример?" Одговор је био следећи: „Свакако. Наше две земље имају много сличности и додирних тачака. Обе су потпуно демократске. Многи српски државници, као што су Протић, Зелимировић, садашњи министар јавних послова Драшковић, актуелни министар финансија др Пачу, ја и остали, сви смо ми бивши студенти швајцарских универзитета. Ја сам лично, на пример, студент и дипломирани инжењер са циришког Политехникума. Много других Срба, професора, лекара, еминентних судија, као што су др Скерлић, професор, Слободан Јовановић, ректор Београдског универзитета, Чолак Антић, изасланик Србије у Софији, итд. стекли су своје универзитетско образовање у Швајцарској. Наш краљ је у Швајцарској научио да воли слободу: највећи део свог живота провео је у Женеви. Наш Устав је делом преписан од вашег. Нашу велику Радикалну странку основали су људи који су студирали код вас. После рата ћемо, више него икада пре, настојати да вам се приближимо, како у интелектуалном погледу, тако и у области индустрије и трговине. До сада се Аустро-угарска противила том приближавању и стварала небројене потешкоће како би онемогућила да наша роба стигне до Швајцарске. Наши трговински односи, међутим, почели су да се развијају пре балканских ратова, захваљујући ангажовању нашег конзула Петровића у Женеви, али смо били приморани да користимо заобилазни пут преко Италије, јер нас Аустрија није пуштала да прођемо. После победе Савезника, ствари ће се променити. Наше две демократске земље узајамно ће гајити стабилне, и убеђен сам, врло срдачне односе".

23. август 1915.

ПИСМО ИЗ СРБИЈЕ
(Од нашег дописника)

Крагујевац, 4. августа 1915.

У интервјуу који сам вам послао, господин Пашић је најавио будуће трговинске односе између Србије и Швајцарске. Без обзира што се још не може предвидети крај рата, није наодмет да се већ сада размишља о будућим односима између две земље.

Србија је земља која има природна богатства. Међутим, она још никада није имала велике користи од њих, јер нема луке за извоз поморским путем, али и због тога што јој је њен моћни сусед, Аустроугарска, блокирао извоз преко копна. Још се сећамо чувеног Свињског рата! Беч и Будимпешта присиљавали су Србе да Аустрији, а нарочито Мађарској, по сниженим ценама продају робу коју су затим препродавали у другим удаљенијим земљама, како би сами што више зарадили. Трговци из Двојне монархије извозили су неке српске производе, као на пример шљиве, као мађарски или аустријски производ, по ценама много вишим од оних по којима су купљени у Србији.

Разумљиво је да у таквим условима пољопривреда и индустрија нису могле да се развијају у оној мери у којој богатство овог земљишта то нуди. Навешћу само један пример: упркос великом броју свиња које се у земљи гаје, постоје само две фабрике за израду производа од свињског меса (саламе, шунке, итд.) које врло мало извозе, или, боље рећи, врло су мало извозиле пре рата, и то скоро искључиво у Аустроугарску.

Српски народ се са правом нада да ће крај рата донети дубоке промене што се тиче привредног развоја. Велика Србија ће морати да нађе начина да обезбеди средства како би извршила неопходну реорганизацију у земљи. Зато најпре треба створити националну индустрију и интензивирати експлоатацију пољопривредних производа.

Поред рударских производа, као што су бакар, злато, итд., Србија би могла у наредним годинама да извози најважније прехрамбене производе: кукуруз, пшеницу, пасуљ, суве шљиве, говеђе и живинско месо, прерађевине од свињског меса... У нашој земљи нема довољно ових производа и морамо да их увозимо, често по високим ценама. Потписивањем једног повољног трговинског уговора са Србијом, што би она сигурно врло радо прихватила, могли бисмо да увозимо веома квалитетне српске производе по повољним ценама, преко Босне и Италије.

Заузврат, наша индустрија ће тиме добити прилику да развије своје активности на српском тржишту. Србија је до сада увозила углавном преко Аустроугарске, и у једној много мањој мери преко Немачке. Јасно је да ће после овога рата она настојати да избегне увоз из ових земаља. Међутим, не треба веровати да у будућности никаква роба из ова два централна царства неће ући у земљу краља Петра. Јефтини производи ће увек наћи пут до купца! Али то није разлог да велики део српског тржишта не остане слободан за друге. Швајцарска, којој је српски народ веома наклоњен, моћи ће да нађе своје место на њему. С обзиром на то да не производи ни машине, ни електричне апарате, ни сатове, ни чоколаду ни везене тканине, Србији ће бити у интересу да на свом тржишту понуди све ове изванредне производе.

Увоз из Швајцарске допринео би да се српско тржиште ослободи робе лошег квалитета, увезене из Беча, Будимпеште и Берлина, којом је преплављено, као уосталом и сва тржишта на Истоку. Они који путују у ове крајеве шокирани су лошим квалитетом увозне робе која се продаје у локалним дућанима.

Србија ће моћи да се обрати Швајцарској да јој организује хотелијерски сектор, који је до данас остао неразвијен. Он има велике могућности за развој, јер осим што има много занимљивих места, Србија обилује и веома делотворним лековитим водама. Коначно, људи овде добро знају за швајцарску пољопривреду и виноградарство, тако да је врло могуће да ће Срби од наших произвођача сирева и вина тражити савете како да рационално искористе ова своја природна богатства.

***

Послали су ми деманти аустроугарског посланства у вези са два пасуса из два моја чланка објављена у вашем листу. Истински сам љут што морам да реагујем на овај деманти.

Што се тиче случаја Смедерево, Срби су ангажовали два батаљона трећепозиваца који су се од раног јутра тукли са шест батаљона шесте бригаде аустроугарских трећепозиваца (*landsturm*), којима је командовао генерал-мајор Мразек. Чувени напад бајонетима одиграо се у поподневним сатима, а извео га је Вардарски батаљон, који је дошао да помогне браниоцима Смедерева. Аустроугаре је изненадио овај неочекивани напад и трупе на које нису рачунали, тако да су Вардарци заробили 2 000 војника, од којих већина нису били рањеници. Међу њима је и 20 официра, од којих два пуковника. Заробљеници су овде и њихов број се може израчунати: 504 Аустријанца убијена су на земљи, из воде је извађено 50 тела, а велики број војника однео је Дунав. Многе рањенике су њихови другови пренели на другу страну Дунава. Будући да обично има више рањених него погинулих, бројка од „више од хиљаду" коју сам ја дао као укупан збир рањених, сигурно није претерана.

Срби су имали укупно 85 погинулих и 200 рањених, али то су углавном били „старци" из трећег позива. Вардарски батаљон имао је само онолико жртава колико сам навео у писму.

Што се тиче погибије аустроугарских официра за време бомбардовања хотела у Земуну, видим да се овим демантијем управо признаје да је један хотел оштетила српска граната. То је управо онај хотел у коме су официри обедовали, а граната га је погодила баш у време ручка. Срби такође имају своје начине да сазнају шта се дешава на другој страни и не знам зашто ја „не бих веровао ономе што ми кажу моји српски пријатељи", утолико пре што се ради о озбиљним и заслужним официрима. Радије ћу веровати њиховим речима него неким аустроугарским саопштењима, за које сам се својим очима уверио да су лажна. Поменућу само једно од њих: оно у коме се говори о бомбардовању Крагујевца од стране аустро-немачких авиона, а које је у потпуности нетачно.

Питаћу оне који оспоравају моје речи: да ли је и бомбардовање отвореног града Београда, одмах на почетку рата, представљало одговор на српско бомбардовање мађарских отворених градова?

11. септембар 1915.

ПОНОВО О АЛБАНСКОМ ПИТАЊУ
(Од нашег специјалног дописника)

Крагујевац, 16. августа 1915.

Добио сам три дугачка чланка доктора Туртулиса, које је објавио Ваш цењени лист. Како се у њима демантују неки наводи из мог дописа о Албанији, сматрам да је неопходно да исправим бар неколико тврдњи господина Туртулиса.

Наиме, он тврди да Србија жели да анектира Албанију. Да ли је он прочитао мој чланак? Дословце сам рекао: „Да ли ова освајања Срби сматрају коначним? Могу да вам тврдим да не. Србија врло добро зна да ће о судбини Албаније одлучивати велике силе на следећој конференцији, а никако она сама". Од тада сам имао прилике да о албанском питању дуго разговарам са господином Пашићем, који ми је потврдио да је апсолутно тачно оно што сам рекао у вези са тим.

Штавише, председник Министарског савета ми је потврдио да Србија нема ама баш ништа против независне Албаније, али истински независне. У том случају, закључила би трговински уговор са овом земљом, како би преко ње могла да извози своје производе.

Овакво је становиште Србије у погледу албанске независности. Дозволите ми да сада додам неколико личних размишљања о независности Албаније.

Нико не пориче постојање Албанаца, као народа, и, као такви, они имају право на своју независност. Међутим, није довољно само дати независност једном народу. Он мора да буде у стању да се њоме ваљано и одговорно служи, јер у противном може да се понаша непромишљено, и да представља озбиљну опасност за своје суседе. Елем, да ли је албански народ у стању да се на прави начин служи својом независношћу?

Пре свега, албански народ се не налази тамо где су Аустроугарска и Немачка хтеле да га сместе, то јест у Дебру, Призрену, Ђаковици, Пећи и Охриду. Наравно, Албанаца има и у тим крајевима, али већина становништва је друге националности. Тамо живе Македонци и, највећим делом, Срби. Албанско становништво насељава југ и запад ове линије.

Затим, познато је да се Албанци деле на Геге (становници севера) и Тоске (становници југа), за које Грци тврде да су албанизовани Грци. Свака од ових група дели се на племена, а скоро сва племена одвајкада воде отворени рат између себе. Разлог за то су крвна освета којој често прибегавају, као и отимање стада другим племенима. С обзиром на то да је земљиште највећим делом сиромашно и неплодно, они су принуђени да краду једни од других како би опстали. Потреба да се бране од суседа огледа се чак и у архитектури насеља у многим деловима земље, која личе на права одбрамбена утврђења.

Као што сви знају, ови унутрашњи ратови нису престали ни за време владавине принца Вида, када су Албанци ипак добили независност и прилику да покажу да ли су способни да сами управљају својом земљом. Нису је искористили, већ су, напротив послали у свет слику о земљи у којој влада потпуна анархија. Да ли се онда треба чудити што су многи људи и даље скептични у погледу независне албанске управе у овој земљи?

Доктор Туртулис говори о албанском националном покрету. Разумем осећања Албанаца који би желео да су његове жеље исто што и стварност. Али, као објективни посматрач, ствари видим другачије. Никако се не би рекло да су побуне инспирисане неким покретом за идеале; оне су пре изазване материјалним разлозима. Сваки пут када би Турци хтели да искористе своју власт, неки Албанци би се побунили. Кажем „неки", зато што никада није било општенародних побуна. Некад би се побунило једно племе, некада неко друго. Тако су „Чувене револуције" од 1910. и 1912. године биле само побуне против владавине Старотурака, које су подстицали Младотурци како би збацили власт из Цариграда. Војне експедиције Џавид-паше и Шефкета Тургута доказују такође да ови револуционарни покрети нису имали општи карактер, јер су били упрени против Љумиота, житеља Љуме и његове околине.

Што се тиче наводне захвалности албанског народа за повластице које су добили, др Туртулис мора признати да су им оне дате пре горенаведених експедиција и да датирају из периода реформи из 1903. и 1904. године, када су их добили сви народи у оквиру Османског царства, не само албански.

Међутим, Албанци никада нису искористили своје право да отворе своје националне школе. Неколико постојећих школа биле су институције страних религиозних мисија. С обзиром на то да су постојале две струје, нису могли да се определе између латинског и турског писма, а најжешћи рат по овом питању водио се управо 1910. и 1912. године.

Комисија за реформе је такође свим народима дозволила да имају своје државне чиновнике. Такође је донела одлуку да приход сваког турског вилајета најпре буде употребљен за његове потребе, а да само вишак иде у Цариград.

Што се тиче служења војног рока, после доношења Устава, по коме су сви, па чак и хришћани, дужни да га служе, у турском парламенту се водила расправа о томе да се хришћани не шаљу у Азију, због климатских услова на које нису навикли. Ово питање није ни до данас решено, јер парламент још није изгласао закон.

Ваш повремени дописник жали се да је за време српско-турског рата Србија продрла у Албанију. Али, у то време, колико ја знам, Албанија је још увек била део Османског царства, тако да су Срби са пуним правом могли да уђу у непријатељску земљу и да освоје један њен део. Да ли су се Немци устезали да продру у Пољску, чији су становници имали бар исто толико права на своју независност колико и Албанци?

Није истина да су Албанци пријатељски дочекали Србе. У прилог томе изнећу следеће чињенице: једна цела дивизија Албанаца, којом је командовао Мехмед-паша Девала, пореклом из Тетова, налазила се у Куманову. Код Новог Пазара и Приштине било је 20 000 Албанаца, којима су командовали Иса Бољетинац, Бајрам Зувет и остали албански заповедници. Најкрвавије битке које је Трећа српска армија водила код Феризовића (касније Урошевац, близу Косова) као и Ибарска војска код Новог Пазара, водиле су се управо против Албанаца.

Аутор овог чланка пориче да је Аустрија имала интереса да Албанију супротстави Србији, и жели да је прогласи заштитником права на националну територију, ону исту

Аустрију која је анектирала Босну и Херцеговину, где живе само Срби и Турци! После тога, у даљем тексту и сам признаје „да су Аустрија и Италија имале посебне разлоге да охрабрују и надгледају стварање независне Албаније. Свака од њих се плашила да ће ова друга заузети албанску обалу".

Шта сам ја, дакле, рекао у свом допису? „За Албанију су већ одавно, осим балканских народа, биле заинтересоване и Аустроугарска и Италија. Аустроугарска је Албанију сматрала потребном због реализације германског '*Drang nach Osten*' ('Продора на Исток'), а Италија ју је сматрала суштински значајном за свој принцип '*Mare nostro*' ('Наше море'), који се односи на Јадранско море. Србија, која се налази између ове две велике силе, бранила је принцип 'Балкан Балканцима' и била је принуђена да се заштити од освајачких тежњи својих суседа".

Аустроугарска је одиграла активну улогу у албанским устанцима против Србије. И сам др Туртулис каже да Албанија нема фабрике као што су „Круп" или „Шнајдер", које би производиле пушке и топове. Одакле онда долазе све те пушке, митраљези и остало наоружање са муницијом, које су српске трупе покупиле свуда где су им албанске банде допале руку? Овај „доказни материјал" налази се у Србији и може се видети. Наиме, он носи аустријска обележја. Осим наоружања, ни одећа, документи и остало што се могло наћи на телима неколико побуњеника не потичу из Драча, Елбасана и других градова, већ из Двојне монархије, укључујући и документа. Осим тога, веродостојно и по правилима забележене изјаве многих Албанаца сведоче о активној сарадњи аустроугарских поданика и Младотурака у „ослобађању Албаније".

Кривица је сваљена и на Комисију за разграничење са Албанијом. Имам задовољство да добро познајем једног од чланова ове комисије са којим сам често разговарао о овом питању. Он је убеђен да ни немачки ни аустријски ни италијански, па чак ни енглески комесари нису „мало фаворизовали Србе". Целом дужином обале Дрима, почев од Лукова па скоро све до Дебра, налазе се села са искључиво српским становништвом, која су ипак припала Албанији. Тачно је да на српској територији има Албанаца, али њихова села су са свих страна окружена великим бројем српских насеља. У целом тетовском крају, за који се сматрало да има највише Албанаца, једну трећину чине Албанци, а две трећине Срби.

Устанак из 1913. ни по чему не представља унутрашњи проблем Србије, и потпуно је погрешно мислити да немири потичу из крајева које је Србија припојила. Они су настали у области Мата, усред Албаније, коју Срби никада нису окупирали, па чак ни 1912. Ту је Ахмед из Мата са осталима организовао удар, и одатле је кренуо, предводећи 5 000 људи из овога краја. Кренуо је ка Пишкопији, а када је стигао испред града, који је бранила само половина српске чете, Албанаца је већ било око 2 500.

Свиђало се то др Туртулису или не, Албанци су напали Србе 27. јануара, у Морини и Врбници. Првог фебруара завојевачи су били на Ћафасану код Охрида. Оно што се стварно десило јесте још и напад на граничну станицу између Растелице и Стировице, дана 12. маја. Могуће је да господин Туртулис о овоме није био обавештен, а ја се налазим у главном штабу српске армије која, претпостављам, зна шта њена војска ради. Списак српских војника који су погинули у овим окршајима може се лако доставити мом опоненту.

И, на крају, не пропушта се прилика да се Србија опет оптужи за зверства почињена у Албанији. Требало би да доктор Туртулис, који сигурно чита на турском, прочита шта је о понашању српских трупа у Албанији речено у цариградским новинама „Ikdam", пре закључења мира и током српске окупације Албаније. Истина је да су за време устанка од 1913.

године Срби морали да униште два или три села, што они никада нису порицали. А зашто су морали то да ураде? Зато што су се Албанци тамо склонили, и упркос наредбама да се предају, они су наставили да пружају отпор српским трупама. Познато је каквом се жестином Албанци туку, а овде подсећам са колико се срџбе и беса протестовало у Швајцарској због масакра који су починили Арнаути (Албанци) над хришћанима. Уништавање села у току рата понекад представља нужно зло, а сами починиоци се не могу оптужити за свирепост. Или можда треба оптужити и Французе за свирепост, када су били приморани да униште Каренси и још неколико села, како би их преотели од Немаца?

18. септембар 1915.

ПИСМО ИЗ СРБИЈЕ
(Од нашег дописника)
Српска схватања и осећања

Крагујевац, септембра 1915.

Ових дана људи само причају о ноти коју је Антанта упутила српској влади и можда нешто мало о руском повлачењу, и ни о чему више. Још се не зна шта ће Скупштина одговорити на овај захтев. То ће се знати тек за неколико дана, јер се српски парламент још није изјаснио по овом тешком питању.

Дакле, не могу вам рећи у ком смеру ће се кретати тај одговор, али би можда било занимљиво знати шта сам о томе чуо у најразличитијим срединама. Није баш сасвим јасно шта Савезници траже од Србије и шта јој нуде као компензацију, ако јој нешто нуде. Међутим, сигурно је да Четворострука антанта, да би увукла Бугарску у рат, захтева од Србије да уступи велики део српске Македоније Бугарској. Изгледа да жели да Бугарској дâ Македонију, од Криве Паланке, преко Штипа, Велеса, Прилепа, Охрида, што подразумева сигурно и Битољ и Ђевђелију. Ова линија је отприлике исто што и гранична линија која је утврђена српско-бугарским споразумом од 1912. године. Али, све ове крајеве освојила је Србија, и то платила крвљу својих најбољих синова. Била је принуђена да се бори против свог савезника кога је на крају потукла, и који је морао да плати свој пораз територијом која му је најпре била додељена. Зар њена реституција не би била нека врста признања да је Срби неправедно држе?

Бугари су одувек били размажена деца Русије и Енглеске. Ове две велике силе и даље се тако понашају према њима, упркос томе што је Влада краља Фердинанда чинила све да омета Савезнике у њиховој борби, а пре свега тиме што је дозволила да муниција, немачки официри и војници, који су кренули да се боре заједно са Турцима, прођу преко њене земље, и тиме што није спречила своје комитске банде да врше нападе на Србију, једну од савезничких земаља.

Осећања Срба вређа помисао да њихови лични савезници на овај начин награђују свог старог противника. Тај противник је до сада увек фаворизовао садашње заједничке непријатеље, и то увек на штету оних који су одувек били достојни поверења својих савезника.

Штавише, када се Италија прикључила Антанти, она је од ње тражила гаранције и захтевала да јој се обећа Далмација и независност Хрватске. Ове земље су суштински југословенске, и када би се применило начело са почетка рата – поштовање и аутономија народа – оне би по природи ствари припале Великој Србији. Али, помоћ Италије је била неопходна, а њени услови су били изричити. Србија се помирила с тим да мора да се опрости од свог лепог сна. Исто се десило и са Банатом, који је Румунија тражила као цену за улазак у рат.

Дакле, циљ је да се Србији стави до знања да не очекује да ће добити територије на које има право по основу етничког састава, али које су и даље у туђим рукама. Исто тако, настоји се да се Србији одузму територије које јој припадају, и које је платила својом крвљу.

Изгледа да се Србији нуди територијално проширење, али оно се односи само на територију која још припада Аустроугарској. Дакле, победа није извојевана, и сада Србија располаже територијом која у ствари још није њена. Истина је, додуше, да Савезници кажу да ће Србија дати своју Македонију тек после победе и тек пошто јој се дају крајеви који су јој обећани. Међутим, ово је страховито опасна игра. Будући нису добили оно што желе мирним путем, Бугари ће напасти Србе који су на измаку снага после три узастопна рата, окупираће Србију, а великим силама Антанте ће рећи: „Ви сте вашом понудом признали да је Македонија наша, и не можете да нам забраните да је узмемо".

Поред тога, ако Србија и добије проширење, да ли те територије вреде онолико колико и Македонија? Босна, Херцеговина, Далмација, све планинске земље, нису толико вредне колико долина Вардара, Штип, итд. У овим долинама се гаје житарице, пиринач, дуван и опијум. Ово су изузетно богати крајеви, који ће бити још богатији када примитивне аграрне методе буду замењене модернијим.

Не треба заборавити ни то да ће бугарска окупација Македоније, онако како је то Антанта предложила, одвојити Србију од Грчке. Имали право или не, Срби сматрају да је за равнотежу на Балкану неопходно да њихова земља буде повезана са Грчком.

Предлогом Савезника о уступању територија обухваћен је и град Прилеп, у коме се налази гроб Краљевића Марка, српског националног јунака, где српски народ иде на ходочашће. „Шта ће рећи наши храбри војници када буду сазнали да наши савезници хоће да нам узму гроб Краљевића Марка? То ће их у сваком случају разочарати", рекао ми је пре неки дан један бивши министар и ватрени родољуб.

На крају, ако Србија и пристане на територијалне уступке, хоће ли Бугари тражити још више?

Што се више једе, то апетит више расте, а искуство нам говори да је апетит Бугара огроман.

Треба додати и то да многи Срби који су упућени у развој догађаја гаје одређене сумње у ефикасност помоћи коју су Бугари пружили Савезницима. Између свог пораза и избијања Европског рата, они нису имали времена да се снабдеју наоружањем. Како су онда могли да пробију линију фронта код Чаталце, а да нису тражили од Савезника да им пошаљу муницију? У сваком случају, Бугарска ће зналачки искористити свој положај у коме се тренутно налази и у коме је велике силе Антанте „моле"; и биће у праву, јер не дешава се свима да „спасавају ситуацију".

То је оно што јавност у Србији мисли о захтеву Антанте. Она сигурно има своје аргументе којима може да се супротстави оваквом размишљању. Што се мене тиче, у овом писму сам хтео само да саберем оно што сам чуо у српским круговима, надајући се да ће Антанта и Србија наћи начина да се договоре, на обострану корист.

28. септембар 1915.

ПИСМО ИЗ СРБИЈЕ
(Од нашег специјалног дописника)

... септембар, 1915. године

Још увек влада неизвесност око тога како ће српска влада одговорити на захтев Антанте, али, по свему судећи, реаговаће помирљиво, и Србија ће још једном своје интересе подредити интересима Савезника. Али, оставимо овога пута политику по страни, и причајмо мало о народу и о овој земљи, која је већ тако дуго у рату.

Данас је празник. У цркви ће се после редовне службе молити за успех савезничких армија. Предиван летњи дан, иако се већ осећа долазак јесени. Црква је пуна људи, тако да су напољу остали многобројни житељи околних места, међу којима има највише жена. Уосталом, на ливади испред цркве има и много официра, па и официра главног штаба, као и страних војних аташеа. Не верујем да им је због тога нелагодно, јер је сигурно много пријатније попушити једну добру „Бајновац" цигарету у хладу липе, него хабати своје панталоне на каменом поду прегрејаног храма.

Звона почињу да звоне. Молитва је завршена. Људи полако излазе из цркве и пуне крагујевачке улице. Како је необична разнобојна одећа српских сељанки! Већина их носи црне мараме на глави, што значи да су у жалости. Да, највећи број српских градских или сеоских кућа има некога кога оплакује. Ретки су они којима трогодишњи рат није узео неког драгог члана породице. Има чак и потпуно угашених породица: пре неки дан видео сам једног несрећног старца који је од октобра 1912. године сахранио седморицу својих синова, четири зета (ожењени његовим сестрама) и двојицу зетова који су били ожењени његовим ћеркама. Али, душа српског сељака је неуништива: ову часну старину несреће нису дотукле. Он наставља да обрађује свој комадић земље, без роптања. То не значи да не жали за својом децом. Он их жали у себи, да нико не види. Недељом иде на гробље да запали свећу свом најмлађем сину, момчићу од 18 година, добровољцу, који је био рањен и који је умро у крагујевачкој болници. Када дође јесен, ако му радови у пољу то буду дозволили, отићи ће до Ваљева да на хумку своја два сина пободе тробојке. Он више нема своју децу, али има своју земљу, Србију, и према њој је усмерио сву своју љубав. „Кажите, господине, је ли тако да Швабе никада више неће узети нашу Србију?" питао ме је забринуто.

Српски народ се помирио са судбином. Три године ратовања, беда и многобројни изгубљени животи научили су га да жалопојке не служе ничему. Док његова војска спремно очекује сваки нови напад, жене, деца и старци раде у пољу и код куће, да војницима обезбеде довољно хране и осталих потрепштина, али и да припреме земљу за будућност. Јер, рат ће морати једног дана да се заврши, и када се сељак после дугог одсуства врати са фронта, не треба да затекне уинирану кућу и коров на својим њивама.

То је сигурно тежак посао, јер су код куће остали само старци, жене и деца. Слабашне старачке или још нејаке дечје руке не могу да обављају послове који изискују снажне руке мушкараца, који у овом тренутку чувају границу. Они који су боравили у Србији у ово трагично време никада неће заборавити призоре на које су свуда могли да наиђу: дечака од осам година, па и мање, како води пар волова и оронулог старца, жену или младу девојку, како држе плуг и како грудима гурају ручице, да би плуг правио што дубље бразде.

Колико има сеоских кућерака у које се очеви више неће вратити! У њима једино мајка брине о деци која, без обзира колико су мала, морају да раде као да су одрасли мушкарци. На сву срећу, у Србији има пуно деце, тако да ће за неколико година ови малишани заменити оне који су пали на Јадру, Церу, Мачковом камену, Гучеву, Руднику или на Колубари.

Тако се у овој земљи, која већ три године није имала предаха ни мира, нити зна када ће он доћи, успоставио скоро нормалан живот. У селима се ни не примећује да је ратно стање, осим што у њима нема младића и мушкараца средњих година. Само је један кутак краљевине и даље пуст и тужан. То је Мачва, која је пре рата била житница Србије. Овај регион је у два наврата био жртва аустроугарског рушилачког похода, када су окупатори попалили многа села и засеоке. Посекли су хиљаде и хиљаде стабала воћа, које је представљало богатство овога краја.

Данас, један број становника који је све изгубио, вратио се у рушевине које су некада биле њихове мале беле сеоске кућице. У њима нису затекли ништа! Донедавно најбогатији у Србији, сада су најсиромашнији. Живе у собичцима нагорелих зидова и покушавају да обрађују земљу. Недостаје им семе и оруђе за рад, а на земљи, обилно натопљеној крвљу хиљада и хиљада њихових ближњих, расту густо збијене булке, различак и чкаљ, као прекрасан покров на хумци честитих људи, али који гуше раст усева. А увече се чује жалосно „Јао, јао!" мајки које плачу на гробовима своје деце, жртава овог погрома!

2. октобар 1915.

ПИСМО ИЗ СРБИЈЕ
(Од нашег специјалног дописника)
На обалама Дунава
Комите

Острво „X" /„Икс"/, 5. септембра 1915.

Налазимо се на једном од многобројних острва на Дунаву, покривеном готово тропском вегетацијом. Наиме, острво је поплављено током великог дела године, а када се вода повуче, сва вегетација почиње да буја, као да жели да надокнади изгубљено време. У густом шибљу осећа се влага и оштар мирис трулих стабала. Ово је царство маларичних комараца!

У овом тренутку, на многим острвима која су пре рата припадала Мађарској, смештене су српске предстраже. У ову авантуру упустили смо се како бисмо на овом маларичном подручју посетили једну од њих, која то заслужује. У ствари, људи који чувају стражу на обали реке не припадају редовној војсци, коју ја добро познајем, јер сам је видео у њеним кантонманима, на фронту и у биткама, већ су то добровољци који се у народу зову комитације или комите.

Овај назив одмах асоцира на дивљаке, на окореле пљачкаше и на убице које масакрирају жене, децу и мушкарце. Додуше, сећамо се злочина неких македонских комита које је бугарска непријатељска штампа вешто злоупотребљавала против Србије за време овог рата и пре њега. О бугарским комитама, који су били посебно сурови, ова штампа није проговорила ни реч.

Данас је српски комита само војник добровољац подвргнут војничкој дисциплини и коме командују официри и откомандовани подофицири војске или жандармерије. Ови добровољци нису укључени у регуларне пукове, јер многи од њих, иако Срби, не живе на територији Краљевине. Други су пак сувише млади, а неки сувише стари да би били у регуларној војсци. Осим тога, то су неустрашиви родољуби који су се одрекли свог живота, како би га посветили домовини. Њихови задаци су толико опасни да се нико не би ни усудио да од регуларних војника тражи да их изврше, с обзиром на то да су они најчешће једини храниоци породица. Добровољци нису војници за параду, али, ако се занемари извесна слобода у држању, код њих влада строга дисциплина, а грешке се строго кажњавају.

Већина комита је живописну униформу македонског банделијера, коју неки старији и даље носе, заменила војничком блузом. Многи имају шубаре, крзнене капе са српским орлом, и фишеклије са неколико редова, које их попут оклопа опасују све до груди. Врло се лако препознају по одећи, и понављам да већина њих од почетка рата носи војничке блузе. Несхватљиво је како неко може безопасног сељака сматрати опасним комитом.

У таквој сам средини, на острву „Икс", провео десет дана и посматрао како се овде живи.

Логор добровољаца налази се усред шикаре, потпуно заклоњен густим врбовим лишћем. Једна страна колибā је отворена. Направљене су од испреплетаног прућа и покривене трском и сламом. Пошто су у домету аустријских пушака, зидови су им ојачани џаковима песка. Свуда су запаљене ватре, чији дим растерује густе ројеве комараца. Све личи на изложбену слику црначког села. У средини „села" почасно место заузима застава ове групе бораца, иста она коју су у ранијим српско-турским ратовима носили босански добровољци.

Моје је друштво разнолико. Међу њима је један стари комита из давних времена македонских борби. Средњег је раста, сувоњав и нервозан. Енергично лице уоквирено му је лепом црном брадом. Он је Србо-Турчин из Куманова, чија су три сина погинула у току ове три ратне године. Други је Србин из Панчева, града у Банату. Он је млад, витак, аристократске фигуре, утегнут широким редеником. Прешао је Дунав како би учествовао у ослобођењу својих сународника. Привучени опасношћу, овим добровољцима прикључило се и неколико младића из добростојећих београдских породица. Видим да је овде и син једног индустријалца, неколико студената и главни рачуновођа једне велике београдске банке, који је мирно могао да остане код куће, с обзиром на то да је прешао горњу границу старости за служење војске. Али, и он је желео да активно учествује у одбрани своје земље, тако да је сада овде, у добровољачком логору на острву „Икс". Ови „буржуји" се пријатељски понашају према младим радницима и сељацима, окупљеним око старе заставе босанских добровољаца, и сматрају их добрим саборцима. Додуше, међу оволико људи мора да се нађе и неколико београдских пропалица. Међутим, они за сада мисле само о томе како ће одбранити своју отаџбину и примерно се понашају, а врло је могуће да ће их после рата поново гонити полиција и судови.

Наравно, овде је и велики број босанско-херцеговачких добровољаца. Ниједан од њих који се затекао у Србији у тренутку када је Аустроугарска објавила рат није се вратио кући да служи у аустроугарским трупама.

Док чекају још опасније задатке, наше комите су задужене да бране рововe предстража на крајевима острва. Провлачећи се кроз густо шипражје, отишао сам да их видим, са неколицином својих домаћина. Ту сам имао прилике да доживим жестоку размену ватре између аустријских ровова са леве стране Дунава и српских ровова на острву. Одмах испред ровова један млади добровољац забацио је удицу и пеца шаране и штуке којих овде има у изобиљу. Чак и док су меци звиждали око њега, он се прикрао да извуче једног лепог шарана који је „гризао". Просто је невероватно колико ови млади људи нису свесни опасности којој су изложени!

Сунце већ залази иза густих олујних облака и већ треба мислити на повратак у логор. Под густим врбовим лишћем, он је већ утонуо у ноћ. На неколико места околину обасјавају велики пламенови ватре, на којима се кува супа, или се на дугачком ражњу лагано окреће прасе.

Сто је постављен у највећој колиби која служи као трпезарија. Док обилно једемо и исто тако пијемо добро вино из Смедерева, комите се скупљају око нас и око ватре и певају своје сетне и озбиљне песме. Када је из оближњег логора стигла циганска музика, развило се коло, у које су се, наравно, сви ухватили. Провлачећи се између пламенова ватре и не прекидајући дугачки низ, прошли смо кроз цео логор. Призор је заиста фантастичан, прави позоришни декор!

У поноћ смо се поздравили са нашим домаћинима и отишли у колибу коју су резервисали за нас, да се одморимо у постељи од сламе. Још дуго се чула песма ових младих људи који су се унапред опростили од својих живота.

4. октобар 1915.

ДУЖ СРПСКЕ ГРАНИЦЕ
(*Од нашег посебног дописника*)
Српски „ландштурм" (српски трећепозивци)

Београд, 9. септембра /1915./

Претходно писмо сам вам послао из добровољачког логора на острву „Икс". Наставио сам своје путовање северном границом краљевства, где сам видео и доживео занимљиве ствари. Рецимо, боравио сам са војницима трећег позива који одговарају нашем „ландштурму", у њиховом логору. То су „старији људи" који, теоретски, не смеју да буду старији од 50 година. Међутим, земља је у рату од пре више од три године. Од почетка непријатељстава против Турака спискови нису ревидирани, тако да су мушкарци, позвани 1912. године, када су имали 49 година, и даље у војсци, иако су прешли педесету. Њима то не пада тешко и поносни су што могу и даље да дају свој допринос ефикасној одбрани земље. Овај кадар имао је врло активну улогу нарочито у овом рату. Као млади учествовали су у најжешћим биткама, тако да је велики број њих изгубио живот на бојном пољу.

Често сам их виђао на почетку рата. Као знак да су војници, носили су пушку и бајонет. Сада су сви који чувају границу добили бар по једну војничку блузу и капу војне полиције.

Велика већина тих мушкараца су сељаци и очеви породица. Синови многих од њих налазе се у елитним пуковима, тако да им земљу већ одавно обрађују само жене, деца и старци. Без обзира на све то, они су и даље добро расположени, а народно коло воле да играју исто колико и млади. После рата, када се многобројне комисије буду бавиле подизањем споменика у знак сећања на браниоце отаџбине, не треба да заборавe на ове храбре трећепозивце!

Француски авијатичари у Србији

Видео сам такође једну изванредно опремљену ваздухопловну базу. На једном пространом платоу, одакле се пружа прекрасан поглед на Дунав и на мађарску равницу, коју су преплавили Аустроугари, постављени су шатори са одличном опремом за контролу лета авиона. Авијатичари су Французи, а кад би ми цензура дозволила да вам кажем њихова имена, навео бих најчувеније. Овако, морам се задовољити тиме што ћу вам рећи да је њихов корпус официра један елитни корпус којим командује један млад и врло симпатичан човек. Излишно је додати да је начин на који та господа дочекује своје швајцарске суседе – јако шармантан. Француз је захвалан Швајцарској и његове прве речи, када се нађе у присуству Швајцарца, јесу речи дивљења за пожртвовање Швајцарске према њиховим интернирцима и рањеницима који су се вратили у домовину.

Официри нас воде у обилазак њиховог логора. О свему се овде водило рачуна. Имају велики број камиона за потребе транспорта, аутомобиле који су на располагању официрима, једно бежично телеграфско постројење, спаваоницу за особље, једну велику кухињу, итд. Свуда влада савршен ред, а голи бели зидови спаваоница зналачки су украшени фотографијама, сликама из илустрованих часописа, ратним трофејима, и са много детаља који сведоче о добром укусу који је Французима урођен. Разуме се, ту је и портрет „деде" Жофра.

Ескадрила има две маскоте: једно прелепо бело и врло прождрљиво прасе „Eugène", и једног патка коме су дали име „Bossuet", зато што је брбљив.

Када смо стигли до хангара, извели су два авиона да обаве извиђање из ваздуха. То су моћни двоседи са француским ознакама, опремљени митраљезима. Механичари их одржавају са толико љубави да на овој руменој светлости септембарске вечери изгледају као да су управо изашли из фабрике.

Међутим, ти авиони су већ безброј пута летели и прешли хиљаде километара на непријатељској територији. Сваког дана, када је лепо време, они одлазе у извиђање непријатељских позиција или бомбардују њихова утврђења.

Иако француска ескадрила извршава бројне и опасне задатке, авиони се у хангаре увек враћају у добром стању. Није било никаквих губитака. Додуше, дешавало се да им крила погоде комади распрснуте гранате или аустроугарски шрапнели, али то није опасно. Ове мале огреботине, које одаје само нови слој премаза, сведоче о славним акцијама ове ескадриле.

То није случај са аустро-немачким авионима који су се одважили да надлећу српску земљу. Меци француских митраљеза оборили су бар једну летелицу. Тако, на рођендан старог краља Петра, у тренутку када је скоро цела ескадрила изашла да крене у извидницу, три аустријска авиона надлетала су Београд и бацала бомбе. Једини француски авијатичар који се ту затекао, а који је велико име у авијацији, пење се у свој авион, неустрашиво напада све три непријатељске летелице, две протерује и трећу обара. Тај подвиг донео му је Орден Карађорђеве звезде са мачевима, што је највише српско одликовање.

Албански регрути

Док два авиона лете, заједно са официрима-авијатичарима одлазимо да гледамо вежбе албанских регрута, чији се логор налази одмах поред. Они управо изводе заједничку вежбу и заиста добро изгледају са њиховим руским блузама каки боје. Регрути потичу из свих делова новостечених српских територија где има Албанаца. То су добро грађени и окретни млади људи, од којих су неки већ служили војску за време турског режима, и који су се борили против оних чију униформу данас носе. Док у савршеном ритму изводе вежбе, певају српске и албанске песме.

Баш у том тренутку авиони се враћају са задатка, и, описујући кругове, ниско лете над албанским батаљоном. Младићи их бурно поздрављају, и док се ми полако удаљавамо, још дуго се чује њихово снажно: „Живео!"

7. октобар 1915.

ОД НИША ДО АТИНЕ
(Од нашег специјалног дописника)

На „Сиднеју", 25. септембра /1915./

Осим што сам три месеца провео у Швајцарској и Француској, већ годину дана сам на овој страни Европе у рату. Треба размишљати о поновном раду у миру, када ћу, нажалост, морати да се опростим од овог малог херојског народа који сам заволео. Укрцавам се, дакле, у „експрес" Ниш–Солун, који сада има и једна спаваћа кола и вагон-ресторан, и без икаквих тешкоћа стижем у престоницу грчке Македоније.

Како је Солун занимљив град! Једном половином израелитски, једном четвртином грчки, а другом турски, он се данас креће између наклоности Савезника због заједничких циљева и симпатија Централних царстава, због њихових трговачких и личних интереса везаних за овај град. Израелитска колонија подељена је на два противничка табора: на антантисте и германо-турке. Антантисти, међу којима има највише интелектуалаца, као и сви прави Грци, искрено и са жаром подржавају Грчку и чланице Антанте, а нарочито Француску. Њихове новине „Independent", као и „Opinion", храбро су браниле интересе Савезника и смело се бориле против министра Гунариса који је, да би лажирао изборе, за градоначелника овог великог града поставио чувеног префекта Гудаса, бившег морнаричког официра, који је избачен из војске због фалсификовања.

Други табор Израелита чине они који фаворизују Аустро-Немце, али не из сентименталности, већ због интереса у области трговине. Један човек, на високом положају, који већ дуго прати ситуацију у Солуну, причао ми је о њима: „Ови Израелити виде само свој новчаник. Они воле Турке, зато што су им Турци преко 'бакшиша' омогућили да раде шта год хоће. Не воле Грке, јер су Грци добри трговци и праве им конкуренцију. Бугари их као господари Македоније не плаше, јер сматрају, можда погрешно, да су лоши трговци". Ови Израелити имају такође два дневна листа на француском: „Echo de Salonique", и чувени „Nouveau Siècle", који отворено финансира генерални конзулат Немачке, који уједно издаје и турски „Jeni Asr". Први није изричито против Француза, али пише против других Савезника и води жестоку кампању против храбрих новинара из „Indépendant"-а и „Opinion"-а.

Није потребно нагласити да се у овом граду сва подметања и сплеткарења одвијају потпуно слободно. Барон Шенк, чувени шеф немачке пропаганде у Атини, има бројне сараднике у Солуну. Тако, рецимо, ако човек има нека документа која не жели да сви виде, треба да буде обазрив ако одседа у хотелу. Пошто је Солун лука преко које се снабдевају Србија, Русија и Румунија, јасно је да аустро-немачко-турско-бугарска обавештајна служба ради врло активно. Док мирно седи на тераси „Олимпос-Палас кафеа", гост је понекад у прилици да чује чудне ствари које шапућу поред њега на немачком језику са јаким левантским нагласком. Град је прави рај за ширење лажних вести исписаних плавом бојом и крупним рукописом, које се каче на огласне табле, на Тргу слободе. Такве вести се понекад шире и путем „специјалних издања" стотина малих трговаца, који вешто преправљају називе новина.

***

У исто време када и ја, у Солун је стигла вест о бугарској мобилизацији. Питамо се шта ће Грчка да уради. Упркос гужви коју је изазвао непотребан захтев Антанте да се Бугарској учине уступци, сви патриотски оријентисани Грци и Израелити мишљења су да њихова земља одлучно треба да стане уз Француску и своју савезницу Србију. Због отварања позоришта и варијетеа, које финансира један британски хотелијер из Атине, Енглеска је благо прекорена, али се зато никада није десило да се Француској нешто замери! Уосталом, као ни у Србији, ни овде нико није изненађен овим гестом Бугарске, или, боље рећи, потезом краља Фердинанда који самостално води спољну политику земље, што му је Европа током времена омогућила. Додуше, он има неколико оданих сарадника, од којих треба споменути његовог личног секретара Вајха из Винер Нојштата, који је од обичног возача за кратко време постао краљев човек од поверења. Када би власт била истински у рукама бугарског народа, вероватно бисмо видели једну другу, часнију, политику у Софији. Као и у Србији, и овде се већ дуго зна да је Немачка газда у Бугарској. Један мој млади земљак причао ми је да је, кад је петнаест дана пре нашег разговора ишао у Дедеагач, видео 600 немачких војника и подофицира, обучених у бугарске униформе, са којима је разговарао на немачком. Без обзира на све симпатије које имамо за Савезнике, не можемо а да их не прекоримо што су били тако чудно слепи када је у питању земља краља Фердинанда. Енглеска је морала мало да остави по страни своју политику „бугарског паравана против руског утицаја у Цариграду"! Бугарска је узела учешћа у Европском рату од самог почетка. Краљ Фердинанд је добро знао какво је обећање дао у Бечу пре бугарско-турског рата, али није чак ни одговорио на понуду Србије прошле јесени да сарађује у рату против Турака у замену за широке уступке у Македонији.

Провели смо цео један дан у грозничавом ишчекивању. Специјална издања новина су се смењивала из минута у минут. И коначно, наредног дана касно увече стиже телеграм са краљевим наређењем да се изврши општа мобилизација. Ова објава више је смирила духове, него што их је узнемирила. Грчки народ је сигурно желео мир, али сада ће се радије поново жртвовати него да дозволе да Бугарска има војну надмоћ на Балкану. Наиме, бугарска издаја од 1913. године изазвала је огорчење Балканаца незамисливих размера. У тренутку када је телеграм објављен, био сам са једним младим Грком, богатим трговцем из Букурешта, који је у два последња рата учествовао као обичан војник: „Више бих волео да буде мир", рекао ми је, „али ако је против Бугара, ја ћу ићи у тај рат и надам се да ћемо овога пута изравнати рачуне са краљем Фердинандом".

На сваком кораку у Солуну Грци наилазе на призоре због којих се њихова мржња према Бугарима поново буди. Свуда се могу видети јадни и несрећни Грци који су протерани из Бугарске и чија је целокупна имовина противправно конфискована.

Посетио сам и једну лепу велику цркву коју су Турци претворили у џамију, а у којој је тренутно смештено 150 породица протераних невољника. Ментално стање једне земље која се усуђује да о Македонији говори као о својој Алзас-Лорени, а која чини таква дела против човечности, заиста је невероватно!

Мој брод „Sydney" Ратног дописништва требало је да крене из Солуна 22. септембра, али је каснио два дана. У Средоземном мору налазе се аустро-немачке подморнице. У једном тренутку видео сам како испред мог брода пролази неки теретњак без икаквих ознака. Из њега се искрцао генерал Амаде са неколико официра. Шта ће радити у Солуну? То је мистерија. Неки кажу да путује у Русију, неки тврде да поуздано знају да је кренуо у Србију, а њих неколико чак помињу француско-енглеско-италијанско искрцавање у Солуну, што не изгледа нимало невероватно.

Петак је увече, дижемо сидро. Осим Француза, Енглеза и Руса, на броду има и неколико Бугара. За неке од њих би се рекло да су официри који су на брзину кренули у Дедеагач. На броду ће се сигурно понашати коректно, али чим стигну у Дедеагач, односно чим се укрцају у неки бугарски чамчић, почеће са својим провокацијама, певајући из свег гласа националну „Шуми Марица", наглашавајући гестовима речи ове песме која је постала антиантантистичка, јер демонстранти у Софији сматрају да је она њима исто што и „Deutschland über alles" Немцима.

Путујемо са потпуно погашеним светлима јер нас вребају подморнице. Неке даме се плаше. Леже на палуби, са појасевима за спасавање. Онај ко је у време мира имао прилике да овде доживи веселе вечерње забаве по лепом времену, када је море као огледало, не би препознао те исте бродове како тужни и потпуно црни неприметно и нечујно клизе по мору.

8. октобар 1915.

НА ПУТУ ПОВРАТКА
(Од нашег дописника)

У Дедеагач стижемо у рано ујутро, у суботу, 25. септембра. Искрено говорећи, овде лука ни не постоји, само једно велико пристаниште испред града. Када смо дошли, на њему је било неколико једрењака, један мали грчки пароброд, један мали амерички теретњак и један енглески контраторпиљер, који је истога тренутка дигао сидро и пуном брзином се удаљио у непознатом правцу.

Ми смо се усидрили око километар од обале. Ускоро нам се придружују лучки капетан и лекар. Бугарски путници одлазе уз негодовање, о чему сам вам писао у прошлом броју. Нама је строго забрањено да напуштамо брод. Бугари не желе да ми видимо њихове нове савезнике у униформама цара Фердинанда. Лучки капетан захтева да се блиндира радиотелеграфска кабина нашег брода.

Град изгледа мртав и напуштен. Тек се с времена на време зачује се звиждук локомотиве која маневрише на обали. Руски конзул, који је дошао по нас, каже нам да су пре неколико дана из града евакуисани сви цивили, а да су све архиве и касе јавних институција, као и банке, премештене у Софију. И он сâм је архиву свог конзулата из предострожности поверио нашем броду.

Касарне су, напротив, препуне војника. Врши се општа мобилизација, а радници који раде на утовару огромних сандука са јајима кажу нам да исте вечери морају да се јаве у касарну, не кријући незадовољство.

У недељу ујутро ће почети да минирају луку. Против кога се предузимају ове одбрамбене мере предострожности? Сигурно не против Немаца, који, осим неколико подморница, немају ниједан брод у Средоземном мору. Две-три крстарице које би пошле са Мудроса биле би довољне да се избегне ово минирање, али Руси и Енглези још верују у антантистички дух бугарског народа. Они заборављају да се мирољубиви ратари ове земље ништа не питају, и да судбином Бугарске управља цар уз помоћ неколико преамбициозних људи, који ће је довести потпуне пропасти.

Послеподне нам стиже конвој „преживелих" из Цариграда: добростојеће даме са својом децом. Оне нам причају о томе какво је тренутно стање у османској престоници: нема хлеба, народ се злопати, а савез између Турака и Немаца никако не функционише. Неки од Немаца подигли су утврђења око својих кућа како би се заштитили од евентуалних очајничких упада муслимана. Многе немачке жене напустиле су Цариград, а изгледа да су и архиве амбасада турских савезника већ премештене у Будимпешту или у Беч.

***

Полазимо око шест сати увече, остављајући за собом грчке једрењаке и пароброде које су Бугари већ преузели. Врло је могуће да је наш брод последњи савезнички брод који је допловио до Дедеагача пре него што је избио пожар.

Сутрадан стижемо на Мудрос. Силе Антанте су имале среће што су за поморску базу изабрале обале Лемноса. То је једна дивна природна лука, окружена брежуљцима и мањим планинама на којима нема ни једног јединог дрвета. Каква гужва! Ратни бродови свих врста и свих величина, од подморнице до величанственог дредгнота (оклопног брода), огромних бродова за транспорт војске (некадашњи луксузни прекоокеански бродови), теретних бродова, итд. Свуда брзи патролни чамци из којих се дају инструкције и преносе наређења. Обала је прекривена шаторима и личи на живописни логор. Французи и Енглези у савршеној хармонији раде једни поред других на белим бродовима-болницама, са зеленом траком и са огромним црвеним крстом на себи. На палуби, рањеници се смеју и певају.

Официри се укрцавају, и ми журимо да их питамо шта има ново на ратиштима. Лепа вест је да су Французи имали успеха у борбама, и да су Руси кренули у нову офанзиву. Ова ће вест скупо коштати „Compagnie des Messageries maritimes"

(„Компанију за поморски транспорт"), јер задовољство подстиче апетит и суши грло: за ручком, конобари једва успевају да напуне чаше које се великом брзином празне.

Операције код Дарданела одвијају се споро али нормално. Очекивало се да ће све тећи мало брже, захваљујући искрцавању Енглеза на Сувли, где су Турци и Немци имали мало људи. Војници који су се искрцали плашили су се да су бунари отровани, а брод цистерна дуго није долазио. Пре него што је стигао, Турци су имали довољно времена да се утврде и да обезбеде појачање. Али, оно што се није могло данас, урадиће се неки други пут. Сви су добро расположени и апсолутно верују у повољан исход ове велике битке.

Око четири сата напуштамо Мудрос, који ће се сигурно прославити, и где ће после рата многи долазити на излет. Једримо према Пиреју и стижемо око 7 сати ујутро. Јесте рано, али желим да искористим неколико сати на копну и да покушам да пронађем господина Венизелоса. Долазим у Министарство спољних послова и дајем своју посетницу. Високи државник ме одмах прима, али нема много времена, јер је позван на двор код краља.

„Обећавам Вам", каже ми он, „ако останем на власти, нећу дозволити да се Срби сатру. Ми смо већ одговорили на бугарску мобилизацију: утук на утук". „А Румуни?" питао сам. „Они су уз нас, али мислим да ће задржати своју неутралност. Већ су извршили мобилизацију 350 000 људи".

Господин Венизелос се затим распитује о Србима, које искрено воли. Минути су истекли, а краљ нема обичај да чека. Опраштам се са господином Венизелосом и идем ка Тргу Синтагма, и узгред размишљам о овом скромном човеку и великом патриоти. Нека он још дуго поживи својој лепој грчкој земљи!

Шетајући тамо-амо по улицама Атине, видим да се мобилизација врши мирно, без буке и без журбе. Одлично опремљени резервисти иду ка војним складиштима. Највећи број њих носи светлоплаве копче са црвеним и зеленим пругама из два претходна рата. Грци су добри и мирни, и надају се, као и њихови пријатељи да ће, ако буду морали опет да ратују, из рата изаћи овенчани славом, исто као 1913. године.

Када смо се вратили на брод, чекало нас је изненађење. Наш брод је био пун скоро голих Индуса. То су преживели са „Рамасана", који је једна аустријска подморница потопила пре осам дана. Са њима су и њихови официри обучени као грчки морнари. У овој несрећи изгубили су 300 војника, једног официра и сву одећу. То их ипак није много потресло.

Остаје нам да пређемо још један опасан део пута до Малте. Наиме, треба да прођемо поред Крита, у чијој близини се налазе непријатељске подморнице које пресрећу савезничке бродове који туда пролазе. Ноћу, на свом командном мосту, наш капетан пуши своје дугачке цигаре, што значи да је узнемирен и да је опасност присутна. Међутим, све се добро завршава и без тешкоћа стижемо на Малту, чија је лука крцата ратним бродовима и транспортерима. Енглези нас љубазно пуштају да се искрцамо, и користимо неколико сати паузе да обиђемо италијанске шаторе који се одржавају енглески педантно. У Ла Валети много енглеских и француских војника тумара по узаним трговима. Срећемо и рањенике у плаво-белим пицамама и са црвеним краватама око врата, који се овде опорављају. Малтежани раде свој посао, а кафеи су пуни гостију који се освежавају хладним напицима, јер сунце већ пече као да смо у Африци.

Напуштамо малтешку луку баш у тренутку када се она иначе затвара, заједно са једним енглеским транспортером. „Томији" (енглески војници пешадинци), који плове поред нас, пријатељски нам дају инструкције и на крају одлазе, машући марамицама. Колико ли ће се ових младих људи вратити у Лондон?

Следеће суботе, у шест сати ујутро, пристајемо код „Компаније за поморски транспорт" у Марсељу („Messageries maritimes"), близу „Синаја", брода спаситеља Србије, који је прошле јесени у прави час довезао муницију трупама краља Петра и тако им омогућио да мајсторски очисте своју земљу од окупатора. Држава је привремено одузела бродове овој компанији, између осталих и овај наш, због једног великог француско-енглеског контингента који ових дана треба да се превезе у Солун.

Марсељ је и даље велики насмејани град француског југа. Да нема гомиле француских и енглеских војника, нико не би поверовао да је у држави ратно стање. Истина, Марсељци тврде да је њихов омиљени ресторан „Canne-bière" скоро празан. Нама гостима се чини да је овде промет доста добар.

Марсељске новине пишу о новостима из Србије. Бугари још нису напали. Сигурно су били импресионирани француско-енглеском победом и заустављањем немачке офанзиве у Русији. Али ово ће бити само кратко затишје, јер је цар Фердинанд своју земљу уплео у врзино коло, које се више не може прекинути. Да су само Савезници дали Србији дозволу да одмах нападне Бугарску, чим се сазнало за њену мобилизацију! Срби су били спремни и у том тренутку су били у стању да изврше продор у суседну земљу. Данас је концентрација бугарских снага завршена, и то увелико отежава деловање српске војске. Ја ипак чврсто верујем, пошто сам провео скоро годину дана са њом, да је ова војска способна да се одупре бугарским и аустро-немачким нападима. Биће још удовица и сирочади у Србији, али ова херојска земља ће одржати величанствену лекцију другима, па и нама, о томе како се земља која се бори за своју слободу не може поразити, ма колико да је мала.

13. октобар 1915.

МАСКЕ СУ ПАЛЕ

Бугарска открива своју игру и отворено се сврстава на страну Централних царстава. Овде сам у неколико наврата указивао на опасност која је Савезницима претила од стране Софије: рекао сам да су два напада на Струмицу, прошле јесени, извршиле нерегуларне бугарске банде уз помоћ војске, и да је за то знала Влада у Софији. Осим тога, истакао сам да су убијене бугарске комитације имале код себе аустријско злато и да су, по причи заробљеника, њихови заповедници били у вези са аустроугарским посланством.

У Србији се од почетка рата знало да су Бугари, а поготово цар и бугарска влада, били уз аустријску и немачку монархију. Упркос томе, Србија је учинила све да помогне Савезницима у њиховим настојањима да им се прикључи и Бугарска. У тренутку када је Турска ушла у рат против Антанте, Влада у Нишу, подсетивши Бугаре да је дошао тренутак да плате свој дуг ослободилачкој Русији и да испуне своју обавезу према Словенима, спонтано је понудила Бугарској велике територијалне уступке у Македонији, а да се заузврат она прикључи акцији против Енвер-пашине војске. Бугарска је одбила чак и да разговара о томе, због тога што наводно није хтела да прекрши своју неутралност! И поред тога што је била одбијена, Србија је у том тренутку била спремна да се споразумно договори са својим суседом, чак и по цену великих жртава, али Бугарска се правила глува. Штавише, у том најкритичнијем тренутку, и на једном од најопаснијих места, њене нерегуларне трупе напале су земљу краља Петра.

Тада су савезничке земље направиле грешку што нису одмах реаговале и што нису рекле Софији да је агресија на

Србију исто што и напад на све чланице Антанте, због чега ће тражити задовољење. Савезници су прихватили нејасна и неодређена објашњења Радослављеве владе, која се већ отворено сврстала уз немачко-аустро-турски блок.

Разлоге због којих силе Антанте стрпљиво подносе овакве ударце познају сви који прате дешавања на Балкану. Русија је у Бугарској видела своје словенско дете, које је она сопственом крвљу ослободила. Енглеска има у виду државника који је био међу првима који су подигли глас за слободу Бугарске. Осим тога, она свесрдно заступа став да је Бугарска одличан параван против руских претензија према Цариграду. Наклоност Француске је скоро сасвим без интереса. Она сматра да су Бугари јуначки освојили своју слободу, а да им је Букурешким миром одузет део територије који им је припадао. Умешном пропагандом Бугарска је постигла то да се верује да је цела Македонија бугарска, иако она у ствари није ни бугарска ни српска ни грчка, већ само македонска.

Уосталом, Бугари се сматрају мајсторима саморекламирања. Довољно је да се сетимо како су себи приписали наводну победу код Кирк-Килиса, у бугарско-турском рату, када војници цара Фердинанда нису морали да испале ни метак, већ су се једноставно ушетали у град који су муслимани већ били евакуисали. То је била само лепа измишљотина ратног дописника листа „Reichspost", ког су људи из Софије вешто злоупотребили.

Бугарска је била мезимче Русије и Енглеске, што је обилато користила, све до тренутка када је поверовала да ће за њу бити боље да се отворено сврста у други табор. Ова њена одлука нанела је велику штету Србији и Грчкој, од којих су Савезници недавно тражили територијалне уступке у корист Бугарске. Мислим да се не варам када кажем да је садашњи став Грчке директна последица овог поступка Антанте, који је био истинска дипломатска грешка.

Разлози бугарске издаје су бројни. Најпре, спољну политику Бугарске водио је цар Фердинанд, један од највећих мађарских земљопоседника. Њему је било врло добро познато да у Петрограду није био *persona gratissima*, и да после овог рата, чак и ако његова земља сарађује са Антантом, он вероватно неће остати на престолу. Он је за своју земљу славољубиви странац. Живи у лошем браку са својом другом женом Еленором, једном сиромашном, али доброј и милосрдном немачком принцезом. Његови синови се плаше свога оца који се окружио људима попут његовог приватног секретара Вајха, бившег шофера из Винер Нојштата. Фердинанд од Бугарске, према ономе што кажу њему блиски људи, јесте галофоб који не заборавља да га је после Другог балканског рата примио једино Франц Јозеф, који му је већ био доделио краљевску круну. Врло је вешт и знао је како да се одржи на престолу, користећи се понекад трагичним сплеткама политичара (убиство Стамболова, Петкова, и тако даље).

Пролетос је неколико бугарских новина енергично захтевало да се њихова земља очисти од оних који користе ситуацију у Бугарској да би се обогатили. Овом приликом подсећам на процес против генерала Савова и других важних личности пред Врховним судом, који је вешто забашурен. У овој земљи цвета фаворитизам. Довољно је да споменем име Донова, донедавно безначајне личности, који је постављен за команданта полиције у Ђумулџшини само зато што је Радослављев рођак.

Бугарског цара подржава неколико бахатих и амбициозних људи, већином Македонаца, који сматрају да на Балкану нема места за две велике нације. Господари ће бити или Бугари или Срби. Наравно, желе да у томе управо они одиграју главну улогу, а питање Македоније је за њих мање питање територије, а много више средство за покоравање Срба.

Ови бугарски политичари су врло добро знали да силе Антанте неће жртвовати Србију. Они су реализовали план који је њихов краљ потписао у Бечу, 1912. године, пре Првог балканског рата, са чијим је појединостима упозната српска влада. То је пре свега допуштење да им Срби пруже помоћ у борби против Турака. У случају победе, Србија ће добити занемарљив део територије. У случају пораза, Аустрија гарантује интегритет Бугарске. После овог првог рата, напад на Србију до њеног уништења.

Од самог почетка Европског рата, упркос својој неутралности, Бугарска је извршила три напада на железничку линију Ниш–Солун, једину саобраћајницу између две земље. Дозволили су да се преко њихове територије Турци снабдевају муницијом и људством. И они сами су лично снабдевали Турке муницијом. Настојали су да својим захтевима и лажним оптужбама ослабе положај Србије међу њеним савезницима. И коначно, сви смо ми у Крагујевцу знали да су немачки официри већ одавно саветници у њиховом главном штабу, и да је Бугарска пуна немачких подофицира у цивилу, или у бугарским униформама. Бугари ово демантују, али ја имам сведоке достојне поверења. Уосталом, својим очима сам видео да бугарску униформу носе један немачки официр и његов механичар, који су због квара морали да слете у Србију.

Одлука цара и његовог клана сигурно није свуда дочекана са одушевљењем. Прави Бугари воле мир и Русију. Генерал Ратко Димитријев, који је већ направио један важан гест, као и син генерала Иванова, командант бугарске војске пред Једреном и један од заповедника српске противничке војске из 1913. године (који је сада капетан у српској војсци, и као такав два пута је рањаван), нису једини који су показали својим земљацима где је њихово право место. Нажалост, бојим се да ће независност бугарског народа, који као такав не заслужује да буде потпуно згажен, бити угрожена због егоизма свог увезеног краља и неколико његових острашћених ратоборних сарадника. Русија је 1913. године спречила Србе, Грке и Румуне да продру све до Софије. Овога пута она се неће успротивити казнама које прете овој земљи, а која своју слободу дугује управо Русији.

21. октобар 1915.

О БАЛКАНСКОМ РАТУ

„Блеф" је обично нешто смешно, али понекад преврши сваку меру и постане гнусна лаж. Управо је то случај са бугарским жалопојкама неутралним земљама да су их Срби издајнички напали. Мислим да је непотребно трошити речи у вези са овим, али би било добро одмах сада, на основу докумената, утврдити чињеницу да се Бугарска већ дуго припремала за ово што је данас урадила.

Још се сећамо напада на мост на Струмици који су извршили Бугари прошлог априла. Да би се оправдала, Влада у Софији је тврдила да је ово нарушавање неутралности дело комитација за које она не сноси одговорност. У овој борби страдало је, на најмонструознији начин, више од 300 српских војника: после заробљавања, полили су их бензином и живе запалили. Код себе имам фотографије неколико жртава на којима се јасно види да су били живи када су их запалили. Иако је цар Фердинанд то порицао, сви који су овај случај изблиза пратили знали су да је умешаност његове владе евидентна. Наводне комитације биле су наоружане митраљезима и топовима из арсенала бугарске војске.

Али, ми имамо писмене доказе, од којих овде наводим један. То је писмо послато из Видина у Зајечар, које је српска цензура запленила у једном поштанском џаку. Заведено је под бројем К.О. бр. 13.435 у оперативном сектору српског Врховног штаба одбране. Преносим дослован превод, чију је веродостојност потврдио шеф одсека за информисање.

Видин, 13. априла
(по старом календару) 1915.

Хотел Европа
"Господин Ангел Кутеловов, наставник у школи
Одговорио сам ти на твоје претпоследње писмо. Сада ти одговарам на писмо које ми је газда послао. Мало касним са одговором.

Што се тиче устанка у Валандову, нема више шта да се каже осим онога што кажу српске новине, односно Информативни биро у Нишу, осим неких искривљених тумачења и извесног претеривања. Наши заташкавају ствар, а они који су у томе учествовали не знају ништа више да кажу. Напад није успео. Нису могли да униште железницу. Срби су имали више жртава. Са наше стране, страдали су углавном Турци: 30 до 40 мртвих и рањених. Командовали су Чаулев, Петров, Лефтеров и два или три турска официра. То је био само замах мачем кроз воду и ништа више.

Што се тиче велике политике, немам ништа да ти кажем, осим да смо на истим позицијама, и да се назире оваква перспектива: или ћемо подношење наших захтева оставити за крај рата, дакле пре мировне конференције, или ћемо их, што је вероватније, изнети у току саме конференције, уз претње да ћемо опструирати мир, или, ако нам се неко из група приближи и нареди да прекршимо неутралност из виших стратегијских разлога, нама је боље да ратујемо, али не пре краја маја или током јуна.

Што се тиче рата, он ће вероватно трајати још пет до шест месеци.

У вези са (име нечитко), још нема ништа. Она је радила у Министарству рата и у комисији, али треба да прође још неко време да се то деси. Из Охрида нико није дошао. Не примамо писма. Чаулев је овде. Твој пријатељ Димче Бонжбол, који се повредио из свог револвера када је пао за време одсуства – не зна се – осећа се добро и није му више ништа. Поздраве шаљу Ар и моја жена. Руске ствари иду лоше.

Твој (нечитко)
Рашовски 9"

***

Немци признају јунаштво Срба, а Аустроугари их више не гледају са презиром, како су их гледали на почетку рата. Тај презир су показали чак и у објави рата, чији текст, који сам преписао са оригинала, овако гласи:

„Евентуално Главни штаб српске војске

Крајовац (Сигурно се ради о Крагујевцу, у коме се у то време налазио Главни штаб.)

С обзиром на то да српска краљевска влада није на задовољавајући начин одговорила на ноту коју јој је упутио аустроугарски министар у Београду дана 23. јула 1914. године, краљевска и царска влада сматрају неопходним да лично заштите своја права и интересе и да у том циљу прибегну оружаној сили. Према томе, Аустроугарска сматра да је од овог тренутка у рату са Србијом.

Министар иностраних послова Аустроугарске

Гроф Берхтолд"

Не верујем да у историји постоји неки други пример да је рат објављен са толико презира према противнику. Игноришу се краљ и Влада, и обраћају се „евентуално" Главном штабу. Осим тога, телеграм није потписао шеф државе, већ државни чиновник који чак ни не каже да говори у име своје владе или свог суверена. Тачно је да се у то време у Бечу још веровало да ће поход на Србију бити обична војничка шетња. Од тада па до сада, после страховитих отпора на Јадру, Церу, Колубари и Руднику, аустроугарска јавност је имала прилике да се увери у супротно.

***

Противник, дакле, цени војнике краља Петра, али ови телеграми нам говоре да ће он поново употребити сва средства да уништи српски народ, од којих је једно већ употребљено приликом првих инвазија.

Да би вести о убиствима цивила што боље прошле код неутралних земаља, скреће нам се пажња да све српско цивилно становништво активно учествује у борби. Ово сигурно није тачно, јер, поучен пређашњим искуством, Главни штаб је после друге аустроугарске инвазије већ био наредио евакуацију свих крајева који би могли бити нападнути. У њима су остали само старци, болесни, и они који су били сувише слаби да би бежали. Неки од њих су убијени. Сигурно је да су и овога пута Срби евакуисали цивилно становништво са угрожених територија.

Ову евакуацију потврђује следећи аустријски документ:
„Заповест команде одреда бр. 5
Етапна станица 187, 27. новембра 1914.
Оп. бр. 1244/44
Прва тачка. Становништво Србије.
Према информацијама које смо примили, скоро да више нема цивила на подручју које су наше трупе окупирале. Ако је до сада протеривање цивилног становништва и било прихватљиво из стратегијских разлога, заузете територије ипак не треба оставити пусте. Неће имати ко да об-

рађује земљу нити да поправи разрушене куће, тако да ће вредност окупиране земље опасти.

Треба дакле одмах, што је пре могуће, и без изузетка, зауставити протеривање становништва и дозволити женама, деци и старцима да се врате својим кућама. Истовремено, треба им запретити да ће, ако се деси неки акт непријатељства, бити најстроже кажњени.

Поћорек, Ф. Л. М. м.п."

Проливено је већ много крви жена, стараца и деце. Нека аустроугарски војници који тамо ратују против једног малог херојског народа не забораве да се мрље од крви невиних жртава не могу опрати, и да је историја строг и правичан судија.

Не кажем да је немогуће да неки српски сељак отвори ватру из пушке да би бранио своју земљу, али два велика централна царства која данас нападају једну малу земљу, која већ три године ратује, треба да се присете да су 18. октобра 1907. године у Хагу потписала једну конвенцију чији члан 2 каже: „Ако становништво окупиране територије коме се непријатељ приближио спонтано узме оружје у руке да би се одбранило од окупаторске војске, а да није имало времена да се организује у складу са првим чланом, ако отворено носи оружје и ако поштује законе и обичаје ратовања, сматраће се страном у рату".

Док пишем ово писмо, „Газета" објављује један телеграм из Букурешта у листу „Corriere de la Sera", у коме се каже да је српски министар у румунској престоници протестовао код министра САД против истребљивања мушке популације у Београду од стране Немаца. Свакако, треба сачекати потврду ове информације, али, на несрећу, имамо сувише разлога да се бојимо да је она тачна.

У истом броју читам да се наша експертска комисија за кривично право коначно изјаснила против смртне казне за најгоре криминалце.

Дакле, наш сензибилитет нам не дозвољава да се ослободимо неколико индивидуа које су показале да представљају огромну опасност за друштво, а без икаквог протеста присуствујемо масакру недужних стараца? У Швајцарској је формиран један комитет да помогне Јерменима, жртвама Турака, који су савезници Аустроугарске. То је јако добро. Али, зар тај комитет не би могао да се позабави житељима херојске Србије, која нам је по свом демократском духу толико блиска, и која нам је пружила тако леп пример херојске одбране своје независности?

25. октобар 1915.

У ШВАЈЦАРСКОЈ
За српско цивилно становништво
Апел Федералном савету

Из Србије нам стижу злокобни гласови.

Немачки телеграми извештавају: „Пошто цео српски живаљ учествује у биткама, немачки војници су принуђени да примене најоштрије ратне мере". После искуства са Белгијом и севером Француске, добро се зна какве су то мере.

С друге стране, јављају нам да Бугари касапе све што им се нађе на путу. Кољу жене, децу и старце, а неретко их и живе спаљују.

Далеко од тога да слепо верујем у све оно о чему говоре ови телеграми, али ипак се бојим да у њима има много истине. Добро знам шта су Бугари урадили прошлог априла у Струмици. Видео сам градове Сер и Доксато, као и безброј села које су они уништили за време балканских ратова. Прегледао сам многе њихове жртве, које су, иако рањене, успеле да преживе. Огроман је број цивила који су страдали од Бугара у току два балканска рата.

Аустроугари нису признали да су извршили погром српског цивилног становништва током првих офанзива. Ја, који сам био на лицу места, тврдим да се он догодио, и да је све што је до данас објављено у вези са тим само један мали део праве истине. Пођорекова војска хтела је да води истребљивачки рат, а данашње окупаторске јединице следе њихов пример.

Да ли ми, који смо неутрални, можемо да останемо равнодушни пред овим страхотама? Да ли је дозвољено да се људи који имају душу покрију преко главе, како не би ништа видели и како не би чули самртниче крике рањених стараца? Не, хиљаду пута – не! Треба подићи глас и протестовати из све снаге против рата који се води против недужног цивилног становништва. И наша земља је могла бити жртва инвазије. Шта бисмо тада мислили о моралу других који би остали глуви на очајничке позиве наших жена и деце?

Тиме што бисмо уложили протест зараћеним странама ради заштите цивилног становништва ни на који начин не бисмо прекршили нашу неутралност. Ратне акције нису усмерене против живота цивилног становништва, већ против војске. Ако бисмо први реаговали, ми бисмо тиме показали да следимо своја хумана осећања, што је сасвим разумљиво, и, рекао бих, чак и нужно. Швајцарска је до сада била позната као иницијатор хуманитарних и милосрдних акција, што представља њено најлепше признање. Она данас мора поново да докаже да швајцарско доброчинство и грађанска храброст нису само празне речи. Треба заштити нератујући живаљ једне земље која је својим јунаштвом изазвала дивљење целог света, па чак и својих противника. Како да се изведе ова интервенција Швајцарске, да би била ефикасна? Једноставно, једним демаршом који ће наше федералне власти упутити зараћеним странама. Нема сумње да ће ови покушати да оправдају мере које су предузели, али није ни мање вероватно да ће их протест Швајцарске подстаћи да трупама које дејствују у Србији дају нове и хуманије инструкције. У свету се још уважава глас мале Швајцарске, који ће бити још моћнији када се буде чуло да она храбро брани људска права и међународне конвенције.

Ставиће ми примедбу да САД, много моћнија земља, треба да чује њихове гласове пре него мала Швајцарска. Американци ће урадити оно што они хоће. Али то што грађане Њујорка или Бостона не погађају патње других, не значи да ми треба да ћутимо. Ми смо Швајцарци, и треба да слушамо само своје срце. Имамо право и обавезу да преко органа наше федералне власти поручимо окупаторима Србије: „Ви ратујете против Срба. Ми смо неутрални и не можемо ништа да вам кажемо у вези с тим. Али, у складу са правилима и обичајима ратовања и Хашком конвенцијом коју је Швајцарска потписала, дужни сте да рат водите само против српске војске, и никога другога. Па ипак, у овој малој земљи се убија цивилно становништво као да је у питању војска. То нас погађа зато што се тиме крше људска права. Сетите се својих жена, деце и стараца и издајте наређење својим војницима да поштеде цивиле у земљи коју су окупирали".

Овакав начин изражавања не може се никако схватити као кршење наше неутралности, већ као испуњавање обавезе коју имамо у односу на човечност. Ако се и друге зараћене стране буду исто овако понашале, ми ћемо се на исти начин томе успротивити.

Не заборавимо да понос једног народа нису само достигнућа у области трговине индустрије и науке, већ и (чак пре свега) његова морална и грађанска храброст.

Рајсов извештај у „Лозанској газети" „La future Serbie" из 1915.

28. октобар 1915.

ЈЕДНА РУЖНА ПОЛЕМИКА

У свом броју 1433 од 26. октобра, „Nouvelle Gazette de Zurich" (на немачком: „Neue Zürcher Zeitung") објавила је писмо из Лозане чији аутор лично напада нашег сарадника, господина доктора Рајса, професора Универзитета у Лозани, подсећајући га да има баденске корене и оптужујући га да је ловац на одликовања.

Уважени господин Рајс одговара на ове ниске ударце. Дајемо му реч. Рећи ћемо само да смо у нашој већ дугој новинарској каријери ретко имали прилике да у швајцарској штампи читамо тако подао чланак као што је онај у броју 1433 листа „Nouvelle Gazette de Zurich", чији је углед овим пољуљан.

Господин Рајс нам пише:

„Не волим да говорим о себи лично, а нарочито не у дебати у којој личност учесника није ни од каквог значаја, већ само тема о којој је реч. Међутим, 'Neue Zürcher Zeitung' ме преко свог дописника жестоко напада, са намером да уништи моје новинарско дело. Пошто се овим наноси штета циљевима које сматрам исправним, морам да их браним тиме што ћу говорити о себи. Нећу се служити истим средствима као онај који је решио да ме 'уништи'. Није ме брига да ли његовим венама тече немачка, француска или нека друга крв, да ли је завршио школе на немачком тлу, у Швајцарској или негде друго, и да ли се у дуелу понашао онако како приличи Немцу, или не. Знам да је он Швајцарац и то ми је довољно да поштујем његову личност.

Дописник овог цириршког листа замера ми то што сам бранио храбри српски народ и његове савезнике, а имам рођаке који су Немци. Одлично, истина је да имам немачке рођаке, од којих су неки у овом тренутку у војсци. Међутим, не знам шта они тачно раде, јер се ми одавно више не познајемо. Али, ако су неки моји рођаци у немачкој војсци, неколико десетина их је у енглеским рововима, у Француској и на Галипољу.

Исто тако не заборављам да је мој прадеда био Јеврејин, да, један од оних које су прогонили Немци, творци антисемитизма. Од прадеде па надаље, хришћанска крв се умешала у крв оних које у тој земљи и данас сматрају инфериорним, без обзира на сва ласкања којима у овом тренутку из чистог користољубља обасипају представнике јеврејске расе. Породица из које потичем поделила се на две гране: немачку и енглеску. Њихова деца су данас у прихватним логорима противничких страна.

Ја лично, после младости коју сам провео болестан и несрећан, дошао сам у Швајцарску да у њој потражим здравље, с обзиром да је лекарима моја болест била 'последња брига'. У Швајцарској сам се не само излечио, већ сам нашао и мир за своју озлојеђену и бунтовну душу адолесцента који је у сукобу са својом околином. Постоје закони природе, а нарочито закони наслеђа, који владају нама. Можда се у мени пробудила крв мојих јеврејских предака, прогоњених мржњом Немаца. Треба ли се онда чудити што је слободарски дух којим је био окружен сасвим млад човек извршио тако снажан утицај на њега? Треба ли се чудити што су га идеје велике суседне земље покренуле? У мојој садашњој домовини, у мојој правој отаџбини, у кантону Во, формиран је мој дух и обликовано моје образовање. Никада нећу моћи довољно да захвалим онима који су за то заслужни.

Уосталом, чим сам то узмогао, и поред свега што су чинили да ме у томе спрече, тражио сам и добио држављанство моје праве отаџбине, коју сам слободно изабрао, али не због материјалних интереса, као што је то, нажалост, чест случај. То је то швајцарско образовање, то је тај утицај швајцарске средине, који су образовали мој данашњи дух. Он ме је окренуо према демократији, слободи и, сасвим нормално, према Француској, којој сам се, не кријем то, одувек дивио. Због тог швајцарског духа сам заволео малу демократску земљу Србију, која нам данас пружа тако леп пример грађанске храбрости.

Дописник 'Neue Zürcher Zeitung'-а каже још и то да је моје деловање мотивисано таштином и жељом за признањима. Да, имам одликовања, чак много више него што овај лозански дописник може да замисли, јер о њима никада нисам говорио у новинама, као што то неки раде. Имам једно одликовање на које сам веома поносан, а то је Француска црвена лента. Био сам веома узбуђен када сам је добио, јер сам је добио у име француског народа који волим. Међутим, ова одликовања имам одавно, и нисам имао потребе да за време рата радим било шта због чега би ми била уручена. Инсинуације овог дописника су измишљене и злонамерне, као и оне које шире аустро-немачке новине, па и 'Neue Zürcher Zeitung'. Овакве сличне вести ширила су и друга гласила алеманске Швајцарске. Говорили су да су ме Срби платили да обавим посао који сам радио. Мене је скоро стид да о томе говорим, али пошто су моји клеветници решили да иду до краја, треба да знају: нисам богат и нисам зарадио ништа током моје једногодишње истраге у Србији. Влада ове земље је хтела да ми плати за овај посао, или бар да ми надокнади трошкове. Ја сам све то одбио и рекао сам да би ми било испод части да узмем и један сантим. Штавише, с обзиром на то да сам био дописник листа 'Petit Parisien', најбогатијих новина у Француској, захтевао сам да моје хонораре, које сам наменио француско-српском сиротишту, дају српском изасланику у Паризу.

Тешко је када неко ко се увек трудио да ради за добробит своје земље доживи да савезничке новине овако пишу о њему. Дописник циришких новина, који је уложио толико труда да пронађе моје родбинске везе са Немцима, могао је да се о мом раду распита код надлежних власти у кантону Во. Ове новине могу слободно да изразе своје неслагање са мојим ставом о данашњим озбиљним проблемима. Не бих имао ништа против и не бих се жалио што ме критикују. Дискутовали бисмо учтиво, као што и доликује правим земљацима. Али, овакви напади, пуни мржње и огорчења, непотребни су и штетни. У сваком случају, нисам се због њих постидео. Јасно ми је да мене лично неће штедети када учествујем у расправи која се тиче хуманости. Због тога сам увек потписивао своје чланке и нисам се заклањао иза анонимних написа. Оно што неко напише, треба да има храбрости и да потпише, па чак и ако ризикује да изгуби свој посао или да стекне моћне непријатеље.

Ја ћу, према томе, наставити да гласно заступам истину, пошто је то моја дужност. Једино ми је жао то што моји суграђани доводе у сумњу речи човека који им никада није дао прилику да се увере у супротно. За овакве поступке се каже: по кривичним закону, клевета је дело које се кажњава."

2. новембар 1915.

ЗА СРПСКУ СИРОЧАД

Свакога дана добијам писма добрих људи који ме питају шта могу да учине за мали херојски српски народ. Човеку се стеже срце при помисли на немилосрдну борбу две велике нације против једне мале земље сељака, коме су суседи издајници мучки забили нож у леђа. „Можемо ли бар новчано да им помогнемо?" питају.

Да, можете, али немојте им слати новац. Везе су прекинуте, а од какве би помоћи било неколико хиљада франака народу који стоички подноси нападе четири пута бројнијег непријатеља? Можете да помогнете тако што ћете помоћи безброј српске деце чији су родитељи страдали у ратним операцијама или у ликвидацијама цивилног становништва, када су им уништена или спаљена цела домаћинства. Срби су за њих учинили све што су могли, али их је много и држава нема начина да свима помогне. Данас, када је српска територија поново окупирана, број несрећних и недужних жртава све је већи. Видео сам их прошле јесени, како одрпани седе поред пута и преклињу за парче хлеба. Видео сам их такође и како умиру у блату излоканих друмова.

Милосрдни грађани и грађанке, прикупите новчане прилоге и ми ћемо код нас у Швајцарску довести неке од ових страдалника. Уз скромну накнаду за издржавање, сместићемо их у добре швајцарске породице, и омогућићемо им добро образовање, какво је наше. Вратићемо их својим кућама као добре пољопривреднике, виноградаре, занатлије, трговце, итд. Радићемо тако да они остану српски родољуби, али и да се касније сећају да на другом крају Европе постоји једна мала земља слободних грађана, која их у несрећи није напустила.

Знам да је ово и за нас тежак период и да се од нас стално тражи да будемо добротворитељи. Ипак верујем да они који то желе могу на овај начин да изразе своје дивљење према једном неустрашивом народу и солидарност са њим. Можда ће се међу њима наћи и породице које ће прихватити да без новчане накнаде школују неко јадно српско сироче. Нека се јаве, а ми ћемо ступити у контакт са њима чим будемо могли.

Молим читаоце да ми опросте што овај апел потписујем само ја.

Имам своје верне сараднике, који се, међутим, ужасавају „одбора и комисија" и желе да остану непознати јавности. Ја сам такође хтео да останем у сенци, али апел ипак мора да потпише неко ко ће преузети одговорност за њега. Зато су моји сарадници сматрали да та дужност припада мени, пошто сам ја тај који овде брани српску ствар.

Дакле, још једном: дајте новчани прилог, ма колико он био мали, којим ћемо од малих сирочића направити корисне грађане, а у исто време и пријатеље Швајцарске.

/Напомена/ *Новац се може уплатити у редакцији ових новина (Улица Пепине, бр. 3), у јувелирници „A Emeraude", у „Galeries St-François", у продавници дувана „Jeanrenaud et Margot", Трг Сен Франсоа, или у „Федералној банци", која се радо прихватила улоге благајника ове акције.

10. новембар 1915.

„LA BULAGENCE"

/Напомена Уредништва „Лозанске газете"/

Из Бугарске смо добили следећу депешу:

Софија, 7. октобра /1915./
„Револтирани због апела професора Рајса који је ваш лист објавио 25. октобра, обраћамо се вашој уваженој редакцији са молбом да објави да је бугарско читалаштво дубоко ожалошћено због клевета неких Швајцараца.

Данас сва бугарска деца, сељаци и професори проливају своју крв за ствар која је исто толико света као оно за шта се борио Виљем Тел.

Колевка наше националне културе била је уништена, као што је и ваша земља била разарана у тим далеким временима.

Дело професора Рајса, лишено сваког достојанства, може да баци сенку на вашу земљу коју наша универзитетска омладина дубоко поштује. Тврдити да Бугари касапе све што им се нађе на путу, да кољу жене, децу и старце, а да их неретко и живе спаљују у победничком маршу кроз чисто бугарску земљу, значи бестидно лагати. У Македонији и Моравској Бугарској, у Зајечару, Књажевцу, Пироту, као и у Велесу и Штипу, нашу војску поздрављају са одушевљењем и овацијама. Ви долазите из неутралне земље, и ми ћемо радо позвати ваше новинаре да дођу код нас и да се својим очима увере како се живи у слободи коју је извојевала наша армија, и како житељи долине Мораве обасипају цвећем наше сјајне војнике.

Професор Рајс, који ће се можда присетити да је био умешан у једну мрачну аферу у Грчкој и у Србији, а коју ми можемо да документујемо, поступа врло неморално када износи оптужбе против Бугарске, и поред тога што су резултати анкете Карнегијеве комисије другачији.

'Булажанс'".

„Bulagence", незванично гласило, блиски рођак „Wolff"-а, жели да упореди оно што бугарска војска данас ради Србима са ослободилачким акцијама старих Швајцараца.

Верујем да би се сваки Швајцарац побунио против оваквог поређења.

Да ли је агенција заборавила напад од 30. јуна 1913, када су око један сат ујутро бугарске трупе прешле Брегалницу код Штипа и напале српске официре, који су их позвали да се помире? Је ли заборавила три напада на Србе код Струмице, у тренутку када је Бугарска јавно објавила своју неутралност?

Тврде да је то било дело бугарских комита. Сви ми међутим знамо: ако је међу нападачима и било комита, које су уосталом користили и као регуларну војску, било је и војника из регуларне армије, као и то да је бугарска влада знала за ове нападе.

Писмо које сам објавио у „Газети", а које је запленила српска цензура, пружа доказе за све ове наводе.

Да ли је агенција заборавила и то да су Русија и Србија ослободиле Бугарску 1876–1878. године? Не, Виљем Тел кога су поменули у телеграму, није „ослободио" нашу земљу од ослободилаца. Он се није борио против оних којима дугује све.

Нећу говорити о бугарским претензијама према Македонији. Та тема је сувише широка за један обичан телеграфски допис. Ипак морам да кажем да „Стара Србија", Србија Душана Силног и Марка Краљевића, у којој се и данас певају старе српске песме и у којој се слави српска слава, та „Стара Србија" која захвата и Македонију, није бугарска.

У вези са свирепим поступањем, поседујем фотографије српских војника који су живи спаљени у Струмици прошлог априла, и показао сам их лозанској јавности, а између осталих и господину директору листа „Gazette de Lausanne".

„Bulagence" није пажљиво прочитала мој чланак од 25. октобра, у коме сам рекао: „С друге стране, јављају нам да Бугари касапе све што им се нађе на путу. Кољу жене, децу и старце, и неретко их живе спаљују. Далеко од тога да слепо верујем у све оно о чему говоре ови телеграми, али ипак се бојим да у њима има много истине. Добро знам шта су Бугари урадили прошлог априла у Струмици..."

Да, ја то знам. Знам такође за убиства цивила у два балканска рата. Био сам у Серу, Драми, Демир Хисару, и гледао сам уништена села и њихове житеље. Видео сам и Грке „протеране и избегле из своје земље" после Букурешког мира, којима су отели сву имовину. У Атини постоји статистика о жртвама бугарских трупа у Тракији. Данас би „Булажанс" можда могла лако да дође до овог документа. Могла би такође да прегледа телеграме из „Temps"-а, врло озбиљних новина, које нуде детаљне податке о „подвизима" бугарских јединица у Србији.

Говоре нам о општем ратном полету у Бугарској. А кажњавање Стамбуловског, Манолова и других, јесу ли и то знаци ратног полета?

Затим општи занос „ослобођеног" становништва Македоније и Старе Србије и нуђење гостопримства швајцарским дописницима да виде овај спектакл. Да ли је „Булажанс" већ заборавила кратак текст телеграма који је свуда објављен пре само неколико недеља, у коме се каже да ниједном новинару није дозвољено да прати операције бугарске војске? То је исто важило и за време балканских ратова. Зар се не сећа ни перипетија које је имао Анри Барби, ратни дописник листа „Journal", кога су бугарске власти у стопу прогањале док је пратио операције српске војске код Једрена, и који је морао да побегне санитетским возом, као српски рањеник?

Званична саопштења земље цара Фердинанда говоре нам о фотографима, филмским радницима, итд. који су се у својим делима фокусирали на приказивање бугарског „ентузијазма" и „српске свирепости" како би их оставили у наслеђе будућим генерацијама. То је мало претерана предострожност, јер јавност неће заборавити битку код Кирк Килиса.

Најзад, у телеграму се говори о мојој анкети коју сам спровео у српској и грчкој Македонији, коју сматрају непоузданом. У овој анкети нема ничег тајног и нејасног. Документација коју сам прикупио на располагању је јавности. У свом чланку од 20. фебруара 1915. објавио сам чувену депешу господина Папрашикова, коју сам добио, намерно или не, тек крајем децембра, по повратку у Лозану, уместо да је добијем на станици у Струмици 9/22. новембра. Јасно, оно што сам видео у овим крајевима не иде у прилог бугарској војсци, а пошто је то моја дужност, нисам се устручавао да то и изнесем. Због тога је агенција и бесна на мене. Пошто није могла да се против мене бори чињеницама, прибегла је злонамерним инсинуацијама.

Као и увек, у први план се ставља Карнегијева комисија. „Булажанс" врло добро зна, као и ја, да ова комисија није вршила анкету ни у Србији ни у Грчкој. Била је у Бугарској, и то је све. Да ли је то онда међународна и непристрасна комисија? Зар „Булажанс" не зна да су већину оптужујућих писама наводно грчких војника потписали људи који су били мртви још годину дана пре него што су та писма датирана? Ако „Булажанс" жели да сазна шта је та чувена комисија радила у Србији и у Грчкој, могу да јој дам врло прецизне податке. Дотична комисија није добила дозволу за рад у ове две земље зато што су у њој седели људи који су очигледно и отворено били непријатељи Србије и Грчке.

Агенција не треба да се труди да код људи створи идеализовану слику овог рата. Ово је освајачки рат и рачуни ће се свести тек на крају. Ја лично искрено жалим бугарски народ кога су његови руководиоци навели на погрешан пут. Драго ми је што из овог телеграма видим да су у Бугарској заинтересовани кругови прочитали мој апел. Оговараће ме више него икада пре. Није важно, ја сам само занемарљиво мали човек. Али можда ће неко, из страха да истина једног дана не изађе на видело, издати наређење да се хуманије поступа, и на тај начин поштедети бар неки људски живот.

27. новембар 1915.

СРБИЈА, РУМУНИЈА, ГРЧКА

Лозана, 27. новембра /1915./

Већ два месеца мала храбра Србија ратује против својих удружених непријатеља. Са намером да је сломе, против ње су се ујединили Аустроугари, Немци, Бугари и Турци. Притисли су је са свих страна не би ли је коначно и потпуно згазили. Историја ће нам у наредном периоду рећи каквим се именом назива агресија коју два велика царства и њихови сателити врше на шаку војника.

Имала је и Србија своје савезнике. Међутим, због бескрајних дипломатских нагваждања, пропустили су прилику да јој у правом тренутку помогну. Данас је већ сувише касно. Карађорђево краљевство препуштено је на милост и немилост судбине. Оно је окупирано и опустошено. Онима који су свим срцем уз Србију остаје једино да жале што су се оглушили на упозорења која су стизала из Србије и њених пријатељских земаља. У лондонском, париском и петроградском парламенту, као и у њиховој штампи, говори се о томе како је Србија постала друга Белгија, и како Савезници неће положити оружје пре него што она поново постане слободна. Каква дивна порука! Требало је спречити слом Србије, а силе Антанте су то могле! Ни најлепшим речима на свету мртви се не могу подићи из гроба.

Међутим, поред ратних савезника, Срби су имали још једног савезника, Грчку, као и једног пријатеља, Румунију. Ове две земље су могле да јој притекну у помоћ на самом почетку непријатељстава, или бар у тренутку када је Бугарска напала Србију, ако не пре. Грчка и Румунија су свог некадашњег савезника оставиле самог. Грчка је одлучно „поцепала" уговор којим је била везана за Србију, као да је „крпа", и тако разочарала све своје пријатеље. С друге стране, Румунија, која је на известан начин била такође везана за Србију Букурешким миром и обавезама које из њега произлазе, проценила је да би било мудро препустити судбини свог некадашњег ратног друга.

Ове издаје су тешко погодиле Србе, али их нису много изненадиле. Било је многобројних наговештаја за овако нешто, а српска влада у Нишу је већ одавно била на опрезу.

Нешто мало пре рата дошло је до чарки између Румуније и Бугарске, које су довеле до озбиљних сукоба на граници две земље. Румунија је питала Србију да ли би хтела да ратује са њом против Бугара. Када је Србија дала потврдан одговор, сматрајући да је на то обавезује Букурешки мир и да је на располагању свом суседу, Румунија је утврдила појединости заједничке акције. Одмах затим, уследила је аустријска нота и Срби су сада питали Румунију да ли хоће да их брани у случају напада Бугарске. Одговор је био поражавајући: Европски рат је поништио одлуке Букурешког мировног уговора, тако да Румунија више нема никаквих обавеза према Србији!

Истина је, међутим, да се за време рата Румуни нису непријатељски понашали према својим старим савезницима. Чинили су Србима ситне услуге, које су им ови касније троструко платили. Наиме, све до септембра, Срби су штитили железничке композиције са ратном муницијом, које су Француска и Енглеска слале Румунији.

***

Грчка је била прави пријатељ Србије, за коју је била везана и једним формалним уговором. Али, већ прошле јесени грчки руководиоци нису били одушевљени идејом да притекну у помоћ својим дојучерашњим пријатељима. У том најкритичнијем тренутку, за време српског повлачења, принц Александар затражио је (преко свог министра у Атини) од грчког краља да му пошаље шест брдских батерија, које су у том тренутку једине могле да прођу кроз блато српских путева. Заклањајући се иза начелника главног штаба Дусманиса, грчки краљ је одговорио да он лично нема ништа против, али да се његов официрски кадар не слаже, због „опасности од Бугара".

Прошлог пролећа принц је поново тражио да му Грчка позајми локомотиве и вагоне које она не користи, а Србији су били преко потребни због огромног промета на железничкој линији Ниш–Солун. Србија је обећала да ће у року од месец дана вратити нове, чија се испорука из Америке очекује свакога дана. Грчка је поново одбила.

Све чешћи мали сукоби били су узнемирујући знак расположења које је постојало у врху Константинове државе према српским савезницима. Када сам био у Атини крајем септембра, у дипломатским круговима је владало мишљење да ће Грци одбацити савез. У то време је господин Венизелос, који је био и остао пријатељ Срба и Савезника, још био на положају председника Министарског савета. Али, дипломатски представници су већ знали да је краљ донео другачију одлуку, и да на челу Владе не жели да види онога који се лично сам повукао, да би њега (краља) најпре извукао из немилости а затим чврсто поставио на престо. Венизелосов пад био је сигнал за потпуно и коначно окретање леђа Србији, које је већ дуго и у тајности припремано.

Треба рећи да грчки народ нема ништа са овим. У овом тренутку, он је свим срцем уз Савезнике. Овај чин је само последица једне непријатељске кампање коју су у Грчкој водили преплашени противници Антанте. Нису штедели чак ни злато којим су платили учињене услуге. У Македонији, а нарочито у Солуну, последњи избори су покрадени. Венизелос је ипак добио велику већину, али која није могла ништа да уради, због многобројних интрига које су имале за циљ да целу земљу и двор баце у руке Централних царстава и Бугарске. Данас имамо невероватну ситуацију: Грци, најгори непријатељи Бугара, постају њихови пријатељи. Хоће ли краљ Константин, који ми је још у децембру прошле године показао једно велико Скотово платно, на коме неколико поносних грчких војника чува бугарске заробљенике, избацити ово ремек-дело из свог радног кабинета?

Ни силе Антанте нису сасвим безгрешне када је реч о промени у понашању Грчке. Неколико пута су биле грубе у односу према Грчкој, што је повредило осећања грчког народа. Али Србија никада није направила ниједну грешку због које би морала да испашта.

Сада је Грчка подељена између партије на двору и у главном штабу, која нагиње ка Централним силама, и Венизелосове партије и народа који су за Србију и Савезнике, а поготово за Француску. Која ће превагнути? Сви официри симпатизери Венизелоса премештени су из Атине у унутрашњост Македоније. Све Грке венизелисте у иностранству, којих има и у нашем граду, надзире нека врста полиције лојалне грчким властима, што ми се чини супротним одредбама наших закона. Можда ће једна енергична акција Енглеске или Француске принудити ову „владу стараца", како су почели да је зову, да покаже више саосећања за Србију, свог храброг и несрећног савезника.

Она ће остати доследна датој речи, као што је то чинила и до сада. Одбила је да самостално потпише три мировне понуде Аустроугарске. На последњем заседању Скупштине у октобру двојица или тројица социјалиста скренула су пажњу да ће, ако се непријатељства наставе, Србија бити избрисана са карте света. Председник Савета, Никола Пашић, подржан од стране свих посланика, одговорио је: „Дужност једног народа је да умре усправно, а не да живи као кукавица од милостиње својих агресора". Парламент је изгласао борбу на живот и смрт, уз повике: „Боље смрт него понижење!" Да ли је ветар однео ове повике до Атине?

27. новембар 1915.

ВОЈНА СИТУАЦИЈА У СРБИЈИ

Још није са сигурношћу потврђено да је српска војска на северу опкољена са свих страна. Додуше, у неколико наврата се у депешама из Софије тврдило да је ово тачно, али с обзиром на то да се у њихову истинитост може веровати исто колико и у искреност бугарске политике, ове тврдње треба узети са резервом.

Напротив, чини се да се централни део српске војске у овом тренутку жестоко бори да се прикључи македонској армији, и то не без успеха. Пораз који су бугарске трупе претрпеле око 20. новембра у околини села Лебане и Радиновац, крећући се у три колоне из Лесковца и Врања према Приштини, није спречио њихову десну колону да, споjивши се са левим крилом армије Фон Галвица, уђе у Приштину. Међутим, ово је умногоме успорило напредовање друге две колоне, о којима се од тада ништа тачно не зна. Требало је да најјужнија од ове две колоне преко Гњилана и долине Биначке Мораве из позадине изврши напад на Качаничку клисуру, коју десно крило српске војске брани од бугарских дивизија које долазе из правца Скопља. Почетком ове недеље, у телеграмима упућеним енглеској штампи, објављено је да су Срби на Косову пољу, на северу Приштине, концентрисали бројне снаге, да су четири дивизије предузеле жестоку офанзиву из Качаника и Тетова према Скопљу, и да су већ постигле неке успехе. Притиснути овако енергичним надирањем, Бугари су били приморани да позову у помоћ јединице које су повучене са планине Бабуне, па чак и са француског фронта.

Према овим, додуше, непотпуним информацијама, јасно је да генерал Божановић, који командује десним крилом српске војске, настоји да се поново домогне Скопља и да се одатле прикључи српским јединицама у Македонији.

Коначно, депеше из Атине и Солуна јављале су ових дана да је офанзива бугарске војске на Монастир (Битољ) обустављена и да су је Срби одбацили према Прилепу, да се српска коњица појавила у клисурама Бабуне и да српске јединице, провлачећи се дуж албанске границе, преко Гостивара, без престанка пристижу у Кичево, Брод, Дебар и Охрид. Из једног телеграма, који је из Атине послат 23. новембра, сазнали смо да су Срби преузели положаје између Велеса и Прилепа и да напредују према Бабунској клисури.

„Иако није сасвим задовољавајућа, општа ситуација код Срба је таква да се не искључује могућност повлачења према југу и успостављање веза са Савезницима", додаје се у телеграму. Истога дана, дописник листа „Secolo" шаље телеграм из Монастира својим новинама: „Верује се да Срби, који концентришу своје снаге на јужној граници Старе Србије и на Косову пољу, размишљају о последњој могућности да се извуку из ове ситуације. Док би друге јединице на северу наставиле да задржавају тешко и мучно немачко кретање преко планина, главнина српске армије извршила би офанзиву у правцу Скопља и Куманова, како би себи отворила пролаз и прикључила се Французима. У Прилепској долини српске претходнице нису наишле на непријатељске снаге. У Прилепу, који су бугарске трупе напустиле након што су запалиле продавнице са животним намирницама и сточном храном, данас се налазе само бугарске комите. Сматра се да је офанзива Француза и Срба на северу разлог за изненадни прекид бугарске офанзиве".

На крају, генерал Сарај саопштава да су 23. новембра у току дана његове трупе имале један окршај са бугарским снагама, које су успеле да потисну.

Из свих ових података можемо закључити да ће, уколико један део српске армије буде принуђен да се повуче у Црну Гору, где би се састао са војском краља Николе коју је са севера притиснула Аустроугарска, један велики део српске војске можда покушати да се повуче, не према Албанији већ преко Македоније, како би се ту спојио са савезничким армијама и тако са њима направио један блок.

После свих искушења које је јуначки поднела у последња два месеца, а с обзиром на то да је цео западни део Нове Србије очишћен од непријатеља, чини се да је овом операцијом српска војска на правом путу да докаже своје задивљујуће маневарске способности.

Надамо се да ће нам у наредним депешама бити саопштено да је Скопље евакуисано од стране трупа цара из Софије.

/Текст Едуарда Секретена, уредника „Лозанске газете“, написан на основу депеша које су стизале из Србије, међу којима је било и Рајсових./

<u>7. децембар 1915.</u>

СРБИЈА У БУДУЋНОСТИ

После градске штампе, и новине немачких социјалиста најављују крах малих држава. По њиховом мишљењу, после победе Немачке нестаће Белгија, Србија и Пољска. Неутрални ће морати да се прикључе једној заједници народа, а није тешко прочитати између редова да ће та заједница бити тевтонска, тј. германска.

Не верујем да поменуте државе прижељкују овакву перспективу. Срећом, нема никакве опасности да се овај мегаломански сан оствари. Сви који су имали прилику, као што сам је ја имао, да на делу виде силе Антанте, апсолутно су убеђени да ће блок права однети превагу над блоком силе. Енглези, Французи, Руси и Италијани јесу правили грешке, и то углавном због „недостатка правичности“. Али, они имају довољно снаге да их исправе.

Због тога упорна настојања германо-аустро-турске коалиције да се склопи мир, што они негирају, неће имати никаквог одјека ни у Паризу ни у Лондону, ни у Петрограду ни у Риму, а било би крајње неразумно да једна неутрална земља у томе посредује.

Пре неки дан, званичник једне од сила Антанте, рекао ми је: „Јавност треба да зна да ће земље чланице Антанте сматрати непријатељским актом сваки мировни предлог који упути једна неутрална земља". Дакле, заговорници мира из неутралних земаља, који имају најбоље намере, уредно су опоменути да то не чине.

Извесност победе блока Антанте даје ми за право да верујем и у васкрс Србије. „Мала српска држава", супротно оном што тврди „Chemnitzer Volksstimme", неће нестати са карте Европе. Напротив, она ће расти и поново ће се родити. Формираће југословенску државу, о којој већ дуго сањају српске патриоте. Имам поверења у добру вољу Француза, Енглеза, Руса и Италијана. Они ће поново оформити Србију, односно једну нову Србију.

Међутим, новоформирана Србија може представљати опасност за стару Србију. Ово изгледа парадоксално, али је врло реално.

**

Пре Европског рата, Србија је заједно са новим македонским територијама бројала укупно четири милиона становника. Изузев неколико стотина хиљада Македонаца и Албанаца, у земљи је било врло мало странаца. Може се сматрати да је било између 3 400 000 и 3 500 000 Срба (око девет десетина), углавном сељака, који никада нису изашли из своје земље и који су чувари старе српске традиције. Они су право језгро српског рода и сигуран гарант истинских српских интереса.

Када се земља прошири прикључивањем других југословенских територија – Босне, Херцеговине, Хрватске, Далмације и Баната – то ће са собом донети и одређене тешкоће. Наиме, ове земље српских корена сувише су дуго биле под страном доминацијом да би могле да сачувају у целости свој изворни карактер. Њихови држављани су се неминовно мешали са другим нацијама из Хабзбуршке монархије. Због тога се њихов национални карактер сигурно променио. Још у време турске доминације, многи Срби из Босне и Херцеговине прихватили су муслиманску веру. Осим тога, Срби из Карађорђевог краљевства признају, без устручавања, да су Југословени који живе на територији аустријског царства много развијенији од оних у Шумадији и у другим деловима независне Србије. Контакти са Бечом и Будимпештом неповољно су утицали, као и у другим земљама, на не мали број Босанаца и Хрвата.

Све у свему, око осам милиона Југословена који би се прикључили броју од четири милиона Старо-Срба, могли би, с обзиром да представљају већину, лако да падну у искушење да своју вољу наметну мањини, која је у ствари прави ослободилац расе. Међутим, за сам опстанак Велике Србије важно је да управо Старо-Срби остану на челу нације. Овим не желим да кажем да они треба да имају предност у односу на друге, али је нужно да судбином народа и даље управља типично српски карактер, који је код њих најбоље очуван. Важно је да се центар југословенства не пресели из Београда у Загреб.

Уз добру вољу, која сигурно не би недостајала ни Старо-Србима ни осталима из нових територија увећаног краљевства, успели би да се изборе са тешкоћама. Формирањем кантона који би уживали извесну аутономију, као што су наши швајцарски кантони, могла би се створити једна федерална југословенска монархија, у којој би права свих људи била законом заштићена.

***

Данас је ситуација другачија.

Последња силовита аустро-германо-бугарска инвазија десетковала је већ измучен народ краља Петра Првог. Дотукле су га бројне егзекуције, отимање талаца и затварање цивила, бег цивилног становништва у планине усред зиме, глад и хладноћа. Колико ће Срба остати после рата у краљевству? Две стотине хиљада их је умрло прошле године од пегавог тифуса, стотине хиљада их је пало на бојном пољу, или су мучки убијени, или су умрли од глади. Да ли ће их бити само два милиона када се потпише мир?

Осим тога, градови и села су уништени, и биће потребно много времена да се обнови све што је разрушено. Коначно, интелектуалци, од којих су многи мртви, претрпели су многе недаће и страдања за време рата. Да ли ће у оваквим околностима Стара Србија моћи да заузме место које јој припада у новој Југославији? Ја у то не верујем. Стара Србија је мртва, стварно мртва. Треба се само надати да Велика Србија, којом ће управљати углавном нови људи, неће заборавити херојску традицију њихових предака са Јадра, Цера, Колубаре и Рудника. Ја лично знам да међу људима сутрашњице има високоморалних патриота, као што су Трумбић и Хинковић. Имам поверења у њих. Али, чланице Антанте имају обавезу да воде рачуна о томе да преживели из старе Србије заузму оно место које им по праву припада у новој Србији.

25–26. децембар 1915.

ПОСЕТА СТАРОМ КРАЉУ ПЕТРУ

Стари краљ Петар се повукао у Тополу, где је провео цело пролеће и лето, у пратњи само једног пуковника и једног лекара. Слабо покретан због реуме, ту је надгледао изградњу цркве-маузолеја своје породице. Није примао скоро никога. Само је с времена на време долазио његов стари сарадник Пашић, а у изузетним приликама примао је неколицину својих пријатеља. Прошлог августа упутио сам се у Тополу, у пријатељску посету. Хтео сам да овај интервју објавим у „Gazette de Lausanne", али он ме је замолио да то не чиним, јер не воли публицитет. Одржао сам обећање, али данас, када су све очи упрте у Србију, он ми неће замерити што ћу се оглушити о његову молбу и што ћу пренети наш последњи разговор.

Топола је мало село на узвишењу једног планинског венца. На највишој тачки налази се краљевско имање са црквом која се види издалека, и која бди над Шумадијом, колевком Карађорђевића. Око цркве је пространо имање засађено младим стаблима дрвећа, које још није имало времена да порасте. „Палата" је једна мала једноспратна кућа, чиста и једноставна, са само пет соба. Њена унутрашњост је такође једноставна: зидови окречени у бело. Краљ је из Београда донео неколико комада намештаја и неколико уметничких предмета, тако да упркос својој једноставности три собе имају известан комфор и елеганцију.

***

Краљ ме је дочекао на вратима своје палате. Када је видео да стиже наш аутомобил, хтео је лично и љубазно да дочека госта у својој кући, као стари српски патријарх. То је један старац енергичног израза лица, са густим белим брковима. На њему је ратна генералска униформа, са широком златном траком око врата и српским чиновима на еполетама. Добро изгледа и рекло би се да је здрав, али не чује добро. Без обзира на униформу, изгледа као стари поносити шумадијски сељак, „Чича", како га народ зове, није променио држање које је типично за средину из које потиче његова породица. Он то не крије, већ је, напротив, поносан.

Разговор смо започели одмах, у срдачној атмосфери. Говоримо о рату и он ми препричава неколико епизода из 1870, а о немачкој шпијунажи каже: једнога дана, док је био са генералом Билиоом, долази један официр и каже да га шаље генерал Бурбаки. Добро говори француски, али генералов ађутант сумња да нешто није како треба, што и саопштава генералу Билиоу. Овај, који се мало збунио, умири официра, рекавши да га познаје од раног детињства. Али, ађутант није одустајао. Зачуђен обликом његових шпицастих официрских чизама, којих у Француској нема, упита га одакле му те чизме. Уместо да каже да их је узео од убијеног Пруса, он одговори да их је наручио из Француске. Када су га заробили и претресли, видели су да се ради о грофу В., пруском официру. Када су га питали зашто се он, племић, понижава шпијунажом, одговорио је да је част шпијунирати у корист пруског краља. Умро је на вешалима, вичући: „... Французи, Пруси ће вас ипак згазити!"

Затим разговарамо о Швајцарској и краљ ми прича о својим успоменама на време када се бавио стрељаштвом. Био је члан Аркбиза из Женеве и учествовао је на многобројним кантоналним и федералним такмичењима, током боравка у нашој земљи, између осталих и у кантону Ивердон и Нешател. Има прегршт медаља и пехара са тих такмичења. Из џепа је извадио сребрни сат са федералног такмичења у Луцерну. „Није ме никада изневерио откако сам га 'устрелио'", додао је. Распитивао се о својим пријатељима са гађања Жилијену, Литију, о витезу Е. из Женеве, и навео ми име које ја не знам. „Знате га, то је месар из Улице Роне (ако се не варам), који тако добро пуца", објаснио ми је. Затим је хтео да зна како су његови стари познаници: Навил, Мартин, Ле Роаје, доктор Мермод из Лозане, Реверден и други. Похвалио је женевску полицију, која је увек била предусретљива према њему. Његова деца су ишла у школу без пратње. Али, влада Обреновића хтела је да их отме, и једнога дана, његов син Ђорђе вратио се кући и испричао да га је један човек пресрео на улици и хтео да га одведе са собом. Откако су случај пријавили полицији, овакве ствари се више нису дешавале.

„Ах, волео бих да Србија буде као Швајцарска и Срби као Швајцарци", рекао ми је. „Како је ваша земља цивилизована! Полиција се никада не меша у демонстрације. Када поворка демонстраната пролази улицом, грађани се сами повлаче на тротоаре, без интервенције полиције. Видите, у енглеском врту у Женеви, постављени су натписи којима се посетиоцима препоручује да чувају биљке и цвеће. Свакога дана сам био у том врту и посматрао децу, коју много волим, како се играју. Једном је једно сасвим мало дете бацило своју лопту на цветну леју, и одмах потрчало ка мајци са молбом да му је дохвати. Одмах затим се исто десило другом детету, које је обазирући се око себе да га неко не види, прескочило ограду и узело своју лопту. На крају је и трећем детету побегла лопта. Дете је улетело у цветни засад да је дохвати, и узгред почупало неколико цветова. Занимало ме је ко су та деца, и сазнао сам да је прво дете било Швајцарац, друго Француз и треће Немац. Мали Швајцарац је већ имао осећај за поштовање закона! Ето шта је свима нама потребно!"

Што се политике тиче, краљ Петар мисли да се људи сувише баве њоме, и да би било боље да тога има што мање. Затим ми је причао о војсци и изразио своје дивљење према српском војнику: „Храбар је и има душу. У биткама га краси силовитост, али када победи, он заборави на све и у свом противнику види само јадно људско биће са којим ће поделити и последње парче хлеба". О свом сину Ђорђу, који је сада вероватно на француском или италијанском фронту, не зна ништа. „Он је један чудан тип. Када је ишао да обиђе свог рањеног друга, било му је криво што и он није рањен. Зато је остао у Београду све док једна аустријска граната није срушила зид који му је пао на главу (1914). Али сматрао је да та повреда није она коју он заслужује, па је отишао на Мачков камен, где је рањен, овога пута озбиљно. Отишао сам у Ваљево да га видим. Лежао је ћутке у свом аутомобилу, јер га је рана вероватно много болела, али је био веома задовољан што је рањен. Не разумем како је остао жив, јер је за милиметар избегао смрт." Краљ Петар се досађује у друштву пуковника и свог лекара: „Ја сам стар, а моје дужности обавља мој син Александар. На одмору сам, повукао сам се да 'не сметам' политичарима, али лично то веома тешко подносим".

Време одмиче и пре него што одемо, Петар Карађорђевић Петровић, некадашњи питомац Војне академије Сен Сир, бивши војвода босанских добровољаца у рату против Турака, жели још да нам покаже „своју цркву". Али, пошто има степеница, он нам каже: „Идите, видите цркву. Ја бих радо ишао са Вама, али имам проблема са ногама, и не могу да се попнем уз степенице". Црква је заиста лепа, једноставног византијског стила. Високи стубови од мермера, са оближњег Венчаца, подупиру свод. Уски и високи прозори пропуштају светлост кроз плаве витраже и испуњавају унутрашњост благом светлошћу. Црква није довршена. Сада бели зидови биће прекривени мозаицима од којих су неки већ уграђени у стећке. Да сам архитекта, оставио бих беле зидове, какви су сада. Не би били тако богати, али би били много импресивнији. Један бели мермерни ковчег очекује посмртне остатке Карађорђа, оснивача династије. Постављен је на стену на којој су Карађорђеви саборци запалили ватру која је означила почетак ослобођења Србије.

У крипти, неколико празних места спремно је да прихвати посмртне остатке чланова краљевске породице, а имена на неколико широких мермерних плоча сведоче о томе да су ту већ сахрањени краљева мајка, жена, двоје његове рано преминуле деце, његов прадеда, један обичан сељак, итд.

Краљ нас чека на излазу да нам пожели срећан пут. Један снажан стисак руке, и наш аутомобил се већ удаљава од Тополе, родног краја старога краља. Ослоњен на свој штап, прати нас погледом, а његова фигура се још дуго назире на узвишењу које доминира његовом драгом Шумадијом, коју обасјавају румени зраци залазећег сунца. Несвесно почињем да мислим о његовом сину Александру, који ми је, уз посредовање румунског државника Марђиломана, 11. јуна доставио аустријски трећи предлог за мир. Овај предлог је био привлачан: Босна, Херцеговина и уступци у Албанији! „И шта ћете Ви одговорити?" питао сам га тада. „Одговорићу да ми имамо савезнике којима смо обећали да нећемо закључивати сепаратни мир. Ако Аустријанци желе мир, нека се обрате нашим савезницима". То је био частан одговор шефа једне мале државе која ратује већ више од три године, током којих је претрпела све страхоте и муке које се могу замислити.

30. децембар 1915.

АУСТРИЈСКО-СРПСКИ МИР
Деманти

Аустроугарско посланство нас је замолило да објавимо следеће:

„Српска влада је већ неколико пута покушала да доведе у заблуду европско јавно мњење, настојећи да пласира причу о предлогу за мир који је Аустроугарска понудила Србији. Аустроугарска влада је сваки пут категорички демантовала ове лажи.

У једном чланку од 25/26. децембра у 'Gazette de Lausanne', под називом 'Посета старом краљу Петру', професор Р. А. Рајс каже да мора да се врати на ту причу, износећи читаоцима неке поверљиве податке, за које тврди да их је чуо 11. јуна прошле године, из уста принца Александра Карађорђевића, који ће му проследити 'трећу понуду Аустроугарске' за мир, уз посредовање једног румунског државника, господина Марђиломана. Ако је веровати било господину професору Рајсу, било његовом узвишеном саговорнику, Аустроугарска ће дакле бити спремна да Босну и Херцеговину, као и делове Албаније, уступи Србији.

Иако је очигледно да су ове тврдње потпуно апсурдне, царско и краљевско посланство Аустроугарске има овлашћење да им се супротстави упућивањем једног изричитог демантија којим се оне проглашавају потпуно неистинитим."

Одговор
Овај деманти поднели смо на увид господину Рајсу. Ево његовог одговора:

„Не тврдим само да сам 'из уста принца Александра чуо' за овај трећи предлог Аустроугарске за мир, већ га изричито потврђујем, и нећу дозволити чак ни аустроугарском посланству да моје речи доведе у сумњу.

Принц Александар ме је, наведеног датума, обавестио о предлозима Аустроугарске.

Господин Пашић ми је овим речима потврдио да ови предлози постоје (телеграм-интервју који сам послао листу 'Petit Parisien', дана 24. јула 1915):

'Питање: Да ли Вам је Аустрија, уз посредовање политичара, пре неколико месеци понудила мир и под којим условима?

Одговор: Да, Аустроугарска нам је преко иностраних политичара наговестила да жели да склопи мир са нама, али само са нама. Разговарали су о промени граница према Босни и Херцеговини, излазу на Јадранско море, економским интересима, итд. Пошто смо желели да останемо верни нашим савезницима, одбили смо ову, као и две претходне понуде. Данас, када су Аустро-Немци постигли неколико успеха на руском фронту, Аустрија демантује предлоге које нам је стварно дала'.

Дана 27. јула 1915. послао сам листу 'Gazette de Lausanne' један резиме мог разговора са господином Пашићем, у коме сам рекао: 'Господин Пашић ми је потврдио да је аустроугарска влада, преко иностраних политичара, заиста понудила Србији да склопи мир са њом, у замену за територијалне уступке у Босни и Херцеговини, итд. Али, аустроугарска влада је хтела да склопи мир само са Србима, што су они одбили, желећи да одрже реч коју су дали Савезницима. Данас, када је Аустроугарска извојевала неке успехе на руском фронту, она пориче да је истина да је српској влади упутила један такав предлог. Ово је трећи пут како она покушава да понуди мир свом противнику са ове стране ратног поприштa'.

Колико знам, у августу месецу Беч није демантовао преко свог представништва у Берну ово што сам рекао у 'Gazette de Lausanne'. Он то ради данас, скоро пет месеци касније. Чему ово закашњење? Зато што је у међувремену на јадну Србију извршена освајачка инвазија аустријско-немачко-бугарско-турске коалиције, па је сада незгодно признати да је понуђен мир противнику за кога се данас мисли да је потпуно потучен, што ја савршено разумем. Међутим, тај противник још није побеђен.

Овим дакле потврђујем све што сам рекао у вези са овим питањем у мојој депеши објављеној у листу 'Petit Parisien' од 24. јула, у мом допису листу 'Gazette de Lausanne' од 27. јула, као и на крају мог чланка у истом листу од 25/26. децембра 1915".

1916. година

<u>19. јануар 1916.</u>

ЦРНА ГОРА И СРБИЈА

Лозана, 19. јануара /1916/.

Уморна од четворогодишњег ратовања, Црна Гора је проценила да више нема потребе да и даље ратује, тако да је капитулирала пред Аустријанцима. У вези са овим било би занимљиво поменути једну чињеницу о којој се у Швајцарској мало или ништа не зна.

Српско-црногорски савез био је склопљен у Луцерну, у хотелу „Beau Ravage", 1. октобра 1912. године. Представник за цивилна питања Црне Горе био је Јован Пламенац, а за војна питања генерал Јово Бећир, командант из Скутара за време српско-турског рата 1912–1913. године. Србија је послала пуковника Пешића. Био је то офанзивно-дефанзивни савез, а његово трајање није било ограничено. Нико у Луцерну није ни слутио на каквом су важном задатку били ови људи који су боравили под маском туриста и обилазили град и његову околину. Генерал Јово Бећир одсео је у хотелу „Righi-Kulm", под именом Жан Бекер. Управо је у Луцерну договорено да Црна Гора нападне Турке, чак и у случају да она у последњем тренутку приступи балканским савезницима.

Данас Црна Гора више није убеђена да треба да следи пример своје савезнице Србије. Она се предаје. Зашто је дошло до промене у њеном држању?

Разлози су вишеструки. Пре свега, Црна Гора је уморна. Овај мали народ ратовао је од 1912. године и нема више снаге која му је потребна да прихвати још и изгнанство, као што је то Србија урадила. Затим, неоспорно је да је било „натезања" између Србије и Црне Горе. Оба народа припадају истом, српском роду, али Срби су демократе, док су Црногорци патријархално друштво које подржава племство. Срби су сматрали да је апсурдно то што се земља краља Николе издвојила и што се није прикључила њиховој будућој Великој Србији. С друге стране, Црна Гора је сматрала да је династија црногорских Петровића имала више права да буде предводник југословенских народа него династија Петровића из Београда.

Биле су то мале локалне чарке између браће, које су заједничком победом могле бити изглађене. Међутим, оне су се наставиле и током овог рата, а понекад су се испољавале на неочекиване начине. На пример, за путовање из Србије у Црну Гору било је потребно више папира и формалности него што је то било потребно за путовање од Лозане до Ниша, иако су ове две земље биле савезнице које се боре против заједничког непријатеља. Осим тога, стари краљ Ники волео је да води своју личну политику, која није била у складу са политиком његовог зета Петра Првог и његовог унука Александра. Овај несклад је посебно дошао до изражаја у току преговора са Италијом, када је она ушла у рат.

И на крају, не треба заборавити да се један од Николиних синова оженио немачком принцезом, као ни то да Италијани нису пружили очекивану и преко потребну помоћ овим неустрашивим брђанима.

Како год било, то што се Црна Гора повукла, а што се може разумети и опростити, још је више подигло углед Срба због тога што су остали приврженим речи коју су дали својим савезницима.

Овај народ, који више нема ни педаљ своје земље, ни даље се не предаје. Упорно наставља да се супротставља окупатору, решен да славно умре, уместо да живи од милости свог агресора.

Нисам оптимиста и не верујем да моћна српска армија може да се реорганизује и да буде од помоћи силама Антанте. Армија која је прошла тако мучно повлачење преко ледом окованих неприступачних албанских планина као што је армија војводе Путника, не може да се опорави у року од неколико месеци. Међутим, њени преостали делови и даље ће предузимати кратке и муњевите акције, као што су то српски војници научили да раде.

Иако су остали без сопствене земље, Срби су верни својим савезницима, а нарочито Француској. И, у праву су. Упркос грешкама које су направиле његове чланице, блок Антанте ће на крају победити и тада ће Срби бити награђени за своју оданост. Убеђен сам да ће нарочито Француска учинити све да исправи све зло које је нането земљи краља Петра, и то највише због несмотрености саме Антанте. Срби су тога свесни и, упркос горчини која их с времена на време обузима, њихови погледи упрти су ка Великој Републици. Они још верују да ће правда победити и да се неће десити да толико исказане храбрости и самопожртвовања буде улудо потрошено. Идући за француском заставом, стари краљ Петар ће се у сјају једног блиставог пролећног јутра вратити у Београд.

27. јануар 1916.

АУСТРИЈА И СРБИЈА

Писмом из Беча, објављеном 25. јануара у „Лозанској газети", покушава да се умањи значај помоћи коју су Срби пружили армијама Антанте. Аутор чланка тврди да српска победа у јесен 1914. године није права војничка победа и да је Србија победила само захваљујући томе што окупаторска војска није имала довољно муниције и животних намирница, као и због лоших саобраћајница.

Пре свега, овај аутор не помиње да су Срби већ извојевали прве победе на Јадру и Церу, 15. и 19. августа 1914. Тада су први пут збрисали Аустроугаре са српске територије.

Срби су, у јесен 1914, имали око 130 000 бајонета, а Аустријанци 280 000. Српска војска је била већ изнурена трогодишњим ратовањем. Муниције више уопште нису имали, због чега су били принуђени да се повуку. Француска муниција стигла је у последњи час. У то време сам био у Србији и имао сам прилике да видим огромну количину муниције коју су Срби одузели од Аустроугара. Судећи по овоме, прича из овог писма о недостатку муниције не изгледа вероватна. У писму се такође наводи и сведочење извесног Е. Н. Бенета у „Nineteenth Century", који каже да су војници краља Петра однели победу захваљујући незамисливо лошем стању путева, пуним блата. Потпуно је тачно да су путеви били прекривени дебелим слојем густог блата. Али ово блато се није повлачило ни пред српским батаљонима и топовима, као што се Црвено море повукло пред Мојсијем. Српски војници су морали да се боре против блата, исто као што су то морале и аустроугарске трупе. Ово би значило да је српској војсци то блато, које је морала да савлада, помогло да дође до победе.

Нема потребе настојати да се умањи јунаштво српске војске, по чему је чувена у целом свету, и никакво наклапање о разлозима повлачења Поћорекових трупа неће нарушити њен углед.

Аустријски новинар овај неуспех објашњава још и тиме што Срби нису пратили Аустроугаре у борбама, и што осам месеци нису били активни. Не знам да ли је моје писмо из Крагујевца о разлозима ове неактивности стигло у „Лозанску газету". Укратко ћу поновити оно што сам тада рекао, а што је до данашњег дана остало као једино и искључиво објашњење зашто се то десило.

Најпре, малој српској војсци је био потребан одмор, с обзиром на то да је ратовала од октобра 1912. године. Затим је дошла епидемија пегавог тифуса, коју су донели аустроугарски заробљеници из чувених битака на Колубари и Руднику. Епидемија је однела животе 20 000 војника и цивила. Осим тога, српска војска је за Антанту представљала препреку како аустро-немачке трупе не би прешле у Турску. Недавни догађаји показали су колико је та њена улога била важна. Упад на аустроугарску територију био је онемогућен. Замислите само колике су биле српске границе. Тиме што је распустила 150 000 људи из своје армије која је имала 250 000 бајонета, српска војска је била остављена је на милост и немилост непријатељским снагама упућеним са руског фронта, а поготово бугарском упаду на њену територију. Бечки дописник признаје „дугогодишње" пријатељство са Бугарима. Срби су то знали, као што су знали да су Бугари непријатељски настројени према блоку Антанте. У јесен 1914. два пута су напали српску војску, и једном у априлу 1915. Влада у Нишу није крива што су канцелари земаља чланица Антанте дозволили да их Софија превари.

На крају, у овом нападу из Беча тврди се да „муњевит успех" последње кампање против Срба може да се објасни тиме што они нису успели да се опораве од удараца који су им задати. Овакве тврдње одговорно демантујем. Прави разлог лежи у чињеници да малобројна српска војска краља Петра није била у стању да се успешно одупре масовном аустро-немачко-бугарско-турском јуришу. Аустроугари, поучени искуством са Јадра, Цера, Колубаре и Рудника, нису се сами вратили у „казнени" поход на поносне сељаке, већ су у помоћ позвали Немце са њиховим тешким топовима, Бугаре и Турке. Слава је ипак на страни мале војске која се потпуно сама борила против три пута надмоћнијег непријатеља, који није положио оружје чак ни када је био протеран са њене територије.

П.С. У вези са саопштењем „Немци у Србији", од српске колоније сам добио следеће информације: „Вукашин Петровић је два пута био министар финансија (1897. и 1901), за време владавине Обреновића, који су, као што сви знају, били потпуно одани аустријској политици. Петровић је познат као ватрени аустрофил, и заклети непријатељ слободне и демократске Србије. Осим тога, Петровићев отац био је пореклом аустријски Израелит који се презивао Шауенгел и који је, дошавши у Србију, примио православну веру и променио презиме у Петровић.

Вукашин Петровић се није макао из Крагујевца и није могао да зна шта се 23. новембра дешавало на другим местима. Пошто је српска војска евакуисала Крагујевац, тај исти Петровић је оформио градски комитет са намером да приреди дочек Аустро-Немцима када уђу у град. Можда баш захваљујући овом комитету и самој личности овог аустрофила, Крагујевац није имао исти третман као друга места. У сваком случају, српска колонија није поверовала у оно што тврди грађанин за кога се зна да је непријатељ сопствене земље".

<u>28. јануар 1916.</u>

СРПСКО ПОВЛАЧЕЊЕ
(Од нашег специјалног дописника)
Од Пирота до Драча

Милано, 16. јануара /1916./

Енглеска санитарна мисија, на челу са господином Винсентом Друом, која је била упућена у пиротску област, добила је почетком октобра наређење да се повуче у Ниш, пошто је постојала опасност да Бугари нападну саобраћајнице према овом граду.

„Из Ниша смо", каже господин Дру, „кренули убрзо након нашег доласка у Крушевац. У ковчезима сам носио хируршки материјал вредан 125 000 франака. Пешачили смо неколико дана, праћени заглушујућом топовском пальбом. У неколико наврата изнад нас су пролетели непријатељски авиони, бацајући бомбе на нас. Пут је био крцат колима са воловском запрегом, санитетским камионима и дугачким колонама избеглица. С времена на време наишли бисмо на кола поломљених точкова. Дешавало се да морамо да се склонимо са пута, како бисмо пропустили артиљеријске и транспортне колоне.

Командант Треће армије понудио ми је да утоварим свој пртљаг на запрежна кола и дао ми је малог тврдоглавог коња кога сам највећим делом пута морао да водим за узде. Два дана након напуштања овог краја, задесила нас је прва снежна олуја која нам је задала много мука. Током пута, црквавали су нам коњи и волови. Када смо кренули, наилазили смо на људске скелете на сваких километар-два. Како смо одмицали, тако се њихов број повећавао. После само неколико дана, на сваких петнаест до двадесет метара лежале су угинуле животиње. Ускоро смо почели да наилазимо и на људске лешеве. Сваке вечери се постављало питање како ћемо преноћити. Требало је направити добар распоред, а војници су морали да проводе ноћ под ведрим небом, поред официрских коња или уз логорску ватру. Залихе хране су биле оскудне, тако да су људи дневно пешачили од 25 до 30 километара а да ништа не окусе све до вечерњих сати. Војници су пекли месо коња и волова који би угинули током пута. И сâм сам га јео неколико пута. Дрва за огрев такође није било. Одваљивали су врата и дрвене делове кућа на које смо наилазили.

Наша мисија је у Приштини успела да нађе собе за смештај, али уз велике тешкоће и претерано високе цене. Моја кеса се празнила забрињавајућом брзином, тако да сам већ скоро био одлучио да останем у овом граду, упркос опасности од доласка аустријских трупа. Цене животних намирница биле су претерано високе: за један кукурузни хлеб морао сам да платим 10,50 франака. Сваког тренутка би се пронела вест да ће Савезници за дан-два стићи у Скопље и да ће железничка линија за Солун моћи поново да се користи. Дани су пролазили, а Савезници нису долазили. Наставио сам пут према Призрену.

У Крушевцу сам раније учинио неку услугу жени и ћерки једног српског пуковника, кога сам сада случајно срео у Приштини. Желећи да ми захвали, дао је налог да се укрцам у војни камион, заједно са мојим пртљагом. У Призрену је мој проблем са новцем постао врло озбиљан, и нисам знао шта да радим. На срећу, нашао сам једног америчког лекара који ми је позајмио нешто новца, а господин Аскју ме је примио у свој аутомобил. Тако сам доста брзо прешао границу са Црном Гором.

***

После прве етапе, требало је да стигнемо у Пећ. Када смо стигли у Ђаковицу, били смо пријатно изненађени што је неколико продавница отворено, тако да смо могли да се снабдемо разним потрепштинама. На једном месту ауто се заглавио у блату. Морали смо да чекамо да падне ноћ како би се земља поново стегла и ми наставили пут. У Пећ смо стигли у 4 сата ујутро. Због овога сам изгубио вољу да пут наставим аутом, и одмах сам се дао у потрагу за неким коњем. Власници нису хтели да их изнајме, већ да их продају, и то по цени која је шест пута већа од уобичајене. На крају сам успео да пронађем једног Србина који је хтео да изнајми своја два мала коња. Кренули смо заједно. Пут је вијугао уз оштру стрмину. Кретали смо се планинском страном, тик уз дубоку провалију. За нама је ишла непрегледна колона српских цивила у збегу, мушкараца и жена свих година, руских и француских санитетских служби, српских војника и официра. Тако је било све до Крушевца и Приштине. Сви су се упутили у Албанију, преко Црне Горе. Прве ноћи после Пећи требало је да преспавамо у једној колиби. Међутим, сва места су била заузета. Целу ноћ је падао снег, а ми нисмо могли чак ни да се мало одморимо. Било је више људи око кућа него у њима. Патње ових људи, који су провели читаву ноћ под ведрим небом, дубоко су ме потресле.

Сутрадан послеподне стигли смо у кланац. Последњи део успона био је посебно тежак. Ветар је нанео снег на стене. Око подне, снег којим је пут био прекривен почео је да се топи, а убрзо затим и да се претвара у лед. Ширина пролаза није била већа од 60 до 70 цм. С времена на време би нас неки чудан звук натерао да се окренемо. То су се коњи стропоштавали у провалију. Била је већ ноћ када смо стигли на другу страну планине. Како није постојала никаква могућност да нађемо склониште у коме ћемо провести ноћ, преостало нам је једино да наставимо да се спуштамо до првог села. Ово није било нимало лако, а неколико пута смо се и изгубили.

Следећег јутра, усред снежне олује, наставили смо пут и без већих тешкоћа стигли у Андријевицу, одакле се мој сапутник вратио назад са своја два коња. Одатле па све до Подгорице пут је по нормалном времену био проходан. Унајмио сам кола са коњском запрегом, али смо споро напредовали, због излоканог и блатњавог пута. Хладноћа нам се увлачила у кости, а требало је да прођемо кроз још један теснац. На врху планине налазило се једно склониште, али унутра је већ било четрдесетак путника, збијених као сардине. Направили су нам места да уђемо и како смо могли једино да стојимо, ноге су нам се до јутра скоро заледиле. Пут који смо сутрадан наставили, био је још тежи: требало је да прегазимо неколико ледених река. Снег је непрестано падао.

Увече смо стигли у једно село где се налазила колона српских камиона. Министар финансија је био љубазан да ми обезбеди једно место поред возача, тако да сам до Подгорице путовао само три сата. Међутим, никада у животу нисам доживео такву сурову хладноћу.

Из Подгорице сам се упутио на Цетиње, а затим у Скутаре, где сам остао неколико дана. Како је полазак из Сан Ђовани ди Медуа био неизвестан, придружио сам се једној колони која је пешке кренула за Драч. Наша одећа и обућа била је у стању потпуног распадања. Пре него што смо стигли у Алесио, изненадила нас је страховита снежна олуја. На путу нам се испречила река Маћа, коју смо могли да пређемо једино преко моста склепаног од два спојена стабла дрвета. Требало нам је 24 сата да пређемо преко ње. После тога смо наишли на мочвару у коју смо упадали до појаса. Увече смо стигли у једно село близу Драча. Били смо на измаку снага и изгладнели. Ноге су нам крвариле. Коначно, пет дана после поласка из Скутара, тачније, 18. децембра, ушли смо у Драч. Путовање од Крушевца до Драча трајало је шест недеља.

У брод за Бриндизи укрцао сам се 23. децембра."

Емил С.

28. јануар 1916.

ПОМОЋ СРБИМА

Пишу нам:

„Комитет кантона Во за помоћ Србима, који је основан пре отприлике три месеца, сматра да је дужан да пружи неке детаљније информације о свом деловању грађанима овог кантона, који су показали колико су племенити и предусретљиви. Седиште комитета је у Лозани и њиме председава професор Р. А. Рајс. Између осталих, чланови комитета су и господа: Едуар Секретан, државни саветник, и Ерик Дебетас, директор 'Федералне банке'. Из Вевеја су се прикључили Франк Кијено, Ежен Кувре и А. Популус, а из Монтреја Марсел Кијено и Морис Барби.

Са свих страна кантона пристизала је помоћ у новцу и у роби. Испоставило се да што се више тражи од становника кантона Во, то они више показују своју заиста дирљиву племенитост. Захваљујући сарадњи са штампом, прикупљено је око 8 000 франака за српски народ, а за српску сирочад око 35 000 франака. Судбина српске сирочади дубоко је ганула јавност, а доста породица из овог кантона пријавило се да удоми ову децу.

Комитет је у Женеву послао 27 великих сандука са одећом, са намером да се једнога дана отпреме за Србију, преко Аустрије.

Сазнавши за голготу коју Срби преживљавају у повлачењу према албанској обали, ова група је проценила да им је помоћ неопходна, па је зато одлучила да у Италију пошаље два своја представника који ће испитати какво је стварно стање на терену.

Морис Барби (Монтреј) и још један представник пошли су 17. јануара 1916. године у Рим, заједно са једним вагоном у коме је било 57 џакова одеће, 10 сандука кондензованог млека и један сандук чоколаде које су великодушно поклониле фабрике 'Нестле', 'Колер' и 'Петер'. Захваљујући интервенцијама швајцарских политичара, Железничкој управи и италијанском министру у Берну, вагон је прикачен за композицију на станици у Монтреју, а затим за воз за Италију, тако да су представници комитета из Воа стигли у Рим заједно са самим вагоном. Након што су тачно утврдили каква би помоћ била најпотребнија, наше представнике је примио лично српски министар у Риму, господин Ристић, који им је изразио дубоку захвалност. Рекао им је да италијанска влада има намеру да Србе који се налазе на албанској обали, а нарочито у Сан Ђовани ди Медуа и у Валони, пребаци и пошаље на лечење на север Сицилије, на Липарска острва. Предвиђено је и да се предузму све потребне санитетске мере, укључујући и мере против колере. Господин Морис Барби вратио се у Швајцарску, а наш други представник остао је у Риму, да прикупи додатне информације, да надгледа расподелу одеће и новца који су прикупљени у кантону Во, и да евентуално оде на Липарска острва у пратњи једног представника српске владе.

Што се тиче доласка српске деце која су остала без родитеља у кантон Во, потврђено је да ће стићи преко Италије у најскорије време.

Ово тело изражава своју захвалност свим познатим и непознатим донаторима, а нарочито Удружењу жена из Лозане и госпођи Монрон-Тисо, и моли за стрпљење у вези са распоредом за лечење деце у Швајцарској. Представница Комитета, госпођица Комб, тренутно се налази у Солуну, где разматра могућност збрињавања српске сирочади. Јавност кантона Во биће упозната са овим плановима, као и са плановима за помоћ српском становништву које се налази у Албанији или ономе које је остало на окупираним територијама. Имајући у виду да је свима њима помоћ хитно потребна, Комитет моли грађане да наставе да шаљу робне или новчане прилоге".

Комитет кантона Во за помоћ Србима

10. фебруар /1916./

ИТАЛИЈА И СРБИЈА

Италијански дописник „Лозанске газете", у једном од својих последњих писама, анализира односе између Србије и Италије. Слање српских трупа у Албанију у лето 1915. приписује неповерењу које је Србија гајила према краљевству Емануела Другог и акцијама неких Југословена из крајева који су и данас под влашћу Хабзбурговаца. То је наводно био и предмет разговора владе краља Петра Првог са представницима из Беча, који су иначе били неуспешни.

Ова објашњења, која одражавају мишљење италијанских националистичких кругова, не одговарају стварним чињеницама.

Истина, било је неслагања између Срба и Италијана, али недостатак разумевања међу њима само је резултат низа неспоразума који могу и морају да се отклоне.

Разлоге за слање српских трупа у Албанију објаснио сам у свом писму које сам у то време послао из Крагујевца. Наиме, Албанци, нахушкани и подмићени од стране Аустро-Турака, били су непријатељски расположени према Србима, и претила је опасност од њиховог упада који би имао далекосежне последице. Ово агресивно непријатељство Албанаца било је јасно и неоспорно, упркос порицању бившег министра принца Вида, господина Туртулиса, мог опонента из тог времена, који данас, 3. јануара у „Gazette de Voss", каже: „Изузев неколико занемарљивих случајева, Албанци свих конфесија су свим срцем уз Централне силе и радују се неуспесима Србије и њених савезника". Да би отклонила ову опасност, Влада у Нишу упутила је своје македонске трупе у Албанију, са намером да заузму стратегијски важне тачке, и то само у циљу сопствене безбедности. Ниједан војник није повучен из трупа које су се бориле против Аустро-Немаца.

Заговорници југословенства у Србији нису италофоби. Тачно је да је се неколико Словенаца побунило против тога да Трст припадне Великој Србији. Али, овде се ради о неколицини националистичких фанатика, са чијим се мишљењем српска влада никада није слагала. Српска влада, као ни огромна већина у земљи, никада није гајила илузије о српском Трсту. Било им је јасно да овај град има велики значај за Италију и за њен просперитет. Националиста који траже немогуће има свуда, па и у Италији. Није ли истина да тамо има људи који траже швајцарски кантон Тесин, како би комплетирали Велику Италију? Да ли смо ми остали Швајцарци икада на овакве жеље гледали другачије него као на застрањивање неколико усијаних глава? Зар нисмо и сами свесни тога да италијанска влада уопште не намерава да нам одузме део наше земље? Зашто се онда у Италији придаје тако велики значај речима неколицине словеначких „суперпатриота"?

Срби уопште нису хтели да загосподаре Јадраном. Чак и да се формира Велика Србија, која би бројала највише дванаест милиона људи и чија би унутрашња организација потрајала годинама, она не би могла ни да помисли на то да води империјалистичку политику. Не, Срби који су се ујединили са својом браћом по крви само желе излаз на море, како би коначно могли да рационално користе велика богатства своје земље.

Италија је погрешно проценила да су Југословени са Балкана желели да се прошире изван својих етничких граница, због чега је често била неповерљива према њима. Можда је ово неповерење могла да гаји у односу према двору на Цетињу, али никако према српским властима. Србија је била приморана да води политику малих балканских држава, која се показала погрешном у недавним догађајима у Бугарској и Албанији. Када су у Београду ставили примедбе на положај у који је Србија доведена, што је сасвим разумљиво, то се негативно одразило на односе између две земље и довело до неслагања у дипломатским ставовима по питању садашњег рата. Штавише, преговори са Италијом око њеног уласка у рат вођени су без консултација са Србијом као савезницом. Ово је за њу било још једно непријатно изненађење.

Али, све су ово само несугласице које би једном објективном анализом могле лако да се отклоне. Прави интерес Италије јесте да види једну јаку Велику Србију, која би била чврсто повезана са њом. Она би тако могла да се успешно одупре неком будућем, али сигурном, поновном упаду Аустро-Немачке. Идеја о италијанско-српској унији неће наићи на отпор код Срба, без обзира на ранија трвења. Они знају шта би добили тим уједињењем, које ће бити гаранција за будућност и неопходна допуна француско-руске алијансе. Коначно, та унија би Италији отворила врата тржишта балканских земаља. Нико не сумња да ће руководећи кругови у Риму увидети интерес који би Италија имала од блиске сарадње са обновљеном Србијом, којој свесрдно помажу савезници из садашњег рата.

18. фебруар 1916.

У СРБИЈИ
Срби умиру од глади!

Из Србије ми стижу вести због којих страхујем да ће несрећа која је задесила ову земљу поново узети данак у невиним жртвама. Сматрам да је моја обавеза да ово саопштим читаоцима „Лозанске газете", која је увек тако храбро заступала питања људских права. Ове вести долазе из извора у који чак ни непријатељи Србије не могу да посумњају.

У току напада на Београд, маршал Макензен издао је наређење да се што пре пређе на другу страну Дунава и Саве. Да би стимулисали војнике, дозволили су им да пљачкају. Ови су то искористили и похарали аустријске и немачке куће чији власници нису били у Београду.

Београдске улице су пусте. Само жене рано ујутро излазе да набаве нешто од хране. Мушкарци су одведени у заробљеништво или затворени по кућама и по препуним затворима. Неки су слободни, али не излазе из кућа јер им је забрањено да се узајамно посећују. Трамваји превозе само војнике. Струје има само у зградама у којима су смештене војне службе, или где живе аустријски и немачки официри. Ови су такође окупирали хотеле и познате кафане, на којима стоје упозорења: „Само за официре".

Мале погаче хлеба продају се по цени од 1,60 круна или, у српском новцу, 3,20 франака[1], а кило маслаца кошта 20 круна или 40 франака. Затворен је највећи број продавница, чији су излози полупани. Оне које су поштеђене отворене су неколико сати током дана, али ни у њима нема богзна шта: тек два-три увела лимуна или поморанџе, тужно разбацани по излогу.

Боље куће запосели су официри. Породице које су почеле да се враћају из унутрашњости не могу да уђу у своје домове. Неки људи, са више привилегија, успели су да за своју породицу добију по једну собу у сопственој кући, у коју су се сви сместили. Имућнији грађани, а нарочито жене официра и државних чиновника, принуђени су да просе храну по касарнама. Оне које су сувише поносне да би просиле радије уми-

---

[1] Србија је штампала у Паризу једну серију новчаница 1915. које су имале на полеђини на француском исписане вредности (на пример: „cinq dinars"), па су у Србији, поготово у Београду, новац штампан у Француској називали франак.

ру од глади, ако им неко од сународника не помогне. Стопа смртности деце је застрашујућа. „Србија ће изгубити много више становника у току окупације, него што их је изгубила у ратним акцијама", додаје наш извор.

Када се грађани пожале властима на пљачке и на опште стање у коме се налазе, ови не реагују, или пак Аустријанци и Немци пребацују кривицу једни на друге. Ова два окупатора живе свак за себе. Свако од њих има свој казино. Срби тврде да су Немци гори од Аустријанаца. Београд и неколико већих градова и даље су у повољнијем положају него мањи градови и села. Окупатори су додуше узели све залихе хране, осим неких бедних остатака за које су израчунали да су довољни за дневне потребе грађана. Али, од почетка окупације, многи су бежали у планине. Сада су се вратили, и тако увећали број оних који зависе од тих мизерних следовања. С друге стране, српски сељак, који једе много хлеба (кукурузног), не може да се задовољи следовањем од 250 до 300 грама дневно. Он је већ појео залихе које му је непријатељска војска оставила, и сада више нема шта да једе.

Народ мучи то што не зна шта се дешава. Непријатељ је у Београду почео да издаје лист на немачком, „Belgrader Nachrichten", који излази три пута недељно. Међутим, ово гласило намењено је окупаторској војсци и препуно је вести о њеним победама и обилује лажним вестима из унутрашњости земље. Управо ове новине настоје да јавност држава Централних сила убеди да се у Србији ствари одвијају на најбољи могући начин. Продаја књига на српском писму је забрањена. Истовремено, ове новине објављују „да ће се ових дана отворити гимназије" и да је „већ уписано 700 ђака".

Не нарушавајући нашу неутралност, имам право да изразим своје чуђење, па чак и згражавање због чињенице да у двадесетом веку једна војска до те мере изгладњује житеље земље коју је окупирала да половина становништва може да умре од глади. Верујем да ће се већина наших грађана сложити са мном. Рат воде војске зараћених страна, не ратује се против недужних цивила. Храна и све друге потрепштине које су им насилно одузете припадају цивилном становништву, а не држави или њеној армији. Залихе животних намирница биле су једва довољне да становништво преживи зиму. Окупатори су им све узели, а штампа је тријумфално објавила да је 1 500 српских свиња завршило у дрезденским кланицама.

Наш народ данас чини све што је у његовој моћи да бар мало ублажи патње српског народа тиме што му је у неколико наврата упутио помоћ, уз велику подршку наших федералних власти, што са задовољством истичем. Али, без обзира на све, чињеница да је српском народу оваква помоћ неопходна, а да освајачка војска не ради ништа како се на окупираним територијама не би умирало од глади и хладноће, делује поражавајуће.

Историја је строг судија и неће заборавити голготу Србије!

19. фебруар 1916.

СРБИ И АЛБАНЦИ

У свом писму од 10. фебруара упућеном „Лозанској газети", господин Туртулис подсећа на оно што сам ја изјавио о осећањима Албанаца у чланку „Италија и Србија".

Кратко ћу одговорити.

• Остајем при ономе што сам у вези са Албанијом рекао у својим чланцима од 28. јуна и 16. августа 1915. године, а додаћу још и то да се од тог времена па до данас велики број Албанаца, присталица Есад-паше, отворено сврстао на страну Срба и њихових савезника. Роварења којима се Аустријанци и Турци баве у Албанији свима су позната и не вреди их демантовати. Ову чињеницу потврдиће и сви дипломатски представници који су чланови комисије за разграничење са Албанијом (наравно, они који не припадају Централним царствима и њиховим пријатељима). Аустрија снабдева највећи део католичког свештенства, који је формирао један врло активан пропагандни центар. Од велике важности било је и само именовање принца Вида за краља нове државе.

На крају, догађаји из последњих месеци јасно су показали да су моје процене од прошлог лета биле тачне.

• Изјаве доктора Туртулиса су двосмислене. У својим наводима укратко сам изложио главне идеје које је он изнео у листу „Gazette de Voss", јер је немогуће у једном чланку репродуковати један и по ступац текста, у коме је дотични цитат само узгред поменут. Међутим, важно је да се зна да ли је доктор Туртулис стварно изразио мишљење да су сви Албанци, свих конфесија, осим занемарљивих изузетака, свим срцем уз Централне силе и да са радошћу поздрављају неуспехе Србије и њених савезника. Да ли је то он рекао? Јесте. Дакле, доста више.

• Доктор Туртулис је био министар принца Вида, који је албанском народу био потпуни странац. „Ослободиоце националне територије" Албанци су поздрављали са радошћу и задовољством, како каже доктор Туртулис. Мој опонент се жали „патриотским читаоцима 'Лозанске газете'" и мени лично. Додуше, мени је јасно да један народ жели сâм да управља својом судбином. Рекао сам и написао више пута (видети интервју са господином Пашићем) да Србији одговара слободна Албанија, али истински слободна, којом не влада страни принц, увезен из земље која је већ сувише владара довела у балканске земље.

Господин Туртулис стално говори о Албанији, Албанцима и њиховим осећањима. Потпуно заборавља да у овој земљи живи један Албанац, који, према мојим информацијама, има дубоке албанске корене, а који се нимало не слаже са његовим идејама. Есад-паша има много истомишљеника, и сви су Албанци. У овом тренутку, он се бори против Аустријанаца и Бугара, пријатеља принца Вида. Дакле, господин Туртулис не може да говори о осећањима целог албанског народа. Он говори само у име једног дела популације.

На крају, желим још само да уверим свог уваженог противника да ћу са радошћу поздравити једну слободну Албанију, која ће бити довољно снажна и довољно мудра да може да влада сама, без помоћи страних сила и принчева. Искуство са увозним владарима било је лоше, и надам се да ће Албанци из тога нешто корисно научити. Што се тиче Срба, који, уосталом, како каже др Туртулис, нису одувек били непријатељи Албанаца као што су то били Турци, они ће бити срећни да поред себе имају једну истински независну Албанију, са којом ће пожурити да успоставе добре односе. Али, да би до овога дошло, Албанци морају да почну да се међусобно мире и да на ствари гледају истим очима.

7. март 1916.

У СРБИЈИ

Примио сам посету доктора П. Дракополија, грчког лекара који је годину дана био са српском војском, и који је наставио да ради под аустријском управом у Врњачкој Бањи све до 19. јануара 1916. године.

Тада су од њега и његових грчких колега тражили да напусте Србију, иако су и те како били потребни српском цивилном становништву. Објективни сведоци могу бити јако незгодни!

Доктор Дракополи каже да су Аустроугари ушли у Врњачку Бању 28. октобра 1915. Првога дана се ништа неуобичајено није десило. Међутим, војска је била изгладнела, нису имали ништа од хране, а службе за снабдевање нису радиле. Војници су куповали намирнице и плаћали их крунама. С друге стране, Немци су узимали све што су могли у крајевима које су окупирали, и ништа нису плаћали.

Другог или трећег дана, Аустроугари су окупили све сељаке, старију децу и старце и послали их у Аустрију или у Мађарску, под изговором да су сви они још способни да служе војску. Један аустријски лекар их је преварио, рекавши да долази да их прегледа. Када су зазвецкали новцем, неколико добростојећих грађана успело је да купи „своју неспособност да носе оружје".

Овај исти лекар, упркос својим педесетим годинама, био је непоправљиви женскарош. Позивао је у своју собу болничарке, између осталих и једну младу Српкињу, која је искочила кроз прозор како би се спасила. Затим је покушао да заташка овај догађај, претећи сведоцима да ће их убити ако буду причали о овом скандалу. Прогањао је и једну младу Чехињу, која је одбила све што јој је нудио. Да би је казнио, наложио је да се мучи глађу.

Аустријски лекари одбијали су рад у болницама и препуштали су га грчким лекарима. Али, то није било лако, јер ничега није било: ни вате, ни газе, ни завоја. Рањеницима су мењали прљаве завоје тек сваки пети дан. Хране готово да уопште није било. Болесници су стално били гладни, јер им 100 грама и 200 грама хлеба дневно, када би га било, није било довољно. Чак су одбијали да узимају лекове јер „Чему лекови, када нас пуштају да умиремо од глади?" Владала је несташица кревета и постељине, тако да су Аустроугари покупили све кревете и постељину из приватних кућа. Чак је и постељина доктора Дракополија била украдена.

У Врњачкој Бањи се налазила и мисија професора Берија из Лондона (60 болничарки и лекара). Велике залихе намирница и санитетског материјала ове мисије одмах су одузете без икакве накнаде, тако да није остало ништа чиме би се лечили и неговали многобројни рањеници и болесници.

Живот је био веома скуп. Килограм шећера коштао је 8 франака, 750 грама хлеба коштало је 1,20 франака, кило кромпира 1,40, кило црног лука 2,50, кило пасуља 1 франак, а кило свињске масти 7 франака.

Доктор Дракополи прошао је кроз Крушевац, који су окупирали Немци. Град је био скоро сравњен са земљом и потпуно опљачкан. Продавнице су претворене у штале за коње, а кафане у касарне. Мештани града више немају ништа, јер су им све отели. У граду влада терор, а цивилима је забрањено да излазе из кућа после 7 сати увече. Немци не плаћају ништа. Тренутно има два заповедника у граду: један Аустријанац и један Немац.

Немачке јединице су пљачкале где су стигле. Тако, на пример, 20 дана након окупације Врњачке Бање, Немци су кренули у пљачкашки поход на једно суседно село. Аустријски жандарми су пуцали на њих и убили неколицину. Аустријски гувернер, принц Лубковић уложио је протест против овог „Kriegsgebrauch im Feindesland" (ратног поступка у непријатељској земљи).

Том приликом пљачкаши су хицима из пушака убијали и цивиле. Доктор Дракополи лечио је у својој болници четири жене које су Немци ранили.

У повратку, Туртулис је прошао и кроз Београд, који је такође разрушен и опљачкан. Вредан намештај пренет је са друге стране Саве, што су урадиле руске јединице. На улицама се још могу наћи поломљени клавири, које нису хтели да однесу. На поправци улица радило је око 1 000 руских заробљеника. На леђима су имали пришивен натпис: „Ко ову особу види да не ради, мора да је пријави".

Срби су доктору Дракополију плаћали 700 франака месечно. Аустријанци су му дали 1 000 франака за три месеца и нису му надокнадили трошкове повратка, а све су урадили да га пролонгирају. Из Београда су га послали у Будимпешту, одатле у Брашов и у Букурешт. Бугари му нису дозволили да прође кроз њихову земљу, тако да је морао да се врати у Букурешт. До границе са Швајцарском дошао је преко Фелдкирха. Сви су се сумњичаво односили према њему, који је три месеца лечио аустријске рањенике. Претресали су га много пута, одузели су му медицинске књиге и забелешке, а у Фелдкирху су га натерали да размени 10 златних наполеона које је хтео да сачува за повратак. На свакој станици су га задржавали по неколико дана. Коначно је стигао у Швајцарску и заклео се да, док траје рат, неће више ступити ногом на тле Аустроугарске.

**

У мом последњем чланку говорио сам о листу „Belgrader Nachrichten". Сада излази и једно српско издање (на латиници), под именом „Београдске новине". Имао сам прилике да видим неколико бројева и прочитао запањујуће вести: министар иностраних послова у Риму даје интервју једном италијанском новинару и оштро напада Савезнике: из Женеве јављају да су „добро познате новине", „Temps" из Париза, забрањене, јер су објављивале саме лажи, итд.

Окупатору није више довољно да овакве информације пласира само грађанима Србије, који живе у потпуној изолацији, већ жели да их протури и нама. Зато је овај лист почео да се продаје и у киосцима у Лозани. Избегли Срби, видевши име њихове драге престонице, хитају да га купе, у нади да ће у њима прочитати коју реч утехе. Међутим, уместо тога наилазе на непријатељске текстове, због којих још више пате у туђини. Ово је истинска неправда према овим напаћеним људима. Зар наша цензура, која је била тако ажурна да забрани „La nation tchèque" и неке друге публикације, не би могла да учини једно стварно хумано дело тиме што ће забраном оваквих гласила заштитити људе који су већ довољно страдали? Овим би наша неутралност, која је уосталом релативна, према мишљењу пуковника фон Шпрехера, могла једино да добије на значају. Додајем да ову публикацију издаје наводно пољска организација „Humanitas". Загорчавати живот људима у егзилу, чудне ли хуманости!

19. март 1916.

НЕМАЧКА ПРОПАГАНДА

У овом тренутку, немачка пропаганда на француском језику једна је од најактивнијих код нас. Продавци обилазе кафане и продају чувену „Gazette des Ardennes", која садржи најперфидније текстове и илустрације. Истовремено објављује и одређене чланке са намером да нас преобрати у заступнике тевтонских циљева.

Јутрос сам добио једну врло чудну брошуру: „Историјске истине, према француским историјским документима. Француска и Енглеска, виђене очима објективног посматрача". То немачки пропагандни биро има обичај да преко поште у улици Сајденгасе бесплатно шаље брошуре које иначе коштају 20 сантима. Мора да је овај биро богат, пошто сваки пут када нас почасте својом пошиљком, можемо да се уверимо да су коверте одличног квалитета, да су адресе правилно исписане, итд.

„Историјске истине" представљају жестоку оптужницу против Енглеске. У њима се Французи позивају да прекину везе са овим егоистима који немају никаквог обзира према својим савезницима. И, што је још чудније, овај памфлет који шаље биро за немачку пропаганду носи ознаке овог издавача: „Paris, Alphonse Lemerre, 23-33, Passage Choiseul". Датум је означен римским бројевима, MDCCCXVI, који се у Француској ретко или никада не користе за овакву врсту публикација. На последњој страни је име штампарије: „Paris, Imp. A. Lemerre, 6, rue des Bergers".

Како је ова антиантантистичка и, према томе, антифранцуска брошура могла бити послата у биро за немачку пропаганду из Цириха? Да ли су француски царински службеници могли да дозволе да прође једна оваква пошиљка? Ја у то не верујем, и сећам се једног случаја немачке пропагандне брошуре која је поносно носила печат швајцарског Црвеног крста. Швајцарска је уложила протест против ове подвале.

Брошура има јасан циљ: изазвати непријатељство неутралних земаља, пријатеља Француске, према Енглеској. Исто тако, подстаћи неутралне на пропаганду против Француске. Ово је нотoрна срамота, али показује и непознавање психологије. За остваривање ваљаних циљева нису потребна оваква средства. Они се сами бране. Упркос свим „историјским истинама" циришког бироа, ја ћу наставити да верујем да се Енглези боре за узвишене циљеве и да Французи исправно поступају што их свим својим снагама у томе подржавају. Искрено се надам да огромна већина мојих земљака из кантона Во дели моје мишљење. Штавише, после оваквих подмуклих напада, моја љубав и дивљење према ова два изванредна народа још више расту.

Али, користим прилику да овом бироу из Сајденгасе у Цириху кажем да му забрањујем да ми шаље овакве брошуре. Сâм бирам шта ћу да читам и нема потребе да ми бесплатно нуде нешто друго. Ако хоћу да читам његове „Истине", још увек имам четири суа да их лично купим.

Осим тога, дозволићу себи да скренем пажњу наше цензуре на текстове који отуда долазе. Њихова забрана у Швајцарској би можда могла дати боље резултате него доживотна забрана гласила „Nation tchèque" („Чешка нација"), ометање и проблеми око листа „Bulletin de l'Alliance française" („Билтен француске алијансе"), забрана моје документарне брошуре, итд. Ова цензура жели све да контролише како би нас сачувала од сваке прљавштине која може да се појави. У својој најбољој намери, она понекад прекорачи границе свог делокруга. Хтела је, на пример, да забрани продају разгледница којима се протестује против активности два чувена генерала. Потпуно је била заборавила да је федерални саветник Хофман у дупке пуном Државном савету изјавио да не може ништа да уради против „Stimmen im Sturm", тих бесрамних клеветника романске земље.

Ако цензура хоће да јој велики број изванредних швајцарских синова буде захвалан, треба само мало да обрати пажњу на пропагандни биро који своје пошиљке убацује у пошту у циришком Сајденгасу.

<u>6. април 1916.</u>

ЦЕНЗУРА

Када је цензура ставила забрану на моју документарну брошуру „Како су Аустроугари водили рат у Србији", нисам био у Швајцарској, био сам управо у Србији. Нисам протестовао преко штампе јер сам био убеђен да сам направио грешку тиме што сам рекао истину. Хтео сам да се повучем, као неко ко се каје због онога што је урадио. Дубоко ме је повредило то што су ме неправедно оптужили да сам урадио нешто непожељно и што су тиме ускратили право нашим суграђанима да сазнају истину о страхотама почињеним у окупираној Србији, у јесен 1914. године. Ова забрана ми је утолико теже пала што је та иста цензура дозволила слободну дистрибуцију аустријске брошуре „Зборник сведочанстава о случајевима кршења људских права које су починиле државе у рату против Аустроугарске".

Пре забране ове брошуре, цензура Генералштаба је запленила телеграм који ми је послала Француска алијанса, у коме ме позива да одржим једну конференцију у Паризу.

Разлог за то што се нисам јавно оглашавао поводом овога лежао је у томе што нисам хтео да погоршавам нашу унутрашњу ситуацију. Очекивао сам да ће на крају схватити да је то била грешка која се убудуће неће дешавати.

Преварио сам се. Што је рат дуже трајао, то је цензура била строжа. Никако не желим да она по сваку цену нестане. Добро знам да је у бурним временима, као што је ово у коме живимо, неопходна доза опреза, али опреза у односу на оно што се говори. То се не односи на изношење чињеница и на расправу у вези са њима. Уз то, цензура мора бити апсолутно објективна. Са жаљењем констатујем да наша то није.

Хоћете ли доказе за то? Има их колико год хоћете. Сви су прочитали статистику, објављену пре неколико недеља, о мерама које је цензура предузела. Запрепастила нас је чињеница да су забрањене брошуре, новине и цртежи на француском језику далеко бројнији од оних на немачком. А сви добро знамо да је немачка пропаганда много активнија од француске. Врло озбиљна публикација француског научника Ернеста Денија „Чешка нација" забрањена је заувек, што није случај са другим сепаратистичким ревијама: „La Lithuanie", „L'Ukranien" итд. Издања „Simplizissimus", „Kirikeriki" и нека друга и даље се дистрибуирају по Швајцарској, иако ми се чини да њихов садржај много више заслужује да буде цензурисан, него чланци из „Чешке нације". Исто тако, „Билтен Француске алијансе" („Bulletin de l'Alliance française") често је мета свих видова цензуре, што није случај са њему сличним немачким листовима. „Le Journal" је заплењен само због једног Ремеркесовог цртежа, који је сто пута мање увредљив него што су то уобичајене илустрације већ поменутог „Симплицисимуса" и осталих немачких сатиричних новина. Усред Националног савета, федерални саветници су рекли да не могу ништа против „Stimmen im Sturm"-а. Међутим, исте недеље, цензура је забранила разгледнице „Афере" у лозанским часописима. Као што је то „Лозанска газета" објавила, у овоме је учествовала и сама пошта.

Лично сам цензури скренуо пажњу на лажи изнете у „Историјским истинама" из Цириха. Шта је она урадила да спречи овај скандал? Да ли је она, чија је то дужност, поднела тужбу надлежном суду? До данас нисам чуо да је то урадила, а немачка пропаганда око Сајденгаса у Цириху наставља да шаље „Историјске истине", као и „Bruxellois", људима који то уопште не траже.

Да ли је сувише тражити од цензуре, која је тако хитра када забрањује документоване публикације које иду у корист једној од зараћених страна, да сузбије ширење лажи немачке пропаганде? Толико се у Берну говорило о Унији народа. Ми у њој желимо само да сарађујемо, али опомињемо цензуру да је дужна да нам да смернице тиме што ће своју улогу обављати на непристрасан и објективан начин, с обзиром на то да представља важан фактор у федералним односима.

∗∗∗

Напомена редакције „Лозанске газете"
У вези са истим питањем, добили смо и следеће информације.

Када су немачке брошуре преплавиле земљу више него икада, а довољно је споменути само оне које је господин Е. Росије набројао у „Газети" од 26. марта, било врло је необично то што је државна управа обуставила дистрибуцију једне тако сажете и одмереним језиком написане публикацију као што је „Билтен Француске алијансе", бринући једино о томе да се у Швајцарској не појави ништа што би било индискретно и компромитујуће. Треба је упоредити са „Atrocités anglaises" или са „Vérités historiques", бестидно заоденуте именом издавача „Лемера", и видети колико се разликују њихов тон, став и веродостојност изнетих чињеница.

Уосталом, узрок тешкоћама и закашњењима са којима се сусреће „Билтен Француске алијансе" нису само забране контролне комисије, већ и самовоља поштанске управе, која се претворила у тајну, свемоћну, неодговорну и неухватљиву цензуру.

24. април 1916.

АУСТРОУГАРСКА И ЈУГОСЛОВЕНСКЕ ЗЕМЉЕ

Од свих народа који од овога рата очекују ослобођење, о Југословенима из Аустрије се најмање зна и најмање се говори о њиховим патњама. Сви ови страдалници заслужују наше саосећање, а захваљујући иницијативи неколицине југословенских патриота, свет почиње да се упознаје са оним што се од избијања рата дешава у њиховим земљама.

Сви досадашњи изрази лојалности који су саопштавани званичним путем не могу више никога да заварају. Једна хрватска делегација коју је Скерлец бан, 2. септембра 1915, представио цару Францу Јозефу није постигла никакав успех. Далматинска делегација, коју је предводио далматински гувернер Атемс, такође се узалуд трудила да покаже дубоку оданост своје земље кући Хабзбурговаца. И коначно, погрешан потез је било и уверавање у „дубоку захвалност" Босне и Херцеговине, коју су изнели генерал Саркотић и његова свита. Иначе, босанска делегација од 44 члана, осим шест градоначелника, била је састављена искључиво од функционера које су поставили Влада или цар. Два члана те групе, који притом не припадају српском роду, јесу посланици у сарајевском парламенту, који је сада распуштен.

Свакако да имигранти из ових земаља, то јест несловени, могу бити одани Двојној монархији, исто као што су неки Срби успели да прихвате Владу у Бечу или у Будимпешти. Међутим, највећи део популације никада није заборавио стару самосталност своје земље и никада није губио наду да ће је она једнога дана поново стећи. Од самог почетка Европског рата ови људи сурово су кажњавани зато што су гајили овакву наду.

Неколико хиљада Срба из Босне и Херцеговине одведено је у логор у Араду, у Мађарској. Распуштене су све српске јавне организације, а њихова имовина узурпирана. Руља која се касније организовала као надзорно тело уништила је после Сарајевског атентата српске штампарије, новине и продавнице. Чак су довели и Албанце да „пазе" на Србе (видети „Berliner Tageblatt" од 28. марта 1916), тако да је у пролеће 1915. године само у Бањалуци било 400 Албанаца под оружјем. Протеране су хиљаде породица, а њихова имовина је конфискована.

Располажемо тачним подацима о свему што смо навели, али овде ћемо се позабавити само оним што се каже у полузваничном „Bosnische Post"-у из Сарајева.

У бројевима од 20. и 27. марта 1915. године, овај лист наводи да је извршено 5 510 оваквих конфискација, а списак се и даље проширује. У Требињу, у Херцеговини, само у једном дану обешено је 37 лица, међу њима и неколико жена и свештеника. Одмах по избијању рата, евакуисано је становништво целог источног дела земље, а многа села су до темеља спаљена. У вези са овим, у званичном гласилу босанске владе објављен је чланак преузет из листа „Neue Freie Presse" од 11. децембра 1915. у коме се каже: „Лево и десно од главног пута (Гацко у Херцеговини), виде се само остаци срушених кућа. То је све што је остало од некадашњег насеља. Ово је слика Судњега дана. Одавде је нестала чак и сама помисао на живот. Куће нису уништене у ратним окршајима, спалиле су их до темеља наше јединице, да би казниле издајнике. 'Рука' господина Пашића је била далеко. Када су наши војници, понесени жестоким осветничким али оправданим бесом, почели да пале погранична села, у исто време се чула заглушујућа бука експлозија динамита којим су рушене куће".

Овом пасусу из аустријских новина супротставићемо један документ који је 4. српски прекобројни пук пронашао, а који је наш лист објавио прошле зиме:

„К. и К. 9 *Korpkommando*

Р. бр. 32

Рума, 14. август 1914.

По заповести А.О.К. Оп. Кр. 259

Због непријатељског понашања становништва Кленка и Шапца, поново ћемо узети таоце из свих српских села, итд. које су заузеле наше трупе, па чак и оних која се налазе на тој страни границе. Затим те таоце треба ликвидирати због кривичног дела које је становништво починило против војне силе, а непријатељска села треба спалити. Командант армијског корпуса задржава за себе право да спали села на нашој сопственој територији. Ову наредбу ће политичке власти у најкраћем року саопштити становништву.

Хортштајн, генерал".

Неколико дана пре одласка босанскохерцеговачке делегације код цара Франца Јозефа, суд у Бањалуци, у Босни, окончао је монструозни процес „чишћења" (како га је назвао генерал Саркотић) који се водио против 156 Срба, у току кога је државни тужилац тражио смртну казну за све оптужене. Пре овог случаја, вођена су још четири процеса против средњошколске омладине. Све четири групе од 35, 10, 65 и 41 ученика, од којих су скоро сви били малолетни, биле су оптужене за велеиздају. Само у четвртом случају изречене су пресуде од укупно 155 година и 10 месеци, као и једна смртна казна.

После свега овога, желе да нас убеде да су становници земаља у којима је вршен оваков терор желели да изразе своју дубоку захвалност Бечу! Не, прави српски народ из Босне и Херцеговине не дели мишљење и осећања које је генерал Саркотић изнео. Тај народ, као и остали Југословени у Аустроугарској, стоички подносећи патње, са нестрпљењем очекују своју слободу.

Пасус из полузваничног гласила „Neue Freie Presse", одражава истинску националну свест Југословена: „Наши официри причају да је неколико избеглих лица из Босне и Херцеговине, борећи се са Црногорцима, било заробљено. Наши су им обећали да ће их поштедети ако им дају оправдање за њихову издају. Само је један од њих рекао да се против нас борио против своје воље. Остали су радије хтели да умру него да се правдају. Командант је лично испитивао једног од њих, који му је на крају рекао: 'Господине, ти знаш шта сам ја радио. Ради са мном шта хоћеш'".

Одговор овог обичног босанског сељака, поносног представника своје браће, најбољи је одговор на тираде генерала Саркотића.

Сви Југословени желе слободу на коју имају право. Ми смо убеђени да ће, без обзира на слање поменутих делегација државних чиновника, Беч и Будимпешта то добро разумети.

GAZETTE DE LAUSANNE

Болничарке превијају српске рањенике

Егзекуција цивила у Мачви

Вешање виђенијих грађана Крушевца, први на вешалу је Војислав Браловић, управник поште из Бруса

Повешани цивили из Лешнице

Бугарске комите војводе Ђурукофа у Битољу

6. мај 1916.

БАЊАЛУЧКИ ПРОЦЕС

Ових дана смо имали прилике да у дневним новинама прочитамо кратке вести о томе да је суд у Бањалуци изрекао пресуде у случају велеиздаје: петнаесторо оптужених осуђено је на смртну казну, осамдесет осморо на казну затвора у трајању од једне до двадесет година, док је педесет троје ослобођено. Ово је епилог монструозног процеса који је генерал Саркотић назвао „процесом чишћења".

Сам процес, који је вођен против 156 Срба из Босне и Херцеговине, трајао је месецима. Међу њима је било и 7 посланика из старог сарајевског парламента, 16 учитеља, 7 професора, 21 свештеник, 15 државних чиновника, 2 лекара, један адвокат, 25 трговаца, 8 студената и 54 радника и сељака. Оптужени се налазе у затвору од самог почетка рата.

Бањалучки процес је прави представник читавог низа процеса које је аустроугарска влада касније водила против средњошколаца из Босне и Херцеговине и њихових професора у Мостару, Травнику, Бихаћу, Требињу, Тузли, итд.

Сва ова судска гоњења имају за циљ да се путем застрашивања потпуно затру национална осећања код југословенских народа у Двојној монархији.

Као што је горе наведено, државни тужилац из Бањалуке оптужио је за велеиздају 156 аустроугарских поданика српске националности. Његова оптужница садржи 283 стране. Главни документ на коме се базира његова оптужба биле су забелешке капетана српске војске Косте Тодоровића, које су пронађене у Лозници, приликом аустроугарске офанзиве на Србију (август-септембар 1914. године). Капетан Тодоровић, који је изгубио живот на бојном пољу, био је задужен за обавештајну службу српског врховног штаба, од 1911. године. У његовој кући је наводно пронађено: 1) извештај надређенима о организацији његове службе; 2) извештај о раду његове службе, од 27. септембра 1912; 3) његов Дневник рада од 18. маја до 28. априла 1914; 4) књига са записницима ове службе од 11. јуна 1911. до 11. јула 1914, и 5) књига службене благајне од 1911. до 1914. године.

У оптужници се наводи да је на основу ових докумената закључено да је капетан Тодоровић у свом послу користио услуге многих Срба из Босне и Херцеговине, који су му достављали податке о броју, кретању и распореду аустроугарских трупа, о количини муниције којом располажу, итд.

Ово би дакле могао бити обичан случај шпијунаже пре избијања рата (сви документи потичу из времена пре него што је Аустроугарска објавила рат). Али, једним оваквим процесом се не игра антијугословенска политичка игра Беча и Будимпеште. Расправе о овој теми се проширују, а за саучеснике у злочину проглашавају се српске организације из саме земље, као што су: Соколско друштво (удружење гимнастичара), Побратимство (удружења гимнастичара антиалкохоличара), Просвета (завод за народно образовање), итд. Све ове организације, како се тврди у оптужници, наводно су биле чланови чувене српске Народне одбране, коју је Аустроугарска толико мрзела да је у Прњавору, на пример, један командант армије окупио народ, извадио из џепа списак чланова те организације, прозвао њене чланове и наредио да се одмах стрељају. Та омражена Народна одбрана, која је, како кажу, радила на томе да се Југословени одвоје од Аустроугарске, наводно је служила и као шпијунски центар. Ми смо већ дали једно дугачко објашњење у „Газети" о томе шта је у ствари српска Народна одбрана. Том приликом смо објаснили да је ова организација на почетку рата, у време анексије Босне и Херцеговине, била организација за одбрану земље, а да се касније преобразила у организацију за просвећивање народа.

У току самог процеса, доведена је у сумњу аутентичност докумената наводно пронађених у Лозници. Истина је да је један документ пронађен код капетана Тодоровића био упућен Народној одбрани. Један од оптужених, др Васа Рунда, скренуо је пажњу на то да официр обавештајне службе шаље своје извештаје само надређенима, а никако не неком приватном удружењу. Осим тога, начин на који је овај извештај написан не одговара стилу капетана Тодоровића, јер садржи, између осталог, погрешне реченичне конструкције и граматичке грешке којих би се и најскромнији ученик постидео.

Ко би могао да поверује да би један официр, задужен за тако одговоран посао, био толико несмотрен да код куће остави толико важне и толико компромитујуће документе, пре него што оде у рат? Утолико пре што се могло предвидети да ће непријатељ окупирати Лозницу, која се налази на самој граници.

Подсећамо да ово није први пут да се у процесима против Југословена подмећу лажни или фалсификовани документи. У Загребачком процесу (јул 1908.) суд се ослањао на брошуру „Финале" Ђорђа Настића да би оптужио и осудио за велеиздају 53 Југословена. Настић је био стипендиста босанске владе на Универзитету у Бечу, који је био судски гоњен због крађе. Један службеник сарајевских војних власти, и сам Фридјунг (синоним за оне који су се у политичким процесима служили лажним оптужбама), каже о њему: „Овог неухватљивог човека је сигурно платио црногорски књаз да изда своје пријатеље (афера 'Цетиње' у којој је Настић одиграо улогу поткаизивача). Он тврди да га није платио барон Раух (хрватски бан). Ко хоће, нека верује у то". Будисављевић, одборник и адвокат у Загребачком процесу, доказао је да Настић не само да је био плаћен од стране полицијског управника у Загребу, већ му је, дан уочи саслушања, истражни судија издиктирао све одговоре на нека питања која ће му бити постављена.

Суд је своју пресуду, коју је изрекао оптуженима, базирао на Настићевом сведочењу, и рекао „да га не занима лични кредибилитет сведока Н. и да за суд није ни од каквог значаја то да ли је сведок на питања одбране одговорио са 'да' или 'не'".

Да бисмо представили методе које су коришћене у току овог процеса, поменимо и то да су адвокати Хинковић и Будисављевић ишли у Београд ради провере неких навода из оптужбе. У повратку је на мађарској граници Хинковићу украден новчаник. Полиција му га је додуше вратила, али био је празан и поцепан. Будисављевић је ухапшен и претресен. Одузели су му нотес са белешкама, којим је касније државни тужилац тријумфално махао и покушао да их злоупотреби.

Нисмо заборавили Фридјунгов процес. Овај професор је у часопису „Neue Freie Presse" објавио једну праву ратну прокламацију против Србије као и тешке оптужбе против представника српско-хрватске коалиције. Оптужбе је базирао на наводно тајним документима који су откривени у архиви Министарства спољних послова у Београду и у клубу „Словенски југ". Да се не би приметило да су ова документа узета, оригинали су остављени, тако да је он код себе имао само фотографије тих докумената. Њихова веродостојност је толико била сумњива, да су на крају пред судом признали да их је израдио извесни Васић, на захтев секретара аустроугарског посланства у Београду Свјентошовског. Фотографије фалсификованих докумената урађене су у посланству, а затим послате Фридјунгу посредством министра Форгача, истог оног који је био министар спољних послова у Бечу у тренутку објаве овога рата.

Осим Тодоровићевих докумената, још један папир је одиграо важну улогу у Бањалучком процесу. То је писмо једног младог Херцеговца Г. његовом пријатељу Спиру Солду, а оптужница је подигнута с намером да се Солдо осуди на смрт.

Дакле, ово писмо написао је млади Г. почетком 1908. године, када је имао 16 година. У њему је био описан режим у гимназији у коју је ишао Г. и изнете су жестоке критике на рачун директора Куклиша, Немца и србомрсца, кога су сви ђаци мрзели. Г. је био љут на Куклиша и своје писмо је завршио речима македонских комита: „Живио встнк" („Живео устанак"). Ово писмо пронађено је код Солда 1910. године, када се враћао из Србије. Полиција му га је одузела, али се он никада није бринуо због тога, све до Бањалучког процеса, када је тужиоцу оно послужило као разлог да тражи смртну казну за овог јадног човека.

Саслушање сведока донело је много изненађења. Први сведок био је Обрад Голић. Оптужени и одбрана згледали су се у чуду, јер се одраније знало да је државни тужилац тражио смртну казну за Голића. Адвокат Димовић је устао и протестовао, али председник му је одговорио да је оптужба против Голића повучена, на захтев тужиоца, и да се он сада појављује у својству сведока. Бранилац је захтевао формалну судску пресуду, али председник суда је одбио: „Пошто је ово саслушање наложио председник суда, искористивши своје дискреционо право, суд не може да изрекне никакву пресуду у вези са овим случајем". Не бисмо се зачудили да је овај бивши кандидат за смртну казну сву кривицу свалио на остале оптуженике.

Један други сведок, Трифко Крстановић, изјавио је да је под принудом постао члан Народне одбране, на чији рачун износи невероватне ствари. Четири године је морао да трпи терор ове организације, све док није успео да се врати у Босну. Ту се прекида невероватна прича овог сведока, а наставља је оптужени Грђић. Он показује на Крстановића, који обилази редакције свих српских националистичких новина и нуди им своје услуге. Пошто је свуда одбијен, он данас користи прилику да се освети. Ево једног детаља који показује какве су изјаве овог сведока: он тврди да цела Народна одбрана има само 23 члана, од чега 10 у Херцеговини. Међутим, ми у Србији лично познајемо више од 300 чланова.

Ево једног незгодног сведока на кога је оптужба много рачунала. Ристо Трифковић каже: „Једнога дана, Милан Мандрапа (жандарм) ми је пришао, ухватио ме за руку и рекао: 'Слушај, ти треба да изјавиш нешто против учитеља Торновића (један од оптужених). Рећи ћеш, на пример, да је викао: 'Живео краљ Петар!' и 'Доле Аустрија!' Одвео ме је до среског начелника који ми је рекао: 'Ако не будеш причао, скупо ћеш нам платити'. Ја сам се уплашио и испричао сам му да сам био у Столавцу, да сам тамо срео учитеља испред цркве и да сам га питао зашто има толико застава на вашару а он ми је одговорио: 'После црних застава ујутро, долазе беле заставе после подне. Живео краљ Петар и краљ Никола!' Данас изјављујем да ништа од овога није истина. Испричао сам ову причу зато што сам се плашио да ће ме убити, али данас пред овим високим судом говорим истину".

Тужилац је бесно наложио његово судско гоњење због лажног сведочења, али је заборавио да захтева казне за државне чиновнике који су га застрашивањем натерали да лажно сведочи.

Још један сведок, Никола Батинић, испричао је невероватну причу: „Уважени суде, ја ћу испричати своју причу. Када је наша славна држава објавила рат Србији, мене су интернирали. Два или три дана касније поручник Шериф Кузмић ми је пришао и наредио да подигнем руке увис. Војници су ме претресли и везали ми руке конопцем. Затим ме је један од њих одвео на железничку станицу у Реновцу, где сам остао осам дана. Тамо ми је било лепо, војници су ми давали пиво и месо, али, на моју жалост, ускоро су уместо њих дошли други војници. Каплар Кукавица је почео да ме малтретира, везао ме је за шине и вукао по њима. Једне ноћи, док смо марширали преко поља, наишли смо на четири бика. Војници су помислили да је непријатељ, и почели су да пуцају на њих. Мене су претходно разапели на грање неког грмља. Ту сам остао цела три сата и мислио сам да ми је дошао судњи дан. Али, један војник се сажалио на мене и шапнуо ми да војници не смеју да ме убију без наређења команданта. На крају су ме ослободили. Вукли су ме од села до села да им покажем где су мештани сакрили своје оружје. То ми је било врло мучно, јер су то све били људи које познајем. Каплар Кукавица ме је у пар наврата позвао к себи да му покажем места где су људи крили оружје и говорио: 'Види, Нико, Срби те потказују и оптужују. Да видимо, знаш ли нешто против њих?' Ја сам му одговорио да не знам. Онда су ме одвели у село Сјетлине, под пратњом, са бајонетима на пушкама. Када је пало вече, каплар је поново дошао код мене, дуго је причао и непрестано тражио да му кажем шта знам. Донео је и вино, које ми је дошло главе јер ништа нисам јео. Онда смо сели, и он је рекао: 'Сада ћемо да направимо записник', и док смо ми још причали, један други каплар је писао".

Сведок је наставио да прича како се српско становништво малтретира и како под сталном претњом морају да причају измишљене ствари.

Тужилац је био ван себе. Окривио је сведока за лажно сведочење, јер његова изјава пред судом не одговара оној коју је дао у току истраге. Али, све је било узалуд. Сви они који су касније сведочили порицали су изјаве дате током истраге, као и претходни. Против још тројице њих покренут је судски поступак због лажног сведочења!

Тако су побијене све оптужнице које су с муком грађене. Па ипак, суд је донео пресуде. Зашто? Зато што је народ у Босни и Херцеговини српски и зато што су његова национална осећања злочин у очима руководилаца у Бечу и Будимпешти. Ово је тенденциозан процес. У оптужби се, на пример, каже:

„Млади човек је члан Соколског друштва. То само по себи није ништа лоше. Али, та удружења пропагирају револуционарне идеје. Ако неко у њих уђе, постаје одговоран за њихове злочиначке подухвате", и суд осуди младог члана овог друштва као криминалца.

Суд свуда види деловање Народне одбране. „То су комите који убијају и пљачкају", узвикују судије и тужиоци. Они заборављају да је и њихова држава 1908. године створила комитску организацију под именом „пољске легије". Зашто су се ове пољске легије, ако то не раде са истим циљем као млади Срби, за време анексионе кризе спремали да бране своју земљу и своју браћу по раси?

Бањалучки процес је још једна нова грешка и нови злочин против етничког принципа. Све ово ће једнога дана стићи на наплату.

27. мај 1916.

СРПСКЕ ЖРТВЕ

Реорганизована српска војска придружила се у Солуну експедиционом корпусу генерала Сараја. Свакога дана пристижу многобројни француски и италијански контингенти. С друге стране, војне медицинске комисије савезничких па и неутралних земаља, које су избегле после мучног повлачења преко Албаније, шаљу младе људе, па и оне старије, за које се сматра да су способни да и даље служе, да се придруже својим јединицама на Крфу или у Солуну. Ускоро ће се 150 000 српских војника поново борити да поврате своју земљу.

Присуствујемо догађајима без пандана у историји: један народ, протеран са своје територије, који више нема ни педаљ своје земље, смогао је снаге да сачува своју војску и спреман је да поново крене у борбу прса у прса. Било би сувишно подсетити да се ради о војсци која се само донекле опоравила од недавног краха. Цео свет је сазнао за јуначка дела српског војника у ратним кампањама из 1914. године. У трупама на Крфу налазе се најбољи представници војске која је, савладавши глад, хладноћу и безнађе, смогла снаге да пређе преко непроходних албанских планина.

Али, да ли свет, а поготово силе Антанте, знају шта значи улазак обновљене српске војске у рат? Овога пута се од Србије тражи да жртвује последње генерације младића, своје последње узданице за обнову земље. После њих, остаће још једино старци, жене и деца! Чак је и велики број њих на монструозан начин погубљен у овом ужасном рату!

Када је Европски рат почео, Србија је, заједно са новим територијама у Македонији, имала око 4 милиона становника и велики број младих војника из Старе Србије, који су се челичили у биткама два балканска рата и у Албанији. Жестоке битке војникā краља Петра против многоструко бројнијег непријатеља, као и две победе у јесен 1914. године, скупо су коштале српску војску. Епидемија пегавог тифуса покосила је 200 000 војника и цивила. Окупаторска армија извршила је бројне покоље недужног становништва, и после свега дошло је до чувеног слома у новембру и децембру 1915. Колико је војника тада погинуло? Колико их је одведено у заробљеништво? Колико их је умрло од глади, хладноће и исцрпљености? Извршен је покољ једног дела цивилног становништва, отето је све што се могло отети, опљачкани су чак и последњи остаци личне својине! Они који су побегли у албанске планине умирали су од исцрпљености или од куршума албанских становника.

Не мислимо да се варамо када кажемо да српски губици у војсци и цивилима износе милион мушкараца, жена и деце. То представља четвртину укупног броја становника!

Треба узети у обзир и то да се међу изгубљеним животима налазе они који представљају елиту земље: средњошколци и студенти, представници слободних занимања, професори, адвокати, лекари, учитељи, итд. Све у свему, већина интелектуалаца.

Остало је још једно мало језгро ове елите, а она се налази у војсци на Крфу. Ако и она нестане, са њом ће нестати и младе снаге које би могле да поставе на ноге разорену Србију.

Довољно познајем Србе да знам да неће устукнути пред овом последњом жртвом коју треба да поднесу. „Боље смрт него понижење!" био је последњи узвик у Скупштини у Нишу. Било је то наређење, и то ће и остати све док и последњи српски младић не натопи својом крвљу земљу своје разорене отаџбине.

Савезници неће заборавити ове натчовечанске жртве. Али, ипак има још Енглеза теоретичара који подржавају Бугаре, те „балканске Прусе", како сами себе називају. Ови теоретичари заборављају да су људи цара Фердинанда од Кобурга већ годинама припремали своју издају и сатирање Србије, и то у исто време док су изражавали и гајили пријатељство према великодушним Енглезима.

Руси су такође у својим редовима имали бугарофиле, које ни актуелни догађаји још нису освестили. Треба се надати да неће починити исте грешке као Игнатијев. Скоро мајчинска осећања Русије према Бугарима врло су разумљива. Руска крв је проливена за слободу Бугарске! Али, упркос мишљењу Игнатијева, који је био мишљења да су Срби, које је подјармио аустријски поданик Милан Обреновић, били изгубљени за словенство, Србија никада није престала да упире поглед према Петрограду, као према свом природном заштитнику. Тамо су је често погрешно разумели, а понекад су чак и лоше поступали према њој. Данас, Русија треба да казни Бугарску која ју је издала и да исправи грешке које је починила према Србији, свом детету Пепељуги, која јој је остала одана, упркос свим недаћама.

Италија ће се држати своје лепе приче о сопственом ослобођењу. Њој је потребно да буде господарица Јадрана, а Срби не желе да је у томе ометају. Они само желе оно што им је неопходно да би обезбедили своју економску независност. Између Србије и Италије било је неспоразума. Они ће бити решени, а Италија ће у Србима добити најоданије и најпоузданије савезнике.

Што се тиче републиканске Француске, она у Србији данас види своју сестру која је својим натчовечанским подвизима и својом безграничном оданошћу заслужила сва права. На бојиштима на којима се водила битка за слободу, текле су помешане француска и српска крв. Када би Французи ово заборавили, они не би више били синови Велике револуције!

<u>3. август 1916.</u>

ШПИЈУНАЖА У ШВАЈЦАРСКОЈ

Швајцарска је преплављена шпијунима свих врста који не презају ни од најгорих метода. Ево једног аутентичног документа из кога се види начин рада ових протува. Тиче се лично мене, анониман је и откуцан на писаћој машини. Упућен је службенику конзулата једне чланице Антанте, који ми га је затим проследио.

Све што је у овом гнусном писму речено, представља обичну лаж и изопаченост.

Читаоци „Газете" и моји суграђани добро знају ко сам ја, с обзиром на то да сам једном већ морао да се браним од сличних напада. Ипак, да бих показао да ови гадови нису у стању чак ни да прибаве тачне информације о особи коју су решили да упропасте, поново ћу дати основне податке о себи: прадеда Јеврејин, отац из Бадена, рођен у „Foret-Noire", општина Сулцбах, веома млад и болестан дошао сам у романску Швајцарску, где сам студирао, а 1901. године постао сам држављанин Швајцарске и грађанин Лозане. Именован сам за професора криминалистике 1906, а судски експерт сам још од 1902. године. Истражни судија у Лозани и Судски округ, као и полиција кантона Во, задужили су ме да извршим контролу свих руских пасоша током терористичких атентата 1908. године (афера Шриро).

Ево сада тог документа:

„Током првог заседања Националне конференције, 27. јуна, један агент провокатор покушао је да изазове скандал с намером да спречи одржавање ове конференције. Ко је ова особа која се потписује као Р. А. Рајс?

Руска полиција га је задужила 1908. године да изврши проверу свих пасоша руских избеглица у Швајцарској. Добро се сећамо у каквим се условима у овој земљи азиланата одвијала та срамна полицијска акција, која већ довољно говори о овој особи!

То је један јеврејски отпадник, наводно из Боемије, привржен руској политичкој полицији, агент провокатор у Кијеву, који је вероватно имао тајну улогу у великом јеврејском политичком процесу који нам је свима познат.

Од почетка рата, његова улога је још тајанственија. Према неким озбиљним показатељима, овај агент је имао удела у везама са немачком политичком полицијом.

Показало се да његова кампања, коју је наводно водио у корист Срба и коју је месецима излагао у једном швајцарском листу ('Gazette de Lausanne'), обилује изузетно узнемирујућим чињеницама.

Још се сећамо полемика које су се одвијале на ступцима ових новина, као реакција на чланке овог агента. Једна од тих полемика никада није до краја разјашњена, а ради се о званичним изјавама председника српске владе и пријатеља Француске, господина Пашића, које је он дао овом наводном руском агенту, а које је овај лист објавио. Ове изјаве изазвале су полемике о аутентичности онога што је речено и бациле сумњу на искреност овог назови--новинара.

Друга чињеница је лакоћа и сумњиви услови под којима је овај агент добио швајцарско-немачко држављанство.

Још више забрињава последња ствар: његово именовање за ... професора Универзитета у Лозани, пошто се зна да ова функција подразумева и полицијски политички курс. Ово је несхватљиво за један од најлибералнијих универзитета демократске Швајцарске, која се одувек противила формирању ове врсте полиције, с обзиром на то да је у потпуној супротности са једном од њених највиших правних тековина, а то је право на азил! Изгледа да је, захваљујући овој функцији, задобио поверење полицајаца швајцарске безбедности у француским кантонима.

Скандал који је овај агент покренуо у овом угледном листу оставио је јасан утисак да су непријатељи хтели да спрече конференцију која је организована под директним утицајем Савезника.

Ако је овај агент и имао још неке везе са руском владом, чини се да их је остварио пре свега по налогу немачке владе.

Тежина ових опаски ће сигурно погодити наше српске пријатеље.

Ако је дотични агент већ дуго радио по налогу немачке владе, његове бројне посете Србији, његово стално враћање у Швајцарску, поверење које српска влада има у овог човека, за кога се чини да ватрено брани – што је одувек изгледало претерано – интересе мученичког српског народа, све то могло је да доведе до озбиљних последица. Ко зна да ли су његове закулисне радње великим делом одговорне за страшне патње и потпуни крах нашег пријатељског српског народа, с обзиром на то да се стално шетао између Србије и Швајцарске, и да је на тај начин имао могућности да се на територији Пруске сусреће са аустријским и пруским тајним агентима!

Оно што је посебно сумњиво, то је чињеница да у последње време он необично упорно настоји да се у Солуну или преко Албаније прикључи француско-енглеско-српској војсци у њеном покушају да поново освоји сломљену Србију.

У оваквим околностима, било би крајње ризично одмах не отворити очи пред овим опасним агентом, јер би његово присуство могло да има (sic!) несагледиве последице по наше операције на Балкану.

Српска влада мора да повуче овог човека и да га уклони. Његове тајне везе са нашим непријатељима изгледају сувише опасне да би му се дозволило да се икада више врати у Швајцарску или негде другде".

Нема потребе наглашавати одакле долазе ова „нота". Читалац је то већ разумео.

Што се мене тиче, углавном сам остао равнодушан. Али, због ње имам право да питам федералне власти хоће ли ускоро предузети још енергичније мере како би очистили нашу земљу од прљавих шпијунских освета. Недопустиво је да швајцарски грађани, па чак и они рођени ван граница наше земље али који су се доказали као добри Швајцарци, буду препуштени на милост и немилост агената које плаћа шпијунска служба с оне стране Роне. Јер, оно што се догађа мени, може се догодити и неком другом.

23. септембар 1916.

У ОКУПИРАНОЈ СРБИЈИ

„Београдске новине", гласило аустроугарске владе у Србији, у свом броју од 6. септембра жале се како антантистичке новине објављују тенденциозне информације о поступању завојевача према Србији. Реч је о чланку у коме се прети суровом одмаздом уколико савезничка штампа не престане са нападима. У њему се, између осталог, каже: „Заједничка краљевска и царска влада решена је да реагује на лажну слику ситуације у Србији, тачније на увођење онаквих мера за које непријатељска штампа претпоставља да су примењене у овој окупираној земљи. Ако дописници страних новина мисле на то што становници Србије не могу да иду у кафане, па добро, нека тако буде! Ако се жале да поште не раде, учинићемо да оне стварно не раде. Онда ћемо тражити и да 'Journal de Belgrade' више не буде гласило које повезује иностранство и домаће становништво и да информације које преноси не буду доступне непријатељу.

Краљевска и царска влада убудуће неће толерисати бестидне клевете стране штампе, с обзиром на то да се она према становништву односи са највећим могућим уважавањем. Ово је озбиљно упозорење. Ако се оно не схвати озбиљно, уследиће неминовне последице, без икаквих обзира".

Човек стварно мисли да сања док чита ове текстове званичних гласила. Чак и ако имају право да критикују, да ли је дозвољено да недужни испаштају због оних који су криви, али су ван домашаја? Али, судећи према информацијама о стању у Србији до којих смо успели да дођемо, и то упркос херметички затвореним границама, мислимо да у овим чланцима нема много истине.

Данас ће бити довољно да читаоцу само наговестимо какав је окупаторски режим под којим напаћена Србија страда.

Послужићемо се управо аустро-бугарско-немачким новинама. Ово су сведочанства која „Београдске новине" не могу да оптуже за пристрасност.

Неколико смртних пресуда

„Андра Рафусдовић и Милорад Јовановић осуђени су на смрт од стране суда у Петровцу, зато што су напали једну мађарску патролу."

Обзор, 22. јануар '16.

„Немачки војни суд у Јагодини осудио је на смрт три сељанке (сестре), Милену, Милицу и Анђу Веселиновић, због убиства немачког жандармеријског подофицира Хана. Казна је извршена 12. јануара."

Словенски народ, 3. мај '16.

„Паун Бокић и Антоније Џоган (лица српске националности) осуђени су на смрт 15. јануара 1916. од стране Четврте етапне команде, због ношења забрањеног оружја. Казна је извршена 18. јануара."

Slovence, 14. фебруар '16.

„Војни суд у Шапцу осудио је на смрт вешањем Косту Ђечкића зато што је ударио једног аустријског војника. Убијен је хицем из пушке, пошто џелат није био на лицу места."

Београдске новине

„Војни суд у Горњем Милановцу осудио је на смрт сељака Миладина Петровића због злочина увреде величанства."

Београдске новине, 15. фебруар '16.

„Нишки епископ заробљен је и протеран у један манастир близу Софије."

Neue Freie Presse, 11. јун '16.

„Једна жена је осуђена због ширења лажних и узнемирујућих вести."
Београдске новине, бр. 45

„Суд ландверске дивизије осудио је жену Хелену Бенко, удовицу из Земуна, на 13 година, а њене ћерке Софију, Деспу и Милу на 8 година затвора, због тога што су биле на свечаном дочеку српске војске када је улазила у Земун, и зато што су са њом побегле у Србију."
Хрватска, 11. јун '16.

„Даница Матић ухапшена је у Београду због ширења вести да се аустријска војска повлачи из Србије."
Београдске новине, 1. јул '16.

„У возу који је стигао из Босне налазили су се црногорски официри и интелектуалци. Међу њима су била и два генерала и два бивша министра. Одведени су у затворенички логор јер су нарушавали јавни ред и мир."
Nepsata, 4. јул '16.

„Један старац, Ибрахим Кајзеровић из Жабара (Митровица), био је осуђен на смрт због двоструког злочина: због непоштовања наређења да се оружје преда до 10. марта, и због изнуђивања новца под претњом, од једног сељака. Казна је преиначена у казну принудног рада."
Београдске новине, 17. јул '16.

„Судска управа из Митровице осудила је Мусела Цумеровића, 40 година, на смртну казну, због тога што није вратио оружје. Ова пресуда преиначена је у казну принудног рада."
Београдске новине, 17. јул '16.

Конфискације и реквизиције
„Вредност српске имовине која је због велеиздаје конфискована у Земуну процењује се на 550 милиона круна."
Хрватски дневник, 22. јануар '16.

„Индустријска и трговачка комора у Будимпешти организоваће ускоро у Земуну јавну продају 250 вагона сувих шљива пронађених (sic!) у Србији."
Pester Lloyd, 25. јануар '16.

„Вагони са намештајем који је власништво државе Србије свакога дана пристижу на железничку станицу у Софији. Ова имовина биће раздељена на коришћење у Бугарској."
Дневник, 12. фебруар '16.

„Бугарски министар пољопривреде донео је одлуку да се у Бугарску превезе и подели на коришћење у приватним кућама сва покретна имовина српске државне управе, осим оне коју користи бугарска моравска управа."
Дневник, 7. фебруар '16.

„Бугарски министар пољопривреде донео је одлуку да се изнесе на јавну продају сва напуштена покретна имовина, осим оне коју користе бугарске јавне институције."
Дневник, 7. фебруар '16.

„На железничку станицу у Софији стигла су два вагона стакларије из Србије и један вагон надгробних споменика из Старе Србије."
Дневник, 24. фебруар '16.

„Највећи део извештаја изасланика бугарског министарства пољопривреде, господина С. Георгијева, посвећен је реквизицијама Аустро-Немаца у Неготину.

Народни права, 24, 25, и 26. фебруар '16.

„Бугарски краљ одобрио је одлуку министарског савета да држави припадне сва имовина избеглих Срба који се нису вратили у земљу."

Дневник, 17. фебруар '16.

„Мађарска влада је унапред конфисковала сав принос овогодишње жетве. Онај ко не буде поштовао ову меру, биће осуђен на шест месеци затвора и новчану казну од 2 000 круна."

Frankfurter Zeitung, 3. април '16.

„Бугарско министарство пољопривреде вршиће јавну продају напуштене имовине у Моравском региону. Уколико не буде било довољно учесника у лицитацији, или ако понуђене цене буду сувише ниске, биће формирана једна комисија која ће ову имовину давати у закуп."

Дневник, 30. јун '16.

„У складу са наредбом високе команде, у новим областима ће бити одузете све житарице, као што су јечам, овас, итд., док ће кукуруз и пшеница бити остављени на располагање произвођачима."

Утро, 3. јун '16.

„Донета је забрана продаје сена у Македонији. Њега су унапред откупиле реквизиционе комисије. Бугарски министар унутрашњих послова издао је наређење окружним управницима да наложе реквизиционим комисијама да одузму сва запрежна кола од сељака пре почетка пољопривредних радова (жетва), с обзиром на велике тешкоће у снабдевању војске животним намирницама."

Дневник, 6. јун '16.

„Министар финансија донео је одлуку о формирању реквизиционих комисија на окупираним територијама у циљу одузимања вишка хране од становништва."

Народна права, 14. јун '16.

„Наредбом царске владе од 15. јуна забрањена је жетва без присуства и контроле државних инспектора."

Neue Freie Presse, 15. јун '16.

„Издата је наредба о реквизицији бакра, никла и цинка. За неизвршавање ове наредбе изриче се казна од 3 године затвора или новчана глоба од 20 000 круна."

Neue Freie Presse, 17. јун '16.

„У Софију треба да стигне 1 000 кг остављене вуне, која ће бити продата."

Народни права, 16. јун '16.

„Которска царска и краљевска команда у Београду донела је 1. јуна 1916. године одлуку да власници одузетих стамбених објеката не могу да траже никакву надокнаду на име изнајмљивања истих."

Београдске новине, 4. јун '16.

„Донета су два решења која се тичу одузимања шишане вуне, као и оне која треба да се ошиша. Свако ко буде варао, биће осуђен на казну затвора од 6 месеци, или новчану казну у износу од 2 000 круна."

Народне новине, 3. јун '16.

„Из Софије поручују: 'Одељење за реквизицију министарства пољопривреде биће задужено за продају 571 840 комада јагњећих, као и 117 321 комада телећих кожа'."

Београдске новине, 28. јун '16.

„Плаћање за одузету имовину биће одложено на неодређено време."

Утро, 1. мај '16.

Зар нисмо у праву када кажемо да нам читање новина Централних царстава и њихових савезника показује да у чланцима антантистичке штампе нема толико лажи колико би они хтели да ми верујемо?

30. октобар 1916.

НАЈНОВИЈЕ ВЕСТИ
Крф, српски град

Крф, октобар 1916.

У ово ратно време, није лако стићи од Лозане до Крфа. Пошто сам одвојио довољно времена за ово путовање, и захваљујући доброј вољи француске владе која помаже свим својим пријатељима, ипак сам за релативно кратко време безбедно стигао на своје одредиште. Срећна околност је била и то што смо избегли сусрет са подморницом Централних царстава.

Јасно, превозна средства која сам користио на овом путовању држана су у тајности, али ипак мислим да могу да кажем да сам путовао једним од најлепших бродова француске ратне морнарице и да сам одушевљен оним што сам на њему видео. Да ли ми је дозвољено да овом приликом изразим своју захвалност храбрим али тако скромним официрима овог ратног брода, који су заједно са својим оданим војницима тако достојно бранили слободу, што ће и у будућности радити!

Стигао сам у Крф после искрцавања у једној грчкој луци, која је претворена у француску поморску базу. Видео сам да се острво одакле потичу Теотокиси доста променило, а нарочито његов главни град. Град Крф је сада постао прави међународни ратни град. Раније је то било туристичко место које су посећивали углавном Немци, због грандиозне Ахилове палате која је некада била аустријски дворац, а затим прешла у власништво немачког царства. Данас се у њој налази француска болница.

Крф више не изгледа као центар грчко-немачког туризма. У њему се више не могу видети зелени шешири са тетребовим пером, нити тиролски капути који се заврћу и каче за бројне копче око струка. Сада се ту могу срести војници француске афричке пешадије, француски пешадинци и морнари, понеки енглески „Томи", и много српских војника.

Несумњиво, краљ Константин и даље жели да покаже да је острво под његовом круном, тако да његови војници по цео дан пролазе градским улицама са трубом на челу колоне. Ово парадирање је помало смешно и жалосно оним посматрачима који су, упркос свему, и даље остали пријатељи ако не грчких власти, а оно грчког народа. Зашто краљ Константин на овакав начин понижава ове војнике који су се тако храбро борили против Бугара?

Али, нећемо се више задржавати на овој слици. Боље би било да видимо шта је држава Србија, неукроћена и неукротива, урадила у својој привременој престоници, ван својих званичних граница. Ако се Крф погледа из тог угла, види се да се ту много урадило. Својом нечувеном виталношћу, Србија је успела да у туђој, некада савезничкој земљи, изгради свој нови центар. Узет је у најам велики енглески хотел и претворен је у државну палату, на којој се поносно вијори неповредива тробојка.

У њој се налазе сва министарства, на чијем се челу налази изванредни Пашић, бивши дипломац циришког Политехникума. Седиште неких министарстава налази се у помоћним зградама, али већина је удобно смештена у овој великој згради која је припадала неком Немцу. Неколико корака даље налази се једна чудна грађевина, опасана пола даскама а пола платном. То је штампарија листа „Journal officier serbe", тј. „Сербских новина". Ту даноноћно раде типографске машине, како би из егзила у свет послале 10 000 примерака ових врло квалитетно израђених новина. Чудна је судбина ових новина, јер је 100 година пре овог привременог изгнанства први примерак ових дневних новина био штампан у Бечу, који је данас главни град непријатељске земље!

У највишем делу града наилазимо на разне српске „бирое", док војника и цивила из краљевине краља Петра има свуда по граду. Позориште је привремено стављено на располагање представницима Шумадије, Тимока, итд. за одржавање њихових састанака. Јутрос сам присуствовао једној седници Скупштине и тврдим вам да је понашање представника овог прогнаног народа достојно дивљења. Мирни и непоколебљиви, под председништвом једног мудрог патриоте, посланици су најпре дискутовали, а затим изгласали мере које треба предузети у садашњој ситуацији. Одсутно је било једва четрдесетак посланика!

Када падне вече, градом пролазе српске, француске или француско-српске патроле и бдију над њим. У симпатичном ратном жаргону мешају се српски и француски језик. Они су пријатељи који једни другима желе да се похвале својим познавањем језика. Иако њихов језик није увек правилан, и без обзира на то што не примењују увек исте граматичке законе, они су апсолутно убеђени у једну ствар, а то је да ће право и слобода победити и да ће се, према томе, српски народ ишчупати из блата у које га је окупатор бацио.

<u>16. новембар 1916.</u>

КА СРПСКОМ ФРОНТУ
На путу за Солун

Брод „Аргостолис", на путу за Солун
/20. октобра 1916./

Брод „Аргостолис" превози војнике који се у Солуну придружују Венизелосовој националној армији. Са нама је 500 војника и 17 официра, од којих је један командант. Сви они напустили су краљевску војску да би се изјаснили као добровољци у француској армији. Пребачени су на Саламину и привремено су смештени на аустријском прекоокеанском броду „Marienbad", који је заплењен у Патрасу и претворен у касарну за Венизелосову војску.

Међу овим добровољцима има војника из свих армија: из пешадије, коњице, морнарице, инжењерије, жандармерије, итд. Неки од њих носе оружје, али је већина ненаоружана. Официри су под пуном ратном спремом.

Укрцавање тече доста брзо, али ипак не можемо да испловимо пре 6 сати увече, када се затварају сигурносне решетке које онемогућавају излаз из луке пре 6 сати ујутро. На нашу срећу, адмирал, заповедник поморске базе, прави изузетак и издаје нам дозволу да испловимо у току ноћи. Пловимо са скоро потпуно угашеним светлима, јер су Немци најавили да ће торпедовати бродове који превозе грчке добровољце.

Јутрос смо стигли у Халкис, одакле настављамо пут према Солуну. Да ли ће Влада из Атине покушати да спречи ове одважне људе да се придруже команди њихове националне војске? Остаје да се питамо. Окретни расклапајући мост у Халкису отворен је и нико од цивилних или војних власти не омета наставак пловидбе. На обали Халкиса наши војници поздрављају окупљене грађане повицима: „Живео Венизелос, живела Француска, доле Гунарис!" Многи одговарају истим повицима, или махањем марамица. Неколицина официра равнодушно посматра брод како пролази. Можда су срцем уз оне који одлазе.

Док „Аргостолис" пролази поред виле у којој краљ Петар чека ослобођење своје земље, одушевљење војника превазилази све границе: „Живела Србија"! Из виле им отпоздрављају. У једном тренутку, на прозору се појављује један старац и маше марамицом. То је храбри Петар Карађорђевић, који топло поздравља оне који иду да се боре заједно са његовима.

КАЈМАКЧАЛАН (2525 m)
На српском фронту, 27. октобра

Замислите пусту планину са које се простире видик на стотине километара унаоколо. Каменити врх са стенама окомитих страна подсећа на грандиозну природну тврђаву. То је чувени Кајмакчалан или „Крадљивац кајмака" (врсте маслаца), који су Немци и Бугари сматрали неосвојивим, а који је српска војска заузела после шест дана крваве битке.

Поприште битке је скоро исто какво је било и пре месец дана. Једва да је било времена да се сахрани један део погинулих и да се одвуку бугарски топови који су још употребљиви. Ровови су и даље пуни лешева. Током шест дана, колико је трајала опсада Кајмакчалана, Срби су прокопали рововe за приближницу, док је страховита артиљерија дејствовала на врху и на заравни где су се налазили Бугари. Свуда се виде последице овог бомбардовања. Земља је буквално прекривена кратерима у којима се полако топи снег који је ових дана пао.

Терен је прекривен ратном опремом коју су Бугари оставили. То је сада складиште муниције са стотинама граната спремних за испаљивање. Поред њих налазе се сандуци од белог лима са хиљадама метака марке Маузер, мало даље резерве ручних бомби итд., које Бугари нису успели да понесу са собом. На сваком кораку ударамо у избушене шлемове који нису сачували главу онима који су их носили, у бајонете, реденике, опасаче и пушке без кундака. Наиме, на Кајмакчалану је била таква хладноћа да су српски војници, после величанствене победе, могли да се угреју само на ватри запаљених кундака са бугарских пушака.

Српски рововии се јасно разликују од бугарских. На неким местима су и спојени, а у некима су помешани лешеви свих оних који су водили крваву борбу прса у прса да би освојили ову планину која је истински кључ српске Македоније. Хладноћа је очувала лешеве. Свуда унаоколо виде се последице дејства ручних бомби; има округлих и продужених немачких бомби, али и енглеских, које личе на дечију лопту. Има и ваздушних торпеда који нису експлодирали, јер због ветра нису ударили врхом у земљу.

Лешеви су углавном бугарски. Одећа им је подерана и оскудна. Скоро сви су средњих година, затрпани зидовима ровова који су се обрушили када су их Срби бомбардовали. Други су изгледа хтели да се сакрију испод стена, које нису издржале застрашујућу артиљеријску паљбу. Ту и тамо покоја рука, шака или нога вире испод стена које су се одозго стропоштале на њих. Неколико војника је смртно погођено хицима у тренутку када су излазили из ровова. Већина их лежи на леђима, скрштених руку.

Морамо да пожуримо ако мислимо да се вратимо у штаб пре него што падне ноћ. Ветар завија и гони густе облаке, а орлови и гаврaнови праве кругове изнад ове жалосне ратне позорнице. Узјахали смо коње и силазимо са Кајмакчалана путевима које је прокрчила српска победничка војска.

ИСПРЕД БИТОЉА
На српском фронту, /Битољ/, 29. октобра 1916.

Налазим се на једној осматрачници, са војводом који управља битком.

Пред нама се простире заталасано земљиште Битољске долине. У дну се јасно виде звоници престонице јужне Македоније на плавичастој планини. Лево је Кенали, чија се железничка станица налази у рукама савезничке војске, а десно су врхови Чуке. Ведро је, и човек никада не би помислио да се по оваквом дану људи могу међусобно убијати. Па ипак, битка бесни. Иза нас два везана балона, „saucisses" (кобасице), окрећу се полако на ветру. Француски авиони иду у извиђање непријатељских линија и лете изнад наших глава. И они ће бацити неколико паковања бомби са крилцима на групе војника које примете. Бугаро-Немци не шаљу авионе на нас. Имају их, али добро знају да већ одавно на небу господари Антанта и не желе да се њихове летелице упуштају у борбу са асовима ескадриле војске Источног фронта.

Непријатељи испред нас су Бугари и два немачка пука. Кајзер је недавно послао своје пукове да охрабри своје савезнике Туранијанце, чији морал губи снагу. Лично их је изабрао са том намером. Затвореници нам причају да припадају такозваним „Sturmregimenter" пуковима, које нико не може да победи. То ћемо видети.

Српско-француска артиљерија без престанка испаљује гранате. Тешким топовима жестоко се гађају најближи бугарски ровови. Један за другим, испаљују огромне пројектиле, чија експлозија производи црни густи дим, а бусење земље лети у ваздух. Како нема времена да се разиђе, овај дим прави неку врсту завесе која се вуче по земљи. Међутим, са своје осматрачнице ипак јасно видим огромне рупе које су оставиле „мармите". Земља је попримила изглед месечевог пејзажа.

Мало даље грми 75. пољска артиљерија, јер треба спречити долазак резерве ако после добре припреме великим бомбама пешадија нападне бомбардоване рововe. Бљесак распрснутих шрапнела прави елегантне праменове белог дима који пресецају плаво подножје планине.

Сада тешка артиљерија наставља своју паљбу и ми видимо како се у долини појављују неки људи и трче. То је „талас" који ће заузети ров. Али, скоро истовремено, око њега се појављује невероватан број белих праменова дима. То је бугарска баражна ватра, која ипак није омела Франко-Србе да заузму ров. Паралелно са овим, са наше десне стране, на странама Чуке, подиже се паклена грмљавина. То је исто баражна ватра Бугара, који тиме настоје да пресеку пут Србима који нападају. Лево од нас, иза Кеналија, из истих разлога пуца се рафалима из 75-ице, како би се онемогућио долазак појачања. Један авион у ниском лету пролази изнад наших глава. Прави два круга изнад наше осматрачнице, и у најзгоднијем тренутку избацује један мали џак. Трчимо да га нађемо и узмемо. У њему се налази опис онога што је посматрач видео извиђајући из ваздуха бојно поље.

За све то време, сакривени узвишењима од непријатеља, посматрамо дуге колоне возила са муницијом за топове који сеју смрт. Нека од возила пролазе тик поред нас. Људи су мирни и изгледа да нису много забринути, иако с времена на време понеки невидљиви шрапнел експлодира близу њих. Чак је и стока навикла на заглушујућу тутњаву ове битке.

Али, време пролази. Сунце нестаје иза планина, бојећи небо јаркоцрвеном бојом. Топовска паљба се проређује и на крају потпуно престаје. Дан је прошао, али то не значи да се у току ноћи неће пуцати. Противник јесте изгубио своје рововске положаје, али ће покушати да их ноћним противнападом поново освоји.

Силазимо са нашег осматрачког места и идемо да узмемо коње, безбедно склоњене иза једног узвишења. Ноћ је пала и враћамо се у логор под небом посутим звездама. С времена на време појаве се блесак и изненадна бука који нас подсете да смо управо напустили место где су се људска бића међусобно убијала. Битољ још није заузет, али је српско-француска војска направила озбиљан напредак.

20. новембар 1916.

САВЕЗНИЦИ У МОНАСТИРУ (БИТОЉУ)

Лозана, 20. новембра /1916./

Савезници су јуче ујутру ушли у Битољ, из кога су се Немци и Бугари евакуисали. Овај догађај очекивао се неколико последњих дана. Срби су својим кретањем и прављењем обруча по планинама које запљускују воде Црне реке угрожавали саобраћајнице између гарнизона у Битољу и Прилепа. Немци и Бугари су сматрали да је боље да напусте град и да се повуку више према северу, пре него што дође до потпуног прекида ових веза. Докле, то не знамо, али врло је могуће, ако Савезници ни за длаку не попусте, да ће повлачење ићи све до линије Прилеп–Крушево, то јест до планина које се на северу надвијају над ова два града и над долином Црне реке.

Савезничка војска се вешто кретала својим левим крилом, притиснута на висоравни која раздваја Преспанско језеро и Битољску долину. Центар ратне линије налазио се у самој долини и држао у блокади браниоце Битоља, без престанка их засипајући ватреном паљбом своје артиљерије. За то време, оперативно крило састављено од српске војске освајало је, дан за даном, терен на планинама и потискивало Бугаре испред себе, с положаја на положај.

Када је унутрашње крило српске војске дошло до венца Селце, чије стрме стране доминирају над целом Битољском долином, судбина бранилаца овог места била је решена и издато је наређење за повлачење. Према депешама Источне армије, Срби су протерали испред себе непријатеља који се дао у повлачење, у потпуном хаосу. Ускоро ћемо сазнати докле се простирало ово кретање у повлачењу.

Док то чекамо, изражавамо симпатије према јуначкој српској војсци, која се храбро борила да поново освоји своју отаџбину. Нека ови узвишени напори буду крунисани најсјајнијим успесима.

Напомена: текст Едуара Секретана, уредника, на основу депеша др Рајса.

***

Париз, 19. новембра /1916./

Са Источног фронта стиже вест да су Савезници ушли у Битољ у недељу ујутро. Град који су Срби узели од Турака за време Балканског рата пре четири године, окупирали су Бугари 2. децембра 1915. Операције савезничке армије према Битољу датирају још од 12. септембра 1916. Оне су се одвијале у сукцесивним етапама, од којих су најважније заузимање Флорине, Кајмакчалана и Кеналија. На крају, жестоки концентрични маневри, који су мудро вођени последњих дана, омогућили су нашим трупама да уз огромне напоре преузму македонску престоницу.

Немачки телеграми су морали да признају пораз.

Ово је једна лепа војничка победа чијем сјају доприноси и величина тешкоћа које су морале бити савладане. Од пре годину дана, Германо-Бугари нагомилавају препреке испред града, како би га обезбедили и одбранили од савремених средстава ратовања.

Храбра Источна армија, под заповедништвом генерала Сараја, за два месеца тешких борби савладала је све физичке препреке и жесток отпор противника. Наши војници су овде показали да су достојни наследници своје браће са Западног фронта.

Ова победа је лепа и са моралне тачке гледишта: преузети Битољ поново постаје главни град ослобођеног парчета српске земље. То је истовремено симбол и доказ за васкрс херојске Србије.

Напомена: текст Едуара Секретана, уредника.

<u>12. децембар 1916.</u>

СА СРПСКОМ ПОБЕДНИЧКОМ ВОЈСКОМ
(Од специјалног дописника)

На српском фронту, на дан пада Монастира (Битоља), 19. новембра 1916.

Данас су Французи и Руси победнички ушли у Битољ. Пре тачно четири године, за време Првог балканског рата, овај град је пао у српске руке. То што српска војска није ушла прва да заузме ову своју јужну престоницу, то је због тога што су се њене јединице бориле у планинама десно од Битоља, и тако припремале напад Франко-Руса преко Кеналија и Бенкира. Сами Французи кажу да су Срби ти који су омогућили пад Битоља, а да су они само прошли кроз „рупу" коју су Срби направили. Ово је можда сувише скромно мишљење, јер су се и Французи и Руси храбро борили. Осим тога, у десном крилу војске старог краља Петра биле су и француске трупе, које су дале свој велики допринос овој победи коју данас славимо. Могао бих посебно да истакнем један пук зуава (пешадинаца француске афричке војске), чије је држање вредно дивљења. Међутим, због цензуре не смем да вам наведем број овог пука, као ни име његовог храброг пуковника. Додаћу и то да је у пратњи јединица које су заузеле Битољ било и неколико српских одреда, и да су двојица Срба били први који су ушли у град. Један од њих је коњички поручник и син једног од најзначајнијих српских заповедника.

Сутра ујутро ћу отићи у овај ослобођени град и отуда ћу вам укратко описати шта сам видео приликом српског напредовања, пошто сам се кретао са главним штабом једне чувене дивизије. Такође сам имао прилике да из велике близине присуствујем свим биткама и окршајима које су на крају довеле до пада Битоља.

Од заузимања Полога, српске трупе су без престанка и са успехом напредовале. Терен је био тежак: голе стеновите планине које достижу и 1 378 метара, испресецане бројним дубоким кланцима. Бугаро-Немци су ту подигли моћна одбрамбена утврђења. На једном од врхова Чуке, направили су један „бункер" који су бранила два немачка пука и ловци. Коте 1.212 и 1.378, као и планина звана „Трозубац", имале су јака утврђења и надвисивале су околину. Срби су све ово морали да освоје, помогнути француском артиљеријом и пешадијом. Успели су захваљујући савременим методама ратовања: најпре интензивна артиљеријска припрема, а затим артиљеријска акција у којој се обилно користе ручне гранате.

Напад се не изводи масовно и у исто време, већ сваки војник појединачно трчи према одређеном циљу, користећи све природне заклоне који му се нађу на путу. Војници који најбоље знају да користе предности терена за заштиту скоро увек успеју да постигну свој циљ, и, без обзира на баражну ватру, њихови губици су релативно мали. Срби су постали мајстори у коришћењу терена за личну заштиту.

Скоро да је немогуће објаснити какве су биле припреме артиљерије за напад на врхове које је требало освојити. То је требало видети и чути, да би могло да се замисли. То је тешко и величанствено. Јасно се чују само пуцњи из најближих топова, сви остали звуци мешају се у непрекидној заглушујућој грмљавини. За то време, свуда унаоколо у равници као и на планинама виде се црни и бели облаци од експлозија пројектила. С времена на време, када са осматрачнице угледа непријатељског војника, непријатељ припуца. Граната коју тада испали производи звук као да се једним ударцем огромног чекића ломи туце древених сандука. Како је осматрачница доста близу непријатељских ровова, изнад главе се може чути „пуцање бича" које производи испаљивање зрна.

Упркос доминантним положајима, Бугаро-Немци нису могли ништа против јуриша незадрживих Срба који су журили да се врате у своју земљу. Заробљене су хиљаде немачко-бугарских војника (само за три дана заробљено је 1 400 немачких ратно способних војника), док је број убијених или рањених много већи. Треба признати да је противник храбар. Нарочито велике губитке имали су Немци. Био сам на лицу места непосредно после битке, и велики број мртвих видео сам својим очима и сликао својим фотоапаратом. У бункеру, на пример, није било рова у коме није било немачког пешадинца или ловца из Магдебурга. Неки су у рововима још били живи. На мој захтев, командант победничког пука наредио је својим војницима да оне који су још живи пребаце до амбуланте. Измучени и уморни војници су их пренели, иако је било јасно да умирућима није било помоћи.

Ово је била прилика да се поново уверим у изванредан материјал од кога је направљен овај предуго потцењиван народ. У току саме борбе, у неколико наврата сам видео како доводе немачке заробљенике; већина их је била врло млада, до 18 до 20 година. Српски војници су са њима врло љубазно разговарали и давали им хлеб и цигарете из сопствених следовања. Када неко прође поред њих, зачуди се како помажу људима који су им нанели толико зла.

„Шта хоћете", одговара војник, сељак кога су прогнали из сопствене земље, „то су деца која нису крива за овај рат. Имају мајке које брину и тугују за њима", додаје он.

Нека ове једноставне али узвишене речи дођу до ушију оних који су се заклели у пропаст поносног српског народа!

14. децембар 1916.

У БИТОЉУ – МОНАСТИРУ
(Од нашег дописника)

Битољ, 21. новембра /1916./

У тренутку када је Битољ – Монастир – пао у савезничке руке, 19. новембра, био сам са дивизијом X, која је потискивала испред себе Бугаро-Немце са висова Чуке и гонила их у правцу Прилепа, чије беле куће видимо на хоризонту, са нашег последњег осматрачког места. Када сам сазнао за овај срећан догађај, одлучио сам да што пре одем у овај поново освојени град. Сутрадан ујутро сам узјахао коња и кренуо. Спустио сам се до Тепаоца и Брода, а затим сам прешао преко Битољске долине, испресецане бројним речним токовима и баруштинама. Јахати по овом терену није нимало лако, али мој српски сапутник изабрао је пречицу преко равнице, уместо путног правца Бач–Кенали–Монастир. Наши коњи су се неколико пута замало заглавили у блату. Па ипак нисмо зажалили што смо ишли овим путем, јер смо тако могли да обиђемо један утврђени бугарски положај назван „Фердинандов нос". Ту су француске гранате свих калибара „преорале" земљиште. Једва да један метар ове земље није преврнут од пројектила. Поново сам се уверио колико је много граната потребно да се униште дубоки модерни ровови и колики је несклад између испаљених хитаца и оних који су „потрефили" њихово удубљење.

Иако смо лутали по мочварној равници, ипак смо пре мрака стигли у Битољ. Главни пут на који смо изашли био је крцат француским појачањима, бројним аутомобилима и камионима који су у ослобођени град превозили намирнице и муницију. Сусрели смо се и са српским официрима коњаницима, који нису могли да одоле жељи да скокну до „њиховог града" и, охрабрени и срећни због „шврљања" по једном српском граду, да дођу до својих штабова, спремни да се сутрадан поново боре, или да умру. Издалека се још чују експлозије граната које по Битољу испаљују Бугаро-Немци, у знак освете за свој пораз.

Противничка војска запалила је велику касарну у граду, чији су розе обојени зидови остали успоравни. Железничка станица је такође оштећена. Две или три неосветљене локомотиве стоје на искривљеним шинама. Мостови су минирани, а зграде у самом граду нису много оштећене. Убеђују ме да су Бугари хтели да их запале, али их је у томе спречило само брзо напредовање Савезника.

Врло је чудан изглед града који је управо заузет. По мрачним улицама хиљаде војника иду према својим логорима. Возила без светала пробијају се кроз гомилу света. Французи, Руси, Италијани, Срби питају једни друге како да стигну до одређеног места или једни другима преносе наређења. Још увек у страху, становници града се питају да ли ће се им господари поново променити.

Српске цивилне власти већ су на својим радним местима. Идемо да их потражимо у кући која замењује лепу зграду Начелства која је једним несрећним случајем изгорела пре три недеље. Ево и начелника управе, срећног што је поново у свом Битољу. Председник општине разговара са угледним грађанима који му причају о својим невољама и моле за хитну набавку намирница за мештане који више немају шта да једу, јер су им Бугари све узели. И заиста, сутрадан смо видели хиљаде изгладнелих жена и деце упалих образа. Бугарски окупатор је систематски изгладњивао становништво.

Ми смо исто тако желели да нешто ставимо у уста. Није лако наћи храну. На крају, захваљујући предусретљивости државних власти, успели смо да добијемо комплетан мени: шољу чаја, кришку хлеба, једну сардину и сир. Ово нам је довољно да бисмо заспали сном праведника, иако се и даље чује експлозија граната у граду.

Сутрадан су нас рано пробудиле бомбе које су непријатељски авиони бацали и којима ће нас обилно засипати током целога дана. На светлу дана се види оно што је синоћ сакрио мрак који је у међувремену пао: дрвени или метални капци на скоро свим продавницама су обијени а саме продавнице су опљачкане. Ово ме подсећа на Шабац и на Београд. Али, зар Бугари нису савезници Аустроугара? Грађани су нам управо испричали да су окупатори, када су кренули у повлачење, са собом повели велики број угледних грађана. Ови несрећни људи депортовани су у Бугарску.

Данас треба да стигну принц Александар и генерал Сарај, како би преузели први ослобођени српски град. Ми их чекамо заједно са представницима власти. Ускоро се појављује моћни принчев фијат и зауставља се испред зграде у којој се привремено сместила цивилна управа. Неки од становника препознали су Александра Карађорђевића и радосно га поздрављају. Други су извадили српске тробојке које су брижљиво скривали по таванима. На зидовима неколико кафана које су отворене, појављују се, као неким чудом, уоквирени портрети чланова краљевске породице. Како су ове слике преживеле бугарске полицијско-комитске контроле? Принц излази из аута и срдачно нам стеже руку. Узбуђен је, али не жели то да покаже. Генерал Сарај је такође срећан, а осмех и јак стисак руке говоре нам колико је задовољан. За то време, бугарско-немачки авиони и даље бацају бомбе на нас, али радосно махање две српске тробојке штити нас од њих. Колико се овај скромни улазак принца једног херојског народа у ослобођени град разликује од позоришне представе коју је организовао суверен највеће Централне силе!

22. децембар 1916.

ЈЕДАН ЈУНАК
(Од нашег посебног дописника)

Солун, 2. децембра 1916.

Због магле и кише, дан је сив. Мала српска црква у Солуну скоро је пуна људи. Заједно са српским војницима свих звања, од обичног војника до команданта Врховног штаба, у њој су и делегације савезничких армија. Неколико жена и деце стоје у првом реду, поред ковчега прекривеног српском тробојком. Сви присутни држе упаљену свећу, а у мраку храма дрхтава светлост малих пламенова осветљава чудна лица: то су ратници недавно изашли из ровова. Има их младих и старих, огромних, са брадом као у Христа, сељачких глава и нежних лица поцрнелих од сунца, ветра и кише. Ови војници су комите, добровољци који ратују скоро три године, без свог пртљага, а често и без крова над главом где би одморили своје уморно тело, често гладни, али увек спремни да изврше и најопасније задатке.

Попови држе опело: кроз ваздух лелујају плави праменови из кадионице као густи облаци на небу. О златну позадину икона на олтару одбијају се црвени дрхтави пламенови свећа.

Три дечака стоје усред светине и изгледа као да не придају никакав значај церемонији. Њихове широм отворене очи не скрећу своје већ замишљене погледе са ковчега који се више ни не види од националних знамења. Пред њима леже посмртни остаци једног хероја њихове земље, једног честитог јунака, чије је име још за његовог живота постало легенда, од Београда па све до краја српске Македоније. Свештеници држе посмртно опело потпуковнику Војину Поповићу, војводи Вуку!

Поповић-Вук рођен је 1884. године у Сјеници, у Новопазарском санџаку. Његов отац, ситни трговац, бежећи од турског зулума, доселио се у Крагујевац када је Војин имао 5 година. Млади Поповић је ту започео своје школовање, да би га завршио 1901. године, у Војној школи у Београду. У пешадију је ушао као потпоручник, а како је упознао сву несрећу прогањаних у свом родном месту, са одушевљењем се прикључио револуционарном покрету у Македонији. У то време су Бугари у Македонији организовали револуционарне банде које су деловале истовремено против Турака и против небугарског становништва. Крстариле су Македонијом и палиле села која нису хтела да се изјасне као бугарска.

Да би заштитили своја села, Срби су формирали наоружане чете састављене од македонских сељака и студената Београдског универзитета. Војин се 1905. године прикључио као обичан војник једној од ових чета, и учествовао је у чувеној Челопечкој бици, када је 400 српских комита нагнало у бег цео један турски пук, заједно са њиховим топовима. Поповићеви другови, препознавши његову велику храброст и јунаштво, изабрали су га за војводу, то јест заповедника групе, и дали му надимак који је ушао у легенду: војвода Вук. Током времена, делокруг његових активности се проширио. Постао је главни заповедник целе српске организације која је деловала на левој обали Вардара, у Кумановском и Кривопаланачком региону. Акције ових група биле су прекинуте 1908. године проглашењем уставног поретка у Турској.

Када је објављен рат са Турском, 1912. године, Војин је поново кренуо за својом дружином. Поверен му је опасан задатак да пре доласка српске војске подели наоружање житељима српских села у турској Македонији. У исто време, требало је да са својим јединицама омета крила турске армије задужена за заустављање Прве армије под командом принца наследника Александра. У Кумановској бици био је први на удару непријатеља, с обзиром на то да је са претходницом био на веома важном положају Нагоричане. Турци су се устремили на овај положај и њихов пораз се можда може објаснити тиме што нису били у стању да заузму Нагоричане. Истина је да Поповић није био сам, али треба рећи да су управо комите поднеле први удар Турака, пре него што је стигло српско појачање. После победе у Куманову, увек је био на челу српске претходнице са својим јединицама. Он је био међу првима који су ушли у Велес, Прилеп и Битољ.

Његово учешће у рату са Бугарима 1913. године није било тако значајно, али је било веома корисно. На челу једног одреда добровољаца заузео је један од најважнијих положаја побочнице и на њему остао све до краја рата. После тога, учествовао је у албанској експедицији.

Чим је објављен Европски рат, Вук је прешао Дрину са још неколико комита и, напавши их бомбама, протерао бројчано много надмоћније Аустријанце. У току Церске битке његов задатак је био да се по сваку цену одржи на коти близу Завлаке. Одбио је три муњевита непријатељска напада, а затим натерао Аустријанце у бег. Тада је у Лешници први пут био рањен, али није напустио фронт.

За време друге аустријске офанзиве задавао је муке противнику свуда где се кретао: у Парашници, у Курјашици и на другим местима. Када је по други пут био озбиљно рањен, изашао је из болнице пре него што је сасвим оздравио да би учествовао у победничком походу Србије у децембру 1914.

Поповић је 1915. године био на српско-бугарској граници и са својим друговима бранио положај Власине. Ту је остао све до повлачења преко Албаније. Током повлачења је увек био у претходници, да би војсци прокрчио пролаз кроз крајеве са непријатељски расположеним становништвом. Извршавајући ове опасне задатке, једном се нашао опкољен Албанцима. Успео је да се спасе само захваљујући својој изузетној храбрости и прибраности.

На Источном фронту најпре је заузео линију Флорина–Горица, коју су затим пресекли Бугари, али је ипак успео да извуче своје људе.

Активно је учествовао у бици на Кајмакчалану. Његове комите су прве изашле на врх ове планине. Затим је учествовао у биткама око Црне реке, где је и погинуо, бранећи Црну чуку од много бројнијих Бугара. Да би подигао морал својих војника, Вук је поново носио пушку. Када га је једна бомба погодила у десну руку, остао је на свом положају и наставио да пуца левом руком. Један Бугарин, сакривен иза стене, докрајчио га је хицем из непосредне близине. „Не остављајте ме ни живог ни мртвог у руке Бугара и живела слободна Србија!" узвикнуо је, и издахнуо.

Вук Поповић био је средњег раста али развијеног и снажног тела. Лице му је било обично, али су се на њему ипак истицале очи, пуне живота и велике интелигенције. Био је добар и благ друг и саборац, али немилосрдно строг када су у питању војнички задаци. Никада није праштао грешке и на исти начин је кажњавао и војнике и официре. У његовим јединицама владала је највећа могућа дисциплина. Плашили су га се, али су га и поштовали, јер је његова праведност била за пример осталима. Пошто себе никада није штедео и пошто се најчешће борио у првим редовима, његови војници су га обожавали. Веровали су да је рођен под срећном звездом јер је увек налазио начина да срећно оконча и најопасније подухвате. Унапред је мислио о свему, а један његов сарадник ми је рекао: „Када сам са Вуком, нема потребе да размишљам, јер он то ради уместо свих нас".

1917. година

13. јануар 1917.

ПИСМО ИЗ СРБИЈЕ
(*Од нашег дописника*)
У бомбардованом граду

Монастир (Битољ), 12. септембра 1916.

Налазим се у Монастиру (Битољу), који је савезничка војска преузела од Аустро-Немаца 19. новембра. То је отворен град, без икаквих утврђења, а војни положаји налазе се изван центра града. Међутим, иако су га изгубили, Бугаро-Немци га без престанка бомбардују из топова и авиона. Истина, циљали су предграђа на улазу у град, тамо где су претпостављали да се налазе војнички логори или положаји артиљерије. Пре неколико дана, међутим, променили су тактику. Сада испаљују шрапнеле на сам центар града, а од јуче га гађају и великим гранатама 210. Међутим, Хашка конвенција из 1907. године, коју су потписала Централна царства, садржи један параграф којим се строго забрањује бомбардовање отворених градова. Али, Хашка конвенција је за њих била само парче папира које су они поцепали, као и свако друго.

Јутрос ме је пробудила страшна бука, иако сам смештен у самом центру Битоља, далеко од војних установа. Једна велика бомба демолирала је кућу близу моје. За њом су уследиле још многе које су падале свуда около, решетајући комадима метала кровове и зидове кућа. Затим су бомбе падале мало даље, и на крају, после сат времена бомбардовања, настала је тишина. С времена на време, прекидале су је суве експлозије шрапнела по улицама и јавним местима. Становници су се завукли у своје подруме, односно у оно што они зову подрумима, а то је просторија у сутерену куће, без сводова, покривена само дашчаним подом. Једна велика граната од 210, као она коју користе Бугаро-Немци за бомбардовање Битоља, улетела је у подрум као у парче маслаца, савладавши на свом путу крхку грађевину коју на Истоку зову кућом од камена. Без обзира на то, „подруми" бар дају осећај сигурности овој слуђеној гомили стараца, жена и деце, и то је већ довољно. Велики број житеља Битоља тражи уточиште у црквама за које мисле да су отпорне на непријатељске пројектиле. Храмови су даноноћно пуни људи који мисле да ће избећи смрт тискајући се међусобно.

Користим прво затишје да изађем и да видим колика је учињена штета. Улицама мирно шетају само војници који су већ навикли на бомбе. С времена на време наиђу носила са женом или дететом у крви, уз која иде и неко од ожалошћене родбине. То су жртве Бугаро-Немаца, које односе у грчку болницу. Ево једне лепе зграде избушене пројектилима од врха до дна и поразбијаних прозора. Улазим у подрум ове зграде и наилазим на велику локву крви. Ту се сакрила једна мајка са троје деце. На грудима је носила одојче, а двоје друге деце сакрило се од страха под њене скуте. Док их је умиривала говорећи да су у подруму безбедни, једна граната 210 покосила је и раскомадала све ове четири невине жртве. Сада се налазим у француској болници, коју у највећој журби пресељавају. Овде је пала граната и хирурзи нису могли да заврше операцију која је била у току. Сместиће је у подрум грчке болнице, али у подрум са таваницом.

Предворје грчке болнице је пуно људи. Неки очајнички плачу. То су најближи рођаци рањеника које доносе. Један витак младић, школарац, стидљиво пита француског болничара који пролази: „Јесу ли ове две девојке тешко рањене?" Збуњени ратни болничар одговара: „Бојим се да неће преживети", али га издаје његов глас који говори да су оне већ мртве. „То су моје сестре", каже младић и одлази, јецајући.

Бомбардовање поново почиње. Неколико људи који су се одважили да изађу на улицу журно се враћају у своје подруме. Наставићу да посматрам са свог прозора, са кога се види велики део града. Изгледа да је наша кућа опет постала мета пројектила. Све околне куће су погођене. Једна граната је пала на десет метара од нас и користим прилику да фотографишем њену експлозију. Подне је. Треба да одем до српске официрске мензе да ручам. Прелазим преко пусте улице и срећем само једног дечака који усред кише куршума пролазницима којих нема нуди српске новине. „'Правда', 'Велика Србија'", виче дечак, пркосећи бомбама, не би ли однео који динар својој мајци која се разболела због велике несреће која ју је снашла.

Друга фаза бомбардовања је завршена. Један поп, у пратњи неког човека који носи бели ковчег, иде да на брзину сахрани једну старију жену која је убијена у близини наше куће. И он пркоси смрти да би зарадио за живот. Један шрапнел експлодира изнад његове главе и зрно пролази кроз празни ковчег намењен покојници.

Тако су по цео дан и ноћ српски непријатељи настављали разарање једног отвореног, некада веома богатог града, у коме данас због бугарске окупације и непрестаног бомбардовања владају беда и несрећа. Данашњи биланс: један италијански војник је погинуо, један српски војник је рањен, а убијено је двадесетак жена и деце. Колико год да смо неутрални, мислимо да је ово ужасно. Рат се не води са циљем да се истреби недужно становништво, већ да се супарничке војске међусобно боре.

20. јануар 1917.

ПИСМО ИЗ СРБИЈЕ
(*Од нашег дописника*)
Једна ваздушна битка

На српском фронту, 20. децембра 1916.

Јашући на коњу, пошао сам у једно мало село, Кенали, које су недавно преузеле савезничке трупе. У село су се вратили његови житељи муслимани, и сада поправљају своје бомбама оштећене куће, и поново вредно обрађују своју земљу. Време је лепо, и још топло сунце обасјава питому Битољску долину. Ако се занемари неколико демолираних кућа и двадесетак војника из пролазних јединица, човек би могао да помисли да увелико влада мир.

Сјахао сам са коња како бих са житељима села поразговарао о томе шта су Бугари радили за време окупације Кеналија. Ускоро сам био окружен људима који су хтели да изнесу понуде свом госту, иако ни сами скоро да ништа нису имали. Један ми нуди алжирске цигарете које му је дао неки француски војник, други ми доноси чинију киселог млека. Сви ми кажу да су срећни што су Бугари протерани. Пре рата њихово село је било најбогатије у овом крају, познато по квалитетним говедима и изванредним гускама. Данас немају више ништа. Окупатор им је одузео све и готово никада није платио за оно што је узео. Није им било дозвољено да косе своју траву, нити да жању своје жито. То су све радили Бугари. С друге стране, житељи села су морали да обављају тешке радове на путевима и на утврђењима, без икакве надокнаде. Штавише, морали су да хране војнике који су били одређени да надгледају њихов рад. Осим свега овога, стално су их уходиле комитске групе које је плаћао чувени управни комитет у Битољу. Много људи је одведено у затвор. Старог Османа Мехмеда су привремени господари Македоније толико тукли да четири недеље није могао да устане из кревета. Сада се ови несрећници надају да ће их пустити да на миру живе на својој земљи. Имају поверења у Србе, јер су за време кратке окупације ових крајева били праведни према њима и нису их узнемиравали.

Наш разговор прекида жестока топовска паљба. Подижемо главе и на небу видимо дванаест малих црних линија налик гавранима у високом лету, окруженим праменовима белог дима. То топовске противавионске батерије гађају немачке авионе. Црне линије се приближавају и ми препознајемо силуете карактеристичне за „Таубе" армије Вилхелма Хоенцолерна. Авиони су сада изнад нас и праве широке кругове изнад села. Одједном, чујемо прасак прве бомбе која је пала на земљу. Личи на удар ветра, у исто време кратак и снажан. Бомба експлодира око 300 метара од нас. За то време, топови настављају да избацују зрна, која попут ледене кише добују по дреповима кућа. Али, долазак непријатељске ескадриле је већ био наговештен. Један француски бомбардер „Фарман" својим митраљезом неустрашиво напада „Таубове". Како су много брже, немачке летелице ускоро приморавају француски двосед да слети. Он ће касније ипак наставити свој лет.

Немачки авиони не престају да избацују бомбе, а дешава се да и три одједном падну на земљу. Отпуштају их све три одједном, а експлодирају на растојању од 20 метара једна од друге по десној линији.

Из правца Битоља се великом брзином приближава једна бела тачка. То је француски „Нијепор", француски ловац који се враћа са фронта и чији пилот без оклевања напада много јачег непријатеља. Он лети на већој висини него немачки непријатељски авиони и буквално се обрушава на један од њих, штекћући митраљезом. Немци на исти начин одговарају. Нападнути авион покушава да се извуче, али га француски ловац не пушта. У једном тренутку, почиње да понире кљуном надоле и да се великом брзином спушта. Да ли му је погођен горњи део? Не, јер када се нашао изнад „Тауба", он се поново усправља и митраљеска паљба се наставља. Нажалост, поново је погођен и сада се коначно и великом брзином спушта на земљу. Изгледа да је и његов противник погођен у крило. Француски пилот атерира на неколико стотина метара од нас. Рањен је, не тако озбиљно, у главу, али због крви која му се слива низ лице не може да настави битку. Вратиће се за неколико дана да се освети!

После битке, немачки авиони се удаљавају из Кеналија. Највећи број њих враћа се у Прилеп. Два авиона иду у Брач, трећи у Солун. Да није то можда поштански авион краља Константина, пошто он свакога дана добија немачке инструкције које му преносе авиони који полећу са великог аеродрома у Тракији?

Заједно са муслиманским становницима села идем да проценим штету насталу приликом бомбардовања. Бацили су нам око двадесетак бомби, али штета није велика. Убили су само једну краву. Њен власник одмах транжира месо јадне животиње и на лицу места га продаје. Међутим, ови људи ипак немају среће! Авиони поново почињу да бацају бомбе. Али, шта су Немци тражили изнад Кеналија? Овде нема ни једног јединог војног објекта. Можда је овај ваздушни напад био изведен да би се терорисало сеоско становништво.

23. јануар 1917.

ПИСМО ИЗ СРБИЈЕ
(*Од нашег дописника*)
Крај године на Источном фронту

Солун, 2. јануара 1917.

Крај године на Источном фронту је био миран. Тачно је то да су Бугаро-Немци наставили да бомбардују тешким топовима отворени град Битољ (Монастир). Али, та операција није била управљена против савезничких армија Антанте, већ против недужних жена, деце и стараца. И заиста, велике бомбе Централних царстава и њихових вазала убијају и рањавају само цивиле. Међународне снаге под командом генерала Сараја могле су мирно да прославе Бадње вече.

Његове јединице могу да буду задовољне резултатима постигнутим последњих месеци 1916. године. Источна армија није више затворена у утврђеном логору у Солуну. Она је ушла у српску Македонију и држи главни град јужне Македоније. Наравно, свима би било драже да је постигнут још већи напредак, али с обзиром на све тешкоће које су генерал Сарај и заповедници савезничких армија морали да савладају, право је изненађење и ово што су постигли, а све то захваљујући њиховој чврстој вољи и истрајности. Солунска војска и даље испашта због тога што у високим круговима још нису препознали капиталну важност овог ратног попришта. Утолико је већа заслуга оних који су, упркос свему, остварили значајне успехе.

У биткама око Монастира (Битоља), Срби су били најпожртвованији. Протеран из своје земље, али непоражен, српски народ је извео на линију фронта своје последње младо поколење, како би, парче по парче, своју окупирану земљу поново преузео од непријатеља, чији је једини циљ био да истребе српски род. Када се после рата буде сазнало за све жртве које су Срби поднели, свет ће бити запањен!

Војницима старог краља Петра помагали су војници савезничких армија, а нарочито Французи. Храбре јединице Велике републике су се изванредно бориле, и Срби сигурно неће заборавити оне који су им помогли да се врате у своју земљу. Руси и Италијани су такође имали активну улогу у биткама вођеним последњих месеци. Испунили су своје обавезе, и италијански пријатељи, који су у исто време и пријатељи Србије, констатују са задовољством да су италијанске и српске трупе сарађивале на истом циљу: ослобођење српске земље од аустро-бугаро-немачког ропства.

Крај ове године донео је македонским армијама неочекивану вест: немачке предлоге за мир. Није потребно нагласити да ови предлози овде нису имали никаквог одјека. Сви се питају какво се лукавство крије иза овог наизглед обичног предлога. Реакција у корист Вилсоновог предлога и нашег Федералног савета била је изненађујућа. Шта? Неутрални нису упутили ни реч протеста против повреде белгијске неутралности, против покоља недужног становништва Белгије, Србије и северне Француске, против криминалног торпедовања трговачких бродова и путника из неутралних и савезничких држава итд., а потресају се на прве очајничке вапаје Немачке, јер њени вапаји су само запомагање губитника чије су све наде срушене. Не, силе Антанте ће потписати само правичан и слободарски мир, који ће малим народима гарантовати „право на светлост дана", како се сам кајзер једном изразио. Сви војници Солунске армије чврсто су опредељени за такав мир.

Крај године донео је и неку узнемиреност изазвану сумњивим агитацијама Владе у Атини и њеног краља Константина, који је коначно скинуо маску и показао ко је он у ствари: немачки агент. Овај краљ, који је 1897. године срамно побегао из Ларисе, када су дошли Турци, важио је за знамениту и свету личност. У исто време, он је примио немачку маршалску палицу, која је дефинитивно везала овог царског зета за себе. Кукавички је издао Србе, којима је дуговао скоро све успехе за време Балканског рата, кршећи савезнички уговор који га је обавезивао да притекне у помоћ краљу Петру и његовој војсци. Данас се зна да је преко Флорине активно обавештавао Централна царства и Бугаре. Исто тако, он је у децембру савезничкој морнарици спремао заседу због које је крв текла потоцима. Коначно, сада је свима позната чињеница која доказује да је бар од 1915. године Константин са својим канцеларима играо немачку игру. Према томе, нека се у Швајцарској не потресају због наводног прекршаја Грчке. Да, било је прекршаја, али их је починио Константин тиме што је погазио сва обећања и све савезе. Антанта се само брани, а њена одбрана је можда чак и недовољно енергична у односу на сву озбиљност овог случаја.

27. јануар 1917.

ИТАЛИЈАНСКО-СРПСКА САРАДЊА
(Специјална депеша)

Солун, 26. јануара /1917./

Јединице краља Петра дошле су у додир са армијама Француске Републике већ почетком новембра 1914. године. Од тог момента, Срби су се борили раме уз раме са Французима. Нешто касније, борци Шумадијског, Тимочког, Моравског и других батаљона упознали су своју браћу по оружју са британских острва. Срби и Руси већ одавно гаје своје братске односе, тачније од ослобођења Бугара од турског јарма.

Италијани су једини савезници Антанте који се са српским синовима још нису борили за исту ствар. Срби су ове своје савезнике с друге стране Јадранског мора упознали у зиму 1915–1916. године. Већ тада су италијански официри и војници показали много симпатија и пријатељство према својим несрећним савезницима и помогли су им колико су могли.

Разговарао сам са многим српским војницима, и сви признају да је Италија учинила много за њихову војску и избеглице. Посебно су захвални италијанској морнарици, која је обавила велики и користан посао за време пребацивања Срба на Крф. Све је било савршено организовано, тако да ниједан брод није потопљен, иако су у Средоземном мору вребале многобројне аустро-немачке подморнице.

Сада, на Солунском фронту, Срби и Италијани имају много ближи контакт. Војска краља Емануела и војска краља Петра боре се за исти циљ, за победу права и слободе, као и за ослобођење српске земље.

Прве италијанске трупе које су се искрцале у великој егејској луци биле су упућене у Балазицу, далеко од јединица српске армије. Касније, док су се водиле битке код Битоља, Италијани су се налазили југозападно од овог града, у планинама чији врхови прелазе 2 000 метара. Док су се Срби и Французи борили око Црне реке и у Битољској долини, италијански војници имали су незахвалан задатак да изврше што јачи притисак на непријатеља, и то на планинским висовима прекривеним снегом. Они су га јуначки извршили и одбацили непријатеља према Перистеру. Јединице Емануела Савојског су у овој огорченој борби десетковале војску Фердинанда Кобурга, приморавши је да се брани и у току самог повлачења.

Коначно, у последњој фази македонске акције, Срби и Италијани су дошли у непосредан контакт. Срби су били импресионирани лепом војничком униформом њихове браће по оружју, и храброшћу коју су показали. Била је то прилика да боље упознају ове сјајне борце са италијанског полуострва, чија је војна опрема изазивала дивљење свих Савезника. Сада је српски сељак војник могао лично да упозна италијанског грађанина војника. Обојица су закључили да припадају истој демократској врсти, да су синови земаља жељних слободе и правде. Зато се не треба чудити што се између војника ова два народа развило чврсто другарство, па чак и пријатељство, испуњено поштовањем и дивљењем.

Да, Европа ово треба да зна: српски војник воли свог брата Италијана, који му са своје стране искрено узвраћа ту љубав. Италијанска крв се помешала са српском, борећи се за исти циљ коме се одавно већ тежило у земљи једног Мазинија, највећег борца за слободу народа: за слободу и поштовање права народа. Србија то неће заборавити, и у знак искрене захвалности положиће цвеће на гробове ових младих људи који су дошли да погину за ту слободу.

Ова иста осећања поштовања и искрене љубави деле и официри. Србима се свиђа леп стас храброг војника и шармантног грађанина, генерала Петитија ди Рорета. Они знају да у њему имају верног и брижног пријатеља. Сто пута сам видео како италијански официри, уредно обријаних лица, налик на младе атлете старог Рима, спонтано и срдачно граде пријатељство са својим друговима из злосрећне Србије, која ће бити велика захваљујући њиховој помоћи.

Издавањем једне недавне дневне заповести, један бриљантни италијански генерал указао је изузетну част овом народу, који је упркос свој својој несрећи остао доследан својој датој речи. С друге стране, принц Александар је недавно наградио подвиг и пожртвовани дух војника свога ујака Емануела Савојског, доделивши једно од највиших одликовања генералу Петитију и још неколицини официра и војника. Сигуран сам да ће они поносно носити ратна одличја мале Србије, која је у овој борби цинова постала тако велика у моралном смислу. Сви пријатељи ова два народа здушно се радују италијанско-српској сарадњи, а ми се с правом надамо да ће учешће Италије у опоравку Србије, као и крв која је за њу проливена на македонском ратишту, повољно утицати на будуће односе две земље, као и на решавање спорних питања између њих.

У сваком случају, сигурни смо да ће српски народ умети да изрази своју захвалност свим својим савезницима чија је крв проливена за српску ствар и којом је натопљена српска земља. Цела италијанска нација, која је свим срцем увек била за правду, сада ће упознати другове својих војника са ове стране Јадрана. Ово крвљу потврђено пријатељство уродиће плодовима. Задатак господе дипломата биће само да следе пример који су им пружиле ове две армије.

10. фебруар 1917.

ПИСМО ИЗ СРБИЈЕ
(Од нашег дописника)
Једна посета ослобођеним селима

Солун, 13. јануара 1917.

Бугари су имали обичај да свуда изјављују да је Македонија суштински бугарска, да су скоро сви њени становници Бугари и да, према томе, ова земља с правом њима припада. Када је, уз помоћ моћне Немачке и Аустрије, влада Фердинанда Кобурга успела да запоседне целу Македонију, могло се помислити да ће тиме учинити немогуће, а то је да коначно усрећи овај народ који је, како је она говорила, очајнички патио због туђинске власти, а нарочито српске.

Тренутно је више од педесет села и један град на југу Македоније под српском влашћу. Обишао сам највећи део и спровео једну анкету о томе како су се Бугари понашали у овим „чисто бугарским" местима. Укратко ћу изложити резултате ове анкете, уз напомену да поседујем неоспорне доказе о свему што овде наводим. У неком од наредних писама говорићу о томе шта сам открио у Монастиру (Битољу).

Када су Бугари дошли у села, почели су да смењују кметове, то јест старешине села, који су ту функцију имали за време српске власти. На њихова места постављали су застрашене мештане села, који нису смели да се буне против ексцеса њихове солдатеске или комита, као ни против чланова који су већ одавно припадали бугарској револуционарној организацији. Пошто села овог дела Македоније нису тако велика, припадала су само једној општини, на чијем је челу био „председник". Овај председник је био члан македонске бугарске организације и доведен је директно из Бугарске. Тако је на челу општине која је обухватала села Брод, Брач, Добровени и Сливица био извесни Вилип Индов, који је врло живо сарађивао са „кметом" из Бача, Делом Талевим. Послове „пандора" (полицајца) и сеоског стражара обављали су углавном бугарске комите, које су доводили из центра бугарског револуционарног деловања на грчкој територији, из Банице, Неокасија, Лерине, итд. Сви они били су слепо потчињени једном комитету чије је седиште било у Монастиру. Тај комитет је имао три посланика из македонске организације из Софије, „Македонске Одринске", и четири своја локална члана. Бројне комитске старешине, „војводе", од којих ћу поменути само попа-бандита Павла Кристова (који је увек испод своје мантије носио комитску униформу и оружје), Рисова, Ђорђа Попова, Дорева, Алти-Панакова (у питању је вероватно Алтипармаков), Панту Чичкова и Лондева, обилазили су цео овај крај и контролисали локално становништво и своје подређене чланове.

На лицу места сам имао прилике да се уверим шта је све сеоско становништво претрпело од ове власти. Узимали су им готово све што су имали. Окрутно су се понашали према свима за које се знало да су лојални Србији, као и према онима који су покушавали да се супротставе пљачкању њихових добара. Дело Вражевић из Брача подлегао је повредама два дана пошто су га крвнички пребили. Алексо Костовић из истог села примио је толико удараца „да је морао да закоље једну овцу, како би њену крваву кожу ставио на леђа, да ублажи болове". Лежао је у постељи шест недеља. Осман Мехмед, старац из села Кенали, лежао је четири недеље због рана које су му нанете приликом премлаћивања.

Спаси Станојловићу, 80 година, бугарски војници који су хтели да му отму свиње, његово једино благо које је још имао, пуцали су у десну руку, а ја сам лично прегледао ожиљак.

Комите – државни чиновници и њихови егзекутори – обилно су се служили својим свемогућим положајем, а изнуде новца од сељака вршили су на следећи начин: одлазили су код њих и говорили им: „Ти си сумњив. Ти си у тешкој ситуацији, јер ћеш бити ухапшен и послат у Софију, и ко зна, можда те снађе нешто још страшније. Али, можеш да се ослободиш тако што ћеш нам дати одређену суму новца, у складу са твојим богатством". Дешавало се чак да ухапсе људе и да их пусте само ако дају новац за откуп. Углавном су примали само злато, а не бугарски папирни новац. Тако је Омер Рашид из села Кенали платио 5 златних наполеона, Мустафа Рашан из села Медзидле 68 златних турских лира, Стојче Ристић из Скочивира 30 златних наполеона, итд. Начин на који су комите радиле исти је онај који су примењивали бугарски државни чиновници у Монастиру (Битољу).

Ни војници нису били блажи према напаћеном становништву јужне Македоније. На самом почетку окупације још су понекад и плаћали намирнице, жито или стоку коју су одузимали. Међутим, цене за ове реквизиције биле су толико ниске да су постале смешне. Ристи Гачвићу из Совича на пример, дали су 180 франака за 180 оваца. Овца за 1 франак, то није скупо! Цена за краве кретала се од 5 до 12 франака по грлу. Касније су сељацима давали бонове за реквирирану робу, односно „расписке", како их овде зову. Само што расписци никада нису били плаћени, и имам прилично велику колекцију ових папира у свом досијеу. И коначно, од пролећа па надаље, војници се више нису устручавали да једноставно узму све што им је било потребно.

Када су почеле борбе у овом региону, житељи су били евакуисани, а када су се вратили у своја села, ничега више није било. Бугари су све опљачкали! Некада богата земља сада је опустошена на дуги низ година!

13. фебруар 1917.

ПИСМО ИЗ СРБИЈЕ
(*Од нашег дописника*)
Бугари у Битољу (Монастиру)

Солун, 22. јануара /1917./

Обећао сам вам да ћу укратко описати шта су Бугари радили у Монастиру, за време своје привремене окупације. Као ни у допису у вези са понашањем Бугара у македонским селима, ни овде нећу рећи ништа што не могу да потврде необориве изјаве сведока и моји лични закључци.

Прва брига Бугара по доласку у град било је постављање на власт једног управног комитета који је имао власт над Монастиром и целим крајем. Комитет је био састављен од три члана „Македонске Одринске", македонске револуционарне организације из Софије, и од четири локална члана који су већ дуго припадали овом тајном комитету. Начелник Битољског управног округа био је Александар Бојациjев, син истоименог генерала, један покварен и бездушан млади женскарош. Председник општине био је извесни Наум Владов, пореклом из Ресне, који је у Софији већ дуго водио посао производње газиране воде. Владов је био пијаница и манипулант. Као председник општине, председавао је Владиној комисијом за снабдевање, и од ионако недовољних количина намирница из помоћи узимао је за себе највећи део. На пример, од пошиљке од 30 000 кг соли, он је узео 20 000 кг, и дао својим људима да је продају. Двојица његових врлих помагача били су Петре Робев и Аца Дорев, који су одавно били познати као активни чланови комитске организације. Ови високи функционери имали су на располагању један известан број комита који су слепо извршавали наређења управног комитета и радили су као полицајци, сеоски стражари, итд. Надзирали су их њихови шефови, односно војводе. Навешћу само нека имена најпознатијих комита, који су скоро годину дана терорисали становништво престонице јужне Македоније: Рисов, Попев, Борис Грабчев, Никола Алтипармаков (полицијски комесар) и поп-бандит Павле Кристов. Софија је пратила рад својих представника у Битољу. „Македонска" је у неколико наврата слала свог чувеног професора – комитског заповедника, доктора Пенчева.

Да бисмо сазнали како је било за време ове комитске власти, треба само да послушамо шта кажу становници овога града, па чак и они који су пре овога рата били највећи бугарофили. Државни функционери – комите – злоупотребљавали су своју наводно неограничену власт да би се обогатили. Под изговором да су сумњиви, угледни Срби, Куцовлаци (Румуни) и Грци били су затварани и депортовани у Бугарску. У логору у Бугарској одведене су и жене српских државних чиновника и војника. Бојаџијев је хтео да присили неке од њих да се удају за Бугаре. На пример, Донка, жена српског жандарма Светозара Стоиљковића, избегла је ову присилну удају само захваљујући томе што су Савезници ушли у град. Бесни због овога, Бугари су, пре него што су отишли, хтели да је убију. Официри и чиновници брутално су покушавали да искористе жене које су остале без својих мужева. Жену једног српског поручника је, на пример, силовао бугарски официр, а затим су је, болесну, одвели у Прилеп.

Број угледних грађана Монастира одведених у заробљеништво прилично је велик: више од 300 било их је само у једном окружном затвору, не бројећи оне који су били затворени у полицијским станицама. Други су такође били хапшени, али су затвор избегли тако што су државним функционерима платили откупнину. Никола Плашић је после скоро годину дана затвора купио своју слободу од директора окружног затвора за око 2 000 франака, који му је издао документ који дословце преносим: „Царевина Бугарска. Окружни затвор у Монастиру, бр. 898, 17. 11. 1916. Монастир. У граду. Господин командант. У складу са телеграмом бр. 3378, 16. 11. 1916. председника војног суда у Преспи, пуштам на слободу Николу Плашића из Дебра. Управник затвора, Иван Кристов (? потпис нечитак)". На дан када су се Бугари евакуисали из града, овај управник је имао добру зараду: Хераклија Сарчевић, трговац из Монастира, платио му је за своју слободу 150 златних наполеона; Наум Кочас, рентијер, стар 60 година, 400 франака; Демир Хусеин, бивши контролор Српске државне управе за дуван, 2 000 франака; Петар Николић, судски извршитељ, 300 франака, итд. Други грађани нису одведени у затвор, али су чиновници-комите нашли начина да и од њих изнуде новац, и то на следећи начин: позвали су све мештане да дођу у полицијску станицу и ту су им саопштили да су на листи за депортацију. Међутим, ако дају паре, ствар може да се среди. Уобичајена цена за ову „услугу" била је 350 до 500 франака у злату. Ово се десило Јовану Чомандровићу и Такију Заровићу. Чиновници се нису устезали ни да физички казне људе који им се нису свиђали. Једног угледног грађанина од 64 године, Петра Божачића, крвнички су пребила два емисара овог комитета: Никола Динев Смоланецот и Таки Илов Јанакиоски.

Монастир (Битољ) био је некада богат и напредан град. Бугари су успели да га за мање од годину дана окупације комплетно униште. Све је одузето, а Влада је грађанима без икаквих прихода слала тек бедну помоћ, коју је, како сам већ рекао, највећим делом крао Наум Владов и његова дружина. Цене хране достигле су невероватне цифре: једна погача лошег хлеба коштала је од 4 до 6 франака! Тешко се може замислити шта су све ови убоги људи издржали за време овог режима. Многи су умрли од глади. Један грађанин, Сотир Секуловић, бивши бугарофил, рекао ми је: „Да су Савезници дошли само петнаест дана касније, затекли би улице прекривене лешевима људи који су умрли од глади"!

Када су почеле битке око Монастира, грађани нису смели да излазе из својих кућа, јер су патроле крстариле улицама и скупљале пролазнике које су на силу водили да раде на изградњи путева. Стопа смртности, нарочито деце, била је врло висока, а лекара у граду скоро да више није ни било. Они су или затварани или депортовани у Бугарску, под изговором да су краљевству Фердинанда Кобурга недостајали лекари. Тако је грчки лекар Ахтари, који је радио у грчкој болници у Битољу, депортован заједно са још четворицом својих колега. Спроводили су их са бајонетима на пушкама. Дали су му само два сата да се спреми за пут. Његова жена нема никаквих вести о њему.

У Монастиру и у његовој околини Бугари нису много убијали, из разлога које сам навео у једном претходном писму.

Данас знам да су масакри које су починили у Поречком, Велешком и Прилепском округу били такви какве свет још није видео. У Монастиру су убили само једног човека, Ванка Григоровића, али начин ове егзекуције био је сасвим типичан. Григоровић, српски патриота, дао је неке информације савезницима своје земље. Његова жена то није крила. Са своје тачке гледишта, Бугари су дакле имали право да га смакну. Али, могли су то да обаве на пристојан начин. Они су у двориште окружног начелства окупили све затворенике са лисицама на рукама и натерали их да присуствују мучењу осуђеника. Ни то им није било довољно, већ су натерали и његову жену да заједно са две мале девојчице присуствују егзекуцији свога мужа, и њиховог оца. Мала Шисула се бацила пред ноге начелника Бојаџијева и преклињала га да их поштеди овог призора. Он ју је ошинуо својим бичем и наредио њој и њеној мајци и сестри да стану тако да ове несрећнице не могу а да не гледају Ванкову агонију. За то време, бугарски и немачки официри, који као да су дошли да гледају позоришну представу, смејали су се до суза и ругали се болу мајке и њене деце.

23. фебруар 1917.

ПИСМО ИЗ СРБИЈЕ
(Од нашег дописника из Берна)
На зимском фронту

На српском фронту, 28. јануара /1917./

Овога пута је зима. На планини је снег, а у равници киша и блато или хладноћа и иње. Ја сам, као и обично, са српском војском, која се мало одмара јер због лошег времена нема борбених акција ширег обима. Чести су само артиљеријски дуели и тек покоја пушчана чарка. Како лук Црне реке, који су прославили званични извештаји, подсећа на неке крајеве нашег Валеа! Голи планински врхови који достижу висину од 1 500 метара прекривени су снегом и скривају оштре стене по којима је једна добила име Чука Лепоје (lépoeux). Пењем се лагано и пуштам коња да ме води, јер он боље познаје пут од нас који се управљамо према нашим копијама карата које су давно нацртали Аустријанци. Пада снег и велике пахуље ношене ветром почињу да нас шибају по лицу. С времена на време зачује се топовска паљба пригушена ударима ветра и снега, због чега личи на удаљену грмљавину. Одједном се у снежном ковитлацу појављују црне прилике, које се у поворци, једна иза друге, крећу козјим стазама које се не разазнају због меког снега којим су прекривене. Неколицина њих води за узде мале коње или мазге са товаром покривеним снегом. То је један пук српске пешадије у маршу, који се спушта у равницу да се неколико дана одмори. Срдачно се поздрављамо и настављамо пут.

Стижемо у остатке села где се одиграла једна херојска битка. Зачеље пука који смо срели још је ту и спрема се да крене. Од прошлог августа без престанка ратују, и сада ће се после скоро шест месеци мало одморити, и моћи ће да чују само удаљене експлозије граната. Колико је њихових другова, који су са одушевљењем кренули да поврате своју вољену земљу, заспало вечним сном испод литица Чуке, над којима лете хиљаде гаврана и стотине орлова? То ћете сазнати после рата, и бићете изненађени и задивљени пожртвовањем овог неустрашивог народа.

Али, облаци се разилазе и најпре стидљиво, а затим све јаче, сунце просипа своје зраке на беле планинске стране. Наша мокра одећа почиње да се пуши као покретна ратна кухиња. Пут нас води све више. Пред нама се указује величанствена панорама. Лево од нас је Битољска долина са широким појасом сребрнасте Црне реке, окружена снежним врховима Перистера. Испред нас су снегом заобљени врхови Чуке, а десно уска котлина којом вијуга плаво-бела Црна река са Кајмакчаланом, Флосеком и Старковим гробом, који затварају хоризонт. Ова се лепота не може ни са чим упоредити! У даљини пролазе српске коморџије и певају лепу сетну песму „Тамо далеко", која је настала на Крфу као израз носталгије према домовини. Француски војници се заустављају. И они су помало изгнаници. Док слушају ове гласове које је прочистило сјајно зимско сунце, шаљивџије одједном постају озбиљни. Поздрављају нас и кажу: „Како су ови Срби добри људи!"

Пут нас ускоро доводи до једног села које су запоселе савезничке снаге. Стижемо усред битке, али пријатељске битке која се води грудвама снега. Француски пешадинци држе један гребен док српске коморџије трећег позива, „Чиче", покушавају да га заузму. Побеђују Французи, али један стари Шумадинац ипак стиже до врха и поносно се трља хладним снегом. Победници не желе да се свете. Доносе вино које пријатељски деле са пораженим Србима.

Пењемо се све више и ускоро избијамо на положаје које држе савезничке снаге. Непријатељ отвара паљбу на нас и експлозија граната подиже у ваздух бусење земље помешано са снегом. Наши топови одговарају двоструко јачом ватром и после краткот времена артиљерци Фердинанда Кобурга и његовог савезника Вилхелма Хоенцолерна схватају да је боље да ућуте.

Шта да кажемо о овим храбрим војницима који своју земљу чувају усред хладноће и снега, на врху једне планине коју обично посећују само орлови? Могу једино да вам кажем да су они одличног здравља и изванредног морала. На лицима им се све јасније види сигурност због победе, због чега лакше подносе тешкоће ове зимске кампање. Ускоро ће бити због тога награђени!

Сунчеви зраци су се искосили. Сада је тренутак да сиђемо у равницу ако не мислимо да ноћимо међу стенама. Наши планински коњи, навикнути на каскање по камењу, брзо нас спуштају у село у долини, у подножју Чуке. Већ је скоро ноћ, али возила свих намена настављају да пролазе овим путем који је пробијен на почетку рата. Превозе намирнице и муницију онима који учествују у борбама. Камиони у великој брзини пролазе крај нас. То су снажни и савршено израђени италијански камиони. Неоспорно је да се италијанска возила разликују од других на фронту. Возила су прекрасна, а њихови возачи првокласни.

10. март 1917.

ПИСМО ИЗ СРБИЈЕ
(Од нашег посебног дописника)
Оно што је урађено и оно што треба урадити

Солун, 4. фебруара 1917.

У последњем писму сам вам рекао шта мислим о важности македонско-српског фронта. Данас ћу покушати да вам објасним шта је урађено и шта треба да се уради на овом ратном попришту. Додајем да су ова објашњења у ствари резиме разговора које сам водио са најкомпетентнијим припадницима војске на врло високим положајима, као и моја лична запажања донета на основу бројних обилазака самог фронта.

Нема потребе да вас подсећам колико је био тежак почетак савезничке експедиције на Истоку. Енглеска је била против ње, а ни Француска није била сасвим убеђена да је оваква експедиција потребна. На крају су ипак послали своје трупе, али недовољно бројне, и прекасно. Иако је то изгледало невероватно, заповедник експедиције, генерал Сарај, урадио је све што је могао да дође да помогне Србима. Међутим, француске снаге су биле малобројне, јер Енглези нису никога послали, тако да није могао ништа да учини и био је приморан да немоћно гледа окупацију целе Србије и Македоније. Ипак, успео је да се одржи у Солуну, што ће се касније, када се сазна колико је Источна армија тада имала војника, показати као изузетан ратни подвиг, који чини велику част ономе ко је то урадио, утолико пре што се Грчка у то време непријатељски понашала.

Аустро-Бугаро-Немци се нису усуђивали да пређу грчку границу, можда зато што нису били начисто како ће на то гледати грчки краљ Константин. Генерал Сарај искористио је то време да направи један огроман утврђени логор у Солуну. Енглеска је коначно одлучила да пошаље своје трупе, чији је главнокомандујући, генерал Махон, био драгоцен и одан сарадник генерала Сараја. Енглеског генерала занимао је само војнички успех, то јест победа. Од тог циља нису успели да га одврате никакви политичко-дипломатски разлози.

Због мањка људства, савезничка армија није могла да нападне Бугаро-Немце у зиму и на пролеће 1916. Послали су мале групе појачања, што ни издалека није било довољно. Француско-енглеским снагама из утврђеног логора придружило се неколико српских и италијанских дивизија, и на крају је на Крфу поново формирана мала али храбра српска војска.

Лето је било тешко за Источну армију. Врућина је била неподношљива, а маларична грозница десетковала је њене снаге.

Изгледа да су Солунску армију владе земаља чланица Антанте сматрале само одбрамбеном силом, чије је присуство у великој егејској луци имало само улогу демонстрације војне моћи. Исто тако, никада нису донеле одлуку да генералу

Сарају пошаљу довољан број људи за једну ослободилачку офанзиву у великом стилу. А она је итекако била потребна у тренутку када је Румунија ушла у рат.

Ипак, мала Источна армија постала је, упркос свему, офанзивна армија, јер су је Бугари лакомислено напали. Када су се Срби суочили са својим смртним непријатељем, нису се више заустављали и само су грабили напред. То су биле битке на Кајмакчалану, десант на окуку Црне реке, битке око Битоља са другим савезницима, и, на крају, заузимање Битоља. Мора да су у Лондону били пријатно изненађени подвизима ове „дефанзивне армије" из Солуна.

Догађаји са овог фронта имали су одјека. Француска је послала свог министра рата на лице места да се увери у право стање ствари. Она се тада уверила колико је важан македонско-српски фронт и пожурила да пошаље оно што треба: људство.

У овом тренутку, Источна армија није више затворена у утврђеном логору у Солуну, она је већ у Србији, где држи важне положаје. Али, она на леђима има још једну опасност. То је Грчка краља Константина, према којој је савезничка дипломатија била, а и даље је, изненађујуће попустљива.

Солунска армија позвана је да одигра велику улогу у завршници овог великог рата, али да би она могла да одигра ту улогу, Савезници морају да ураде следеће:

- да пошаљу још војника, и то у довољном броју, како би Источна армија била велика офанзивна армија. Међутим, трупе треба да стигну одмах, пре него што их врућина од 50 степени на сунцу и маларична грозница онеспособе за било какав озбиљан посао.

- Италијани треба да организују једну енергичну акцију која би кренула из њихових база у Албанији.

- Савезничке владе треба да дозволе Солунској армији да без одлагања отклони опасност од Грка.

- Ове исте владе треба коначно да увиде да је циљ рата да се победи непријатељ, а да би се то постигло, војне акције не треба спутавати разним политичко-дипломатским разматрањима и разлозима. Другим речима, нека оставе топове да говоре, а нека речи оставе њиховим дипломатама за послератне активности и за мировне конференције. Једино је Француска, од свих Савезника, већ 1915. године схватила значај акције на Балкану. И поред свег отпора, она је успела да формира Источну армију, на чије је чело поставила човека чије ће велике заслуге бити признате онда када се буде сазнало како се тачно одвијао рат у овом делу Европе. Али, и Француска се премишљала око тога да оконча ово дело тиме што ће, са довољним бројем људи, стати на чело енергичне војне акције на македонско-српском фронту.

6. април 1917.

У „ГРЧКОЈ" МАКЕДОНИЈИ

2. марта /1917./

Налазим се у једном селу грчке Македоније.

Након вишемесечних борби и сјајних победа о којима сте већ чули, овде се одмарају српске трупе, како би са новим жаром наставиле беспоштедну борбу за ослобођење своје вољене земље чију је част окупатор укаљао.

Недеља је и групе војника се грају на пролећном сунцу, причају о својим удаљеним мачванским селима, или само посматрају дивну Битољску долину, окружену снежним врховима Старковог гроба, Кајмакчалана и Флосека. Млађи се препуштају уживању у игри.

Препланулог лица и црне косе, војници Цигани свирају виолину, а кораке наглашавају ударајући у неку врсту великог импровизованог сандука. У исто време њихови другови, држећи се за руке, праве један велики круг око њих и играју живахно коло. Заборављајући бар на тренутак на чежњу за својом вољеном Србијом, ови храбри људи ће још сатима неуморно играти.

Пролазим поред једног сеоског газдинства. У дворишту је много света. Сељаци и сељанке обукли су најлепшу одећу коју имају. Чисти су и њихове кошуље се беле као снег. Један сељак ми прилази и зове ме да уђем. Данас крсте једно новорођенче. Улазим, и у кући, међу осталим гостима, затичем и српске официре. Поп започиње обред. Левом руком, кум држи потпуно голо детенце. Поп га узима и изговара молитву. Затим пита кума које име жели да му да̂, и на крају купа дете светом водицом. Жене прихватају дете које плаче, бришу га и облаче. Затим га поново враћају куму који га сада држи у десној руци и три пута пљује испред себе, како би отерао нечастивог.

Обред се брзо завршава и сада почиње слављe. Столови се брзо постављају и, у складу са овдашњим обичајима, сви гости остављају дар у новцу за малог Ристу – то је име које је кум изабрао – седају за сто и са апетитом једу разна национална јела. Пије се вино и ускоро почиње песма. Својим лепим песмама официри такође доприносе весељу. Једна стара сељанка устаје и још снажним и пријатним гласом почиње да пева песму из њене младости:

„Српског кнеза море силне бриге,
а пита га верна кнегиња:
'Што си тужан кнеже мој, Милане?'
'Како нећу бити тужан, верна моја друго?
Велика нас је турска сила притисла,
Целу ће ми војску побити

и сав ће ми народ заробити.'
Кнегиња му одговара:
'Не плаши се,
Кнеже мој Милане,
Та несрећа нас неће притиснути
док је нама силне Русије.
Она ће нам војску послати,
Она ће нас избавити!'"

Шта, то је Македонка, грчка Македонка која нам пева песму из српског рата против Турске, 1876. године? Сви старији знају ову песму која је овде била популарна! Али, ови људи овде, који певају на словенском и који своје теме за песме траже у Београду, нису Грци, већ Срби. Дакле, изузев једног броја становника егејског приобаља, хришћани у Македонији су Словени, који и даље гаје словенска осећања, а никако не Грци. Узалуд је власт краља Константина слала своје учитеље и наредила да се у црквама спале словенске књиге, како би их заменили Библијом на грчком језику. Није успела да „хеленизује" старије житеље, који су сачували свој језик и своје песме. Деца која иду у школу уче језик који се говори у Атини, али се њиме не служе код куће, у породици. И сâм учитељ, пропагатор хеленизма, становницима се обраћа на словенском, јер га не би разумели када би говорио на грчком.

Ово су моја запажања из свих села овог дела Македоније. Поткрепљена су и једном малом анкетом коју сам спровео на – гробљима. Управо на гробљима људи говоре својим правим језиком, а језик овога краја је словенски језик. На пример, на стотинама надгробних плоча које сам прегледао на гробљу у Буфу, само је један натпис на грчком, и то из 1914. године; сви остали су на словенском.

Македонија око Битољске долине је словенска. Ако се буде поштовао етнички принцип после овог рата, она ће припасти Словенима, то јест Србима.

12. април 1917.

ПРОЛЕЋЕ НА МАКЕДОНСКО-
-СРПСКОМ ФРОНТУ

Солун, 12. марта /1917./

Од званичног почетка пролећа дели нас неколико дана. У Солуну је лепо време и бадемова стабла су у пуном цвату. Деца нуде прелепе љубичице за новац. Пролећна кампања треба ускоро да почне.

Зима је овде била блага, што је војсци која се прошле јесени храбро борила омогућило да се одмори. Стигло је и појачање, тако да сада Источна армија представља моћну победничку снагу у рукама Савезника и Антанте. Ова међународна армија, у чијем су саставу француске, енглеске, руске, српске и италијанске трупе, извршиће свој задатак у потпуности. Верујем да су у праву када кажу да ће њихова акција бити једна од одлучујућих акција овога рата.

Наиме, док је Источна армија из дана у дан јачала, у армијама њених противника најпре није било никаквих промена, а затим су и ослабиле. По окончању офанзиве у Румунији, Немци су пребацили расположиви војни кадар, али због енглеских успеха на Западном фронту, ускоро су један део људства морали поново да повуку. Турци, те вечите жртве, морали су да затварају рупе у зиду који су на македонско-српском фронту подигли Германо-Бугари. Због успеха у Месопотамији, Енглези су морали да позову своје војнике на другу страну. Према томе, Бугари ће имати главну улогу у одбрани фронта Централних царстава и њихових вазала.

Не треба мислити да ће снаге Антанте имати лак посао са Бугарима, којима велику помоћ и даље пружају њихови савезници. Поданици Фердинанда Кобурга жилаво ће бранити територије које су отели Србима. Али, доћи ће тренутак када ће нестати дисциплине онима који су их довде довели, и тада ови људи, који се не боре за више циљеве, неће више моћи да обуздају гомилу оних које је у борби за правду задесила највећа несрећа. Ово би укратко био закључак до кога сам дошао посматрајући стање морала у армијама које учествују у рату.

Морал Бугара је врло низак. Многи војници дезертирају, а сви затвореници изражавају своје разочарење. На почетку рата, према признању самих Немаца, Бугари нису показивали никакву сентименталност („Gazette de Voss" од 7. јануара 1917.) и сматрали су да су направили одличан посао. Веровали су у разорну надмоћ Немачке као и у њену апсолутну и врло блиску победу. Вођени само својом давнашњом жељом да освоје ове богате крајеве које су одувек прижељкивали, и желећи да искале свој бес према омраженој Србији, Бугари су отворено окренули леђа својим бившим ослободиоцима. Бугарски народ и Влада, Енглеска, која је била њихов доброчинитељ, као и Француска која је увек била њихов осведочени пријатељ, сви су, без изузетка, увредама напали Русију, која се до тог тренутка према Бугарима понашала као према размаженој деци. Сви су рачунали на брз развој ситуације и на победу која ће ускоро бити крунисана миром повољним за њих.

Њихова надања су изневерена. Целу Србију окупирао је њен бројчано надмоћан непријатељ, али рат се наставио, и што је дуже трајао, све су више избијала на површину размимоилажења између Бугара и њихових савезника.

У овом тренутку, Бугарин, па чак и било који човек из народа, осећа да је играо на погрешну карту. Гомиле злата, које су најављиване из Берлина и Беча, нису дошле у његове руке. Напротив, сва несрећа овог дугог и изузетно тешког рата сручила се на њега. Он исто тако увиђа, видевши како полако али сигурно његов противник напредује, да победа неће бити на његовој страни, упркос присуству толико хваљених Немаца. Он постаје разочаран, али не зато што су изневерена његова осећања, већ зато што је изгубио сву материјалну корист коју је могао да има да се на самом почетку рата прикључио свом данашњем непријатељу. Он још увек ратује подвргнут строгој војничкој дисциплини која влада у бугарској војсци, али првом приликом када се више не буде плашио револвера свога старешине, он ће се предати и изговориће реченицу која је карактеристична за бугарски менталитет, а коју сам ја толико пута чуо: „Надам се да ће ме послати у Француску да зарадим паре".

Овај војник без моралних идеала бори се против људи који знају да је слобода главни добитак у рату. У разговору са ратницима свих нација који се боре на овом фронту, увек сам добијао исти одговор: „Борим се за своју земљу и за слободу". Чак су и Сенегалци свесни овог узвишеног циља. Пре неки дан је један од њих чак љутито одговорио на моје питање: „Па, ја сам гласач и борим се за слободу". Срби нарочито имају разлога да се свом снагом боре. Њима се жури да се врате у своју земљу коју им је немилосрдни окупатор разорио.

Дакле, имамо с једне стране људе од којих је највећи број деморалисан. С друге стране, имамо војнике изванредног морала које додатно охрабрује свест о томе да је ствар коју они бране исправна.

Да ли би било претерано предвидети да први неће моћи да се одбране од других?

2. јун 1917.

ПИСМО ИЗ СРБИЈЕ
(*Од нашег специјалног дописника*)
Портрет команданта

Солун, 3. маја /1917./

Велики светски рат избацио је на површину неколико војних заповедника: не онолико колико је могло да се очекује, али не зато што међу Савезницима и њиховим противницима није било способних људи, већ зато што су ретки они који су урадили више од свих других.

Србија, та земља изузетних јуначких подвига, издваја се од других и по војним заповедницима, који су због својих заслуга постали познати широм света. Ко није чуо за име старог војводе Путника, који је болестан, често и у кревету, припремао славне војне операције српске војске у првим данима рата? Није непознато ни име његовог наследника, генерала Бојовића. То што су српске јединице биле тако успешне у својим акцијама, великим делом је заслуга овог организатора војних операција. Они који прате ратне акције на Балкану такође знају да је стари војвода Степа Степановић у њима одиграо велику улогу. Био је тих и живео је само за своје војнике и за своју земљу, а урадио је ствари које се граниче са чудом. И на крају, војвода Живојин Мишић, који данас ужива углед који увелико превазилази оквире источних армија.

Живојин Мишић је типичан српски ратник. Нећу говорити о његовим војним подвизима. Довољно је подсетити се његовог доприноса у чувеним победама у јесен 1914. године, као и у биткама око Битоља последња три месеца 1916. године. Хоћу да дам психолошку анализу овог човека, који је изванредно оличење свих квалитета који су својствени лепом српском роду.

Гледајући са стране, војвода Мишић, човек средњег раста и проседих бркова, изгледа као поносни сељак из Колубарског региона, одакле и потиче. Он је сељачки син и управо се тиме поноси. Живот га је одвојио од мале беле очеве куће усред зеленог воћњака. Војвода Мишић је најфинији и најкултурнији светски човек, али његово срце је заувек остало овде, међу брежуљцима који окружују лепу ваљевску варош.

Док је 1914. године цео свет поздрављао чудом извојевану победу српске војске и подвиге њених заповедника, он се у Београду није препуштао уживању и слављу, нити је хтео да му одају признања која је ипак заслужио. Отишао је код свог брата – сељака – да се неколико дана одмори у зимском сеоском амбијенту.

Војвода Мишић је у исто време скроман и мудар. Дубоко је религиозан, али не и верски затуцан, изванредан отац своје породице. Врло је предусретљив и увек има лепу реч за многе странце који му долазе у посету. Па ипак, он је и уздржан и посвећује се само онима које сматра пријатељима.

Он је командант кога његови војници и официри обожавају. Захтева строгу дисциплину, али охрабрује све који показују добру вољу. Правичан је, и сви који су му подређени, од пуковника до најнижег војника, знају да ће он саслушати њихове жалбе и, ако су основане, да ће исправити неправду. Његов однос са официрима је пријатељски. Војвода зна да једино командант који може да рачуна на оданост својих подређених војника може да рачуна на остварење великих дела. Своје официре сматра сарадницима, тако да се они не осећају мање вредним од њега. Ако се неки од његових подређених истакне, може да буде сигуран да ће његов војвода увидети његову заслугу и да ће га наградити.

Да ли онда чуди то што су сви спремни да се добровољно жртвују за свога вољеног команданта?

Тамо где сам имао задовољство да будем у шатору заједно са војводом Мишићем, имао сам утисак да сам део једне велике породице. Само су велики команданти у стању да створе једно тако прикладно и добро расположење, које је чак и неопходно за срећно окончање ратних операција.

У току битке, војвода Мишић је миран. Говори кратко и одлучно и сви га слушају. Када сте поред њега, осећате да је он господар битке и да своје јединце уме да води ка победи.

Такав је војвода Живојин Мишић. Он је прави Србин, изванредно срчан, дубоке интелигенције и неукротиве енергије. Без обзира на славу коју му је донело његово бриљантно руковођење ратним операцијама, умео је да остане једноставан и скроман.

22. јун 1917.

НОЋНО БОМБАРДОВАЊЕ
(*Од нашег дописника*)

На српском фронту, 10. маја /1917./

Налазим се на планини, на више од 1 700 метара надморске висине, са штабом једног корпуса чувене армије. Већ неколико дана српска војска систематски напада Бугаро-Немце, које непрестана даноноћна и жестока артиљеријска ватра почиње да излуђује. Иако то могу да ураде ако желе, јединице са којима сам још увек нису пробиле противнички фронт, због тога што су савезнички фронтови солидарнији него икада пре, и што једино њихова заједничка акција може да доведе до великих коначних успеха.

Провео сам дан на осматрачници, усред бујног растиња и пролећног цвећа. Одатле сам могао да посматрам величанствену панораму испред себе, али и да пажљиво пратим операције, а нарочито дејство артиљерије на српским и бугарским пешадијским положајима. Дугачки жућкасти појасеви дуж голих планинских гребенова укљештених између високих хриди представљају непријатељске линије фронта. Слични појасеви, али испрекидани црним рупама, означавају положај српске пешадије. Током целог дана Савезници испаљују бомбе на Бугаре. Експлозију прати велика прашина или црни или бели дим. Бугари ретко одговарају. Командант штаба ми је рекао: „Идите на осматрачницу после вечере, тачно у 20 сати. Присуствоваћете једном неуобичајеном призору".

Отишао сам нешто пре овог времена. Није било месечине, али ово је пролећна ноћ на Истоку, где се у тами ствари ипак разазнају. Тако сам испред себе јасно могао да видим Бугаре како на гребенима припремају рововске положаје да би спремно дочекали ноћни напад артиљерије. Пристижу и штабни официри. Прилично је хладно на овој планини. Обучени у своје велике шињеле каки боје, постављене топлим крзном, без ознака чинова, Срби пуше, гледајући на сат.

Одједном, долазећи са наше десне стране, троструки бљесак пресече таму. Одмах за њим чуло се „бум-бум-бум", карактеристично за рафал из 75-ице. Пројектили експлодирају тачно изнад бугарских ровова, производећи краткотрајан али јак бљесак. То је сигнал. Са свих страна топови свих калибара сипају ватру и гвожђе истовремено. То је заглушујућа бука и непрекидна грмљавина са обе стране. Гранате тешких хаубица пролазе изнад наших глава жалосно завијајући, као што завија олујни ветар у новембарској ноћи. Свуда около севају гранате, док пријатно и стално светло обасјава бивак резервних трупа који је смештен на падини брежуљка испред нас и који је невидљив за непријатеља.

Ова паклена паљба узнемирава Бугаре. Њихови топови покаткад одговоре, пуцајући на оне положаје где претпостављају да се налазе савезничке батерије. Својим митраљезима карактеристичног звука, које српски војници сликовито називају „шта-што" (шта ти ту радиш?), Бугари отпочињу акцију с намером да спрече Србе да изађу из својих ровова. Истовремено, избацују безброј ракета које углавном лете, брзо се гасе и производе треперaву светлост. Цео гребен је сада прекривен димом као неким велом.

Изненада се чују јаче детонације и настаје један велики бљесак. Подижу се прави гејзири прашине и дима, а њихова прасакња надјачавају артиљеријску паљбу. Изгледа као да је неко одједном истоварио гомилу дасака. То су „рововци", рововски топови који улазе у ратну игру и избацују своја летећа торпеда на Бугаре.

После десетак минута, настаје релативна тишина. Непријатељ је нервозан и плаши се да је ово тренутак када ће пешадија извршити напад. Број ракета се удвостручује. Срби истом мером одговарају, али њихове су ракете боље од бугарских. Као права ракета, избацује се врло високо и на тој висини се претвара у бакљу коју у ваздуху одржава један падобран, осветљавајући површину од око два километра, као усред бела дана. Са обе стране размењује се митраљеска ватра: „шта-што" са бугарске стране, „пш-пш" са српске стране.

Топови поново почињу да грме. Рововe војске Фердинанда Кобурга добрих десет минута засипа киша куршума. Шрапнели експлодирају мало даље у ваздуху, како би погодили резервне јединице послате да помогну својим друговима у случају напада.

Сада је крај. Пуцњава се прорeђује. „Хајдемо у шатор да попијемо чашу вина", каже ми старешина који командује маневром. Још једном бацам поглед на долину пуну дима и питам се колико је људских живота изгубљено.

24. јун 1917.

ШТА ПРИЧАЈУ БУГАРСКИ ЗАРОБЉЕНИЦИ

На српском фронту, 14. маја 1917.

Кратке новинске вести објављују да је у Србији избио устанак. Бугари су потврдили ову вест. Занимало ме је да од бугарских заробљеника са ове стране фронта сазнам шта они кажу у вези са тим. Сви су једногласно потврдили да се ово десило. Телеграмом сам вам послао садржај њихових изјава. Овога пута додајем неке прецизније појединости.

Устанак у Србији је букнуо око Лесковца, Соко Бање и Врања. Неки заробљеници кажу да је било 25 000, други 20 000 или 15 000 устаника. Сигурно је да се ради о великом броју јер су Бугари, да би угушили устанак, послали целу једну дивизију из Софије. Моји сведоци тврде да су устаници имали пушке, па чак и митраљезе. Мора да су борбе биле крваве, јер су обе стране претрпеле велике губитке. Устанак је трајао два месеца, а Бугари и данас страхују да не избије поново, и непрестано шаљу јединице у ове крајеве. Одмазда за овај покрет била је немилосрдна. Бугарски заробљеници кажу да су њихове трупе починиле нечувена зверства. Сви Срби из устаничких крајева који су могли да носе пушку депортовани су у Малу Азију. Слање хришћана у муслиманске земље изазвало је незадовољство код бугарског народа, јер ипак, Срби су православци, исто као Бугари. Али, Влада у Софији остала је при овој одлуци, изјавивши да ће ображени Срби код Турака бити „боље малтретирани". Неколико затвореника каже да је лично генерал Макензен издао наређење да се Срби депортују у Малу Азију. Тврде још да су најпре биле послате немачке трупе да угуше устанак, али су их устаници потпуно збрисали. Тек после њиховог неуспеха Софија је послала прву дивизију.

Што се тиче побуне у 21. бугарском пешадијском пуку, према исказима мојих затвореника-сведока, она се догодила у марту 1917. године. Пук се борио негде код Груништа и претрпео је огромне губитке. Упркос томе, врховна бугарско-немачка команда хтела је да се пук одржи на првој линији. Али, људима је већ било доста рата. Организовали су побуну, побијали своје официре, а затим су се расули. Одмах су послате бугарске и немачке трупе које су их у стопу гониле. Том приликом заробљено је 400 устаника. Остале су ловили мало по мало и на различитим местима. Неки од устаника су успели да се прикључе српским побуњеницима у Србији. Казне су биле врло окрутне. Стрељано је 150 војника, а осталих 800 осуђено је на принудни рад у трајању од 12 до 20 година.

У ранијим дописима говорио сам вам о резултатима моје анкете која се тиче поступања Бугара према македонском становништву. Хтео сам да видим шта ће бугарски заробљеници рећи о томе. Њихове изјаве потврђују моје личне закључке и показују да се Кобургови људи, упркос томе што су жестоко демантовали моје тврдње, нимало нису поправили, већ настављају да се варварски понашају према сеоском становништву, које само жели мирно да живи.

Сви сведоци се слажу да житељи села живе у највећој беди. Све су им одузели. Дешавало се да им дају потврду о реквизицији, али никада нису успели да добију новац за оно што им је одузето. На пример, у селу Ђунису смртност деце и старих је запањујућа: ови несрећни људи буквално умиру од глади. Немачка војска је предњачила у физичком малтретирању становника села, а поготово су нападали жене. На целој линији бугарског фронта око Црне реке, жене и деца се искоришћавају за рад на копању ровова друге линије која се налази под непрестаном ватром савезничке артиљерије. Често се чак дешава да им не дају ништа за јело. С времена на време их окупљају због формирања нових „одреда" жена и деце. Ове послове, који су изричито забрањени Хашком конвенцијом, воде специјални немачки команданти. Ових дана, у селу Бешишту, једна савезничка граната пала је међу жене и децу који су радили на рововима и том приликом убила две жене и ранила још троје људи. Цивилно становништво које је било присиљено на овај противзаконит рад страдало је и од авионских бомби, што је доказ за у најмању руку изненађујуће моралне вредности оних који су издавали наређења за те послове.

У овом тренутку, у Нишу се обучавају дечаци од 16 и 17 година, које ће после обуке Фердинанд Кобург убацити у велику ратну кланицу.

Бугарски затвореници такође признају да се у Бугарској тренутно налази велики број депортованих Срба, где живе у највећој беди, одевени у крпе. Обављају најтеже послове у фабрикама и на железници. Ужасавајућа освета „Балканских Пруса" није уперена само против зрелих мушкараца и младића, већ и против жена. Додуше, њих обичан народ ипак сажаљева.

То је оно што бугарски затвореници причају. Како сам већ рекао, ово је потврда свега што је објављено у вези са тим. Зар неутралне државе стварно не могу ништа да ураде да спрече овакве злочине?

1. јул 1917.

У БЛИЗИНИ НЕПРИЈАТЕЉСКИХ ЛИНИЈА

На српском фронту, 20. маја 1917.

Бугари држе пусте камените планинске висове. У стенама су издубили своје дубоке заклоне, које бране крстилима, бодљикавом жицом, итд. Како би пешадији припремила напад у најповољнијем тренутку, српска артиљерија засипа ова одбрамбена утврђења хиљадама граната. Војници краља Петра се за сада држе врло близу непријатеља, у рововима сличним бугарским. На неким местима удаљеност између противника није већа од 20 метара.

Хтео сам да обиђем ове јунаке и да на лицу места видим учинак бомбардовања. „Водите рачуна", рекао ми је један пуковник, командант бригаде, „морате да се спуштате по отвореном терену, где сте на домашају бугарских митраљеза. Силазите брзо, на 50 корака један од другога и никако немојте држати штап у рукама!" Изненађен овим последњим саветом, питао сам зашто. „Бугари сматрају да је штап привилегија официра, и ако помисле да сте један од њих, сигурно ће пуцати на вас!" рекао ми је.

Без штапа, у војничком шињелу, кренуо сам са својим друговима путем који су тукли непријатељски митраљези. Крећући се на 50 метара један од другога, чекамо оно карактеристично „пшт" када удари у земљу и подигне прашину, знајући да ови хици нису опасни, и да једино зрна произвољно избачена са удаљености од преко 500 метара могу да угрозе усамљеног пролазника. Али, Бугари очигледно мисле да смо ми дивљач која не заслужује да се на њу троши муниција. Њихови митраљези су заћутали, и ми смо без тешкоћа стигли у јаругу, где више нису могли да нас виде. Сада се треба попети уз стеновито узвишење, где се налазе заклони оба противника. Овај положај држи ... пук српске пешадије, чувени пук којим командује један веома добар и храбар официр. За неколико минута смо се нашли у његовој колиби. Срећан је што и овако близу непријатеља има посетиоце. Наређује да нам послуже слатко са чашом воде, према српском обичају, а онда нам доносе кафу. Командант вади свој ручни сат и гледа колико је сати. Као и код већине српских војника и официра, и његов сат је швајцарски. Тачно у 14 сати и 40 минута, очекује се концентрисано гађање положаја икс. „Хоћете ли да га гледате са мном, са моје осматрачнице која се налази на 300 до 350 метара од циља?" питао нас је. Наравно, одговорили смо потврдно. Не може се сваки дан изблиза видети тако интензивно бомбардовање.

Напуштамо скоро луксузну колибу команданта пука, коју су војници изградили од камена, и пењемо се према планини. Ускоро наилазимо на један кратак „путић" који нас води до неке рупчаге издубљене у стени. То је осматрачница. Један део удубљења прекривен је стаблима дрвећа, камењем и земљом. То је „телефонска централа", где један војник даноноћно чучи са телефонском слушалицом, и тако преноси саопштења официра осматрача. Зид окренут према непријатељу наткривен је камењем које је размакнуто, како би се видело све што се напољу дешава. Набацано грање служи да сакрије главе осматрача које би могле бити на мети многобројних бугарских митраљеза, сакривених врло близу, иза великих стена ове планине.

Испред нас, на 100 до 150 метара, налазе се српски ровови: жућкасти усеци или црне рупе издубљене у стени. На неких 200 метара даље, положај икс: огроман бункер непријатеља, по коме ће ускоро добовати киша савезничких куршума. За сада влада затишје пред буру, које само с времена на време прекида слабашан пуцањ из пушке или митраљеза. То се оглашава осматрач коме се учинило да се на противничкој линији фронта појавило нешто сумњиво.

Одједном, изнад наших глава необично фијукање. То је први пројектил из хаубице, сигнал. Сада са свих страна долазе бомбе и пролећу изнад наших глава. Бука је неописива. Звиждање локомотиве хаубица пресеца ваздух и меша се са праском експлозије. Бугарски редут личи на вулкан. Свуда изнад њега подижу се гејзири прашине и белог, сивог или црног дима. Топовска торпеда из ровова улазе у игру. Уз застрашујућу буку приликом експлозије, они дижу у ваздух огромне комаде камења, заједно са грациозним млазевима црног дима.

Током десет минута, стотине и стотине граната падају по бугарском положају, који се сада ни не види од густог облака дима изнад њега. Топови ћуте, али непријатељски митраљези штекћу, јер се Кобургови војници плаше напада пешадије или упада патроле на њихову линију фронта. Уз пискаве звуке, изнад наших глава пролећу гранате и губе се у јарузи, не правећи никакву штету.

Примирје не траје дуго. Нови ураган од челика и ватре стуштио се на Бугаре. Стварно не бих волео да се нађем на 300 метара од положаја икс. Мора да је тих четврт сата било страшно за људе који се ту налазе.

Топовска паљба је завршена. Поново се појавило сунце које је било зашло. Излазимо из наше рупе и слушамо песму ових војника који не могу да ћуте чак ни када их од смрти дели само неколико корака.

5. јул 1917.

БУГАРИ И МИР
(Од нашег дописника)

Солун, 5. јуна /1917./

Бугари би волели да закључе мир што је пре могуће. То се јасно види из онога што су ми многобројни затвореници недавно испричали, као и Савезници на фронту око Црне реке, али и из онога што објављују новине. Народу је доста ратовања и људи немају више шта да једу. Обећали су им кратку и успешну војну кампању, а они су већ скоро две године под оружјем. Иако су у првом тренутку, захваљујући бројчаној надмоћи, успели да окупирају Србију и Македонију, данас почињу да увиђају да су ишли погрешним путем и да су играли на погрешну карту. Немци су преплавили целу бугарску земљу, у којој се понашају као газде. Све главне управе су у њиховим рукама, и ако желе да набаве храну, Бугари морају њима да се обрате. Војнике који се боре на македонско-српском фронту држе на оку немачки топови и митраљези, из којих пуцају на њих ако им се учини да ће да побегну. Истина је да их емисари из Берлина храбре на све могуће начине, обећавајући им скори и срећни мир. Они тврде да су руски револуционари спремни да потпишу сепаратни мир који ће им омогућити да за неколико дана заврше са Франко-Енглезима. Већ су обећали да ће мир бити потписан 1. јануара ове године. Али, време пролази, и уместо да се отпочне са тим мировним преговорима, силе Антанте довлаче артиљеријско појачање и наносе тешке губитке својим противницима, засипајући их правом бујицом челика и ватре.

Осим тога, блоку Антанте прикључила се и Америка. Ето још једне земље која им је затворила своја врата. А Бугарима је много стало до Америке, али не због њених либералних институција, већ због тога што се тамо за кратко време може зарадити много новца. Многи Кобургови поданици емигрирали су у САД на неколико година, а затим су се враћали са малом уштеђевином у своја села. Да ли ће после овога рата нестати и америчко гостопримство према народу који је био саучесник Аустро-Немаца? Бугарски народ се са зебњом то пита. Један затвореник који је управо био ухапшен, причао ми је: „Ако нам Савезници обећају да ће нам омогућити да одемо у Америку, ми ћемо сви отићи!"

Због свега овога, бугарски војник има само једну мисао: мир. Али и они који су у позадини, цивили и њихови руководиоци, исто тако желе да се заврши ова крвава авантура, за коју су се надали да ће се потпуно другачије одвијати. Они су такође разочарани и увиђају да треба мењати тактику. Руска револуција је код њих пробудила наду. Они рачунају да ће „окренути" ове претерано пацифистичке занесењаке, каквих има много међу екстремистима велике земље на северу. Бугарски империјалисти сада покушавају да се сакрију испод демократске маске. Они, који су се пре непуних годину дана на велика звона одрекли свог словенског порекла да би се прогласили чистим Туранијанцима, браћом Турака и Мађара, враћају точак машине уназад. Сада су поново Словени: „Борили смо се против царизма, али са демократском Русијом, која одговара нашем менталитету, лако ћемо се споразумети. Сада када више нема царизма, ништа више не стоји између нас и наше руске браће", претенциозно узвикују. Њихове новине објављују да је бугарско-турско-аустро-немачки савез истински заштитник демократије. Антанта је огроман империјалистички бедем. Заиста, неки људи немају никаквог смисла за хумор. Међу њима су и Бугари.

Бугари су сналажљиви. Умешном рекламом зналачки су пре рата створили добру залиху пријатељстава у земљама чланицама Антанте, која, упркос свему што су урадили, и даље трају. Међу Русима, Енглезима, па чак и Французима и даље има људи који су тајно остали бугарофили. Зар један Густав Ерве није себи дозволио да га превари маска јагњета коју бугарски вук воли да носи, и да напише једну одбрану у корист Софије и, наравно, на штету Србије? Управо на овакве бугарофиле рачунају Радослављеви људи и њему слични, како би још једном преварили Европу и свет.

Да ли би хтели да потпишу сепаратни мир? Могуће је, али није изводљиво. У њиховој земљи Немци имају сувише власти. Смицалице око мира само су део плана власти којој су подређени. Уосталом, њима би одговарао само немачки мир. Бугари не воле Немце, то се зна, али ништа више не воле ни друге народе. Они воле само себе. Немачка политика им одговара зато што проистиче из истог менталитета као што је њихов: и Бугари и Немци су обожаваоци бруталне силе и материјалне користи.

Не треба се заваравати ни када су у питању савезници Антанте ни неутралне земље. Сва сплеткарења људи из Софије, сви њихови изрази симпатија за „револуционарну и демократску Русију", имају за циљ доношење само једног мира: империјалистичког и анексионистичког немачког мира и, самим тим, антидемократског. Треба такође знати да се бугарски народ у свему слаже са својом владом када су у питању овакве тежње. Направити разлику између бугарског народа и његових владајућих кругова, што желе да ураде неки окорели бугарофили који ништа нису научили из овога рата, значило би направити грубу грешку. Силама Антанте се то неће десити, јер када победе у борби за своје правичне циљеве, иста судбина која ће задесити његову власт, задесиће и сам бугарски народ. Сви Бугари, без изузетка, желели су освајачки рат. То су њихови представници, дакле представници народа, на конгресу социјалиста у Стокхолму, имплицитно и признали када су изјавили да не могу да се одрекну Македоније и једног дела окупиране Србије. У случају да буду поражени, што изгледа извесно, нека сносе последице своје агресије! Или ће можда Париз, Лондон, Петроград и Рим поново поверовати њиховом парадном понашању иза којег се крије истински бугарски дух, исти онај који смо упознали код Немаца у току рата?

7. јул 1917.

ПРОЛЕЋНИ ДАНИ

Солун, 29. маја 1917.

Сишао сам са планине и поново сам се прикључио Врховној команди у Солуну. За сада је на фронту мирно. Операције на македонско-српској ратном попришту зависе од других великих фронтова, тако да ће интензивне активности на њему бити настављене онда када то други фронтови буду дозволили.

Овде је лепо време и вруће је. Град је скоро пун. На улицама пролазе, једни поред других, војници већине савезничких држава. Ту су Енглези у браон-жутим униформама, који носе неку врсту гаћа, тако да су им колена откривена. Француски официри и војници поносно показују изненађујућу разноврсност својих униформи. По укусу и маштовитости посебно се истичу њихови авијатичари, честити и храбри момци, тако да је њихова униформа елегантнија од официрске. Отменост не недостаје ни сивим, мајсторски израђеним униформама иначе лепо одевених Италијана. Њихова обућа увек изазива завист осталих војника из других земаља, који немају толико среће са обућом. Срби, који су у Србији били врло „прописано" обучени, прихватили су склоност њихових пријатеља ка уношењу промена у крој униформи. Они такође почињу да фантазирају и да уобичајену боју тканине замењују бојом француских и италијанских униформи. Осим тога, покушавају да крој узане војничке блузе приближе кроју удобне енглеске спортске одеће. Руси имају изузетно практичну блузу која истиче облик добро грађеног тела, али врло ружно изгледа на људима са већим стомаком. И коначно, војници Венизелосове армије. Што се тиче униформе, код њих не по-

Демолирани Битољ

Опустела Улица генерала Бојовића у Битољу

Битољ, дистрибуција основних намирница бескућницима и избеглицама

Вешање недужног становништва у Афтовцу

стоји никакво правило. Да ли да задрже стари „краљевски крој" или да се угледају на Французе или Енглезе? Већина њих нагиње овом другом решењу, тако да се облаче на француски или енглески начин.

Са војницима мешају се и цивили Израелити, Македонци, Цигани, Срби и Грци, и сви су обучени на најразличитије начине. Млади Грци који нису у „народној армији", млади Израелити, сви су обучени по последњој моди. Када у подне или између 6 и 8 сати увече шетају по малом Тргу слободе или пијуцкају аперитив или освежавајуће пиће код „Флоке" – „Le Old-India de Salonique" – живо ме подсећају на наше „лепе" младе људе са свих страна света на Тргу Сен Франсоа.

Терасе кафеа су крцате. У одређено време дана немогуће је наћи место. Војници долазе да се ту одморе од посла и да се нађу са пријатељима. Они који су на одсуству, а долазе са фронта, посећују ове терасе да „исперу очи" гледајући све те веома лепе локалне даме које туда пролазе. Цивилни елемент је јако присутан. Има сталних гостију који су од раног јутра па све до вечери у кафани. Они свакога познају, али сâм кафеџија мало зарађује од њих. Има и оних који између две кафане разговарају или уговарају добре трговачке послове, и на крају, ту су и млади људи који воле да флертују са дамама и који много пажње поклањају свом изгледу.

Многе енглеске болничарке долазе да проведу свој „одмор" у Солуну. С обзиром да више нису у првој младости, а обучене су у заиста ружне сиве костиме, оне уопште нису привлачне. Али, ове дивне девојке су ипак увек окружене младим официрима, који им се увек помало удварају. То им је награда коју су заслужиле после многих месеци напорног рада.

Нема много разоноде у граду. Неки биоскопи се не празне од послеподне до око поноћи. Војник који је дошао са фронта жели да види нове филмове. Он највише воли љубавне филмове, а још више америчке комедије. Солун има добрих шест мјузик-холова и два варијетеа: „Одеон" и „Белу кулу" („Tour Blanche"). Певачи се труде да их чују, али то није могуће. Посетиоци, скоро искључиво војници, толико галаме да се чак ни оркестар не чује. Чудно је то колико људи, који су врло озбиљни у приватном животу, могу да „подетиње" када су далеко од куће. Енглези нису најмање галамције. Али, ипак не можемо да замеримо овим добрим људима због мало бучније забаве. То су људи који су месецима били у рововима, гледајући смрти у лице. Имају неколико дана одмора, и хоће мало да опусте своје нерве. Ко зна, можда им је ово последњи пут.

Дакле, Солун ових сунчаних мајских дана нуди слику интернационалног града у коме царује војска. Шта ће бити са овим градом после рата? Нико то још не може да зна. Али, сигурно је да његова будућност зависи од тога шта ће силе Антанте учинити од њега. Или ће то бити велика лука кроз коју ће пролазити пут за Индију и која ће служити као излаз на море широком залеђу које се простире све до Београда, или ће Солун бити мртав град, који ће напустити они који су га учинили богатим, а то су Израелити. Питање Солуна ће бити тешко решити, али Французи, Енглези, Италијани и Американци имају довољно здравог разума и смисла за правду да би могли да нађу задовољавајуће и одрживо решење.

24. јул 1917.

СРБИ И ТРИЈАЛИЗАМ
(Од нашег специјалног дописника)

Солун, 25. јуна 1917.

Непријатељска штампа не стиже на фронт, па ни близу њега. Понекад се у дневној штампи савезничких престоница и у публикацијама неутралних земаља, које нажалост нередовно добијамо, могу прочитати одломци из неких текстова. Дакле, врло смо лоше информисани о томе шта се дешава на противничкој страни. Чак нам није сасвим јасно шта се дешава и шта мисле у неутралним земљама и у земљама чланицама Антанте. Без обзира на непотпуне информације, неке чудне ствари привлаче пажњу свих који се интересују за судбину Срба и њихове браће по роду.

Аустроугарска увиђа да је изгубила партију и тражи начина да се без велике штете извуче из ове деликатне ситуације. Она води активну кампању за тријализам, где би сви покорени словенски народи срећно живели у потпуној слободи. Њихова штампа настоји да убеди своје непријатеље, као и неутралне, да Палацкијева реч и даље вреди, и, да не постоји, Аустроугарска би морала бити измишљена. Њени аристократски и социјалистички емисари упињу се из петних жила да неутралне, па преко њих и земље чланице Антанте, убеде да ће у њиховој земљи све нације уживати велику слободу која ће се увођењем тријализма употпунити.

Нема ништа природније у настојању Аустроугара да спасу своју земљу. Али то што неутралне, па и земље Савезнице упадају у ову замку, то већ превршује сваку меру. И заиста, зар нисмо имали прилике да у последње време у новинама неутралних земаља, па чак и у неким савезничким дневним листовима, видимо како се повољно коментарише аустроугарска тријалистичка замка, чиме се учествује у спасавању средњовековне застареле Двојне монархије?

Зар су уредници ових листова заборавили страшну голготу кроз коју су прошли Југословени из Аустроугарске, који нису ништа друго него Срби, као и Италијани са јадранске обале? Да ли стварно не знају за застрашујуће велики број патриота који су мученички обешени, одведени у затворе и у логоре, који су остали без ичега, итд.? Препоручујем им да прочитају књигу доктора В. Куна из Женеве: „Они за чије се страдање не зна" (боље рећи „за чије се страдање не жели знати"). Зар се ови публицисти „спасиоци" не сећају више начина на који су две мањинске групе, које су тада имале власт и моћ, поступале према жртвама ове несрећне земље, још пре почетка рата? Треба ли подсетити и на скандалозни Загребачки процес, на Фридјунгов процес, процес против школске омладине из Босне и Херцеговине, на процесе против Дринковића, Хинковића, Грђића, на Бањалучки процес итд., у којима је аустроугарска мржња према свему што је српско дошла до пуног изражаја?

Не, српски народ се довољно храбро борио и заслужује да га публицисти поштеде агресивних предлога о аустроугарском тријализму, који је у ствари само покоравање Словена са југа пангерманском империјализму. У сваком случају, нека се код нас у Швајцарској зна: Срби из Србије и из других крајева са гнушањем одбацују овај изум њихових најгорих непријатеља. Можда то није случај са Србима који живе на подручју Аустроугарске, а који су због контаката са Бечом или Будимпештом постали Аустријанци или Мађари. Али, њихов број је веома мали. Највећа већина жели независност и слободу, а ако је до сада нису имали, одлучни су да умру за њу.

Био сам са овим „добровољцима", Хрватима, Словенцима, Далматинцима, Босанцима и Херцеговцима, које су на силу мобилисали у аустроугарску војску. После тога су прешли код Руса, да би се отуда прикључили својој српској браћи у Македонији. Били смо на првој линији под непријатељском ватром, а многи од тих храбрих младића заспали су последњим сном испод каменитих висова око Црне реке.

Сви су, без изузетка, били решени пре да погину него да се врате кући, под чизму оних који су им нанели толико зла. Нека публицисти наклоњени тријализму дођу у рубове и нека виде људе који бране последње благо које још имају: своју нацију и своју част. Нека питају шта је са њиховим очевима, браћом, мајкама, децом. Одговор ће увек бити исти: Аустроугари су их обесили, одвели у затвор, или у логор! Можда ће се тада код ових писаца теоретичара појавити сумња и можда се више неће усуђивати да саветују да се жртве врате својим џелатима. Нека наша швајцарска штампа посебно буде обазрива! Њена улога је веома значајна – а то могу да процене они који су са зараћеним странама, као ја – тако да би историја могла да је сматра одговорном за грешке почињене под њеним утицајем.

25. јул 1917.

У МОГЛЕНИ
(Од нашег посебног дописника)

На српском фронту, 17. јуна 1917.

Налазимо се у једном селу ове изузетно плодне долине коју зову Могленска. Њено име долази од српске речи за маглу: и стварно, није прошао ниједан дан а да овде није било олује или да облаци нису скривали стрме врхове Козјака, Ветра и Доброг Поља, који прелазе 2 000 метара. Али, честе кише су ово земљиште учиниле толико плодним да на неким местима вегетација личи на тропску.

Наше село је оаза зеленила. На јавним трговима дудова стабла, велики стогодишњи платани и џиновски брестови. Њихово корење, попут правих клупа, служи мушкарцима муслиманима да на њима седе и да по цео дан разговарају, пушећи цигарете и посматрајући како протиче поточић, који, бучно жуборећи, покреће примитивни сеоски млин. Око куће су полудивље баште. Само се стабла дудова донекле негују, и то зато што њихово лишће служи за гајење свилене бубе, што овом становништву представља велики извор прихода. Често се дешава да цела породица са много деце живи у једној соби, док се у остале три чувају свилене бубе. Јабуке, шљиве и ораси ничу на све стране. До самих врхова дрвећа пењу се огромни чокоти винове лозе. Неколико брестова, који достижу висину од 20 метара, потпуно су прекривени виновом лозом. Дивље цвеће заједно са копривама формира праву шуму, а у густом жбуњу сија безброј јаркоцрвених цветова шипка.

Иза цркве, скоро потпуно заклоњена огромним столетним стаблима и окружена гробљем на коме богата вегетација потпуно прекрива хумке, налази се школа. То је једна дугачка бела зграда примитивне градње, у којој се данас налази главни штаб ... српске армије. Ордонанси иду и враћају се и изгледа као да не примећују крупног старца који седи и ради за једним столом испод густих крошњи дрвећа. Начин на који је обучен врло је необичан. На њему је одело каки боје, истањено од сталног прања, полувојничког и полуцивилног кроја. На кратким мишићавим ногама има црне чизме сувише мале за њега. На глави му је стари енглески качкет. Има шездесетак година. Мали и здепаст, проређене кратко ошишане косе, личи на добростојећег домаћина из села или мале вароши. Лице му пресецају мали бели бркови, а очи му скрива лорњон са златним рамом. Када га скине, његове питоме, живахне и светле очи обасјавају лице овог добродржећег старца.

Реч је о војводи Степи Степановићу, српском заповеднику кога у српској војсци веома поштују и коме се диве. У иностранству је мање познат јер је сувише скроман и помало самотњак. Ратни дописници, који доприносе грађењу угледа неке личности, нису успевали да му се приближе, или врло ретко. Радије су разговарали са истакнутијим и говорљивијим старешинама. Али сви који су пратили војску и ратну стратегију балканских ратова знају да је војвода Степа ту одиграо одлучујућу улогу. Зар није он био пред Једреном и зар нису Бугари захваљујући њему однели победу која је надалеко одјекнула? У самом рату, био је тамо где је било најтеже. Руководио је одлучујућим и победничким биткама на Јадру и Церу, а нешто касније је поразио и армију генерала Поћорека. На Солунском фронту поверена му је тешка и незахвална улога: да брани Могленски фронт и да, ако је могуће, нападне са равнице непријатеља који се ушанчио у тешко доступним планинама чији врхови надмашују 2 000 метара. Стари ратник је прионуо на посао. Упркос надмоћном положају Бугара, његове јединице су већ на Котки, на 1 850 метара, и он се нада да ће ових дана пасти Добро Поље, а са њим и цела линија бугарско-немачке одбране, све до Прилепа, па можда чак и даље, до Бабуне. Сигурно је да то неће бити лако. Последња генерација српске омладине биће на тешким искушењима у овим шумама до чијих дубина не може да допре поглед пилота из авиона, што је у овом тренутку од пресудног значаја за победу. Али, ови млади људи ће ипак извршити продор, као што су то урадили и на Кајмакчалану. Степа Степановић верује у њихову победу јер се боре за своју слободу. Због њих жури да се врати у своју земљу.

Такав је као војник, али ни као човек није мање занимљив. Војвода је син сељака, рођен близу Београда, на Торлаку. Његово срце остало је у његовом родном селу. Као и сви други значајни Срби, он са пуним правом поносно истиче да је син сељака, чији су подвизи задивили свет и који је извео ово јединствено повлачење преко Албаније. Војвода Степа је самотњак. Он воли да је сам и да ради напољу. Када сам га први пут видео, у Липолисту у Мачви октобра 1914. године, био је „ушанчен" у једном „бункеру" направљеном од сандука са муницијом без крова. Сада ради испод крошњи дрвећа, седећи на једној столици на склапање коју су направили довитљиви војници. Његови официри га не узнемиравају, осим у случају када је то апсолутно неопходно.

Међутим, он је само привидно изолован од својих трупа. Током тих усамљеничких шетњи, он све види и чује, па чак упути и коју реч охрабрења „својим" војницима. Јер, војници су његови, и он живи само за њих. На опасном фронту јужне Македоније, овај старац жртвује здравље својих последњих армија, само да би ови војници могли да се врате у своје мале беле кућице.

Степа Степановић је мудар. Свој живот посветио је свом позиву и својој вољеној земљи, и одрекао се славе. Када заврши с послом, одлази лаганим кораком да баци поглед на све за шта је одговоран као командант. Гледам га како пролази сеоским уличицама. Турска дечица, која говоре само српски језик, и која су плава као Енглези, играју се у поточићу. Војвода стаје: „Како се зовеш?" пита једнога. „Ахмед Ређан", одговара дечак уз војнички поздрав. Маршал се осмехује, помилује округле образе дечака и замишљено наставља пут спорим кораком. Његове влажне плаве очи гледају у блиставо небо. Размишља о свој деци која су остала далеко одавде, а од којих многа више нису у животу. Један војник од тридесетак година пролази поред њега и поздравља га. Командант скида своју шапку, као што то раде цивили, гледа га са саосећањем, и као да каже: „И ти си оставио своју децу окупаторима. Јадни човече, да ли ћеш их поново видети?"

4. август 1917.

ЈЕДАН БУГАРСКИ ДОКУМЕНТ
(*Од нашег посебног дописника*)

Солун, 2. јула 1917.

Следећи документ, који дословце преносим, пао је у руке савезничких армија.

„Е.М. 17. пук
ДОРОСТОЛСКИ
Бр. 10585
VI 1917 (Kalatépé) Кала Тепе
Заповеднику 15. етапне јединице. Положаји.
У складу са наређењем команданта прве бригаде деветог дивизиона, бр. 6275 и у складу са наредбом штаба девете дивизије бр. 11744 од 1917. године, достављам Вама лично, господине поручниче, копију резимеа једног писма Министарства рата бр. 463 од 1917. године, коју треба да проследите и свим члановима чете под Вашом командом.
Копија у прилогу.
'Командант пука, потпуковник ФИЛИПОВ (потписан)
Ађутант потпоручник (нечитко)
Министарство рата
Представништво. Врло хитно
Софија, 20. мај 1917.
Штабу Врховне команде
Оперативно одељење
Ћустендил
У одговору на бр. 28012 од 13. маја 1917. год., наредбом господина министра рата, штаб Врховне одбране обавештен је да нису тачне гласине које су допрле до војске на фронту о томе да су затвореници и радници из Моравског региона

сурово поступали према недужним становницима који су мирно радили на својим њивама. Те измишљене вести кружиле су по целој краљевини, али истрага је утврдила да су оне биле предимензиониране. До данас смо утврдили да се десило само неколико случајева који су за жаљење, и то: 1. код Карлова; 2. у Орханском срезу, код Новацена; 3. између Орханије и Маздре, у околини Бекарела и Побитикамика (сва ова места налазе се у Бугарској).

Министарству рата и Министарству унутрашњих послова познати су само ови случајеви, а све остало је измишљено. У ствари, до доласка новорегрутованих радника из Моравског региона, бекства српских затвореника била су врло ретка и нису била унапред планирана. Дешавала су се само тамо где обезбеђење није било довољно бројно да их у томе спречи, као на пример у реквизицијским комисијама, у резервним интендантским складиштима, као и код приватних лица. Са доласком људи из Моравског региона, бекства су постала чешћа. Министар рата је раније издао налог властима војне инспекције Моравске области да предузимају гоњење дезертера и да спрече њихово бежање. Затим их је послао у Пасмакли и у Широку Луку, где су их кажњавали пребијањем, после чега су их слали на принудни рад на изградњи путева. Сада је стигао телеграфски налог да се свим српским затвореницима, интернираним цивилима и регрутима саопшти да ће сви који побегну бити стрељани, њихове куће запаљене, сва имовина конфискована, а њихове породице ће бити послате у регион Крђали. Другови оних који су побегли биће такође кажњени уколико на време не обавесте власти о планираном бегу.

Министарство рата такође има намеру да све српске затворенике и друге премести из шестог и првог дивизијског рејона у трећи и четврти, тако што ће их, колико год је то могуће, заменити Русима и Румунима. Исто тако, издато је наређење да се сви Срби који су били распоређени код приватних лица поново пошаљу у затвор, и да се сви Срби за време жетве и косидбе пошаљу у луке, на путеве и железничке саобраћајнице. С друге стране, издато је наређење да се наоружа све цивилно бугарско становништво дуж старе српско-бугарске границе, цивили из унутрашњости где има затвореника, као и они који живе близу путева где се дешавају бекства.

С обзиром на све што је претходно речено, Министарство рата моли главни штаб Врховне команде да обавести своје војнике на фронту да овакве узнемирујуће вести нису основане.

У потпису: шеф оперативног одељења Министарства рата, генерал-мајор Брадистилов. Шеф инспекцијског одељења Министарства рата, потпуковник Димитријев; шеф оперативног одсека ратних операција штаба Врховне одбране, потпуковник Ангелов; официр за везу за 9. пук, поручник Попов; ађутант прве бригаде девете дивизије, поручник Манџуков".

Овај званични бугарски документ, који људи из Софије не могу да демантују, као што имају обичај да раде када се објави било шта што њима смета, врло је занимљив јер доказује:

- да се затворени и интернирани српски цивили у Бугарској буне;

- да су бугарски војници на фронту због таквог стања ствари врло забринути;

- да су се „случајеви за жаљење" десили код Карлова, у Орханијском срезу, близу Новоценија, између Орханије и Мездре, у околини Бекерела и Побити Камика;

- да су се ови „случајеви за жаљење" десили баш после доласка „радника мобилисаних у Моравском региону;

- да су у Моравском региону вршили присилну мобилизацију;

- да је међу њима било много случајева бекстава;

- да су ови „дезертери" упућивани у Пасмакли и Широку Луку, где су их кажњавали присилним радом и телесним мучењем;
- да су кажњавали родитеље ових мученика таквим нехуманим средствима, чиме су показивали намеру да истребе српски народ;
- да су чак прибегавали и насилном потказивању;
- да Бугари све раде како би што више отежали живот српским затвореницима и интернирцима;
- да наоружавају своје цивилне становнике како би допринели сатирању српског живља.

Сматрамо да није потребно додати неки други коментар. Документ бугарског Министарства рата сам по себи представља довољно уверљиву оптужбу против оних који су га написали.

<u>7. август 1917.</u>

ПИСМО ИЗ СРБИЈЕ
(Од нашег посебног дописника)
О једним демонстрацијама

Солун, 29. јуна 1917.

Када је реч о демонстрацијама и протестима против сваке врсте прекорачења употребе власти у току овог рата, које је починила нека од зараћених страна, често сам код нас слушао мишљења да то не служи ничему, да су то биле узалудне демонстрације које су само допринеле да се наши моћни суседи наљуте на нас. Неки су се задовољавали кукавичким извињењима: „Шта хоћете да урадимо, па ово је рат" – то је извињење које одговара том моралном менталитету који и пред најгорим злочинима жели да остане по страни. Па ипак, ти људи су били врло гласни када су захтевали задовољење правде у усамљеним случајевима, као што су Боно, Гарније и њима слични, који су убили само неколико грађана. Данас не желе да реагују на нечувена злодела која су починиле заједнице читавог једног народа!

Међутим, без обзира на наметнуту „моралну неутралност", код нас су се нашли храбри људи који се усуђују да јавно говоре о гнусним злочинима и о повреди хуманости који су извршени током ове дуге и језиве кланице која се зове рат. Њихове речи побуне чуо је швајцарски народ који има урођен осећај за правду. Доказ за то су демонстрације против депортација у Белгији у на северу Француске, недавни протест професора Андреа Мерсијеа и, коначно, велике женевске демонстрације против нечувених зверстава које су Бугари починили над Србима.

Наши људи не треба да мисле да су овакви потези непотребни. Чак и реакција само једног човека представља већ велики допринос, али када цео један народ протестује, то оставља утисак и на најциничније појединце који сносе део кривице за оно против чега се демонстрира. Али, они се плаше светског јавног мњења, и то утолико пре што више нису сигурни у своју победу. У случају да победе, то мишљење би им донело поштовање или би га претњама прибавили. Ако изгубе, знају да ће морати да трпе бес и презир које су на себе навукли тим ставом. Због тога нису имали храбрости, додуше бесрамне, али која је ипак некаква храброст, да признају своја злодела. Покушали су чак и да демантују чињенице за које постоје необориви докази. Наши пријатељи из Женеве нису поверовали њиховим лицемерним порицањима и осудили су, како и доликује, понашање Бугара у Србији.

Својим храбрим и великодушним гестом, организатори митинга у Женеви и сви који су дошли да им помогну обрадовали су не само Србе, који су у томе видели велики допринос целог швајцарског народа њиховој борби, већ су оставили и веома добар утисак на друге силе Антанте који се боре за слободу и право. Не треба се варати: зараћене стране веома будно прате понашање неутралних земаља. Памти се свака издаја, али се слободно и отворено одаје почаст сваком племенитом чину. Мишљење неутралних се уважава и веома се цени. Резолуција коју су грађани изгласали у Женеви представља велики подстицај не само за храбре Србе, већ и за друге зараћене стране које припадају блоку права, а које са задовољством гледају како се неутрална Швајцарска бори за исти идеал као и оне.

Женевска резолуција је у исто време опомена онима који су хуманитарне законе бацили под ноге. Она ће у Србији сачувати неколико драгоцених живота. Код нас не треба да се говори како демонстрације, какве су биле у Женеви, немају ефекта. Баш напротив: оне су корисне и у моралном и у материјалном смислу, због невољника чија нас судбина дубоко потреса, али и због наше земље која тиме показује овим честитим људима да нисмо кукавице, да дубоко осећамо сваку неправду и да настојимо да је спречимо, у оквиру наших невеликих могућности. Живећи са армијом у којој су представници скоро свих чланица Антанте, имао сам прилике да се уверим колико су снажан утисак оставиле наше демонстрације у корист правде. „Швајцарци су добри људи", рекао је један војник, и ово мишљење обичног човека вреди више него све званичне похвале.

Нека грађани Женеве дозволе свом суграђанину који се налази на фронту да им каже хвала за њихов гест. Учинили су добро Србима и велику услугу својој земљи.

9. август 1917.

ПИСМО ИЗ СОЛУНА
(*Од нашег посебног дописника*)

Солун, 18. јула 1917.

У Солуну је веома вруће, а на македонско-српском фронту је мирно. Скромно, али пријатељски срдачно, прославили смо 14. јул, француски национални празник. Срби, Енглези, Италијани и Грци трудили су се да Французима покажу да са њима деле овај радосни и славни дан Велике Републике, а да генералу Сарају пренесу најлепше жеље за будућност. Пријем код генерала и његове младе супруге био је пријатан, тако да се заповедник савезничких армија још једном уверио колико симпатија ужива код нас.

Био је то први 14. јул који су Грци славили као савезници Антанте. Учинили су све да у овом слављу учествују на најлепши могући начин. Градске власти су се потрудиле да главне улице града што боље прилагоде потребама прославе.

Како сам вам већ рекао, на фронту је мирно, тако да људи могу пажљиво да прате догађаје који се одвијају на другим местима.

Никада нисам био од оних који су веровали да је морал Руса сломљен због Лењинових активности. У једном допису од маја-јуна, изнео сам своја запажања у вези са утицајем револуције на македонске московске трупе. Видео сам их испред Монастира (Битоља), и убеђен сам да ће издржати до краја.

Коначно, силе Антанте су заувек отклониле опасности од Константина, Дусманиса, Стрејта, Гунариса и њима сличних. Оне су направиле потез на који се чекало још од јесени 1915. године, у вези са издајом Србије.

У овом тренутку, Венизелос са успехом рехабилитује Грчку, која већ много дугује овом генијалном човеку, а после овог рата ће му дуговати све.

Овде је са много интересовања праћена афера Хофман-Грим, и сви смо били задовољни када су власти успеле да реше овај сукоб. На место неодговарајућег федералног саветника, изабран је господин Адор, што је врло добро прихваћено. Господин Адор је свуда веома цењен. Сада је романски елемент заступљен једним чланом више у Федералном савету.

У вези са овим могу само да поновим оно што сам рекао у допису од јуна месеца: држање неутралних се будно прати не само у владајућим слојевима зараћених страна, већ и међу војницима на фронту. Новине сада редовно стижу, и то до самих ровова. Уопштено гледајући, неутрални нису много омиљени међу војницима, али то је разумљиво. Они који ратују не могу знати са каквим су се недаћама борили неутрални током овог рата. Штавише, љуте се ако неутрални не реагују на све страхоте које су Централна царства починила, што је такође разумљиво. Међутим, војници источних армија ипак издвајају једну неутралну земљу: то је наша Швајцарска. О њој се увек говори са поштовањем, па чак и са љубављу. Сви они знају шта све наши грађани чине како би ублажили страдања других људи у рату, и због тога уживају посебне симпатије. Штавише, ови војници добро разумеју тежак положај у коме се налази наша мала земља, окружена зараћеним странама. Нажалост, дешава се да ова осећања буду повређена узнемирујућим агитацијама неколицине људи, као што су Егли, Ватенвил и Хофман. Овде се људи боре за слободу и за право и не могу да појме како неко у Швајцарској може да ради у корист охолог империјализма Немаца и њихових вазала. Овога пута ће нам опростити, али не би требало да се то понови: иначе бисмо ризиковали да изгубимо наклоност ових људи, која нам је и те како потребна.

БУДУЋА СРПСКО-ХРВАТСКО-
-СЛОВЕНАЧКА ДРЖАВА
(*Од нашег посебног дописника*)

Солун, 1. августа 1917.

У једном од претходних дописа указао сам на очајничке манипулаторске потезе којима Аустроугарска покушава да се спаси, и то увођењем тријализма. Тада сам вам рекао да ниједан прави Србин или Југословен који се тако осећа, не жели ни да чује о овом изуму Двојне монархије. Наиме, то би била само хабзбуршка доминација и потчињавање Словена пангерманском империјализму. У међувремену, десио се један случај о чијем сте исходу сигурно телеграфски обавештени.

Овлашћени представници југословенских земаља, који су још под влашћу Аустроугарске, представници који иза себе имају огромну већину својих сународника, срели су се на Крфу са српском владом и са најважнијим посланицима у Скупштини. Том приликом су детаљно анализирали ситуацију у којој су се нашли побуњени Југословени, и поново су дошли до закључка да би само уједињење свих српских Југословена у једну слободну, независну и праведну државу могло овим прогоњеним и потлаченим људима живот да учини подношљивим. Али, нису остали само на констатацији: заједничким договором разрадили су принципе будуће заједничке државе која ће носити име Краљевина Срба–Хрвата–Словенаца. Дакле, то ће бити краљевина којом ће владати демократска династија Карађорђевића и у којој ће сваки њен саставни део сачувати широку аутономију. Какав ће облик имати та аутономија, то ће одлучити уставотворна скупштина нове државе. Али, врло је могуће, а то прижељкују сви пријатељи Србије, да то буде швајцарски систем кантоналног федерализма, који на тако добар начин свима гарантује слободу и поштовање њихових особености.

Приступајући овој заједници, где сва три народа који сачињавају српски род имају иста права, Србија је поново показала свој пожртвовани дух. У ствари, она је поднела највећи део терета ослобођења. Она се прва ослободила туђинског, турског, јарма. Затим је, почев од 1912. године, стално ратовала, жртвујући све што има великој идеји националног уједињења. Ниједан народ није страдао као српски народ. Према томе, Србија би имала право на све почасти и награде. Међутим, она се скромно повлачи да би направила места својој браћи по роду, као себи равнима. Чак је отишла тако далеко да је одустала од свога имена да би га заменила заједничким именом. Овај гест је свакако леп, а њихова браћа неће заборавити да су их Срби ослободили, па ће преживелима из Старе Србије дати место које заслужују и које им по праву припада.

Крфски манифест је први документ у коме је јасно побројано оно што Србија и побуњене земље очекују од овога рата. Силе Антанте су одавно желеле да буду начисто у вези са овим тежњама. Данас то јесу, и имају само симпатије за ову заједницу Срба, Хрвата и Словенаца. Остаје да се утврде још неке границе будуће краљевине. Италија, које се оне највише тичу, лако ће се договорити са Србима, јер ће уз најбољу вољу обе стране настојати да дођу до коначног договора, који ће омогућити закључење једног чврстог савеза у интересу обе земље.

Крфска декларација отклања опасност од аустроугарског мешетарења око формирања аустроугарске Југославије. Хвалисање емисара Двојне монархије, за које знамо да се велики број налази код нас у Швајцарској, како је њихова земља толерантна према „народностима", биће непотребно. Српски, хрватски и словеначки народ јасно су рекли да не желе Аустроугарску, која је за време власти у словенским земљама подигла хиљаде вешала, и која је слала у затвор, депортовала и пљачкала оне који нису припадали немачко-мађарској мањини. Из Беча ће и даље узалуд тврдити да реч оних који су напустили земљу не може да покрене народ. Међутим, Беч, као уосталом и цео свет, добро зна да су људи попут Трумбића, Вошњака и других, представници огромне већине прогоњених, и, добро познајући снагу њихове речи, страхује од њих.

1. септембар 1917.

ПИСМО ИЗ СОЛУНА
(Од нашег посебног дописника)

Један документ

Пре нешто више од месец дана, док је војник Петар Илић био на предстражи, пред само јутро је из рова изашао бугарски војник и позвао га да му се приближи. Илић је био сумњичав и оклевао је, али Бугарин му је довикнуо да има једно писмо за њега. То писмо дао му је један српски војник коме се заклео да ће га предати коме треба. Србин се и даље премишљао и чекао да овај баци писмо и да се врати у свој ров, да би га узео. Тако је у наше руке пао један аутентични документ који садржи многе оптужбе на рачун Бугара. Пре него што га пренесем, морам да додам да сам лично обавио једну анкету на тим истим местима која се овде помињу, са намером да проверим да ли је ово писмо стварно дошло до нас посредством једног Бугарина. У писму сам изоставио имена лица и места из врло разумљивих разлога. Дакле, тврдим да је Петру Илићу, српском војнику, ово писмо дао Фердинандов војник.

„Планина... 10. маја 1917.

Драги мој Чедо,

Ево ме на планини која је постала мој тужни дом. Из бугарске тамнице побегао сам 28. априла. Тамо су ме затворили после заробљавања приликом побуне код Курвинграда, где смо се (нас 2 500 побуњеника) најпре борили са једном немачком дивизијом (пошиљалац писма под 'дивизијом' не подразумева стратегијску јединицу, већ прилично велики број војника). Потукли смо их и натерали у бег. После тога, напале су нас две бугарске дивизије са много тенкова и митраљеза. У тој крвавој борби су ме заробили, одвели у затвор и осудили на смрт вешањем, заједно са мојим друговима. Али, у току ноћи, X... је напала Прокупље, побила страже и ослободила нас, тако да смо сада поново на планини.

Бугари су позвали све становнике од 17 до 65 година, укључили их у војне јединице а затим их послали на Западни фронт. У Цариград су послали све дечаке од 12 до 16 година. Десила се побуна због варварства окрутних Монгола. Када су мајке чуле очајничке крике своје деце, напале су каменицама бугарске војнике. Тада је букнуо устанак. Бугари су поставили вешала на свим раскрсницама и обесили много жена и деце, што је веома узнемирило народ. Почели су масовни напади на бугарске дућане и тако су се и жене и мушкарци наоружали, прво у Прокупљу, затим у Лесковцу, Лебану, Врању, Власотинцу, Зајечару, Књажевцу, Пожаревцу и у свим селима под бугарском окупацијом. Нас је прво напала једна немачка дивизија, коју смо збрисали, и која је изгубила 800 војника. Борбе су се водиле код Лебана, код Лесковца и Прокупља. Наставили смо према Нишу, где смо заузели складишта, али ту смо се срели са две бугарске дивизије. Дошло је до крвавих борби, и ми смо у прво време били надмоћни, али Бугари су испред себе извели наше жене и децу, како би били сигурни да нећемо пуцати. Тада смо се повукли у планину, до Курвинграда, где смо се опет жестоко борили. Док су битке трајале, пристигло је мађарско појачање, које нас је напало с леђа. Био сам на измаку снага и ту смо ја и мојих десетак другова заробљени. Осудили су нас на смрт вешањем, али у тренутку док су постављали вешала, један батаљон побуњеника извршио је упад у Прокупље, убио страже, а нас ослободио. Побегли смо у планину. Можда ћу бити мртав када ти будеш читао ово писмо, али побуне неће престати, јер Бугари систематски раде на уништењу нашег народа. На воз за Цариград укрцали су, 25. априла, 8 000 деце од 12 до 15 година. Многи су искочили из воза и погинули. Издали су заповест да се све становништво вакцинише против вариоле, али уместо вакцине, они су људима пренели болести. Када је један чешки лекар то рекао, нико више није хтео да иде да се вакцинише. Узели су децу, и сви су побегли у планину. Тада су Бугари почели да вешају грађане у Лесковцу, на мосту, у Лебану, у Власотинцу и у Нишу, и терали су остале да присуствују овим злочинима. Свештеника Јордана обесили су за језик на сам дан Ускрса, мученик је претрпео језиве муке пре него што је умро. Било је страшно видети вешање 12 српских војника који су били заробљени на македонском фронту. Прочитали су им смртну пресуду: 'Издали сте своју заставу и своју браћу, ви не можете да будете лојални бугарски грађани'. Зато реци војницима да се сами убију ако буду принуђени да се предају. То је боље него да их муче черкези који су мучили и обесили све које су заробили.

Ето, драги мој Чедо, ово је тек бледа слика онога што се дешава у Србији. Устанак не може да угуши ниједна сила на свету, и он се непрестано шири. Међу нама има и бугарских побуњеника, из Вишинског и Средачког краја (Софија), који су дезертирали из војске.

Ово писмо ће ти дати један Бугарин кога смо заробили, а после ослободили јер је обећао да ће га однети на Солунски фронт. Био је рањен, па смо га ми превили.

Сада збогом, драги мој Чедо. Сигуран сам да се више никада нећемо видети, али нека те ово писмо подсети на леп живот који смо некада имали и са којим је сада готово... Дани туге и очајања, окрутна судбина, јадна домовина! Рука ми дрхти и срце ми се стеже јер непрестано слушам крике деце која су избегла у планину.

Збогом, Чедо, збогом брате мој.

Твој Ф."

Новине пишу да је бугарски прелат Гизонђан послат код нас са задатком да добије подршку швајцарске владе за накнаду штете. Нека наш Федерални савет одговори тако што ће им ставити на увид ово писмо, које представља најозбиљнију оптужбу против њихових сународника.

2. септембар 1917.

У МОНАСТИРУ – БИТОЉУ
(*Од нашег посебног дописника*)

Монастир, 5. августа /1917./

После овога рата, памтиће се имена два града као симбол градова-мученика на које се обрушио бес непријатеља: Ренс на Западу и Монастир (Битољ) на Истоку. Наравно, Ренс је много већи и много познатији од главног града јужне Македоније, али он је ипак исто толико страдао колико и чувени француски град. Чак верујем да је у Монастиру било више цивилних жртава него у Ренсу.

Поново сам у овом граду. Дан је леп, летњи. Пролазим улицама и видим да у Битољу више нема ниједне куће која није бар начета у бомбардовању. Мањи број кућа је делимично уништен, али само зато што су лошије градње. Многи пројектили не експлодирају, већ само пролазе кроз танке зидове, а ако и дође до експлозије, штета на кућама је још мања.

Цивилно становништво се бави својим свакодневним пословима. Домаћице купују оно мало поврћа које сељаци доносе у град. Жене перу веш у Драгору, док се њихова деца играју на улици. Отворено је неколико продавница, у којима се продаје роба лошег квалитета коју Бугари нису успели да опљачкају, дуван или филигрански накит који се израђује на лицу места. Капци на прозорима свих дућана су само допола подигнути, како би се могли што брже затворити када почне ново бомбардовање. Деца продају српске и француске новине. Неколико малих чистача ципела зарађују по коју пару од војника чистећи њихове прашњаве цокуле.

Међутим, сви житељи овога града, а има их између 20 000 и 28 000, забринути су и узнемирени. Чак су и деца заборавила да се смеју. Овде је било сувише мртвих, сувише разарања и патњи. У бомбардовању је погинуло више од хиљаду цивила. Због предугог боравка становника у подрумима без основних хигијенских услова, болести услед изнурености, као што је туберкулоза, достигле су застрашујуће размере. Промискуитетно понашање у подрумима довело је до развоја неких других заразних болести. Истина, српске и француске војне и цивилне власти чине све што могу како би побољшале ово стање, али њихове могућности су ограничене. Не поштујући закон о обичајима ратовања, непријатељ је бомбардовао овај оријентални град и тако га одсекао од света. Зашто цивилно становништво није евакуисано из града? Најпре, зато што није лако наћи места за двадесетак хиљада страдалника. Македонски градови, па и села, које су Савезници заузели, препуни су избеглица из Србије, Грчке, Бугарске или Мале Азије. Затим, ови несрећни људи везани су за последње добро које им је остало: трошне кућице изрешетане гранатама. Радије ће сви заједно умрети у њима. Ово је разумљиво, јер такав је менталитет ових јадних људи према којима судбина никада није била милостива.

Док се шетам улицама и испитујем пролазнике, чује се како Бугаро-Немци бомбардују периферију града.

Овога пута шаљу пројектиле свих калибара у сам центар града. Уз фијуке, пролећу изнад наших глава и погађају још покоју кућицу и још покоју невину жртву. Као неком магијом, улице се празне и мештани јуре у своје подруме пуне загушљивих гасова. Бум! На око сто педесет метара испред мене руши се једна лепа чврста зграда. Погодила ју је једна стопедесетица, тачно у средину. Већ су пале и људске жртве. Деца сада представљају само мете од крви и меса. Шта су ова недужна деца урадила Вилхелму Хоенцолерну и Фердинанаду Кобургу? Нека добро пазе да их историја не назове „убицама деце"! Чему ово бомбардовање једног отвореног града? Много пута сам се лично уверио да се у Битољу не налази ниједан топ. Да ли је уживање у наношењу зла та сила која непријатељске артиљерце тера на сатирање јадног цивилног становништва које је већ довољно пропатило у рату?

7. септембар 1917.

ПИСМО ИЗ СОЛУНА
(*Од нашег посебног дописника*)
Бугарска пропаганда

Солун, 16. августа 1917.

Бугарска пропаганда је увек била активна и вешта. Захваљујући њој, људи из Софије успели су да убеде западне земље, које мало познају ситуацију на Балкану, да је Бугарска жртва комшијске љубоморе. Било је потребно да се 29. јуна 1913. године деси агресија, а затим и да Бугарска забије нож у леђа Србији у јесен 1915. године, да би се и најокорелијим бугарофилима отворили очи. Данас Централним силама и њеним вазалима лоше иде, а Бугари поново осећају потребу да подигну свој углед, и то раде једном живом пропагандом, коју спроводе међу неутралним земљама. Наиме, надају се да ће преко њих лакше доћи до антантистичких кругова, у којима лукави помагачи Фердинанда Кобурга још увек имају позамашни број пријатеља, који једва и да се крију.

Ови „Татаро-Бугари", како их назива један од њихових најомиљенијих песника, Кирил Кристов, изабрали су баш нашу земљу да им служи као место за ширење њихове пропаганде. Тако је телеграфски целом свету објављено да су бугарски прелат Стефано, доктор Гизуђијан, као и професори универзитета у Софији Миков, Зуев и Исиков, дошли у Лозану са намером да покушају да отпочну преговоре са Русијом. Посебан задатак доктора Гизуђијана био је да обезбеди подршку швајцарске владе за бугарске захтеве. Штавише, званични орган бугарске владе, „Народни права", објавио је следеће саопштење: „У жељи да на универзитетима и у осталим швајцарским институцијама, где од пре неколико година један велики део бугарске омладине стиче своје високо образовање, одржимо и ојачамо добре односе и интелектуалне везе између Бугарске и романске Швајцарске, бугарска влада је буџетом за текућу годину предвидела оснивање генералног конзулата Бугарске у Женеви. Једним царским декретом именован је конзул Милчо Милчев, саветник у посланству и шеф административног одељења у министарству спољних послова, који је студирао у Женеви". Ето, дакле, како је Швајцарска добила на поклон један нови званични орган бугарске пропаганде, а одржавање и ојачавање добрих односа и интелектуалних веза између Бугарске и романске Швајцарске само је изговор. Јер, конзулати, према прописима међународног права, представљају само економске интересе једне земље у другој, а њихов задатак се састоји у томе да олакшавају одржавање економских и трговинских веза између две земље. Бугарска овим успоставља нови тип конзулата, „универзитетски конзулат". Ако се не варам, постојао је већ један бугарски конзуларни представник у Женеви, а Бугарска држи и једно посланство у Берну. Али, нови генерални конзулат у Женеви имаће друге циљеве. Што се тиче студената, од којих неки у нашој земљи јасно изражавају своја жестока револуционарна осећања и који се сувише често мешају у демонстрације наших екстремистичких кругова, остајући притом верни обожаваоци и ватрени помагачи пруске аутократије, они ће Софији бити последња брига. Напротив, обасипаће нас пропагандним брошурама, а њихови „професори" ће нам досађивати својим конференцијама на којима ће се хвалити „бугарском културом" на пруски начин, или ће настојати да нашу јавност убеде да су јадни Срби из Моравске области, који су на силу одведени у бугарску војску, срећни што на Солунском фронту ратују против своје браће.

Можемо да пожелимо само једну ствар, а то је да Бугари, двоструки издајници Срба, који су у Србији починили незапамћене страхоте о којима свакодневно добијамо доказе, оставе нашу земљу на миру.

<u>11. септембар 1917.</u>

ПОЖАР У СОЛУНУ

Солун, 20. августа 1917.

Управо сам видео најстрашнији призор који човек може да замисли. Горео је цео центар Солуна, до јуче богат и развијен град, а данас потпуно руиниран. Процењује се да је око 80 000 људи остало без крова над главом и без свог иметка. Они који су уложили милионе у трговину, која им доноси огроман приход, сада имају само кошуљу коју носе на себи.

Када сам, 18. септембра у 6 сати увече, кренуо колима у град, видео сам како се из центра подиже стуб густог жућкасто-браон дима. Снажан ветар га је потерао право према нама. Мора да је овај пожар озбиљан и да се много раширио, јер у Солуну нема воде. На улазу у град, симпатични директор листа „L' Echo de France" из Солуна, ратни дописник великих париских дневних новина, Жил Рато, саопштио ми је да је пожар захватио хиљаду кућа и да избезумљено становништво бежи из града. Пешице сам отишао до куће моје „домаћице" у самом центру града, близу покривене пијаце. Улица Венизелос пуна је људи који беже. Мушкарци носе завежљаје, жене кухињско посуђе, деца се држе за одећу својих родитеља, а кола натоварена комадима различитог намештаја гласно шкрипе. Кроз дим који се проширио на улице разазнајемо црвену светлост пламена.

Када сам стигао у свој ресторан, попео сам се на кров. Од највише тачке па наниже, цео град гори. Пламен се спустио до улице Игнатија. Зграде на 300 метара од мене пламте. Сунце је зашло. Усковитлани црни дим ношен ветром са Вардара и огромни пламенови ватре шарају тамноплави небески свод. Снопови варница и пламени језици пролећу изнад моје главе.

Ако ватра пређе преко улице Игнатија и ако захвати затворену пијацу, цео центар, који је срце Солуна, биће уништен! Гори и складиште пушака. Залихе метака експлодирају, и заједно са хуком ватре која гори настаје бука као да се води нека битка. Долазе по мене да идем на вечеру. Наш кувар, иако је знао да кући прети опасност од пожара, храбро нам је спремио последњи оброк. Више нам нису потребне лампе у просторији у којој на брзину једемо изванредну супу од парадајза и укусан пилав, и све заливамо боцом нашег најбољег вина. Пожар нам обезбеђује изванредно осветљење, и око нас је свакога минута све светлије. Вечера је завршена, брзо на осматрачницу! Пала је ноћ, тако да је призор још страшнији и истовремено још бајковитији него пре. Пожар се приближио на око 150 метара од нас, и већ прешао и улицу Игнатија. Ветар још јаче дува. Чемпреси, један од поноса „Егејског драгуља", савијају се и истог тренутка почињу да горе. Сада је то једна огромна ватрена бакља која се пење према небу и која одмах нестаје, остављајући за собом црни скелет нечега што је до пре неколико минута било једно лепо дрво. Стотине престрављених гавранова, голубова и ласта лете усред густог дима и варница. Мноштво сагорелих остатака пада по крововима углавном дрвених кућа. Али, уместо да беже према мору, птице лете право кроз ватру. Да ли можда покушавају да спасу своје младунце? Пожар захвата ближњу џамију. Врх њеног поносног минарета је у пламену и личи на огромну свећу. С времена на време одломи се по која запаљена летва са крова и, ношена ветром, пада на улицу. Али, какав ватромет боја! Од жуте, преко наранџасте, до беле и крвавоцрвене. Мало удаљенији пламенови иза дебеле завесе дима изгледају као да су пурпурно-црвене боје. Ваздух је испуњен необјашњивом заглушујућом буком.

Одједном, са моје десне стране, са друге стране улице, према једној од тезги затворене пијаце почиње да кuља велики пламен. Један удар ветра обара тезгу и за минут ватра захвата целу пијацу, заједно са продавницама ћилима, накита, итд. Напуштам своју осматрачницу којој такође прети опасност од пожара. После два минута, кућица је изгорела као кутија шибица.

На улици су војници који чувају стражу, као и они који су дошли да гледају шта се дешава. Настрадали пролазе, са завежљајима на раменима или у рукама. Неки не могу даље и поседали су по земљи. Престрављени и неми, гледају ватру. Претоварени аутомобили крче пут. С обзиром да имају одређене привилегије, службеници грчке владе успели су да нађу за себе ауто. На њих су натоварили елегантне ковчеге и кутије за шешире. Тротоари су крцати намештајем, ковчезима, шиваћим машинама, које власници нису успели да понесу када су бежали од пожара. Жандарми спроводе пљачкаше. Из пробушених буради истиче садржај којим се бескућници опијају. Један човек и једна жена, наизглед добростојећи, трче усред гомиле људи. Жена чупа косу и вришти, а човек се смеје као да је луд.

Неосветљеним и лоше калдрмисаним уличицама стижем до потпуно мрачног кеја на коме се тиска гомила света. Натоварени тешким теретом невољници се међусобно гурају. Војни аутомобили и камиони прихватају и одвозе избеглице. Они који не успеју да уђу, наслањају своје ствари на зид и, помирени са судбином, чекају свој ред. Гомила се све више повећава, а ветар одједном мења правац и обавијају нас тешки и врели облаци. Кеј почиње да гори. Из дугачких цеви напуштених бродова почиње да куља бујица воде. Сувише је касно. Усред налета ужарених опиљака и варница, ствари се и даље убацују у велике камионе, од којих многи већ горе. Гомила страдалника је већ закрчила пут и избезумљено трчи. Пламен је већ захватио одећу неких од њих, а војници га гасе ћебадима.

Идући ка Белој кули, наилазим на исто тако компактну гомилу људи. Свуда су читаве породице на окупу. Не пуштају гласа. Влада потиштеност и препуштање судбини. Избеглице су запоселе део града зван „поља". Ту су им отворили све куће. Ова у којој сам ја смештен прихватила је око тридесетак несрећника. Децу стављају на ћебад и покушавају да их умире, јер се плаше експлозија динамита којима војници дижу у ваздух куће, како би зауставили пожар. Шта ће сутра радити са овим јадним бескућницима?

Током ноћи, ватра је наставила да се шири. Опустошен је цео центар града, укључујући и кеј.

<u>15. септембар 1917.</u>

ДАН ПОСЛЕ КАТАСТРОФЕ
(Од нашег посебног дописника)

Солун, 23. августа /1917./

Мир се полако враћа у град и сада се боље могу сагледати размере ове несреће. Ватрена стихија уништила је 4 000 од укупно 16 000 кућа, колико их има у граду Солуну и његовим предграђима. Потпуно је уништен центар, у коме се налази трговачки део града, са продавницама, магацинима, банкама и хотелима. Тек сада, обилазећи остатке грађевина, чије оштећене зидове војници руше да се не би сами обрушавали, човек може да види колико је лепих зграда Солун имао, а које су биле сакривене низом малих дућана у узаним уличицама. У овој несрећи нарочито су страдали Израелити. Тачан број угрожених још није утврђен, али број од 80 000 људи је сигурно најприближнији правом стању ствари. Дакле, ово је један од највећих пожара који су забележени у досадашњој историји.

Ватра се проширила од куће једног избеглог Грка у кварту Мерланане. Док је спремао плави патлиџан, пламен из пећи на којој је кувао захватила је зидове колибе од сламе. Снажни ветар са Вардара и недостатак средстава за гашење ватре учинили су своје.

Последице које се данас осећају, због тога што државна управа није предузела мере предострожности, јесу потпуно уништена трговина овог развијеног града и пропаст његових житеља.

Већ неколико пута сам обишао рушевине које су некада биле Солун, и призор је потресан. Лепа Деметрина црква, коју су Турци били претворили у џамију, потпуно је изгорела. Ватра је окрунила муслимански груби малтер са зидова и открила лепе фреске, које ипак неће моћи да се конзервирају јер се зидови руше при најмањем ударцу. Ту и тамо могу се видети куће, па чак и мале продавнице које су неким чудом остале читаве. У улици Игнатија, на пример, један бакалин поново је отворио свој мали дућан који је ватра поштедела и продаје своју робу војницима који раде на рашчишћавању. У потпуно уништеној улици Венизелос, један фризер прима своје муштерије. Војници свих савезничких земаља расклањају неред. Има и Срба трећепозиваца. Философски посматрају остатке њима непознатог града. Више се не потресају. Они су толико тога видели и толико су патили током овог рата! Остали војници гледају како власници отварају своје оковане ковчеге. Садржај скоро свих француских и енглеских ковчега је нетакнут. Немачки, а нарочито бечки ковчези захваћени ватром нису издржали. Ето још једне неочекиване победе Антанте!

Почела је евакуација угроженог становништва. Воде их у Стару Грчку. Међутим, многи неће хтети да напусте „свој град". Сви се они надају да ће се он поново родити и да ће поново хранити велику заједницу Израелита, који би били несрећни ако би их раселили. Савезничке армије чине све што могу да ублаже ову несрећу и журно подижу шаторе или бараке, како би свима обезбедили кров над главом. Енглези, Французи и Италијани обезбеђују људима хлеб. Срби такође помажу колико могу. Али, и они сами су сиромашни, а морају да помогну и својим несрећним сународницима. Без савезничких армија, Солун би умро од глади. Захваљујући њима, не морају да се боје ни глади, ни епидемија.

Наравно, Бугаро-Немци су дошли авионом да гледају овај паклени призор. Бацили су и неколико бомби, вероватно да би још више обезглавили ово несрећно становништво. Нису показали чак ни поштовање према болу целе једне недужне популације. Али, ове бомбе се неће заборавити. Источна армија је апсолутно очувана и пожар није имао никаквих последица по њу. Она ће осветити Солунце и бомбе које су падале по њима, а онима који су их бацали одржаће лекцију какву заслужују.

3. октобар 1917.

БУГАРО-НЕМЦИ У ОКУПИРАНОЈ СРБИЈИ

Солун, 25. августа 1917.

Из дана у дан повећава се број аутентичних сведочења о поступању бугарских окупатора. Данас ћу пренети изјаву једног грчког лекара на служби у Србији, доктора Атанасијадеса, лекара Грачаничког среза. Ово је изјава човека од науке који не драматизује догађаје, већ објективно говори о ономе што је преживео.

„Ја сам Грк, али сам био српски лекар у Грачаничком срезу и живео сам у Приштини. Када се српска војска повукла из Приштине, ја сам остао, рачунајући да ме непријатељ неће малтретирати, с обзиром да у том тренутку Грчка није била у рату са Централним царствима. Бугарска коњица, заједно са аустријском и немачком пешадијом, ушла је у Приштину 10. или 11. новембра 1915. године, око 2 сата послеподне. Првога дана нису користили силу, али другога дана војници су почели да пљачкају продавнице које су биле затворене. Обијали су их и односили све што су затекли, тако да у њима ни игла није остала. Највећи део плена узели су Немци. Опустошили су не само продавнице, већ и приватне куће, а нарочито оне у којима је било хране. Са кућа су поскидали све дрвене делове, да би ложили ватру. Од општине су првога дана тражили мању количину намирница. Дали су им све осим 500 кг какаоа, 500 кг кафе и 1 000 кг шећера. После тога су повећали количине које су тражили, и пошто су им поново удовољили захтевима, од окружних власти тражили су још око 100 000 кг кукуруза. На крају су почели на силу да одузимају намирнице. Сељацима су заузврат понекад давали праве бонове за ову реквизицију, али се често дешавало да издају бонове на којима је на немачком писало: 'Платиће ти краљ Петар кад се врати'. Бонове су добијали људи који нису знали ни речи немачког језика. Само су се Немци овако понашали. Чланови градског већа одмах су одведени у логор. Запрећено им је да ће сви бити погубљени ако не донесу намирнице које су тражене. Немци су узели све кревете из болнице, из којих су избацили чак и тешко рањене војнике. Ове кревете послали су у Аустрију. Што се мене тиче, узели су ми коња и пет-шест кола сена и дали ми бон за реквизицију.

Град Приштину поделили су на бугарски и аустро-немачки део, које је раздвајала река која протиче кроз град. Тада су становништво одвели у логоре, а најпре су одвели свештенике, све до последњег. Турци, који су пре доласка Бугаро-Немаца били задовољни што су им ови пришли као њихови савезници, сада сажаљевају Србе јер нису могли да замисле да Немци и Бугари могу тако да се понашају. Један угледни Турчин (име сам му изоставио да га окупатори не би малтретирали) рекао ми је да му је жао српских власти које никада нису лоше поступале према грађанима његове вере. Турке је највише разочарао начин на који су официри и војници поступали према женама, након одвођења њихових мужева у затвор. Долазило је и до освета, убијено је више немачких официра и подофицира."

Доктор Атанасијадес напушта Приштину, одлази у Крушевац и у Свилајнац, а одатле у Београд. „У Београду сам", наставља он, „остао тринаест дана и добио сам дозволу да радим. Тамо је такође било много војске. Највећи део кућа био је опљачкан, а безброј железничких композиција натоварених разним предметима послато је у Аустрију и Немачку". Доктор се вратио у Свилајнац, одакле га је заменик команданта места, поручник Пантев, послао у Ниш. Атанасијадес се тамо срео са својим бугарским колегама: „Доктор Јеридас, пуковски лекар, рекао ми је да је одвео 24 српска војна заробљеника у један воћњак и да их је лично убио ударцима кундаком. Одвели су ме у Ниш и ставили у затвор да ту сачекам даља наређења Владе. Испред прозора налазио се стражар са којим сам разговарао. Био је из Македоније и рекао ми је да је Србин. Рекао је такође да је убио много људи који су били предвиђени за интернирање у Бугарску. Био је потпуно сигуран да су Бугари убили два свештеника и два учитеља. Сазнао сам да су у Свилајнцу Немци стрељали 34 особе, и да су у Крушевцу наредили вешање великог броја сељака и жена, под изговором да су извршили напад на немачке војнике. Бугари су наредили да се униште све српске књиге. Депортовали су све свештенике и све учитеље и отворили бугарске школе са обавезном наставом на бугарском језику. У исто време почела су масовна одвођења у логоре, са намером да се затре остатак становништва".

Доктора су послали у Велико Трново, у Бугарској, да ради као лекар у болници. Бугари су се најпре према њему опходили као према затворенику, а касније су му дали бедну плату. „Близу Трнова налазио се један затворенички логор са 50 до 60 српских официра. Било је и војника, али не знам колико, као и руских и румунских официра. Официре су злостављали, дајући им да једу само пасуљ без масноће и без меса, са мало кукурузног хлеба. Живели су у стално влажним колибама висине 1,50 до 1,80 метара, које би биле поплављене чим би почела да пада киша или снег. Сви су били болесни. Давали су им 78 лева месечно, независно од чина. Униформе су им биле похабане. Били су приморани да плаћају болничке трошкове, тако да су им узимали месечна примања. Једнога дана, један потпоручник из моје болнице тражио је да иде код зубара да му пломбира зуб. Када је отишао, зубар је почео да се нервира што овај носи кокарду на својој капи. Официр је одбио да је скине. Зубар га је најпре ударио, а затим наредио војницима да га, када падне ноћ, одведу ван града. Када су војници увече дошли на одређено место, зубар, који је већ чекао у заседи заједно са још једним бугарским официром, искочио је иза њих и пре него што су успели да се одбране, зарио је нож у леђа поручнику и побегао. Нож се зарио дубоко, све до плућа. Војници, изненађени овим кукавичким потезом, одвели су рањеника до болнице и обавестили команданта места о ономе што се догодило, али овај није предузео ништа против зубара".

Атанасијадес је остао петнаест месеци у Бугарској и уверио се да влада опште незадовољство становништва и да су животне намирнице скупе. На крају су хтели да га отпусте и послали су га у Ниш, где су га поново одвели у затвор. „Био сам затворен у исту ћелију где и господин Х, трговац из Ниша, и још један Србин који је изгледа био богати сељак. Рекли су ми да су се Бугари дали у систематску пљачку и да стално прете људима да ће их интернирати, само да би од њих извукли новац. Одводе их у затворе, а пуштају их само ако плате тражену суму. Од особе Х тражили су откуп пет или шест пута. У тренутку када сам ја напустио Ниш, та особа била у затвору већ 23 дана и требало је поново да плати. На тај начин Бугари су у једном селу код Ниша узели 600 000 франака. Ово ми је потврдила жена која је била у једном, а њен муж у другом затвору."

Ето како се Бугари понашају, они исти Бугари који у нашу земљу шаљу пропагандисте да нас придобију за своје срамне циљеве!

<u>5.октобар 1917.</u>

ПИСМО ИЗ СОЛУНА
(Од нашег посебног дописника)
Повреде ратног права које су починили
противници Србије – нови докази

Солун, 12. септембра /1917./

У писмима и телеграмима које сам вам слао извештавао сам вас о противзаконитим махинацијама аустроугарског конзулата у Женеви које су у супротности са нашом неутралношћу. Али, противници се не служе нелегалним активностима само у Женеви. У окупираној Србији се свакога дана нагомилавају случајеви повреде ратног права и кршења људских права. Вероватно мисле да свет неће сазнати за њих, али се варају. Свет ће за њих сазнати преко штампе неутралних земаља, која се ставила у службу одбране правде и слободе, а која често има више храбрости од њихових владајућих кругова.

Ево последњих случајева тих повреда које су починили Аустроугари и Бугари за које смо сазнали и за које сматрамо да су важни, како би свет могао да просуди какви су.

Милић Бодић рођен је у селу Горачић, у Драгачевском срезу усред Старе Србије. У цивилу ради као конобар, а од 1. маја 1910. године био је војник у 9. пуку. За време рата 1912–1913. служио је као војник у 2. чети 1. батаљона 10. пука првог позива, а од почетка Европског рата био је конобар у официрској кантини српског Штаба врховне команде.

Тамо сам га виђао свакога дана, најпре у Валпију (у оригиналном тексту *Valpio* – прим. прев.), а затим и у Крагујевцу. За време одсуства у јесен 1915. Бодић се у Феризовићу (Урошевцу) разболео и ту су га Бугари заробили. Тих дана је дошао код нас као бугарски заробљеник. Људи Фердинанда Кобурга су овог човека, чистокрвног Србина, натерали да се прикључи њиховој војсци, како би био принуђен да ратује против своје браће.

Стеван Нешић ради као службеник у Српској пошти која је сада у Солуну. Он има једног сина, Милана, рођеног 29. августа 1906. године у Београду. У Србији је последњи пут радио за Пошту у Зајечару. Његов син је остао у том граду који су Бугари окупирали. Ишао је у трећи разред школе коју су Бугари ту организовали и на крају школске године издали су му школско сведочанство које су потписали „главни учитељ" П. В. Илијев и учитељица петог разреда Тодорева, датирано 17. јуна 1917. Елем, на том сведочанству је овај српски дечак постао „бугарски држављанин", а његово име Милан Нешић промењено је у Милан Нешев!

Ево сада шта су на саслушању рекла три српска војника, која су Аустроугари ухапсили, али који су касније побегли из затвора.

Крста Симић, електричар, рођен 8. септембра 1890. у Београду, војник инжењерац (који служи за паре), прича: „У Параћину и околини Немци су покупили око хиљаду људи и све су нас одвели у Дубравић, а затим бродом у Ковин. Војници који су нас спроводили терали су нас да врло брзо ходамо. Успут су убили једног болесника који није успевао да држи корак са осталима. Од Параћина до Ковина дали су нам само једну порцију супе". Одвели су га у Хајнихсгрин. „Са нама су поступали на најгори могући начин. Болеснима, који нису могли да раде, нису давали храну. Изнемогле су немилосрдно тукли, тако да су многи подлегли батинама." Симић је послат у Бозен, где је радио у једној ливници, а затим је пребачен на положаје у Сулден. „Тамо смо морали да преносимо челичне жице, топове и сву осталу опрему и муницију. Радили смо у зони дејства италијанске артиљерије. Велики број радника страдао је од италијанских граната".

Милоје Живановић је из Божидаревца, Београдски округ, земљорадник, рођен 1889, војник 7. пука првог позива. Одведен је у затвор у Стубици, а затим је у јесен 1915. послат на фронт у Тирол. „Тамо сам са осталим затвореницима радио на транспорту муниције и грађе за бараке за смештај војника. Провео сам 11 месеци у местима Товдимајал, Седедал и Серминевин. Одатле су ме пребацили у Бозен, па у Сулден. Тамо су ми опет дали да радим на транспорту пешадијске и артиљеријске муниције, на електричним инсталацијама и на уређивању барака".

Витез Радиловић, порезник у Ганици, потпоручник у 2. чети 4. батаљона 11. пешадијског пука првог позива заробљен је у Јухорском теснацу. „Одатле су нас спровели до Јагодине, па до Саравца. За та четири дана, колико нам је требало да стигнемо, нисмо ништа добили за јело. Многи од нас су били толико изнурени да су морали да стану. Страже су их ножевима и копљима ликвидирале пред нашим очима. У селима су мештани хтели да нам дају да једемо, али страже су их тукле како би их у томе спречиле. На путу код Мале Крсне срели смо једног дечака. Стражари су га терали да нам се прикључи, а пошто је он то одбио, покушао је да побегне. Један војник је појурио за њим и најпре је бацио копље на њега, а онда је сишао са коња и ножем му пререзао грло. Од сељака сам сазнао да су им непријатељи уништили све оруђе за рад и пољопривредне машине, па чак и млинове. Свуда су настојали да направе што већу штету и одузимали су сву храну и стоку. Осим тога, све мушкарце и младиће на које би наилазили одмах би као затворенике прикључивали нашој групи. У Хајнрихсгрину су према нама брутално поступали и никада нам нису давали храну коју су нам наши слали од куће. Мене су са још 500 других послали у Бозен и дали нам најтеже физичке послове. Много наших војника радило је на копању ровова, на премештању топова и на транспорту муниције до положаја. Све се то радило у зони ватреног дејства, тако да је велики број војника ту страдао. Многи су подлегли услед тортуре којој су били изложени. Сви су се према нама понашали крајње окрутно и увек смо били окружени мађарским трупама."

Рад затвореника у зони размене ватре, као и присиљавање на учешће у војним пословима строго су забрањени Хашком конвенцијом. Међутим, Аустроугаре и њихове савезнике није брига за парче папира које су потписали, иако су међусобно размењивали славопојне телеграме о „непоколебљивој привржености потписаним уговорима".

11. октобар 1917.

СОЛУН ПОСЛЕ ПОЖАРА

Солун, 16. септембра /1917./

Пре скоро месец дана пожар је уништио центар Солуна. После очајања које је најпре изазвао, стигли су мирнији дани. Сви су прионули да ублаже последице ватре. Многе жртве су евакуисане у Стару Грчку, организовано је снабдевање хлебом, тако да становништво није гладно. Велики допринос овом послу дала је Источна савезничка армија. Французи, Енглези и Италијани надметали су се у пожртвованости. Захваљујући њима подигнути су шатори и бараке за оне који су остали без крова над главом. У првим данима након пожара, енглеска војска хранила је њих 30 000. Француски, енглески и српски војници, уз помоћ грчких трупа, рашчистили су улице опустошеног града. Генерал Сарај је будним оком надгледао све послове и још једном показао своје организаторске способности.

Ситни трговци су одмах наставили свој посао. Два-три дана након пожара, затворене баштице које се налазе испред највећег броја кућа биле су препуне разне робе: тканине, цигарете, сапуни, шољице, тањири,ималин за обућу, итд. Нешто крупнији трговци, који су успели да сачувају веће залихе, изашли су испред кућа у које су били смештени, нуде пролазницима своју робу и продају тканине, као да су у својим дућанима.

Пожаром уништен град није сасвим мртав. Ватра има своје ћуди, као и човек: усред рушевина има и неоштећених кућа, па чак и барака. Залихе робе њихових власника су остале неоштећене, тако да су сада њихове продавнице пуне купаца, срећних што могу да набаве кошуље, чарапе или штоф за униформе. Исто тако, на средини горњег дела Венизелосове улице, један брица почео је да ради већ другог дана од пожара, у својој трошној кућици коју ватра није захватила. Ту долазе француски војници и гледају овај тужан призор. Власници неколико гостионица чије су просторије у доњем делу остале читаве, док су им горњи делови изгорели, изванредно раде свој посао. Трговци воћем и поврћем, као и трговци другом робом, сместили су се свуда помало: под ведрим небом, под шаторима направљеним од крпа које су се затекле, и у зградама од којих су остали само зидови.

Отворена су два биоскопа и увек су пуни, с обзиром на то да су, уз један варијете, једина места за разоноду. Неочекивана последица овог пожара је то што се „Лозанска газета" сада може купити на улици.

Све у свему, опасност од глади је отклоњена. Намирнице су мало скупље, али нико неће умрети од глади. Захваљујући мерама које је предузела команда савезничких армија, избегнута је опасност од епидемија.

Упркос несрећи која их је снашла, становници Солуна – не треба заборавити да су то највећим делом Израелити – могли су са поверењем да гледају у будућност, да грчке власти нису према њима заузеле изненађујући став: предложено је да се изврши експропријација целог центра града, који је управо израелитски трговачки центар. То што желе да поново изграде град у складу са добро осмишљеним националним планом, то је сасвим природно. Да би се могле трасирати нове широке саобраћајнице, власти имају право да изврше експропријацију објеката и да обештете власнике. Али, дуг је пут од експропријације добара такорећи целог једног града, па до преноса власништва на конзорцијум, за који се тврди да га сачињава група атинских финансијера. Ова намера није названа правим именом да не би уносила немир међу Израелите из срца града, али овакве мере сувише личе на одузимање имовине јеврејском елементу, који је до сада био душа солунске трговине. Многи од њих решили су да оду из земље уколико Влада спроведе у дело своје планове. Без јеврејског капитала, Солуну прети опасност да се претвори у малу трговачку луку без икаквог значаја. Солун је лука са великим природним погодностима и сувише развијеном трговином да би се неко играо његовом будућношћу тиме што ће предузети погрешне мере. Власт у Атини ће то увидети и одустаће од свог пројекта. Венизелос је сувише велика и значајна државна личност да не би схватио каква би грешка била експропријација о којој је реч.

12. октобар 1917.

МОРАЛ У СРПСКОЈ АРМИЈИ

На српском фронту, 20. септембра 1917.

За четири недеље навршиће се и пета ратна година у Србији. Она је 19. октобра 1912. године објавила рат Турској, и од тог момента непрекидно ратује. Чак је и током периода између Букурешког мира и Европског рата морала оружјем да се брани од опасних албанских напада подстрекиваних од стране Аустроугарске. Србија је, дакле, доајен у ратовању. Неочекивани победник балканских ратова, Србија је у Европском рату стекла опијајућу славу, затим је осетила све ужасе пораза, и на крају претрпела страховите патње приликом повлачења кроз кишу, снег и хладноћу непријатељске земље. Други би одустали од борбе, али Србија, навикла на вишевековне недаће, сачувала је наду која је укорењена у њеном бићу.

Какав је то дух који влада у малој српској армији која ратује већ пет година, протераној из своје земље, која зна какве муке преживљавају они који су остали у окупираној земљи?

Истина је да српски војник сматра да рат дуго траје, али он зна да је то неопходно да би се непријатељ савладао. Исто тако зна да ће награда за његову жилаву борбу бити коначно ослобођење његове земље и његове потлачене браће, који ће заједно са њим направити једну демократску породицу.

Српски војник са нестрпљењем очекује борбу. Стајање у једном месту му тешко пада. Међутим, од почетка рата па до сада српски војник је постао озбиљнији. Донедавно је изгледало да је главно српско оружје песма. Певали су сви, и у свим приликама. Данас је песма замрла на уснама војника. Он сада пева само када је сигуран да је сам или када жели да призове слику своје мале беле кућице окружене зеленим вртом, или пак када у борби јуриша у смрт.

Али, авај! У голготи коју Србија преживљава, не умире се само у борби! Многи умиру у болницама од изнемоглости. Они такође гаје жарку наду у будућност своје земље. „Видите", рекао је пре неки дан један француски санитетски мајор, „ови јадници се полако гасе, ту ништа не може да се уради. Они се не жале и не кукају, али када срце престане да им куца, у њиховим широм отвореним очима се види нешто веома необично и узвишено: то је осећај да за слободу њихове земље ни њихова смрт није узалудна".

11. новембар 1917.

АУСТРОУГАРИ И СРБИ У ШВАЈЦАРСКОЈ

Солун, 6. октобра /1917./ (са закашњењем)

Телеграмом од 31. августа 1917. обавестио сам вас да је аустроугарски генерални конзулат у Женеви позвао све српске избеглице у Женеви на војну ревизију („Musterung"). Неодазивање повлачи за собом „казну предвиђену законом".

Аустроугарски генерални конзулат у Женеви позива вас да му доставите име дотичног Србина, како би се расветлио овај случај за који он тврди да не зна о чему се ради. Он каже да је вероватно у питању забуна настала због истог имена српског и неког аустријског или мађарског држављанина.

С обзиром на то да позив једном Србину који је избегао у Швајцарску представља озбиљну повреду наше неутралности, мора да је аустроугарским конзуларним властима врло непријатно да јавност сазна за овакво поступање према српским држављанима. Међутим, ствар је очигледна – документ на основу кога сам вам писао има свој редни број и потпис: „За К. и К. генералног конзула: Лејтнер". Руком написана адреса на коверти (писмо је послато препоручено, из поштанског бироа у Улици Роне) јесте адреса једног српског држављанина, државног службеника, и према томе, добро познатог властима ове земље. Не може бити забуне, јер аустроугарски конзулат у нашој земљи не може и не сме да има никакве везе са грађанином државе чију су територију окупирале њене трупе.

Направио сам фотографије овог документа и његове адресе и на располагању су нашим властима и редакцији „Лозанске газете", под условом да се ни име ни редни број позива не саопште конзулату. Поставили смо овакав услов због начина на који Аустроугари поступају према становништву окупиране Србије. Постоји страх да ће се власти Двојне монархије, видевши да не могу ништа против избеглице из Женеве, светити његовим родитељима за непријатност коју су саме изазвале.

„Postkarte. An Herrn (Frau)
rue X., in Genève:
K. u K. Oesterr-Ungarr. Konsulat.
Cs. éskosztr-magy Konsulatus.
No …. Genf, 6 Juli 1917. Sie warden eingeladen, sich wegen einer Sie betreffenden Dienstsache Montag den 9 Juli 1917. zwischen 10 und 12 Uhr in der hieramtlichen Kanzlei einzufinden. /Позивате се због службене ствари 9. јула, између 10 и 12 часова, у овдашњи Конзулат/.

K. und K. Oesterr.-Ungar. Konsulat. Diese Vorladung ist mitzubringen"

Каква је то „Dienstsache" (службена ствар) о којој аустријски конзулат хоће да разговара са једним Србином у избеглиштву? У неутралној земљи не постоји ниједна службена ствар између грађана окупиране земље и њеног окупатора. Да ли се овде ради о војној ревизији, односно „Musterung" (смотри, ревизији), о чему је било речи у мом телеграму од 31. августа, а што господин конзул жели да игнорише?

Ево још једног додатка претходно реченом: један млади српски војник који је био хоспитализован код мене добио је позив од конзулата у Лозани да дође да преузме писмо од своје породице која је остала у Србији. Ми имамо пошту која има монопол на промет писама: аустроугарски конзулат нема право да се због једног специјалног циља претвори у поштанско предузеће. Пошто је конзулат одбио да писмо пошаље поштом, мој младић је морао да оде у конзулат. Тамо су га љубазно примили, покушали су да разговарају са њим и тражили су да поново дође. Губили су време, с обзиром да је овај млади војник патриота, као и сви Срби.

1918. година

30. јануар 1918.

СРБИ И ДОГАЂАЈИ У РУСИЈИ

Солун, 9. децембра 1917.

Бољшевици су закључили примирје са Аустро-Немцима. Лењин, Троцки и њима слични срамно су издали Русију и њене савезнике и тако јасно показали шта су они у ствари: агенти Централних сила. Жалосно је то што је и једна велика партија ове земље следила њихов пример. Да ли ће они који у овој издаји не виде ништа лоше моћи ишта да ураде како би бар мало поправили сву штету коју су проузроковали ови људи који су тврдили да су жртве аутократије, а који су у ствари на тај начин само доприносили томе да Русија из царистичког поново потпадне под други јарам пруског милитаризма? Историја ће нам то показати. Али, већ данас знамо да Лењин и његова дружина нису успели да униште непоколебљиву вољу бранилаца Правде и Слободе да иду до краја, све док не отклоне опасност од империјализма и аутократизма. Без обзира на све, они ће успети да остваре свој циљ. Издаја Русије може да успори ток ослободилачког рата за неколико месеци, али неће спречити победу права над бруталном силом. Само ће Русија испаштати због несхватљивог понашања њених садашњих вођа. Када Русија буде поново роптала под кнутом аутократе који је гори од овог кога су протерали, а што ће се неизбежно догодити, нека не долази да се жали. Одговор ће гласити да је добила само оно што је заслужила.

Разуме се да су ови подмукли потези растужили храбре савезничке јединице међу којима живим. Додаћу још да су руски војници источних армија изјавили да не желе да се поводе за срамним примером својих другова из Лењинове „црвене гарде" и да ће часно наставити да се боре. Очигледно је да је ова руска издаја највише погодила Србе.

Није реч о томе да они страхују да ће ово довести у питање коначни исход борбе. Ратоваће неколико месеци дуже. Откако су ступили у рат, навикли су да буду стрпљиви. Међутим, због оваквих поступака своје браће по раси Срби су у моралном смислу испаштали, и поново ће испаштати.

Србија, коју је велико северно царство пречесто потцењивало, која је чак била и у његовој немилости, одувек је Русе сматрала најистакнутијим припадницима своје расе. Са донекле скривеном љубављу, она је увек упирала поглед према Петрограду и Москви, као према центрима свог интелектуалног живота. Срби данас виде да су њихово поверење и оданост били усмерени ка погрешној страни. Они за које су веровали да су оличење свих врлина словенске расе, издали су словенство у корист германизма! Какво горко разочарење за ове људе који су пристали да поднесу све жртве како би сачували своју част!

Ови честити сељаци занемели су пред драмом која се одвијала пред њиховим очима. Имали су жељу да некако довикну онима који су у великој словенској земљи били спремни да жртвују заједничке циљеве ради онога што су сматрали својом материјалним интересом: „Мислите на своје свете дужности. Мислите на Белгију, на вашу напаћену земљу, на земљу ваше браће. Мислите о томе како својом издајом правите највећу услугу онима који су људском роду нанели толико зла. Не заборавите да победа германизма не значи само нашу смрт, већ и вашу".

Срби ипак нису упутили позив Русима да буду доследни и честити. С једне стране, сматрали су да ће се словенска душа Руса поново уразумити, а с друге стране, били су сувише поносни да би тражили помоћ од оних чија је то била дужност. Иако су били веома забринути, остали су мирни и ништа нису рекли. После онога што се у Русији десило и након свих недаћа кроз које су прошли, држање Срба заслужује велико поштовање, тако да би у будућности они морали бити ти који ће усмеравати свест словенске расе.

Та улога им намеће нове задатке. Сада су они ти који без престанка морају да понављају, не само свом народу, већ и свим Словенима који још увек чекају да дође време правде: „До краја, до краја"! Њихови неустрашиви војници који се боре по пустим каменитим висовима око Црне реке, то је последња генерација њихове земље. Никада се нису премишљали око тога да ли ће пролити своју крв за заједничку ствар или не. Данас имају још једну нову дужност: да служе као пример целој својој словенској раси. Задатак је тежак, али са собом носи и велику одговорност и велику славу, а Срби су одувек волели славу коју поштено заслуже!

Од чувене седнице у Скупштини у Нишу придржавали су се увек истог начела: „Радије смрт него понижење". Овај завет их је одржао током тегобног повлачења преко непријатељских албанских планина, на Крфу, и током жестоких битака прошле јесени. То су те свете речи које као да и даље излазе из мртвих уста њихових другова палих на Кајмакчалану, Редуту, Триденту и на коти 1212, које сам лично видео на светлости последњих зрака јесењег сунца које је залазило за планине око Битоља. Неколико дана касније требало је да заједно са својим храбрим друговима и Савезницима преотму ове положаје од свирепог и дивљег непријатеља.

Овим повицима са скупштинског збора у Нишу, Срби, словенске вође, додаће још један поклич: „До краја"! Њима, додуше, нису потребне ове речи да би их храбриле. Четири пута су одбили повољне понуде за мир. Али, упутиће их својој браћи чија срца нису од тако чврстог материјала као њихова. Са Французима, Енглезима, Италијанима и Американцима, Срби ће их водити у освајање права и слободе.

2. март 1918.

ЈЕДАН ПРИМЕР БУГАРСКЕ ОКРУТНОСТИ

Солун, 2. фебруара /1918./

Често смо у току овог рата слушали о томе како су Централне силе и њихове слуге на окрутан начин вршиле погром цивилног становништва, жена и деце. На самом почетку рата много се говорило о деци којој су одсецали руке, о младим људима ископаних очију, итд. Не знам да ли је непријатељ хтео да жртву овако суровог иживљавања, иако обогаљену за цео живот, ипак остави у животу. Међутим, код Срба сам наишао на десетине оваквих случајева. У Прњавору сам, на пример, отворио једну гробницу и скоро на површини земље нашао сам једну малу дечију руку на којој је и даље била мала наруквица од стаклених перли. Али, као што сам већ рекао, ове жртве су биле мртве. Исто тако, врло често сам на телима цивила, жена и деце у Србији, као и на фронту, виђао ожиљке од окрутних телесних казни, па чак и од удараца задатих пушком, револвером или бајонетом. Међутим, место ударца није намерно одабрано да би се жртва осакатила, а да притом остане у животу. Можда је непријатељ имао намеру да убије жртву, али је ударац насумице нанесен.

Ипак, током моје истраге у српској и грчкој Македонији, 1914–1915. године, имао сам прилике да видим један случај намерног сакаћења који су починили Бугари. Они су најпре Кризафису Папазоглуу, једном старијем Грку, 63 године, из села Шикартикли (Бугарска), одузели све што је имао. Затим су му одсекли обе ушне шкољке, и на крају га протерали.

Данас испред себе имам једну другу жртву бугарског дивљаштва, коју су Бугари обогаљили на други начин: за разлику од Папазоглуа, њему су одсекли језик!

Константин Иванович Кристоповов (руски држављанин), сада има 24 године. То је један паметан младић који пише – јер више не може да говори – руски, српски, грчки и мало француски језик. Године 1914. живео је срећно и безбрижно са својом породицом у Новом Селу, код места Филипополи. Његов отац је 1876. године дошао у Бугарску да ослободи народ за који се мислило да су руска браћа. Остао је у Бугарској, оженио се Гркињом и постао сеоски поп. Ту су рођени Константин, његова два старија брата и две сестре. Без обзира што су Руси, његова два брата су се 1912. године заједно са Бугарима борила против Турака. Међутим, против Срба нису хтели да се боре и зато су избегли у Русију, а у Ново Село су се вратили тек после потписивања Букурешког мира.

Бугари су хтели да им се освете, па комитет „Једрену Македонија" 23. марта 1914. године шаље 10-12 комита у село. По завршетку службе, између 5 и 6 сати ујутру, они сачекују попа и његове синове и одводе их у шуму. Својим комитским оружјем, дугачким ножем, камом, они одсецају нос и језик и ваде очи оцу и двојици Константинове браће. Затим су их докрајчили. Несрећни младић је био присиљен да присуствује овом масакру. На крају су шчепали Константина, извукли му језик из уста и одсекли га. Лежао је онесвешћен у локви крви добра два сата, пре него што су га пронашли мештани села. Одвели су га у Цариград у болницу, а неколико месеци касније побегао је најпре у Солун, а затим у Патрас, где се прикључио својој мајци и сестрама које су тамо већ биле побегле.

Данас о овом младићу брину Савезници. Храни га француска војска у Солуну, а он сам, иако је нем, покушава да живи колико-толико подношљивим животом. Цео покретни део његовог језика је одсечен, и не само да не може да изговори било какав глас, већ има тешкоћа и када једе чврсту храну.

Ето шта раде Бугари који би хтели да их сматрају најцивилизованијим народом на Балкану, и који су тако поносни на немачку „културу". А највећи део окупиране Србије је под управом ових безочника! Шта ли ће остати од ове несрећне земље када издајнички народ Фединанда Кобурга стигне заслужена казна?

<u>19. март 1918.</u>

ГРЧКА И СРБИЈА

Солун, 17. фебруара /1918./

У јесен 1915. године званична Грчка, на челу са својим краљем Константином, издала је Србију и са њом и све чланице Антанте. Пошто сам у то време знао шта садржи грчко-српски споразум, јавно сам обзнанио ту издају. Међутим, видео сам да јавност не верује много у то, јер сигурно сматра да је немогуће да је једна влада, под званичном заштитом Француске, Енглеске и Русије, у стању да игра тако перфидну двоструку улогу. Данас је реформисана грчка влада у својој Белој књизи објавила овај савезнички уговор, тако да јавност сада може да се увери да ни у чему нисам претеривао.

Срећом по Грчку и њену будућност, Хелада је поново стала на ноге. Прошло је више од две године и Венизелос је, спасавајући Грчку по други пут, успео да нађе начина да судбину земље усмери на прави пут. Константин је протеран. Прва брига нове владе, која заступа част своје нације, била је да се поново приближи Србима и да, колико је то могуће, надокнади штету коју је овом народу учинио прогермански краљ и министри и војници заслепљени пруским милитаризмом.

Задатак је заиста био деликатан. Иако се нису на сав глас жалили, Срби су били дубоко повређени издајом својих бивших савезника. Знали су да су због ове издаје изгубили своју земљу, јер да се Грчка потрудила да помогне земљи краља Петра, што је била њена обавеза, Бугарска никада не би напала Србију. Али, владајући кругови из Софије су већ дуго били свесни да би Константин, тај пруски маршал, дозволио да се Србији помогне, али под условом да поделе плен. Доказ за то налази се у грчкој Белој књизи. Венизелос и његови сарадници су Србима ставили до знања да грчки народ није знао за ову издају. Поступајући са много тактичности, успели су да сломљени српски народ осети да здрав део њихове нације, који представља већину, има само једну жељу: да исправи неправду и да са херојском Србијом поново сарађује на постизању заједничког циља, а то је слобода оба народа.

Начин на који Срби размишљају јесте размишљање честитих и поштених људи, што они и јесу. Они нису осветољубиви и веома су сентиментални. Чим виде да је неко тужан, они показују да саосећају са њим. Пошто су Грци искрено изразили своје жаљење због онога што се десило, поново су им постали драги. Нарочито су их заволели откад све бројније грчке јединице одлазе на фронт да би заједно са њима поново преузеле српску и грчку Македонију и да би протерале крволочног непријатеља са свете земље Шумадије, Тимока, Поморавља, итд. Приближавање се одвијало постепено, и управо је то оно што гарантује да ће блиски односи између ова два народа бити дуготрајни.

Прошле недеље се десило нешто што је дефинитивно запечатило поново успостављено пријатељство Србије и Грчке. Млади краљ Александар од Грчке дошао је у Солун и заједно са српским регентом посетио српски фронт. Овај млади краљ, Константинов син, изазвао је много подозрења својим доласком на власт. Хоће ли следити пример свог оца? На сву срећу, стварност је јасно показала да није било разлога за страх. После неколико недеља расула које је потпуно разумљиво, па чак и природно, Александар је сагледао ситуацију и схватио каква је његова обавеза према народу чија га је судбина поставила на краљевски трон. Усвојио је Венизелосову концепцију и проценио, као и Венизелос, да је први задатак његове земље да исправи неправду коју је нанела Србији.

У оваквим околностима, састанак шефова две државе могао је бити само срдачан, и такав је и био. Краљ Александар је у принцу Александру видео не само савезника, већ и пријатеља који веома добро разуме врло незгодну ситуацију у којој се нашао. Срби, а на првом месту регент Александар, умеју да цене став који је овај владар заузео, а то је прихватање Венизелосове политике савезништва са Србијом и отворена осуда подмуклог понашања његовог оца.

Сада је краљ Александар имао прилике да види српске трупе на самом фронту. Сигурно се уверио да ће са таквим савезницима, који ће поново изградити њихове куће које је заједнички непријатељ уништио, Грчка моћи са сигурношћу да планира будућност. Што се тиче Срба, они су срећни што су обновили старо пријатељство. После овог рата, судбине Србије и Грчке биће повезане више него икада пре. Догађаји су показали да се не може уништити једна од њих, а да се у исто време не зада смртни ударац другој. Људи који управљају овим двема државама научили су лекцију и огромна грешка Грчке се више неће поновити.

22. март 1918.

АУСТРОУГАРСКА ПОДМЕТАЊА
(посебном депешом)

Крф, 20. марта /1918./

Уз помоћ коју им пружа немачка штампа, Аустроугари с времена на време објаве вест о сепаратном миру са Србијом. Ове гласине треба да постигну неколико циљева. Први циљ је да храбри становници окупиране Србије, који очекују долазак браће ослободилаца, потпуно клону духом. Затим, желе да деморалишу Југословене из Монархије, који добро знају да би закључивање мира између Србије и Аустроугарске у садашњим границама за њих значило коначни пад у ропство. Исто тако, надају се да ће владу принца Александра завадити са Савезницима тиме што ће наговестити да она жели закључивање мира по сваку цену. На крају, оваквим вестима желе да покажу да Срби желе да се мир потпише још брже него њихови становници који су већ уморни од ратовања, и да тако унесу мир међу своје сународнике.

Штампа Централних сила сада користи министарску кризу у Србији да би читаоци поверовали да земља дубоко поштованог краља Петра жели да потпише сепаратни мир. Опозицију у Скупштини представља као спремну да најпре сврге Пашића, по њој, главног противника сепаратног мира, и да одмах затим склопи споразум са Владом из Беча и Будимпеште.

Дакле, садашња криза, коју сам на лицу места и од самог почетка пратио, нема никакве везе са наводном жељом за потписивањем мира. Баш напротив, опозициони лидери са којима сам имао прилике да водим дуге разговоре управо Пашићу пребацују да је био сувише слаб што се тиче наци-

Жртве отровног гаса у Битољу

Група немачких и бугарских официра у Битољу

Изгинули српски војници на Солунском фронту

Престолонаследник Александар и војвода од ваша, генерал Бојовић
пред положајима око Брегалнице

оналних питања, то јест ослобођења хрватске, далматинске, словеначке и босанске браће од аустроугарског јарма. Они су незадовољни што председник није одмах и енергично протестовао против тога што су у својим говорима господа Лојд Џорџ и Вилсон заборавили да спомену српске циљеве. Да ли је ослобођење Југословена од хабзбуршког ропства у складу са жељом да се пошто-пото склопи мир са Аустроугарском? Зар жеља за ослобођењем није више него довољна најава обрачуна са угњетачима?

Не, садашња криза никако не значи капитулацију српског народа пред омраженим окупатором, већ напротив – јачање борбе свим дозвољеним средствима, како би се дошло до националног уједињења. Уосталом, о њему ће се ускоро одлучивати у најбољем интересу Србије и сила Антанте. Опозициони посланици су ватрене патриоте, исто колико и други. Они могу да се не слажу са партијом на власти у погледу начина управљања, али све партије деле исто мишљење када је реч о њиховој земљи и њеној части. Разлог за овако дугу кризу јесте жеља да се отклоне сви неспоразуми, и због тога се подробно разматрају сви детаљи коначног договора, до кога ће ускоро доћи.

Србија, као и сви Срби, знају да њихова будућност зависи од тога да ли ће Двојна монархија бити распарчана или не. Ако она остане у оквирима садашњих граница, Србија ће бити понижена до крајњих граница, а Југословени ће дефинитивно пасти у ропство. Наиме, Срби се нису тако храбро борили, нису жртвовали све што су имали, нити су преживели голготу повлачења преко Албаније и страхоте на острву Видо да би их на крају задесила оваква судбина. Не, сви, без изузетка, желе слободну Србију која ће ујединити сву њену браћу, а што је једино могуће ако се Аустроугарска подели. То значи борбу до краја, све док један од противника не падне мртав. Срби нису Руси, они су већ свашта преживели.

Уз то, уверени су да могу да рачунају на своје савезнике, а нарочито на Француску, која их неће напустити. Србима је савршено јасно и то да међу њиховим савезницима постоји још једна земља која, као и они, жели да се Аустроугарска подели, а то је Италија. Ово је сигурна гаранција да ће ове две земље склопити италијанско-српски савез, који је обема потребан. Централне силе ипак неће успети да обману јавност, јер за савезнике Србије овде на Крфу и у Солуну и данас важи девиза са последње скупштине у Нишу: „Радије смрт него понижење", што значи – или победа над Аустроугарском или смрт.

3. април 1918.

СРПСКИ УСТАНАК ИЗ 1917.

Солун, марта 1918.

Бугари су били веома узнемирени када је у првим месецима 1917. године букнуо устанак у окупираној Србији. Већ је свима позната њихова теза којом желе да објасне и оправдају злочин који су починили када су у своју војску мобилисали Србе са окупираних територија. Како они тврде, бугарска је не само цела Македонија, већ и делови Старе Србије, Моравски и Тимочки регион. Дакле, ако су у своју војску мобилисали становнике ових крајева, то значи да су мобилисали Бугаре. У новинама из Софије у прво време се тврдило да су житељи окупиране Србије срећни што могу да служе у бугарској војсци. Али, после избијања устанка, морали су да признају да је ово био најтежи ударац који им је задат, с обзиром на то да сада више нису могли да тврде да је становништво окупираних територија бугарско.

За јавност ван Бугарске, Влада у Софији покушавала је да бројним саопштењима у штампи неутралних земаља устанак у Србији прикаже као акцију неколико разбојничких банди које су иначе терорисале локално становништво. У ствари, српски устанак од 1917. године био је очајнички чин становника, огорчених због свирепог поступања бугарских и аустроугарских окупатора. Треба напоменути да устанак није избио само у крајевима под бугарском окупацијом, већ и у деловима земље које су окупирали Аустроугари. Бугари и Аустроугари су убили и депортовали огроман број људи. „Аустроугари су вешали, а Бугари су мучили на све могуће начине", рекао ми је млади Властимир Вуковић, један од устаника који је успео да се прикључи Србима на Солунском фронту. Штавише, Бугари су за своју војску мобилисали српске мушкарце, да би ратовали против сопствених очева и браће.

То је већ било сувише. Становници су узели нешто мало оружја које су могли да набаве или које је српска војска у повлачењу закопала у земљу, и отпочели напад на окупатора. У Прокупљу, Куршумлији, Љиљану, Блацу, Брусу, Рибарској Бањи, Ристовцу, Јастрепцу, Лесковцу, Власотинцу, Пироту, Курвинграду и Нишу било је крвавих битака. Блаце, Брус и Рибарска Бања налазе се на територији под аустроугарском окупацијом.

Устаници су у прво време имали значајних успеха. Заробили су више хиљада непријатељских војника, које су затим ослободили, док су непријатељи убијали њихове заробљене саборце. Међутим, Бугари, Немци и Аустроугари послали су појачања. Тако је цела Прва дивизија из Софије послата на устанике. Лоше наоружани, несрећни Срби нису могли да се одупру јединицама са најмоднијим ратним наоружањем. После двадесет дана борбе, били су принуђени да се повуку у планине, одакле су наставили да воде герилски рат против својих тлачитеља, којима нису дали мира ни предаха.

Колико је било устаника? Моји сведоци, бугарски заробљеници и Срби који су побегли, дају различите бројке. Једни кажу да их је било 25 000, други 15 000, трећи 10 000, четврти 12 000. У сваком случају, сигурно је да их је било много више од 1 000. Али, нису сви били наоружани. Један официр из 32. пука тврди да је од 10 000 устаника само њих 3 000 било наоружано пушком.

На овом месту треба додати да је, судећи према истоветним сведочанствима која потичу из различитих извора, број српских устаника био увећан за неколико стотина Бугара који су били незадовољни режимом Кобург–Вилхелм де Хоенцолерн. И заиста, било је побуна у неким бугарским пуковима, па чак и на самом тлу Бугарске. Тако су се војници целог 21. пука бугарске пешадије побунили против својих официра и убили их. У јуну 1917. године дошло је до побуне у Осмој дивизији на Ђевђелијском фронту. Бугарски побуњеници и дезертери спалили су до темеља Босилеград, а у исто време букнула је и једна буна код Гостивара.

Изгледа да се српски устанак проширио и према северу. Имам податке да су побуне избиле и код Зајечара, Књажевца и Пожаревца. Само у селу Кобиљу код Пожаревца, Бугари су убили око 200 мушкараца, жена и деце.

Одмазда Аустро-Бугаро-Немаца била је немилосрдна. Сви моји сведоци, како Срби, тако и већина Бугара, у потпуности се слажу са овом оценом. Једногласни су такође у изјавама да су сви устаници који су избегли масакре, као и недужни становници побуњених крајева послати у Малу Азију. Села су спаљена а „земља је опустела", како кажу сведоци.

Бројни истоветни искази српских и бугарских сведока, које поседујем у свом истражном досијеу, пружају доказе о свему што сам овде навео. Они на категоричан начин показују да бугарско објашњење да се радило о једној обичној разбојничкој акцији није тачно. Овај устанак био је последица нехуманог поступања Бугара и Аустроугара према српском становништву, као и одговор на мобилизацију Срба за бугарску војску.

<u>12. мај 1918.</u>

ПИСМО СА МАКЕДОНСКОГ ФРОНТА

12. априла 1918.

На Западном фронту бесни битка. Ми овде пратимо све њене фазе. Свесни смо да је задатак изузетно тежак и да је ово највећа битка која је виђена у историји, али ми смо пуни самопоуздања. Овај кратак и снажан удар Немачке пропашће исто као и сви претходни, а „неће проћи" Франко-Енглеза биће коначан.

У исто време, стање на македонском фронту је мирно. Додуше, има и даље „артиљеријских дуела" и „патролних акција", да се изразимо језиком званичних извештаја, али, из предострожности, свако са своје стране и даље поставља страже око важних положаја. Међутим, то не значи да на овом фронту неће бити акција до краја рата. То само значи да овај фронт директно зависи од других, а нарочито од Западног фронта. Како ће се овде одвијати догађаји зависи од исхода битке која се води у Француској.

Како сам вам већ раније рекао, током ове зиме српске снаге појачане су југословенским контингентом који је пристигао из Русије. Ово појачање било је важно, чак веома важно са тачке гледишта повећања броја војника у српској војсци, али пре свега у моралном смислу. И заиста, присуство ових јунака међу њиховом српском браћом најбољи је доказ снаге југословенских аспирација које иду у правцу уједињења свих

Срба и стварања јединствене слободне и независне српске државе. Ова легија формирана је 1916. године у Русији, од Хрвата, Словенаца, Далматинаца, Херцеговаца, Босанаца, од житеља Баната и Бачке, којима се придружио један значајан број Чехословака. Сви они били су бивши аустроугарски војници који су се предали Русима јер нису хтели да се боре за интересе својих најгорих непријатеља, а против своје сопствене браће.

Нема потребе да истичем шта је ова југословенска легија урадила у Добруџи. Сваки њен члан знао је да га истог тренутка чека смрт вешањем ако буде заробљен. Често се дешавало да их Руси оставе на цедилу, иако су били дужни да им помажу. Морали су сами да се пробијају кроз густо збијене редове Аустро-Бугаро-Немаца. Њихова храброст није била довољна да спаси Румунију коју је већ натрула Русија издала. Затим је дошла руска револуција, која је на почетку много обећавала, али чију су праву природу Србо-Југословени врло брзо увидели. Они осећају да им више није место међу овим фанатицима, који су свесно или несвесно били саучесници Аустро-Немаца. Желе да се прикључе својој браћи на Солунском фронту. Али Руси тада чине све да их у томе спрече, што је још један доказ за њихову издају у корист Централних сила. Војницима обећавају 8 франака дневно ако остану у Русији... *да ту сачекају Аустроугаре, своје угњетаче!* Неки нису одолели искушењу, али највећи део ових часних људи инсистира да одмах оде одатле. Сваки војник и сваки официр доставља руским властима, ако уопште још може да се говори о руским властима, својеручно потписану изјаву да жели да се прикључи српској армији. Уз много тешкоћа, неки преко Сибира, а неки преко Јапана и Америке, припадници југословенске легије стигли су у Солун, одакле су касније ови сјајни и поносни ратници отишли на фронт.

Данас су са својом српском браћом, и ја сам их видео. Ентузијазам принца Александра унео је у њихове редове мир и спокој. За њих, он није само војни заповедник, већ и оличење њихових националних стремљења и барјактар њихове расе.

Ови људи имају још једну жељу, а то је да им се прикључе њихови другови заробљени у Италији. Знају да и они сами то траже. Сада, када су се Србија и Италија приближиле једна другој, и када су Југословени и Италијани постигли споразум на конгресу у Риму, нико не сумња да се влада краља Виктора Емануела више неће томе противити. То би истовремено могао да буде чин пријатељства и наговештај једног снажног и дуготрајног италијанско-српског савеза.

Аустроугарска се узалуд батрга. Она може да покуша да својим текстовима на француском језику и лажним насловима доведе у заблуду неутралне земље, па чак и силе Антанте. Њени покушаји немају успеха. Овде, у македонским рововима, има на хиљаде македонских младића, њених некадашњих поданика, који тиме што жртвују своје животе показују свету о чему је заправо реч. Аустроугарска: невелико подручје мале националне мањине која бесрамно експлоатише и угњетава друге.

<u>2. јул 1918.</u>

ПИСМО ИЗ СОЛУНА
(Од нашег дописника)
Један дан на српском фронту

25. маја 1918.

У Солуну и у Вардарској долини већ је толико вруће, као код нас усред лета. Безброј аутомобила и камиона који пролазе кроз град и његову околину подижу густе облаке прашине. Град се издалека ни не види од завесе жућкастог дима који га прекрива. Али, на планини је лепо, а највећи део српског фронта налази се управо на планини чији врхови увелико премашују висину од 2 000 метара.

Јутрос сам напустио своју алпску „кању" (врста караyле, налик оној са Дивљег Запада), да бих обишао ... пук који поставља страже на једном важном и тешко доступном стеновитом положају. Узјахао сам коња и кренуо са једним пријатељем официром кроз борову шуму коју су војници својим секирама сасвим проредили. Како је ова шума била лепа прошле године! Сунчеви зраци су се једва пробијали кроз њу. Данас изгледа јадно, а пањеви, који су некада били дивна велика стабла, сада тужно труле испод маховине и грмља боровница које ће се због сунца осушити. Рат је уништио и шуме.

Напуштамо борове и скрећемо на стрму узбрдицу кроз букову шуму прошарану огромним стенама. Наш ордонанс узима коње и почињемо да се спуштамо, то јест да се клизамо по блату и росној трави. За неколико минута стижемо до једне огромне стене. Заобилазимо је и избијамо на један љупки мали врт са вратима прекривеним боровим грањем. На неколико метара од њега је кућица од дрвета, сакривена испод избочине која наткриљује стену.

Један официр проседе косе, иако још увек млад, чека нас испред врата кућице. То је леп и достојанствен човек, прави српски представник. Својим насмејаним очима и широко раширеним рукама одмах нам показује колико је командант једног пука оваквих јунака срећан када има посету тако близу непријатеља.

Никада није клонуо духом. Снагом доброг и неустрашивог дечака држао је на окупу свој пук у најтежим тренуцима, а нарочито током повлачења преко Албаније. Ево, сада стиже и његов штабни официр, да са нама подели ручак. Ту је и помоћник команданта, не тако причљив као он, али од оних људи код којих се већ на први поглед види поштење и урођена доброта; затим лекар, руководилац пуковске санитарне станице, и један Рус, који је са Србима још од Првог балканског рата. Он је по природи весео, забаван и шармантан. С времена на време преко очију му прелети сенка туге, јер му се често враћа мисао на издају његове земље. Без обзира што своју земљу воли, сваки пут се због тога постиди. Он дубоко у себи носи љубав према Словенству, а у Србима види правог предводника своје расе. И на крају, са нама је и неколико младих, мало уздржанијих официра, за које би се рекло да су срећни што за команданта имају тако срдачног човека.

Седамо за сто. Оброк је одличан, а спремио га је српски војник-кувар, на прави српски начин: чорба са резанцима, пре које је послужено традиционално српско предјело, бели сир, затим млади лук, шунка, каша, јагњеће печење са салатом, пита и једна добра чоколадна торта. Не хране се лоше тако близу Бугара! Јело се залива црвеним и белим вином, а највише шампањцем.

Разговор се није прекидао током целог ручка. Својом песмом и виолином забављао нас је Мика, Циганин војник. Када је у рову, он своје задатке извршава часно и одговорно, али када је у друштву и када узме виолину у руке, поново постаје прави Циганин који пева из срца и на свој начин, у складу са својим темпераментом. Док свира, приближава нам се увијајући се гипко око нас.

Ручак је завршен. Одлазимо под сеник. Командант је весео, и да би показао своје задовољство, по старом српском обичају лепи новчаницу од 10 франака Мики на чело. Послеподне пролази. Бугари су мирни, али им се спрема изненађење. Када су се сунчеви зраци потпуно искосили, пуковник нас води на своју пуковску осматрачницу, на неколико стотина метара испред непријатељских ровова. Тек што смо се сместили, почиње канонада. Командант поново постаје само војник и издаје наређења. Када се све поново стишало, вратили смо се у штаб, попили пиће за растанак и кренули назад. Пратили су нас гласови наших пријатеља који су остали очи у очи са непријатељем. Хоће ли и даље ови весели и добри другови, чије расположење непријатељ није успео да уништи, и даље бити овде, када се ми будемо вратили у Београд?

<u>9. јул 1918.</u>

ПИСМО ИЗ СОЛУНА
(Од нашег дописника)

Солун, 30. маја 1918.

Мало-помало свет се упознаје са начином на који су Немци, Аустроугари, Бугари и Турци поступали и како и даље поступају према свом противнику, као и према становништву чију су територију привремено окупирали. Управо сам завршио испитивање бројних турских војника грчке националности које су Енглези заробили у Месопотамији. За ваше читаоце укратко ћу изложити оно што су они том приликом изјавили, без навођења њихових имена, с обзиром на то да добро знам какве мере одмазде примењују противници Антанте над блиским рођацима оних који открију њихова недела. Напомињем да су све ово што ћу рећи потписали сведоци лично, и да се њихове изјаве налазе у званичним записницима ове истраге.

Пре свега, сведоци изјављују да су Германо-Турци масакрирали све оне које су заробили на Галипољу. Изгледа да ни немачком генералу Лиману фон Сандерсу нису били страни овакви поступци. Очевици тврде – подсећам да су били у саставу османлијске војске – да је овај старешина једном поверљивом наредбом својим официрима обећао награду од две турске лире за сваку донету енглеску пушку, да је истом том наредбом наложио да се заробљеници убију и да је дао дозволу за пљачкање њихових лешева, што је потпуно у складу са природом турских војника, додају они.

Војници су се жалили да, када су отишли на фронт Месопотамије, нису могли да поднесу одвратни смрад хиљада лешева остављених да леже поред пута. То су већином била тела Јермена и Јерменки, али ту и тамо наилазили су и на тела Грка који живе у Малој Азији. Њих су Турци, уз пристанак својих немачких господара, најпре одвели у логоре, а затим масакрирали. Сведок П. каже да је свакога дана могао да изброји око 200 јерменских или грчких лешева разбацаних поред пута. Некима од њих била је одрубљена глава. Поднаредник Д. је на месту које је од Ђарбекира удаљено два сата, на површини од око 200 квадратних метара избројао више од 300 одрубљених глава.

Турци су, као и Бугари, у своју војску укључивали и житеље својих противника које су заробљавали. Тако су се на фронту Месопотамије налазили и бивши српски војници и муслимани из Македоније које су Бугари заробили у јесен 1915. године, а затим их предали Турцима. Од Алжираца које су Немци заробили у Француској, а затим их предали Турцима, формиран је батаљон назван „Афрички батаљон". Алжирци су се непрестано бунили што су их укључили у непријатељску војску.

Сви сведоци су ми потврдили оно што свет већ зна о прогону Јермена, али су ми исто тако нашироко причали о страдању коме је изложен грчки народ у Османском царству. Добро је познато да су ове грчке заједнице врло бројне и углавном веома богате. Према изјавама сведока, Турци су депортовали милион и по ових Грка. Њихова имовина је опљачкана и раздељена руководиоцима комитета „Јединство и напредак", официрима и државним чиновницима, као и Турцима који живе на територији где се имовина налазила. Депортовано становништво сместили су у толико нездрава подручја да умиру као муве, утолико пре што немају ни довољно хране. Дешава се да конвоји са протераним ни не стигну на одредиште јер их током пута убијају војници који их спроводе, како би им украли и оно мало ствари које су успели да понесу са собом.

Потпуно је јасно да је Немачка била саучесник у оваквом поступању. На пример, када је генерал Лиман фон Сандерс путовао у Смирну и када је видео колика је грчка колонија у овом граду, изјавио је да то није Османско царство, већ грчко, и да треба протерати све хришћане из ових крајева.

Од самог почетка непријатељстава, велики број Грка из Турске био је прикључен војсци, али нису третирани као војници. Од њих су формирани батаљони физичких радника којима нису давали одећу, а понекад чак ни храну. Тако је један грчки лекар који је служио у батаљону радника из Ислашеа, близу Алеба, рекао једном од мојих сведока да је његов батаљон бројао 1 200 људи у тренутку када је напустио Смирну. Када су стигли у Ислаше, остало их је само 600. Остали су поумирали током пута. Турци желе да истребе све становништво које их омета у „потурчавању" земље за коју тврде да је њихова. Овакву „политику" ће кад-тад стићи заслужена казна, а то је управо оно што правда подразумева и што улива снагу народима који данас страдају под чизмом својих окупатора.

26. јул 1918.

У БУГАРСКОЈ
(посебним дописом)

Солун, 19. јуна 1918.

Ових дана су нам телеграфски јавили новост да је Радослављев поднео оставку. Да ли ово значи да ће нестанком главног поборника германофилске политике са политичке сцене нестати и саучеснички однос између Бугарске и Централних царстава, како би се Бугарска приближила Антанти и потписала један сепаратни мир? Никако, Бугарска ће остати чврсто уз Централна царства. Чак и да хоће да се ослободи ове везе, то ће моћи да уради само у случају да немачка војска доживи потпуни слом. Ова промена само показује да је бугарски народ незадовољан ситуацијом у својој земљи, да је Фердинанд Кобург, сигурно на своју жалост, морао да жртвује свог оданог Радослављева, који је био *persona gratissima* у Берлину. Говори се да ће га заменити Малинов. Ово је врло могуће, чак вероватно. Софија ће наставити да подржава колико год може освајачке циљеве Аустро-Немаца, али ће настојати и да подгреје стару демократско-либералну репутацију овог политичара, како би се на тај начин умешном пропагандом додворила силама Антанте, а нарочито Америци. Ова држава још није објавила рат Бугарима, и они ће све учинити како до тога не би дошло. Не ради се о томе да они посебно цене институције прекоморске Велике републике. Наиме, Бугари воле само једну ствар, а то је новац. Америку иначе сматрају неком врстом краве музаре, где ће њихови људи отићи да зараде новац који ће затим унети у своју земљу. Штавише, Бугарска рачуна на помоћ Америке, да од ње добије новац који јој је потребан за развој индустрије, коју ће експлоатисати заједно са Немцима. Немци, пак, са своје стране не виде ништа лоше у трговини коју Софија настоји свим силама да успостави са Вашингтоном. Они процењују да ће Бугарска тако остварити везе које ће за саме Немце бити драгоцене, како би на индиректан начин обновили своје пословне односе са Америком који су током рата прекинути. Изненађује то што у Белој кући нису јавно разоткрили ове подмукле намере.

Већ сам рекао да је бугарски народ незадовољан ситуацијом у својој земљи. Доказ за то није само смена у врху власти, већ и прича бугарских дезертера, чији се број све више и више повећава. Не треба умишљати, иако би неки волели да се у то верује, да ови људи напуштају своју армију зато што су привржени истим циљевима као и силе Антанте. Не, они су једноставно незадовољни људи којима је доста рата и који не верују у успех своје земље. Саслушавао сам велики број њих и сви су потврдили да у народу постоји незадовољство. Један од њих, официр, дао ми је информације које ћу овде укратко пренети вашим читаоцима.

Још у току мобилизације, неки официри, који су били проницљивији од других, саветовали су да се не иде у рат против сила Антанте. Мој сведок познавао је њих 150 који су после тога стрељани. Када је прошла опијеност првим успесима и када је рат почео да се одуговлачи, разлози за незадовољство су се увећали, с обзиром на то да је и хране било све мање. Дошло је и до побуна у војсци. После битке на Кајмакчалану заробљено је 1 200 војника и официра, док је 200 војника и три или четири официра убијено. Затим је дошло до побуне у 21. пуку. За сада можемо да кажемо да их је било у неколико бугарских пукова, као на пример у Осамдесетом. Команданта једног од батаљона овога пука, Кристова, тешко је ранила бомба коју су војници тако окачили изнад врата да је морала да падне чим се врата отворе. Побуњеници су набавили гранате на основу лажних купона и побегли у планину. Устанака је било и у многим градовима у Бугарској, највише због несташице животних намирница. Бугари су тамо послали Албанце који су поубијали много људи. За казну, у Сливену је убијено 15 жена, а добар број људи је отрован.

На окупираним територијама, државни цивилни и војни службеници користе свој положај да би изнудили новац, крали намештај, итд. од нападнутог становништва. Пријатељи мог сведока, официри у гарнизону у Нишу, рекли су му да су из Ниша послали својим кућама све што су могли: намештај, тепихе, итд. Реквизиције се углавном врше произвољно и скоро се никада не плаћају.

Бугари су поставили најгоре људе на градске и сеоске функције, а нарочито у Македонији. Један човек по имену Ђорђе Величков Слатина из Татар Пазарџика, који је пре рата стално био по затворима, послат је у Србију на место комесара задуженог за интернирање Срба. Разуме се да су сви ови привремени службеници обични разбојници. Овај човек је добио одликовање од Бугарске, Турске и Немачке. Кантарђев из Старе Загоре, један познати комита, такође је био послат у Србију, са истим задатком као већ поменути Величков. Мој сведок додаје да нема ничега чудног у томе што држава запошљава бивше криминалце, имајући у виду да је Радослављев кабинет састављен од седам министара, од којих су њих петорица била судски гоњена због малверзација, проневера, фалсификовања и сличних прекршаја.

Сведок ми потврђује да су за бугарску војску мобилисани људи способни за рат са окупираних територија, како српских, тако и грчких. Он додаје да се у Бугарској добро зна да ово оставља врло лош утисак у свету, али се оваква мобилизација и даље спроводи због попуњавања броја људи у јединицама. Уосталом, мобилизација, као и депортовање становништва вршени су по савету Немаца.

Што се тиче бугарско-немачких односа, овај официр каже да су они веома лоши у народу и међу војницима. Насупрот томе, високи бугарски официри имају користи од Немаца, док их нижи официри и војници мрзе.

3. август 1918.

ЗАШТО ДОЛАЗИ ДО ПОБУНА У БУГАРСКОЈ

Солун, 22. јуна /1918./

Данас се зна да је у последње време било много побуна у земљи Фердинанда Кобурга и да их још има. Неки су желели да ове револуционарне догађаје протумаче као доказ да бугарски народ замера својим властима што су му наметнуле рат на страни Аустроугарске. Другим речима, ти људи сматрају да, што се тиче одговорности за учешће у рату, може да се направи разлика између бугарског народа и његове владе. Ако је веровати штампи која нам долази из Америке, председник Вилсон и комисија за иностране послове америчког Сената своју одлуку да одбију објаву рата Бугарској базирали су управо на прављењу разлике између Владе и народа. Кобургов представник, видевши да може да извуче корист из ове заблуде, свом снагом се трудио да покаже мржњу према Централним силама с једне стране, а с друге стране поштовање, па чак и љубав, према силама Антанте, а нарочито према Америци, како би тиме у свести Американаца додатно учврстио уверење о наивности и недужности бугарског народа.

Међутим, што се тиче одговорности за понашање Бугарске у току овог рата, нема разлике између њеног народа и њене владе. Обе стране су подједнако одговорне. У то се можемо уверити ако анализирамо све чињенице. Чак се и протести бугарског министра у Вашингтону могу сматрати оптужујућим за целу његову земљу. Зар стварно неко мисли да би владајући кругови из Софије, ако се не слажу са његовим агитацијама, оставили овог свог представника на истом положају у Влади, после свих увреда нанетих савезницима своје земље? Овај министар је и даље на свом министарском положају и тиме доказује да његова влада одобрава све што је изјавио, и да је дакле у питању режија која има за циљ да се обмане јавност.

Да ли је на почетку бугарске интервенције било макар каквих протеста који би утицали на то да не дође до злочина? Не, ниједног. Напротив, сва бугарска грађанска и социјалистичка штампа, пуна ратоборног жара, није могла да нађе довољно добар начин којим би изразила мржњу према савезницама Србије: Русији, Француској и Енглеској, старим бугарским добротворима. Свуда су се одржавале народне демонстрације којима се тражио рат. Да ли се овако понаша народ који мора да ратује против своје воље, јер га на то присиљава његова власт? Сигурно да међу Бугарима има људи који су искрено жалили због злочинâ који је њихова земља починила. Али, они су били изузетак. Таквих је било и у Немачкој. Да ли неко мисли да ће цео немачки народ бити ослобођен кривице због сарадње са њиховим кајзером, само зато што је било тог блејања јагањаца усред урликања вукова.

Социјалисти се, бар они у Монархији, не могу сматрати провладиним људима. Они су у Бугарској морали да заступају мишљење бугарског народа, за који се тврди да се не слаже са својом владом. Али, социјалисти нису упутили ниједан протест против подухвата Фердинанда и његових присталица. Напротив, они су увелико подржавали њихове империјалистичке циљеве и постали су њихови портпароли у односима са социјалистима савезничких и неутралних земаља, у Шведској и у Швајцарској. Исто тако, постали су и инструмент аустријских империјалистичких претензија у Украјини. Зар овакво понашање није јасан доказ за то да су бугарска влада и бугарски народ надахнути истим осећањима?

Наравно, Бугари су веровали да ће се рат завршити за неколико месеци, и да ће, када протерају Србе са њихове земље, коначно доћи крај њиховим мукама и да ће мирно уживати у резултатима своје отимачине. Преварили су се. Рат се отегао и сада се наврашава трећа година како ратују. Заједно са продужетком рата, стигле су их и све друге невоље које он носи: недостатак хране, разарање породица, губитак људских живота, итд. На све то, земљу су им окупирали Немци који их строго контролишу и искоришћавају. Ово им се, свакако, не свиђа, јер су рачунали на брзу и плодоносну победу. Неки од њих су се побунили. Они криве руководство своје земље, не зато што их је увукло у рат, већ зато што га је лоше водило. Због тога, уместо да им донесе само користи, такав рат им је донео само беду и довео им странце који их експлоатишу.

Ето због чега је било, и још има, побуна у Бугарској. Дижу их гладни људи и они који су незадовољни постигнутим резултатима. Оваквих побуна било је још 1913. године, за време Балканског рата, али нико не би помислио да ће се овако нешто поново организовати, и то у корист Срба и Грка који су данас код Бугара још омраженији него тада.

Бугари су се одувек себично понашали. Па и сада, када се буне против сопствене власти, они показују свој егоизам. Ако њихова пропаганда буде проценила да је то потребно, она ће ове устанке приказати као протест против учешћа Бугарске у рату на страни Централних сила. Надајмо се само да Антанта неће дозволити да поново буде заведена лукавствима из Софије и да ће коначно престати да се прави разлика између бугарске владе и њеног народа: и једни и други подједнако су одговорни.

10. август 1918.

КОД ЈУГОСЛОВЕНА

На српском фронту, 6. јула 1918.

Аустроугарска је упорна у настојању на убеди неутралне земље, па чак и непријатеља, да различите националности уживају широку слободу под њеним бичем и да само желе да и даље верно служе кући Хабзбурговаца. Као одговор на ову стару причу, хиљаде њихових становника југословенске, чешке, словачке, италијанске, румунске и пољске националности налазе се у редовима армија Антанте и боре се за ослобођење њихових земаља од немачко-мађарског угњетавања. Њихову причу знамо. Када су их приморали да уђу у војску њихових завојевача, ови млади људи пребегли су Русима, и уз помоћ српских официра из Србије формирали су дивизије које су се у Добруџи бориле као лавови. Али, руска револуција их се одрекла, а затим и бољшевици. Ове српске патриоте нису имале више шта да траже међу овим безумницима, који су, свесно или несвесно, радили у корист тевтонске аутократије. После дугог и мучног путовања, дошли су да се ставе на располагање српском Штабу Врховне одбране у Солуну. Њихове јединице су одмах послате на положаје, где сам ишао да их обиђем.

Призор је карактеристичан за садашњи рат, у коме се поданици непријатељске земље боре за ослобођење свог народа, као и за слободу у целом свету. Осим тога што жртвују своје животе, они жртвују и своју имовину, па чак и животе својих породица. Добро знају да ће, ако падну у шаке непријатеља, бити срећни ако их неко милосрдно зрно поштеди тортуре која им следи. Највећи део њих свестан је да, ако судбина дозволи да поново виде своју домовину, у њој неће затећи ни свој дом ни своју породицу. Куће су спаљене, а народ погубљен на вешалима, у затворским ћелијама и логорима. Ако не погину на бојном пољу, цео њихов живот ће морати да се мења. Али, ове људе одржава свест о томе да је неопходно поднети жртве за срећу оних који долазе после њих, и они једноставно и радосно полажу своје животе на олтар слободне отаџбине.

Југословени су већином лепи људи, складно грађени. Немају ништа заједничко са Русима, код којих се види да су се мешали са Азијатима. Југословени имају логор у сенци огромних кестенова. Подневно сунце пече. Неки војници се одмарају после ручка, у трави. Други играју карте или певају песме из свог завичаја уз пратњу тамбурице (врсте мандолине), коју су сами направили. Причају колико жарко желе да што пре истерају крвопије. Убеђени су у своју победу. „Може ли оваква правична ствар, као што је наша, да пропадне?" пита ме један од њих, на чијим грудима блистају Карађорђева звезда, српска, руска и румунска медаља за храброст. Питам их одакле су. Из Сарајева у Босни, из Сплита у Далмацији, из Загреба у Хрватској, из Лике на северу Далмације, из Панчева у Банату, итд. Заступљени су сви српски крајеви под аустроугарском влашћу. Питам их знају ли шта је са њиховим породицама. Смркнутих погледа, неколицина њих одговара. „Моји отац и брат су обешени", каже један. „Сви моји, заједно са децом, одведени су у логор на самом почетку рата и немам никаквих вести о њима", каже други. Трећи каже да зна да је његова кућа на селу спаљена и да је цела породица настрадала. Али ови војници-осветници брзо одбацују овако тужне мисли: желе да мисле само како ће да победе и како ће да остваре сан својих очева, а то је формирање велике слободне отаџбине Срба, Словенаца и Хрвата!

Војници и официри везани су чврстим пријатељством, које ни у ком случају не искључује строгу дисциплину. Зар нису подједнако страдали и официри и војници у служби великог циља? Упркос томе што су потчињени, Срби са територије Аустроугарске никада нису изгубили демократски дух своје слободне браће из Србије, а то ће доказати када црвоточна Монархија коначно падне на колена, и када на њеним рушевинама изникне млада и храбра Југославија, која се већ овенчала славом пре него што је настала.

Када би сви, неутрални и Савезници који још не увиђају потребу да се Аустроугарска подели, могли да макар једне вечери посматрају ове Југословене и чују како у хору певају своје лепе песме, могли би да осете снагу њихове решености да се боре против непријатеља њихових националних аспирација и да се увере да ће циљеви за које се овакви људи боре бити сигурно и са успехом остварени.

18. септембар 1918.

ПИСМО ИЗ СОЛУНА
(Од нашег дописника)
Шта се дешава у бугарској армији

На српском фронту, 16. септембра 1918.

Дуго већ знамо да у бугарској војсци влада лоше расположење. У неколико наврата сам вам писао о побунама до којих је дошло у различитим пуковима. Данас нам бугарски дезертер X. (не наводим његово име како му се не би светили када се врати у Бугарску) даје нове детаље који показују до које мере је руски пример утицао на Бугаре. Ево шта овај заробљеник каже.

„Пре 50 дана у пуковима број 7, 31 и 48 избио је прави устанак. Група устаника одржавала је збор у једној јарузи поред реке Дубице. Била је ноћ и сваки од наведених пукова послао је око 50 војника. Иако су официри ово знали, ниједан се није усудио да дође јер је знао да ће одмах бити убијен.

Неки војници су предложили да истакну белу заставу на свим рововима и да се предају противнику. Други су хтели да напусте фронт и да се врате у Бугарску. Неколицина њих тражила је да се одмах закључи мир, али мир који би потписали сами војници. На крају, неки су само тражили да се побољша исхрана и да се инсистира на томе да се спречи помор становништва због глади.

Учесници нису могли да постигну договор и вратили су се у своје јединице. Сутрадан, командант пука у коме је био наш сведок, обишао је све чете и, да би их умирио, рекао је војницима да треба имати стрпљења, да и он сâм жарко жели да се што пре потпише мир, итд., али да треба још мало причекати и да ће мир ускоро доћи. Међутим, потказивачи, којих има у свакој чети, одали су имена вођа устанка, који су одмах одведени у затвор у селу Крушево.

Пре осам дана чуо сам да је дошло до побуне и у 8. пуку. Један цео батаљон напустио је положаје и упутио се у позадину. Послате су две немачке чете да спрече Бугаре да се повуку, и тада је дошло до крвавог обрачуна. Немци су имали 72 жртве, али не знам колико је Бугара погинуло. Тај батаљон је сада у логору код села Дунђије у Мехмедовој чесми.

Војници су стално дезертирали и бежали у планине. Из 48. пука дезертирала су њих шесторица, од којих су двојица била из моје чете. Прелазили су преко планина и враћали су се својим кућама у Бугарску. Војници су рекли да не желе више да раде на утврђењима, тако да они више не обављају те послове.

Како би се спречило дезертирање, свуда су постављене страже на путевима. Нико не може да оде у позадину ако нема специјалну легитимацију.

Лоша храна, похабана одећа, глад која хара у народу, претерана скупоћа животних намирница, одуговлачење рата, све је то деморалисало војнике и сви су дошли до закључка да се више не може, да се више не вреди тући и да рат треба прекинути револуцијом коју ће извести војници. Сви су они спремни на побуну, треба само неко да их поведе!

За време збора који је сазвао један паметни војник кога сам већ поменуо, предложено је да се заробе сви подофицири, а да се представници устаника пошаљу код Срба и Француза и да им се каже шта се десило, да се престане са непријатељствима и да се свако врати својој кући. Двојици организатора овог збора изречена је смртна казна, а осталима казна затвора у трајању од 15 до 20 година. Главни вођа није ухваћен јер је под непрестаним и будним надзором војника.

Војници једне чете 7. пука тражили су да им се каже колико ће рат још трајати. То исто питали су и војници чета 48. и 8. пука.

Једнога јутра смо на неколико места где се рачва пут за Дунђије наишли на натписе: 'Другови, будите спремни за 1. септембар'.

У јуну је командант дивизије рекао војницима да се стрпе још два месеца. После тога ће моћи да раде шта год хоће. Они који су били на одсуству, остали су код куће два-три месеца, па чак и пет месеци, све док их патроле нису похватале. После тога су их оптужили, али се не усуђују да им суде јер их има много.

Када је преузео улогу председника бугарске владе, Малинов је поставио услов да све немачке трупе напусте Стару Бугарску. И заиста, Немци су се евакуисали из свих градова чим је он ступио на дужност. Немци су свуда по Бугарској отворили своје поштанске и интендантске службе, војне клубове, итд. У свакој бугарској служби био је бар један немачки официр који је вршио контролу њеног рада. Сваки немачки војник имао је право да кући шаље пакете од 5 кг, намењене његовој породици. За овакве пошиљке организовани су чак и специјални возови. Тако су у немачку отпремани брашно, маст, јаја, усољено месо, сир, итд. За то време, глад је косила бугарско становништво."

28. септембар 1918.

СРБИ У ВЕЛЕСУ

Операције од 25. септембра /1918./

Српске трупе заузеле су врло важну стратешку тачку, Бели камен, на коти 1170, северно од Демир Капије. Истога дана ушли смо у Штип и запосели брдо Бегословац.

У рано јутро 26. септембра наша коњица, гонећи непријатеља у стопу, ушла је у Кочане. Наша линија фронта према западу сада прати линију пута Штип–Велес. После једног мањег сукоба, ушли смо у Велес. Заробили смо велики број нових бугарских и немачких војника, и запленили огромну количину ратног материјала. Путеви су закрчени војним опремом, а железничке саобраћајнице војним возовима које су Бугари напустили. После сваке битке, наша коњица наставља напредовање према северу и у овом тренутку налази се на 120. километру по десној линији.

Два новинска чланка др Рајса у „Лозанској газети" од 28. септембра 1918.

28. септембар 1918.

БУГАРСКИ КРАХ
(Посебном депешом)

Солун, 25. септембра 1918.
(са закашњењем)

Градско, које су српске трупе управо заузеле, главни је центар за снабдевање немачке армије и 4. и 5. бугарске армије.

Немогуће је у телеграму описати величину пораза Централних сила. Њихови губици у стратешком смислу не могу се надокнадити, а материјална штета достиже милионе. Километрима унаоколо виде се рушевине пуне бугарских и немачких лешева. Читава поља прекривена су немачким шлемовима, пушкама, шињелима и оружјем које су бегунци побацали за собом. Никада се није десило да један пораз доведе до оваквог паничног и безглавог бега.

2. октобар 1918.

МАРШ СА СРПСКОМ АРМИЈОМ КА ПОБЕДИ
(Посебном депешом)

Солун, 25. септембра 1918.

Уз снажну подршку Француза, српска армија направила је право чудо. Ја сам са дивизијом која великом брзином напредује према старим границама Србије. Пре осам дана у Велесу су се састали цар Фердинанд и принц Борис, како би подстакли своје јединице да се боре. Међутим, њихови напори нису дали резултата. Њихови пукови, који су били удружени како би нас зауставили, били су потучени. Немци нису успели да зауставе армије осветника.

Успео сам да уђем у Велес заједно са првим одредима. Народ прича да су бугарски војници бацали своје оружје. Разјарени Немци пале и уништавају све што могу. Депортовани Грци и италијански војници причају о свом страдању под бугарским режимом и о окрутном поступању Бугара према њима.
Срби се враћају кући као победници.

5. октобар 1918.

УСЛОВИ ПРИМИРЈА

Софија, 4. октобра /1918./
(бугарска агенција)

Незванични „Проторец" објавио је услове примирја: евакуација територија окупираних од стране Бугара, које су 1915. године припадале Србији и Грчкој; поновно успостављање бугарске управе над оним деловима старих бугарских територија које су окупирале силе Антанте, а посебно у Струмици; демобилизација бугарске војске, изузев три пешадијске дивизије и 4. коњичког пука; стављање оружја, муниције и ратне опреме демобилисаних трупа под контролу главне команде Источне армије; капитулација оних бугарских јединица које су се у тренутку потписивања примирја затекле западно од Скопља.

Официри остају. Ове формације се стављају под надзор Антанте, све док се не изда ново наређење.

Немачке и аустријске војне јединице и органи, дипломатска и конзуларна тела Централних сила, као и њихови држављани, треба да оду у року од четири дана.

Овде се не помињу представници Турске и њени држављани, тако да они, дакле, остају у земљи.

Територијална питања ће бити решавана у току мировних преговора.

(„Wolff")

Занимљиво је констатовати да се уговором о миру не предвиђа прекид односа између Бугарске и Турске.

КАКО БУГАРИ ИЗВРШАВАЈУ ОВАЈ СПОРАЗУМ
(Посебном депешом)

Солун, октобар /1918./

Бугари се нису променили. У складу са споразумом о примирју, требало је да немачки 11. корпус, састављен скоро искључиво од Бугара, преда оружје и да се врати у Бугарску. Ми смо овај корпус видели у Куманову. Командант је два дана одбијао да преда оружје, под изговором да није добио такво наређење.

Јуче сам присуствовао одласку бугарских трупа из Куманова. Као што су то увек радиле, српске трупе су витешки ушле у град тек након потпуне евакуације непријатеља.

С обзиром на то да их стрпљење већ издаје, данас су Срби поново хтели да започну борбу и да присиле Бугаре да изврше одредбе споразума.

На крају је бугарски генерал спровео у дело обавезе из споразума, али тек пошто се нашао окружен топовима.

Присуствовао сам такође и разоружавању. Већина војника задовољна је што ће се вратити својим кућама, али официри су бесни.

Прави разлог за одбијање Бугара да изврше ове одредбе лежи у томе што су хтели да добију у времену, како би једном блиндираном немачком возу омогућили да крене у уништавање мостова и станица на српским железницама.

Како сазнаје агенција „Ројтерс", до синоћ није стигла ниједна вест о извршењу одредби споразума о примирју са Бугарском. Очигледно је да се војни планови неће унапред објављивати, а да ће војна команда у Македонији усвојити и предузети све потребне мере за реализацију тих планова.

Међутим, овде треба подсетити да ће преоптерећење железница и застој у железничком саобраћају неизоставно довести до продужења рока од неколико дана, пре него што буде могуће извршити сва премештања војске која су предвиђена споразумом. Ни са једне стране нема потврда о непријатељствима везаним за кретање немачке и аустријске војске на простору Балкана. У сваком случају, сасвим је јасно да савезничка команда држи све конце у својим рукама. Што се тиче Турске, нема никаквих прецизних индикација да је после догађаја у Бугарској дошло до промене у њеном држању. Међутим, у финансијским круговима упорно круже неке гласине, које нисмо у могућности да проверимо, али које ће догађаји у наредном периоду потврдити или демантовати.

У једном телеграму из Цариграда каже се да је министар унутрашњих послова поднео оставку. У телеграму се тврди да ово није ни у каквој вези са бугарским питањем.

16. октобар 1918.

ПОВРАТАК У СРБИЈУ СА СРПСКОМ ВОЈСКОМ
(Посебном депешом)

Х..., преко Солуна

Тренутно се налазимо унутар старих граница Србије. Имао сам прилике да се лично уверим да су размере онога што смо већ знали о начину на који су Бугари поступали према српском становништву далеко мање од онога што се у стварности дешавало.

Села су комплетно опљачкана; насељена места која су до темеља спаљена *више не постоје*. Мушкарци и деца старија од 10 година, као и све жене, одведени су у логоре.

Тачно је да су Бугари мобилисали младе људе из Моравског региона за војску и за тешке физичке послове.

Настављамо напредовање. Армија је данас заробила 1 800 Аустријанаца и 11 топова.

Војвода Живојин Мишић са сином Александром на Солунском фронту

Др Арчибалд Рајс – искрени пријатељ српског народа

Родолф Арчибалд Рајс (Rodolphe Archibald Reiss)[1] сматра се првим пиониром криминалистике као науке, јер је његов оригинални метод рада на прикупљању физичких доказа на месту злочина био револуционаран корак у развоју форензике. Рајсове форензичке методе рада у полицији и данас се користе, само што је технологија неслућено напредовала, па је могуће, захваљујући дигиталној обради, фотографију на безброј начина моделирати – увећавати или смањивати, све док се не постигне жељени ефекат. Али, то није све оно по чему се памти Рајсово дело, које га је почетком 20. века овенчало лентом првог криминолога – коме је читав свет веровао јер су му истина и правда биле на првом месту. Њега су сви тражили јер је уживао велики углед и огромно поверење код свих држава у којима је расветљавао најмонструозније злочине, али добар глас о њему проширио се свуда по свету. Сви су чули о његовим теразијама правде, кантару истине на којем се не закида, а свака земља у којој је истраживао замршена кривична дела, свака на свој начин, ширила је хвалоспеве о новом Шерлоку Холмсу. Један такав криминолог отишао је са својим кантаром правде, на позив гласника једне мале државе на Балкану, да измери злочине које је окупатор учинио над беспомоћним народом.

---

[1] У Немачкој се његово име пише и чита као *Rudolphe* (Рудолф).

Арчибалд Рајс рођен је 8. августа 1875, на имању Хехтсберг (Hechtsberg), општина Хаузах (Hausach) у јужнонемачкој покрајини Баден. Његов отац Фердинанд Рајс био је угледни земљопоседник и успешан пољопривредник који је на свом поседу производио ракију трешњевачу, врло познато пиће које се извозило „чак до Петрограда". Рајсов отац није био само материјално имућан, већ је као човек који је завршио пољопривредну и шумарску академију[2] имао и многе познанике из тзв. високих кругова. Пред његовом кућом, причало се, виђале су се и кочије канцелара Бизмарка (Otto von Bismarck)[3]. По властитом казивању, у ауторском тексту „Рђава полемика", Арчибалдов чукундеда био је Јеврејин[4]. Фердинанд Рајс је по вероисповести био протестант, а његова малобројна протестантска заједница налазила се у католичком крају, па пошто заједница није имала своју црквену зграду, често су богослужења обављана у његовој кући[5]. Био је јако штедљив као домаћин, побожан и примеран протестант, док се за његовог сина Арчибалда то не би могло рећи. На основу мало сачуваних биографских података, пре би се могло рећи да је Арчибалд био веома дарежљив и увек спреман да помогне у невољи. Неколико стотина српске деце, напуштене и беспомоћне, извукао је из ратног вихора и одвео на опоравак у Швајцарску. Да је само то учинио, било би и превише за сваког хуманог човека, али он је у свом не тако дугом животу учинио далеко више.

---

[2] У Рајсовој заоставштини која се чува у Институту за криминалистику у Лозани налази се диплома његовог оца, из које се види да је Фердинанд Рајс завршио Пољопривредну и шумарску академију у Хоенхајму (Hohenheim).

[3] Левентал, Зденко: *Р. А. Рајс: Швајцарац на Кајмакчалану*, Доњи Милановац : Београд 1984, стр. 14.

[4] *Mauvaise polémique*, Gazette de Lausanne /28.10.1915/; генеалогија породичног стабла Арчибалда Рајса може се наћи у књизи Cibell, Roger, Baron, David: *Jewich famillies of Frankfurt am Main*, 1998.

[5] Левентал, *нав. дело*, стр. 15.

Арчибалд је био осмо од десеторо деце, колико су изродили Фердинанд и његова супруга Паулина Забина Ана Габријела (Pauline Sabine Anna Gabriele). Четири ћерке Рајсових удале су се за богате људе, а четворица браће одлучила су се за војну каријеру. У току Првог светског рата, Рајсов брат Фриц погинуо је на крстарици коју су Енглези торпедовали 1916. године, а Емил је настрадао у Африци.

Арчибалд је основну школу завршио у Хаузаху, а гимназију у Карлсруеу (Karlsruhe). Након завршетка средњег образовања, млади Рајс је отишао на студије у Лозану. Не зна се тачно шта је било одлучујуће у његовом опредељењу да отпутује у Швајцарску: да ли је био незадовољан поклоњеном пажњом у родитељском дому, или је то учинио због слабог здравља, или, пак, једноставно, да је као млад човек желео да оде из родног места негде другде. Чини се, ипак, да је одлучујуће било његово погоршано здравствено стање (иако ни друга два фактора нису занемарљива), што потврђује чињеница коју истиче у једној својој полемици: „Што се мене лично тиче, после младости у којој сам био болесник и несрећник, с којим се поступало као с петим точком на колима, врло сам рано дошао у Швајцарску да у њој потражим повратак здравља. У томе сам успео, и уз то сам нашао и одмор за огорчену и побуњену душу младића који је био у сукобу са својом околином..."[6]. Иако у овом цитату Рајс тврди да је био „болесник и несрећник", што подједнако упућује и на слабо здравље и на незадовољство због недовољно поклоњене родитељске пажње, ипак је одлучујућа била његова брига за сопствено здравствено стање: „Дошао сам сасвим млад и болестан у романску Швајцарску..."[7].

Арчибалд се обрео у романском делу Швајцарске, у средини која је била далеко слободоумнија од оне у немачком Бадену. Од дечака, и касније младића, који је био, према

---

[6] *Gazette de Lausanne* /28.10.1915/.

[7] *L'espionnage en Suisse*, *Gazette de Lausanne* /03.08.1916/.

сведочењу његове нећаке Илзе Цимер Лукенбах (Zimmer Luckenbach)[8], нека врста чудака, „помало неприступачан", Арчибалд се, по доласку у Лозану, претворио у живахног, отвореног и дружељубивог човека. Средина у којој се обрео имала је велики утицај на формирање његовог карактера. „Отуђивање од немачког царског, хијерархијског и милитаристичког култа било је праћено загревањем за републиканство и идеале прокламоване још Француском револуцијом. Младић, осетљив на нову доминантну атмосферу у којој се кретао, упознао је уместо раније германске поданичке послушности слободно изражавање убеђења и начела, као што су залагање за правичност и борба за победу истине"[9].

Одмах се укључио у активности студентског удружења „Стела" (*Stella Valdensis*, латински, Звезда кантона Во (Vaud)), где је био активан и касније, као члан Удружења сениора „Стеле". У слободно време, којег није имао баш претерано, Арчибалд је са колегама шетао, возио бицикл и, нарочито, фотографисао успут све оно што му се чинило вредним и важним да треба да овековечи својим фотографским апаратом, за који је био чврсто и нераскидиво везан од најранијих младићких дана. Мада се у животу много служио апаратима и лабораторијским средствима, Арчибалда је као фотографа и криминолога, како ће се то касније потврдити, занимао човек и онај нагон у самом човеку који га у неком тренутку побуђује да учини нечовештво.

Арчибалдова каријера, и сам његов живот, и данас изазивају прилично интересовање научне јавности у свету, али и обичних људи у Србији. Да је то тачно, потврђује попис његових научних и других радова који се континуирано прештампавају и умножавају фототипски и електронским путем више од једног столећа.

---

[8] Левентал, *нав. дело*, стр. 16.
[9] Левентал, *нав. дело*, стр. 20-21.

Од успешне одбране своје докторске дисертације, објављене у Лозани 1898, у којој је истраживао утицај алкалних метала на нека органска једињења, његови радови штампани су преко двеста и више пута (видети библиографију у овој књизи), а о њему и темама којима се бавио објављено је више од стотину текстова. То је импозантна бројка која нам сведочи о вредностима његовог научног дела у области примене фотографије у криминалистици, медицини и судству, али и о Рајсовим хуманитарним, политичким и активностима ратног дописника – делатностима које су биле доста захтевне, тешке, а понекад и опасне по живот. У било чему да је учествовао, Рајс је давао себе до краја: чинио је то као човек хуманиста, као човек који је човеку пријатељ, а не вук.

Научна каријера Арчибалда Рајса ишла је узлазном путањом. За деценију и по, од 1899. до 1914, он је постао један од тројице најчувенијих криминолога свога времена. Друга двојица била су Алфонс Бертион (Alphonse Bertilon) и Емонд Локар (Edmond Locard). Најпре је своју младалачку љубав према фотографији претворио у читаву науку о фотографији и њеним могућностима у сфери медицине, судства и полиције. Као научни радник, професор на Универзитету у Лозани, почео је да проучава фотографију, да истражује њене употребне могућности у разним делатностима, понајвише у полицији, те се као стручњак криминолог врло брзо прочуо не само у Швајцарској, него и у свету, одакле су почели да стижу позиви за гостовања. Интересантно је овде приметити да је Рајс одбранио докторат из хемије, за коју је прво био заинтересован, да би брзо прешао на научну примену фотографије, а прославио се као криминолог. Након прве фазе своје каријере као хемичар, професор, научник у области фотографије и криминалистике, Рајс је постао истраживач ратних злочина и ратни дописник. Сем тога, умео је и лепо да пише, па је за собом оставио многе научне радове и низ ратних сведочанстава као учесник Првог светског рата.

Крајем 19. века фотографија је знатно усавршена, захваљујући открићима у оптици и хемији; фотолабораторије су ницале свуда по свету, па је и помама за фотографским апаратима и филмовима попримила велике размере. Још у раном детињству пробуђене љубави према фотографији, по природи радозналог духа, хемичар по струци, који је пратио достигнућа своје науке, Рајс је брзо увидео велике могућности које пружа фотографски снимак у појединим областима човекове делатности.

Годину дана након стеченог доктората, Рајс постаје виши асистент за фотохемију и научну фотографију на Универзитету у Лозани 1899, а убрзо затим и приватни доцент за ту област – 1901. године. С великим жаром се баца на проучавање могућности употребе фотографије у медицини у фотографском сервису Универзитета и, заједно са професором Буржеом (Bourget), постаје сарадник рендгенолошког одељења Кантоналне болнице кантона Во (Vaud)[10]. Плод првих искустава у раду на примени фотографије у медицини Рајс је приказао у својим првим научним радовима: „Фотографије симптома болести" (*Die Photographie von Krankheitserscheinungen*), и „Макроскопске фотографије анатомске грађе" (*Die Photographie makroskopischer anatomischer Präparate*), које је објавио у немачком медицинском часопису „Медизин" 1902. у Минхену. У њима су приказана прва искуства у раду са пацијентима, односно – све оно у чему су фотографије лекару могле да помогну у откривању симптома појединих болести.

---

[10] Mathys, Nora, Institut de police scientifique de l`Université de Lausanne und Musée de l`Elysée, Lausanne (Hg): *Le Théatre du crime. Rodolphe A. Reiss 1875-1929*, Lausanne: Presses polytechniques et universitaires romandes, 2009, у часопису *Fotogeschichte*, свеска 115, 2010, стр. 36.

Рајсова родна кућа у Хаузаху

Р. А. Рајс 1892. години

За време студирања
у Лозани

Арчибалд Рајс у вожњи бициклом кроз Лозану, 1894.

1903. Доцент Универзитета у Лозани

Др Рајс на улицама Санкт Петербурга, 1912.

Фотографија Р. А. Рајса пред почетак Првог светског рата

Пропусница обавештајног одсека оперативног одељења
Врховне команде за рад професора Рајса

Пропусница за ратне дописнике на Солунском фронту

Рајсов портрет са Солунског фронта

Усавршавајући властито умеће у примени фотографије, Рајс је знао да фотографија може бити од велике користи и у судству и у криминалистици, а не само у медицини. Осећајући да нема довољно знања о ономе ка чему му срце у науци жуди, Рајс је отишао у Париз познатом Алфонсу Бертиону, чувеном криминологу француске полиције и проналазачу „бертијонаже", једне, у то време, нове антропометријске методе идентификације особа[11]. Рајс је код Бертиона специјализирао форензичку фотографију и добио од Париске префектуре диплому описног обавештавања[12]. Вративши се у Лозану, на Универзитету 1902. уводи предмет Судска фотографија, што представља прво научно изучавање те дисциплине на факултету. Предавања су му била занимљива и радо посећивана јер су студенти волели да чују нешто ново. Боравећи у париској полицији, Рајс је савладао многе фотографске технике, пре свега оне које ће најбоље моћи да утврде портрет криминалца помоћу аналитичког описа лица[13]. Али, то је био само почетак Рајсовог великог доприноса који је остварио у каснијем периоду бављења науком. Убрзо после судске фотографије, Рајс дефинише и уводи у наставу и предмет Полицијска техника, тј. Криминалистика. У својој 29. години, 1903, објављује и прву књигу „Судска

---

[11] Антропометрија је у то време била релативно нова метода за идентификацију и регистрацију криминалаца – мерили су се и поредили одређени делови лица и тела, као и ожиљци, тетоваже и друге личне карактеристике. Творац ове методе, Алфонс Бертион, добијене мере уносио је у одређену формулу која је, сматрало се, одговарала само једној особи и није била подложна променама. У књизи *Правна фотографија* Бертион је детаљно описао како треба сликати криминалце и места извршења кривичних дела.

[12] Bischoff, Marc-A.: *Le professeur Rodolphe Archibald Reiss*, Revue internationale de Criminalistique, 1929, стр. 327.

[13] Beaudoin, Francois, *Rodolphe Archibald Reiss: la criminalistique avant tout*, http://www.criminalistique.org/PantheonRAReis.pdf.

фотографија" (La photographie judiciaire), која му доноси велику афирмацију међу проучаваоцима криминалистике као науке. Две године касније, 1905, Рајс објављује нову књигу „Приручник говорног портрета" (Manuel du Portrait parlé), која ће бити објављена на десет језика, и којом његова научна каријера успешно напредује. Вредно је поменути да он, упоредо са радом на факултету, писањем књига и држањем многобројних семинара у Швајцарској и у Европи, стиже и да, од 1901, уређује часопис „Швајцарска ревија за фотографију" (Revue Suisse de photographie), који је у Лозани излазио од 1989. до 1906. године. Истовремено, у више страних научних периодичних часописа објављује многе прилоге из примењене фотографије и научне криминалистике, а са рефератима учествује на разним конгресима, научним скуповима и изложбама[14].

Са само тридесетак година Рајс је именован за ванредног професора криминалистике на Универзитету у Лозани. Практично, постао је професор предмета чији је наставни програм сам осмислио и увео на велика врата у високо школство. Да успех младог Рајса није дошао случајно, него да је био плод великог труда и напорног рада, и да он на том путу није имао предаха, казује нам и нови његов научни подухват – оснивање Института за техничку полицију и криминалистику (Institut de police scientifique de l' Université de Lausanne), које је делимично финансирано и његовим уштеђеним новцем, 1909.[15] „Убеђен у то да је криминалистика заиста наука, да се у тој области не сме рачунати само са самоуцима и да је прилив нових стручњака немогућ без посебне наставе, Рајс је од 1906. посветио своје најбо-

---

[14] Годину дана по доласку у Швајцарску Рајс је учествовао са својим фотографијама на изложби у Милану (1894), а касније и у Берлину (1896).
[15] Bischoff, Marc-A.: нав. дело, стр. 328.

ље снаге оснивању такве установе. Треба нагласити да је остварењу свог сна у крилу Универзитета жртвовао знатна сопствена новчана средства: сам је набавио готово све апарате и други прибор потребан новој установи. Од тада, студенти могу у Лозани стећи и Диплому техничке полиције. Можда је Рајсова највећа заслуга управо у томе што је успео да убеди академске кругове у прави, научни карактер криминалистике..."[16]. Рајсов институт оставио је дубок траг у Швајцарској и у иностранству у погледу идентификације починилаца кривичног дела помоћу отисака прста и шаке[17]. Чињеница да Институт траје више од једног века, и да је једини од сличних институција у Европи и свету преживео два светска рата, говори у прилог његовом великом угледу. Институт данас обухвата форензичке науке, криминологију и кривично право Факултета и кривично право Универзитета у Лозани.

Резултате свог неуморног истраживања у области форензике Рајс је намеравао да изда у четири књиге, а едиција је требало да носи наслов „Приручник техничке полиције" (*Manuel de Police scientifique (technique)*). Прву књигу, „Крађе и убиства" (*Vols et homicides*), Рајс је издао 1911, остале три није стигао да напише и штампа за живота („Фалсификати", „Идентификација", „Организација модерне криминалистичке полиције"). Чим се појавила, публикација „Крађе и

---

[16] Bischoff, Marc-A.: *нав. дело*, стр. 329.
[17] Прва пресуда у Швајцарској која је донесена на основу доказа који су утврђени помоћу отисака донета је 12. октобра 1912. године. Пресуда се односила на једну провалу у кафани Курсал (Kursaal) у Лозани, кад је починилац откривен на основу отисака прстију на вратима које је оставио извесни Емил Х, провалник, па је потом осуђен на сто дана затвора и лишен грађанских права за пет година. Где год су Рајс и његов тим истраживали кривично дело, суд је по правилу прихватао необорив доказ који се могао утврдити помоћу отисака прстију.

убиства" изазвала је велико интересовање многих полицијских служби у свету. У њој су представљене технике које је Рајс користио у истраживању, прикупљању, анализирању и сортирању релевантних доказа у вези са проваламa и убиствима. Од тренутка кад је ова књига изишла на светлост дана, почиње златни период Рајсове каријере: позивају га на све стране света[18], многе државе му шаљу своје најбоље полицајце и криминологе на обуку у Лозану[19], други уписују његов предмет на Универзитету, а сви заједно су очарани његовим успесима. Држао је предавања у Аустрији, Холандији и Белгији, а наступао је и као вештак при судовима у Швајцарској, али и у Француској, Румунији и Италији. Као пионир криминалистике и научник који се прославио у научним дисциплинама за које до његовог појављивања и ангажовања многи нису сматрали да се о њима може уопште говорити у том контексту, успео је да задиви полицијске службе бројних земаља својим открићима, и тако постане, у оно време, уписан као први светски криминолог. Таква част и то постигнуће до појаве Арчибалда Рајса није се догодило у криминалистици. И зато је Рајс велики, и заслужено је понео титулу првог светског полицајца који се бори за истину и правду, без компромиса, и уз помоћ свих оних метода које могу са великом сигурношћу да открију починиоца криминалног дела. Био је са свих страна обасут одликовањима: из Шпаније, Луксембурга, Румуније, Грчке, Русије,

---

[18] Рајс је посетио Русију, где му је цар Николај поклонио златну табакеру, а у Бразилу је провео неколико месеци, где је организовао лабораторије и одржавао курсеве (Bischoff, Marc-A.: *нав. дело*, стр. 328).

[19] „Највећа је била група из Русије, са више од двадесет државних тужилаца и истражних судија. На стаж су долазили и појединци из Србије, Румуније, Грчке, Луксембурга и Бразила" (Bischoff, Marc-A.: *нав. дело*, стр. 329).

Србије, Француске добијао је дипломе, ордење, медаље[20]. У Паризу је изабран за официра Француске академије, па је потом постао витез Легије части и носилац чувене Жансенове медаље[21]. У њујоршким новинама, 1913, Рајса су упоредили са Шерлоком Холмсом, односно – сматрали су да је он швајцарски Шерлок Холмс[22]. Рајсов колега и пријатељ Едмон Локар, коме је Рајс био ментор при изради докторске дисертације, у свом некрологу објављеном у *Revue Internationale de Criminologie* (1929, стр. 333-336) такође пореди свога учитеља са Шерлоком Холмсом: „Рајс је био Шерлок Холмс, јер није имао само његову физиономију, него и његов дух /.../. Ако је икад неко у свом животу имао само један једини циљ и један сталан правац, онда је то био он /.../. Под разним називима, он је желео да зна само за једну дисциплину: криминалистику. За њега је све, увек и свуда, било повезано са струком. Био је један од њених стваралаца /.../. Сматрао је оправданим да наука, којој је све дао, буде слављена и кроз њега самог".

Као научник на гласу у свету, Рајс је, да би што више популарисао модерну криминалистику, често објављивао научне текстове у часописима, али и популарне чланке у дневним листовима. Није се либио ни предавања у хотелским

---

[20] Bischoff, Marc-A.: *нав. дело*, стр. 330.
[21] Пјер Жил Цезар Жансен (Pierre Jules César Janssen, 1824-1907), француски астроном и физичар који је 1881. први успео да фотографише једну комету.
[22] *Swiss plan for police*, The New York Times (Њујорк) (23.02.1913). Ове новине објављују да ће „један од шефова њујоршке полиције отпутовати у Лозану, где ће се упознати с научним методама швајцарског Шерлока Холмса", види и: Levental, Zdenko: *La vie passionnée du Sherlock Holmes suisse*, Trentes Jours (Lausanne), бр. 5, 1991, стр. 18-21; Delay, Vincent: *The Swiss Cherlock Holmes: Rodolphe Archibald Reiss (1875-1929)*, The Sherlock Holmes journal, London 2004, том 27, св. 1, стр. 6.

салама, пред разноврсном публиком, а није му било тешко ни да иде у ватрогасне домове и држи под пажњом два-три сата радознале ватрогасце, објашњавајући им своје техничке проналаске који се користе у полицији за откривање и хватање лопова[23].

„Био је храбар до смелости и несебичан до крајности... Сви који су се бавили полицијском техником одлазили су к њему да би тражили савете или примере... Заиста, нема поглавља у криминалистици у којем он није ударио свој печат. Он није градио велике доктринарне конструкције. Био је човек од чињеница, од додира са стварношћу у најдубљем смислу речи, човек улице. Јер злочин треба проучавти на улици, а не у књигама, нити унутар зидова светилишта. Потпуно одсуство метафизичког духа. Његова благотворна улога била је у прикупљању безбројних запажања, контролисаних експериментацијом која није била подређена неком систему. Поседовао је смисао Латина за јасност, повезан минуциозним стрпљењем које је потицало од његовог германског атавизма. Поседовао је снажну визију разборитости и осећао одвратност према сувише брзом уопштавању"[24].

Последњу књигу, „Прилог за реорганизацију полиције" (*Contribution à la réorganisation de la police*) из области криминалистике Рајс је објавио 1914. године. Била је то изузетно тражена и читана књига, коју су, поред многих других народа, и Кинези превели и објавили 1928. године[25]. Половином

---

[23] Тих година, догодило се у Берлину да је ухапшен један лопов, специјалиста за хотелске крађе, који је на саслушању признао да се при провали користио техником коју је Рајс описао у једном чланку о „хотелским пацовима" (Левентал, *нав. дело*, 25).

[24] Locard, Edmond: *Rodolphe Archibald Reiss*, Revue internationale de Criminalistique, 1929, стр. 335.

[25] Левентал, *нав. дело*, стр. 26.

1914. ова књига је из штампарије отишла у књижаре, а Рајс је у септембру већ био у Србији, одакле се јавио својим првим прилогом „Лозанској газети", с насловом: *L`etat d`esprit en Serbie* (*Стање духа у Србији*), у којем је описао своје прве утиске из земље која је била у рату. Швајцарски професор Никола Квинш описује Рајса као човека који је „у служби истине и правде", који је у ономе што је радио тражио и авантуру. Отишао је у Србију, закључује Квинш, као најпознатији светски форензичар и криминолог, да истражи злочине које је аустроугарска војска починила[26].

Одлази у Србију и заувек у њој остаје

После прве аустроугарске инвазије и краткотрајне окупације дела Западне Србије, у лето 1914, српска влада била је згрожена злочинима непријатељске војске. Остварујући задатак и основни циљ, „уништити српску сељачку војску", а њено становништво ставити под огањ и мач, припадници тзв. Казнене експедиције Оскара Пођорека починили су дотад невиђена злодела.

О томе како је дошло до тога да оде у Србију, Рајс је писао: „/.../ кад ме /је/ једног јутра, крајем месеца августа /1914/, мој стари пријатељ Никола Петровић, српски генерални конзул у Женеви, телефонски замолио да свратим до њега што пре могу, да ми саопшти садржину једног телеграма. Пошао сам дакле у Женеву, где ме је Никола замолио, у име српске владе, да пођем да извршим анкету о аустроугарским зверствима која је починила војска Његовог апостолског величанства на мачванском фронту. Једна анкета ове врсте спадала је у моју

---

[26] Qunche, Nikolas: *Reiss et la Serbie: Des scénes de crime aux champs de bataille, l`enquéte continue*. У књизи *Le théatre du crime: Rodolphe A. Reiss (1875–1929)*, Presses polytechniques et universitaires romandes, стр. 289-306, Лозана 2009.

специјалност и, поврх тога, у замашај услуге коју ћу тако моћи учинити Савезницима. Сместа сам прихватио понуду"²⁷. Позив српске стране је схватао као своју дужност: „Када сам, међутим добио позив српске владе, сматрао сам својом дужношћу да му се одазовем"²⁸. Проговорио је из Рајса честит човек: „Зар честит човек није обавезан да објави окрутности, ако су заиста систематски почињене, а ако се ради само о изолованим случајевима, указаће да се не може читава једна војска учинити одговорном за преступе неколицине апаша, какви се сигурно могу наћи у сваком народу"²⁹.

Са групом швајцарских лекара, добровољаца, коју је највероватније организовао женевски лекар Виктор Кине (Victor Kühne), који је већ 1913. био у Србији, Рајс стиже у Ниш, 27. септембра 1914, у ратну престоницу Србије. Међу члановима ове хуманитарне мисије било је лекара и студената медицине не само из Швајцарске, него и из Пољске, Русије и Бразила³⁰.

У овде цитираној књизи, „Шта сам видео и проживео у великим данима" („Мемоари"), велики српски пријатељ др Рајс овако је описао свој сусрет у Нишу са Николом Пашићем, председником српске владе: „'Господине председниче, Ви сте

---

[27] Родолф Арчибалд Рајс: *Шта сам видео и проживео у великим данима. Онима који се нису вратили. Саопштења једног пријатеља из тешких времена*, превео с француског Вељко Милићевић, Београд 1997, стр. 18 (у даљем тексту: *Мемоари*).

[28] Reiss, Rodolph Archibald: *Les armées austro-hongroises en Serbie* (*Аустроугарске армије у Србији*). *Notes d'un criminaliste praticien* (*Белешке једног криминалистичког практичара*). La Revue de Paris, 1915, бр. 7, стр. 450.

[29] Reiss, Rodolph Archibald: *Wie die Österreicher und Ungaren in Serbien Krieg führten* (*Како су Аустријанци и Мађари водили рат у Србији*), Lausanne, 1915, стр. 3-4.

[30] Levental, Zdenko: *Médecins et infirmières de la Suisse – surtout de Genève – dans les guerres des peuples yougoslaves*, Gesrerus, 1977, бр. 1/2, стр. 156-167.

ме тражили. Ево ме код Вас. Шта желите да учиним за Вашу земљу', запитао сам га. Он ме најпре дуго гледаше, а онда, лагано, врло благим гласом, одговори ми: 'Треба нам један искрени пријатељ који зна да посматра. Пођите на фронт. Отворите очи и уши и кажите онда свету шта сте видели и чули.' 'Добро, господине председниче, а кад могу кренути на фронт?' 'Пођите прекосутра за Ваљево, где се налази Главни штаб наше војске. Дотле, посетите Ниш и аустроугарске заробљенике, који су већ многобројни. Ту ћете наћи материјала за своју анкету.' 'Разумем, очекујем Ваше инструкције за одлазак'"[31].

Полазећи у Србију, др Рајс је мислио да ће у овој балканској земљи истражити гажење међународних конвенција о рату и утврдити евентуалне злочине који су се догодили у оружаном сукобу, па потом урадити извештај и предати га српској влади. Први његов сусрет са нашим народом био је сусрет са невиним мученицима, са измрцвареним и искасапљеним старцима, са унакаженим нејаким женама, са побијеном невином децом. И тај први сусрет оставио је у души младога Рајса један упечатљиви ожиљак, који га је заувек привезао за Србију. Сродио се са нашим војницима и са нашим сељаком, и у његовој великој љубави према Србији у основи је била његова велика љубав према српском сељаку и војнику. Др Рајс је на ратном поприщту у Западној Србији наишао на призоре дотад невиђених злочина: разарање и паљење кућа, пљачку имовине грађана и институција, злостављање и убијање заробљеника и рањених војника, мучење и иживљавање над цивилима, и на низ других застрашујућих призора: „Ја сам, дакле, отишао и спровео анкету са свим потребним предострожностима. Нисам се задовољио тим да саслушам стотине аустријских заробљеника и стотине очевидаца. Одлазио сам на лице места, понекад усред топовске паљбе, да

---

[31] Родолф Арчибалд Рајс: *Мемоари*, стр. 24.

бих се уверио о свему што се могло утврдити. Отварао сам гробове, прегледао лешеве и рањенике, посетио бомбардоване вароши, улазио у куће и вршио техничка испитивања на најсавеснији начин. Укратко, чинио сам све да бих открио и проверио чињенице које сам објавио..."[32].

Посао истражитеља ратних злочина је тежак, мукотрпан и временски дуг процес, а сем тога – извештаји који потом уследе нису доступни широј јавности, већ само ужем кругу људи. Др Рајс је истраживао злочине аустроугарске солдатеске у току јесени 1914. године, па је са прикупљеним материјалним и чињеничним доказима отпутовао у Лозану, да тамо, на миру, напише извештај о својим налазима. Свој први извештај, под називом „Како су Аустријанци и Мађари водили рат у Србији", послао је председнику српске владе Николи Пашићу, а потом га је штампао у Паризу на немачком и на француском језику. Знајући да је потребно време да се прикупе докази и напише анализа о злочинима, као и то да о томе шира светска јавност неће чути ништа, др Рајс је одлучио да сусрете са војницима и њиховим старешинама, политички значајним људима, као и све оно што буде пронашао у виду доказа о злочинима на терену, учини доступнијим у оним земљама у којима је могао наћи новине које би објављивале његове дописе. Тако је, одмах по доласку у Србију, у октобру 1914, почео писати о свему што је наилазио на терену а сматрао да је потребно да о томе сазна шира јавност. Своје текстове слао је редакцијама новина у Лозани, Паризу и Амстердаму[33].

---

[32] Reiss, Rodolph Archibald: *Wie die Österreicher und Ungaren...*, стр. 5.
[33] Сарадњу са др Рајсом прихватиле су редакције листова *Gazette de Lausanne, Le petit Parisien* и *De Telegraaf*. У својој публикацији *Аустробугаро-немачке повреде ратних закона и правила: дописи једног практичара – криминалисте са српског маћедонског фронта*, Крф 1918, Рајс је у предговору напоменуо да своје текстове шаље у ино-

У његовим текстовима испричана је голгота Српске војске и Србије, виђена оком човека који дотад није познавао земљу сељака и војника, како је др Рајс називао Краљевину Петра Карађорђевића у својим списима. Поред извештаја о нечовечним поступцима Аустроугара, Рајса су интересовали и политички односи између земаља које су ратовале на страни Антанте (Енглеска, Француска, Италија, Русија) у односу на Србију, као и будућност Јужних Словена. Поред тога што је истраживао материјалне доказе о злочинима, у средишту Рајсове посебне пажње своје место заузео је сâм човек: његово држање у несрећи и злостављању, али и у тренуцима предаха – успеха или победе. Оно што је доживео у сусретима са обичним војницима, који су махом били сељаци, оставило је на њега најдубљи утисак који га је емотивно везао за обичан српски народ, ратнике и ратаре, те је оставио Швајцарску и трајно се настанио у Србији. Улазећи у Србију, Рајс је рекао: „Истина, у томе часу нисам мислио да ће од тога часа моја судбина бити везана за удес ове земље. Мислио сам да ћу извршити дужу или краћу анкету, да обавестим свет о ономе што се догодило на овој ратној позорници, али нисам могао предвидети да ће ови војници које сам видео први пут постати моји борбени другови да ће ми сама земља исто толико бити мила колико и моја отаџбина Швајцарска"[34].

странство, и да они представљају, у ствари, његов други писани извештај о ратним злочинима почињеним од стране Централних сила према цивилним лицима у Македонији из којег је одабирао „најистакнутија факта, она која најбоље карактеришу начин на који се боре и на који се понашају у прегаженим земљама Централци и њихови вазали, и слао у два важна неутрална листа *Gazette de Lausanne* и *De Telegraaf*, и у велики дневни лист у Паризу *Le Petit Parisien*."

[34] Ђорђевић, Сава М.: *Споменица др Рајсу: од срца к срцу* (репринт), Шабац 1988, стр. 16.

Све време, од 1914. до 1918, с кратким прекидима, др Рајс је на српским фронтовима: од Колубарске битке, преко Солунског фронта, до уласка у ослобођени Београд 1. новембра 1918. Са српском војском одступао је преко Албаније до Крфа. Он је српског војника гледао у рову, у победи и у поразу, не једанпут, него стално, јер је стално био уз њега. Он га је пратио са отвореним симпатијама у јуначкој офанзиви против аустроугарских војних снага, када су протерали непријатеља из земље, потом са дубоким саучешћем кроз Албанију, са вером у коначну победу на Солунском фронту. И када је дошла велика офанзива и слом непријатеља на Добром Пољу, он је с победоносним српским војницима улазио у туђу изгубљену отаџбину с пуним осећајем да улази у своју. Већ од тог тренутка Србија је постала његова друга отаџбина, а војник и сељак симбол оног што је у народу нашем најздравије било, што је изнело рат и што је обезбедило мир. О свему је писао, само не и о преласку Албаније, иако су се многи питали зашто је др Рајс то изоставио. У предговору књиге мемоарске прозе „Шта сам видео и проживео у великим данима", дао је одговор: „Пошто сам живео као верни пријатељ с војском од почетка до краја рата, хтео сам да забележим анегдотску страну ратног живота, страну која црта, можда боље него највећа историјска дела, прави дух српског војника. На моју велику жалост, морао сам изоставити страховиту, а ипак тако славну драму повлачења кроз Албанију. Тај предмет је сувише велик, од сувише дубоког замашаја да би се о њему могло говорити у једном по нужди ограниченом поглављу једног дела које обухвата цео рат. Ако ми то прилике допусте, посветићу једну нарочиту књигу овом великом догађају".

На нашу жалост, смрт је претекла др Рајса и његова књига о „албанској голготи" остала је ненаписана. Али су зато од њега остале неколике књиге и стотине чланака о ратном вихору кроз који је прошла српска војска, и Србија у целини.

Професор Рајс као извештач са Солунског фронта

Година 1917, Рајс у пратњи српске лекарке на Солунском фронту

Др Рајс прима на дар сабљу од Удружења резервних официра и ратника Србије

Фотографија са четничке славе у Београду под председништвом војводе Илије Бирчанина, др Рајс седи у другом реду, у средини

Посета швајцарског пуковника Фајлера Рајсовом дому на Сењаку

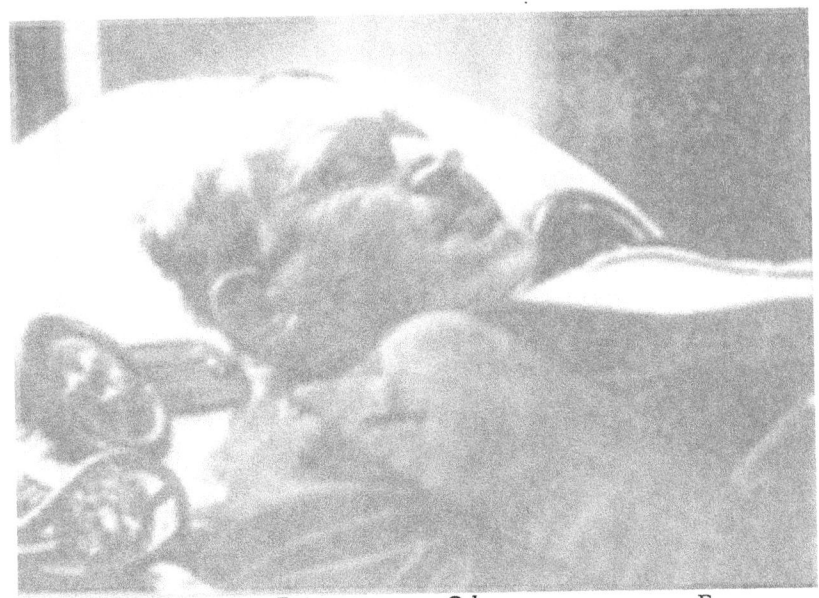

9. август 1929, доктор Рајс на одру у Официрском дому у Београду

Поворка испред Официрског дома у Београду
за време сахране др Рајса

Приликом неколиких боравака у Швајцарској, у ратним годинама, Рајс је, поред извештаја о ратним злочинима Централних сила, успевао да организује помоћ за српске избеглице и сирочад, да држи предавања с основним његовим мотом „пред злочином не сме нико да буде неутралан", једном речју – да обавештава европску и светску јавност о српском народу и његовој натчовечанској борби против вишеструко бројнијег и јачег непријатеља.

После ослобођења Србије, 1918, др Рајс остаје да живи у Београду. Даје оставку на свој професорски положај у Лозани, али остаје везан за Институт за криминологију, чији рад прати до краја живота. Своју вилу у Лозани заменио скромним својим домом у Србији: он ју је, из љубави према сељаку, заменио једном правом сеоском кућом, назвао ју је, из љубави према српском јуначком војнику, „Добро Поље".

У делегацији нове јужнословенске заједнице (Краљевина Срба, Хрвата и Словенаца) учествује на Мировној конференцији у Нејију као експерт који својим сведочењем и свим оним што је написао о ратном вихору знатно утиче на њен дигнитет. Првих послератних година о Рајсов углед и искуство многи политичари и људи из јавног живота се отимају, желе да искористе познанство с њим и „очешу се" о његову харизму, да би касније почели да плету око њега сплетке и пласирају измишљотине, што је у овом храбром човеку изазвало разочарење и проузроковало његово искључење из јавног живота. Најпре је, као светски стручњак, покушао да реорганизује и модернизује полицијску службу и школовање стручних кадрова, па пошто су га увукли у неке неосноване интриге, прихватио се места хонорарног саветника Народне банке, а пошто су га и тамо „убли у срце", напустио је и тај положај и повукао се у „тишину живота".

До краја разочаран великом корупцијом и непотизмом српског друштва, каријеризмом, неправдом и урушавањем морала, Рајс пише своју последњу књигу, неку врсту опоруке српском народу, „Чујте, Срби – чувајте се себе" и доживљава трагичну судбину: за време свађе са једним бившим министром, Капетановићем, познатим корупционашем, пада покошен инфарктом. Доктор Рајс умро је изненада, напрасно и неочекивано. Он је умро у најбољим годинама, онда када је био на врхунцу животног искуства и кад је могао још много и корисно да послужи науци.

Француски сликар Марсел Амиге, у својој књизи „Сам у правцу Азије", сећа се Рајсове смрти 8. августа 1929. године, као и његове сахране: „Краљ /Александар Карађорђевић/ је у свом телеграму саопштио намеру да преузме трошкове сахране. Она је била заиста величанствена. Рајсово тело на одру било је циљ правог ходочашћа. Цео Београд је продефиловао, љубећи ковчег или мало застакљено окно кроз које се видело покојниково лице. Претходно му је извађено срце, које је, према жељи умрлог, однесено на врх Кајмакчалана. Сиромаси у бедној одећи, војници у блиставим униформама и елегантни појединци дефиловали су с поштовањем, три пута целивајући ковчег. Један човек, без сумње официр у цивилу, задржао се дуго крај одра, с рукама склопљеним као у молитви"[35].

Доктор Рајс је, као човек у пуном значењу те речи, био веома вредан, дисциплинован и савестан у обављању сваке своје дужности: било као професор, криминолог или истражитељ ратних злочина. Из његових објављених мемоара можемо јасно уочити да никада ништа није тражио од српске државе и српског народа, које је својим делима толико задужио. Само је, по узору на доброг самарјанина, давао, и у томе се препознавао као велики хуманиста. Посветио нам

---

[35] Amiguet, Marcel: *Seul vers l'Asie* (део о P. A. Pajcy), Neuchâtel-Paris 1934, стр. 33-39.

је своје најбоље године, жртвовао готово цело своје не тако мало имање. И некада богати и угледни лозански грађанин, умро је скоро као сиромах. И кад су његови ратни извештаји узбудили цели свет, он је речима „ја имам од чега да живим" одбио да прими малу новчану накнаду од српске владе.

У „простом" родољубивом српском народу осетио је и заволео ону његову хришћанску искру љубави према човеку као Божјем бићу, па ма то био и његов непријатељ. Волео је безгранично српски народ, не само топлину његове душе, него и херојство и бригу за отаџбину. Та љубав према нашем народу која се онда јавила у Рајсовој племенитој души развила се до таквих граница да је често и његовим најприснијим пријатељима било тешко да схвате мотиве те бескрајне љубави. Он их, истина, никада није износио ни пред својим најближим друговима. Волео је српски народ искрено и предано, са свим његовим врлинама и манама. Није било жртве коју не би учинио када је била у питању наша народна ствар. То се видело из сваког поступка, то се осећало у његовој свакој изговореној или написаној речи. Никада, изгледа, ни сам себи није хтео да полаже рачуне, нити да истражује узроке те своје љубави према српском народу. То је тајна коју је однео са собом у гроб.

Можда је зато и остао тако потпуно веран властитој заклетви да говори истину и само истину, ма колико она погодила и његове најближе пријатеље. Истина коју је он изнео о рату у Србији – победила је!

Тако великог и оданог пријатеља, у својој историји, Срби нису имали!

Библиографија

Наслови дела о Арчибалду Рајсу и књиге, брошуре, чланци, сепарати, изложбе фотографија, часописи и новине у којима се он и његов рад помињу.

1902
1. *Locard, Edmond: La médecine judiciaire en France au XVIIe siècle* / докторска дисертација под меторством Р. А. Pajca/, Lyon 1902.

1913
1. *Swiss plan for police*, **New-York Times** /Њујорк/ (23. 2. 1913).

1915
1. *A.: La pointe du jour*, **Tribune de Lausanne** (29. 10. 1915).
2. Janischfeld, Erwin: *Kultur. Ein Schreiben an die gesittete Welt und drei Briefe an Prof. Reiss in Lausanne*, Zürich 1915.
3. *Attaque contre R. A. Reiss, sans titre et sans signature, à la premiére page de la* **Neue Zürcher Zeitung** (2. 10. 1915).

1916
1. *La campagne contre M. Reiss*, **La Serbie** /Genéve/ (13. 8. 1916).
2. Petković, Živko D.: *Ce que fera la Serbie: avec une préface de R. A. Reiss*, Genève; Lyon: Paris, 1916.
3. Gross, Hans: *Les mensonges sur la campagne Austro-hongroise en Serbie*, Vienne 1916.
/Напомена : Покушај да се оповргну Рајсови извештаји о злочинима у Србији./
4. *Contestacion los articulos del profesor /Rodolphe Archibald/ Reiss: «Lausanne»*, Buenos Aires 1915.

1917

1. Petrovitch, Édouard: *Impressions de guerre d'un volontaire serbe de 17 ans; Édouard Petrovitch; Souvenirs de mon voyage en Serbie... Lettre-préf. de M. R[odolphe] -A[rchibald] Reiss, Prof.*, Genève: Atar /1917/.

1918

1. Barby, Henri: *Avec l'armée serbe*, Paris 1918, стр. 119 i 147.
2. Petković, Živko D.: *Ce que fera la Serbie; avec les préfaces du Dr Jules Payot et du Dr R.-A. Reiss*, Aix (Makaire), 1918.
3. Војновић, Драгутин: *Почасна сабља доктора Рајса*, „**15. септембр 1918**" (Београд), бр. 8, стр. 62.

1921

1. *Задруга г. Рајса*, **Политика** (10. 5. 1921).
2. *La paisible existence du Professeur Reiss.* **Tribune de Genève** (7. 6. 1921).
3. Carvalho, Elysio de: *Sherlock Holmes no Brasil* /роман о Р. А. Рајсу/, Rio de Janeiro /192?/.

1924

1. Locard, Edmond: *Policiers de roman et policiers de laboratoire*, Paris 1924.

1928

1. Миленковић, Миомир: *Р. А. Рајс*. Ст. Станојевић, **Народна енциклопедија српско-хрватско-словеначка**, Београд-Загреб 1928, III, стр. 885-886.
2. *Професор Рајс напушта нашу земљу* /интервју/, **Политика**, 1928 (11. септембар), стр. 1.

1929

1. Bischoff, Marc-A.: *Le professeur Rodolphe Archibald Reiss*, **Revue internationale de Criminalistique**, 1929, стр. 325-332.
2. Locard, Edmond: *Rodolphe Archibald Reiss*, **Revue internationale de Criminalistique**, 1929, стр. 333-336.
3. Reymond, Maxime: *Rodolphe Archibald Reiss*, **Historisch-biographischs Lexikon der Schweiz**, Neuenburg 1929, V, стр. 579.
4. Ћирић, Ђ. /Ђорђе/: *Р. А. Рајс: Шта сам видео и преживео у вели-*

ким данима, Београд, *1928*, **Летопис Матице српске**, Нови Сад, год. 103, књ. 320, св. 2 (мај 1929), стр. 308-309.
5. Т.А.: *Rodolphe A. Reiss*, **Tribune de Lausanne** (10. 8. 1929).
6. S.L.: *Une cèremonie emouvante*, **Gazette de Lausanne** (3. 10. 1929).
7. Р. А. *Рајс* (уводник поводом Рајсове смрти), **Политика** (9. 8. 1929).
8. *Како је др Рајс дошао у Србију*, **Политика** (9. 8. 1929).
9. *Данас ће са генералским почастима бити сахрањен др Рајс*, **Политика** (10. 8. 1929).
10. *Тестамент др Рајса и Последње писмо* (8. августа 1929), **Политика** (10. 8. 1929).
11. *Свечана сахрана др Рајса*, **Политика** (11. 8. 1929).

1930

1. Ђорђевић, Сава М.: *Споменица др Рајсу. Од срца к срцу. Епопеја српске, југословенске и савезничке војске 1914-1918. године*, Београд 1930.
2. Hans Bringolf; Blaise Cendrars; Paul Budry: *L›etrange Aventure du Lieutenant Bringolf: Quelques fragments de ses Mémoires* /предговор написао Rodolphe Archibald Reiss/, Neuchâtel: Editions de la Baconnière, 1930.

1934

1. Amiguet, Marcel: *Seul vers l›Asie* /deo o R. A. Rajsu/, Neuchätel-Paris 1934, стр. 33-39.

1935

1. *Страдања манастира Фенека 1914* /саставни део ове књиге је и чланак Филарета Гранића о др Рајсу/, 1935.
2. *Страдања манастира Фенека 1914* (српски, француски) /саопштио Ф./Филарет/ Гранић/, 1935, стр. 300-305.

1938

1. Bischoff, Marc-Alexis: *À la mémoire de mon maître et ami, le professeur R. -A. Reiss* /у књизи: **La Police scientifique**, Paris, 1938, стр. 7/.

1966

1. Levental, Zdenko: *Beiträge zur Geschichte der schweizerisch-jugoslawischen medizinischen Beziehungen*. Verh. XIX. Int. Kong.: **Geschichte der Medizin**, Basel 1966, стр. 452-460.

1968

1. Микић, Сава: *P. A. Pajc*, **Кроз Албанију 1915/1916**, Београд 1968, стр. 425-427.
2. Стојанчевић, Владимир: *P. A. Pajc*, **Енциклопедија Југославије**, Загреб 1968, VII, стр. 62.
3. *Кроз Албанију: 1915–1916: спомен-албум: приликом педесетогодишњице пробоја Солунског фронта* = A travers l›Albanie: 1915–1916: mémorial: a l‹occasion du cinquantenaire de la rupture du front de Salonique /избор фотографија и текст Војин М. Ђорђевић/.

1971

1. В. Б. П.: *Комеморација др Pajca*, **Православље**, Београд (28. 10. 1971).
2. Stanojević, Radmilo: *Freunde aus der Schweiz*, **Revue**, Beograd 1971, IV, стр. 30-31.

1972

1. Ћосић, Добрица: *Време смрти*, **Део I**, Београд 1972.
2. Roy, Paul: *Bitola-Monastir, 60 ans d'histoire*, 1912-1972, Epinal /1972/.

1974

1. Станковић, Ђорђе: *Извештај др P. A. Pajca о стању у источној Македонији (новембар 1914.)* = Le rapport de R. A. Reiss sur les conditions dans la Macedoine orientale (novembre 1914), **Зборник Филозофског факултета**, Београд, књ. 12, 1(1974), 531-537.

1975

1. М. С. (Сава Микић): *На четрдесетшесту годишњицу смрти. Помен др Pajcy*, **Православље** (Београд), бр. 204 (15. 9. 1975).

1978

1. Војновић, Драгутин: *Почасна сабља доктора Pajca*, „**15. септембар**» (Београд) 1978, бр. 8, стр. 9.
2. Ђурић, Антоније: *Срце на врху планине*, у књизи **Солунци говоре. Овако је било**. Горњи Милановац 1978, стр. 225-229.

БИБЛИОГРАФИЈА

1979
1. *Смрт пријатеља Арчибалда Рајса*, **Политика** (некролог из 192-9.) (5.8.1979).
2. Bischoff, Marc-A.: *Le professeur Rodolphe Archibald Reiss*, **Uni Lausanne** 1979, бр. 25, стр. 36-39.

1981
1. Breguet, Elisabeth: *100 ans de photographie chez les Vaudois 1839 –1939*, Lausanne 1939, 85-91; 170-175.

1982
1. Mathyer, Jacques: *L'Institut de policee scientifique et de criminologie*, **Bulletin d'information de Université de Lausanne**, 1977, бр. 20, стр. 20-24, Lausanne 1977.
2. Mathyer, Jean: *L'Institut de Police scientifique et de criminologie*, **Université de Lausanne** 1982, бр. 34, стр. 9-14.
3. Mathyer, Jean: *Hommage au Professeur Reiss, La police de sureté vaudoise 1877-1977*. **Un siècle au service du pays.**, Lausanne 1982, стр. 139-140.

1983
1. Видак, Радмила и Татић, Дарко: *Платон у Србији. Документарни радиофонички есеј о др Р. А. Рајсу*, Радио Београд 1983 /с преводом на енглески и француски језик/.
2. Klein, Kurt: *Gebrüder Reiss aus dem Kinzigtal*, **Badische Heimat**, 1983, стр. 119-126.

1984
1. Биничанин, Љиљана: *Швајцарац са срцем на Кајмакчалану*, **Илустрована политика** (Београд), 6. 11. 1984.
2. Кешељевић, Божидар: *Рајсу заувек*, **Дуга** (Београд), мај 1984, стр. 54-55.
3. Левентал, Зденко: *Швајцарац на Кајмакчалану*, I изд., Београд 1984.
4. Стојановић, Дубравка: *Рудолф А. Рајс о Солунском процесу*, **Историјски гласник** (Београд), 1984, стр. 99-107.
5. Mathyer, J., *Professor R. A. Reis: a pioneer of forensic science*, **Publications diverses**, том 3, стр. 51-57, Lausanne 1984 /сепарат

из: Journal of the Forensic Science Society, св. 22, март/април 1984, стр. 131-142/.

1985

1. Анђус, Љиљана, Јовановић, Божана, Протић, Љиљана: *Др Р. А. Рајс – сакупљач природњак*. **Каталог изложбе**. Београд 1985.
2. *Војници пречи од трговаца*. Дуга (Београд), посебно издање **Солунци**, јануар 1985, стр. 61-63.
3. *Некад и сад: куће знаменитих људи: Рајсове опомене Србима* / **видео-запис у трајању од 49 минута**/, Београд : Радио-телевизија Београд, 1985.
4. Auer, Michèle; Auer, Michel: *Encyclopédie internationale des photographes de 1839 à nos jours. Photographers encyclopedia international 1839 to the present*, Hermance 1985.

1987

1. Mathyer, Jean: *L›Institut de Police scientifique et de criminologie*, **De l›Akademie à l›Université de Lausanne, 1537-1987. 450 ans d›histoire**. Lausanne 1987, стр. 283-289.

1988

1. Ђорђевић, Сава М.: *Споменица др Рајсу. Од срца к срцу. Епопеја српске, југословенске и савезничке војске 1914-1918. године* (репринт издање из 1930), Шабац 1988.
2. Левентал, Зденко: *Србија и Солунски фронт 1916/17 у неким швајцарским публикацијама*. Научни скуп „Србија 1917", **Зборник радова Историјског института**, Београд 1988, стр. 225-239.

1989

1. Глигоријевић, Мило: *Флерт са историјом*, **НИН** (Београд), 6. 8. 1989.
2. Левентал, Зденко: Доктор Рајс и Карађорђевићи, **Политика** (Београд) /фељтон 21-28. август 1989/.

1991

1. Levental, Zdenko: *La vie passionnée du Sherlock Holmes suisse*, **Trentes Jours** (Lausanne), No. 5, 1991, 18-21.

2. Левентал, Зденко: исти чланак у „Un Wädenswil" (Швајцарска), октобар 1991.
3. Klein, Kurt: *Der Kommisar im weissen Mantel: internationaler Kriminologe R. A. Reiss* /у књизи: **Unbekannter Schwarzwald : Erhählungen und Berichte über Landschaft, Menschen und Brauchtum**, Waldkirch, 1991, стр. 103-111.

1992
1. Опачић, Петар... /и др. приређивачи/: *Геноцид над Србима у двадесетом веку*, Београд 1992.

1993
1. Левентал, Зденко: *Р. А. Р. Швајцарац на Кајмакчалану*, Доњи Милановац; Београд, 1993.

1994
1. Миловић, И; Лесић, А: *Testimony of Dr. Rudolf Archibald Reiss on the use of explosive missiles and injuries in Serbian soldiers in the battles of Jadar and Cer*, **Војносанитетски преглед** (Медицински факултет), Београд 1994.

1995
1. Crampton, Richard: *[Review of] Rodolphe Archibald Reiss. Criminaliste et Moraliste de la Grande Guerre*, **The English Historical Review**, књ.110 бр. 439 (новембар 1995): 1322, Oxford 1995.
2. Altermatt, Urs; Brix, Emil: *Rudolf Archibald Reiss* /у књизи: **Schweiz und Österreich**, Böhlau 1995, стр. 81.

1997
1. *Родолф Арчибалд Рајс: сведок истине о Србији 1914–1918: изложба, Централни клуб војске Југославије, Београд, јун-јул 1997* = Rodolf Archibald Reiss: témoin de la vérité sur la Serbie dans la guerre de 1914–1918 /каталог/, /приредили/: Слађана Бојковић, Милић Ф. Петровић, Павле Стојковић, Јола Фаврат/, Београд 1997.
2. *О злочинима Аустроугара-Бугара-Немаца у Србији 1914–1918 : изабрани радови* /приредили Слађана Бојковић, Милоје Пршић/, Београд 1997.

1. *Родолф Арцибал Рајс: сведок истине о Србији 1914–1918 : изложба* = *Rodolf Archibald Reiss: témoin de la vérité sur la Serbie dans la guerre de 1914–1918: exposition:* Централни Клуб Војске Југославија, Београд, јун-јул 1997: *[Каталог]озб*, Слађана Бојковић; Милић Ф. Петровић; Павле Стојковић; Јола Фаврат; Rodolphe Archibald Reiss; Историјски Музеј Србије (Београд); Савез Удружња ратника ослободилачких ратова Србије 1912–1920.; Централни клуб војске Југославије (Београд). Изложба; и други, Београд 1997.
2. *О злочинима Аустроугара-Бугара-Немаца у Србији, 1914–1918: изабрани радови* /приредили Слађана Бојковић, Милоје Пршић/, Београд 1997.

1998

1. Стојанчевић, Владимир: *Виђени странци о Србији и Србима 19. и почетком 20. века*, Београд 1998.
2. Olschewski, Malte: *Rudolph Archibald Reiss* /у књизи: **Der serbische Mythos.: Die verspätete Nation**, 1998, стр. 290, 450 и 475/.
3. Teufel, Manfred: *Berühmte Kriminalisten: Rudolf Archibald Reiss (1875–1929)* /у књизи: **Landesbibliographie Baden-Wirttemberg**, Stuttgart 1998/.

1999

1. Nigg, Heinz: *Rudolf Archibald Reiss* /u knjizi: **Da und fort: Leben in zwei Welten : Interviews, Berichte und Dokumente zur Immigration und Binnenwanderung in der Schweiz**, Zürich: Limmat 1999, стр. 331.

2000

1. Mathyer, Jacques: *Rodolphe Archibald Reiss pionnier de la criminalistique : les années lausannoises et la fondation de l'Institut de police scientifique et de criminologie*, Lausanne 2000.
2. Deley, Vincent: *Note sur le problème de «La disparition de Lady Frances Carfax«* /евоцирање успомена на случајеве у Лозани који су се догодили између 1895. и 1901, са посебним освртом на оба лозанска „Шерлок Холмса": Р. А. Рајса и Маријуса Аугсбургера/, /Lausanne : /Impression privée/, 2000.

2001

1. /*Rodolphe Archibald Reiss*/ /у књизи: Dorin, Alexender: **In unseren Himmeln kreuzt der fremde Gott: Verheimlichte Fakten der Kriege in Ex-Jugoslawien (Kroatien, Bosnien, Kosovo)**, Freiburg 2001, стр. 4.

2002

1. Porret, Michel: "*Mathyer, J.: Rodolphe A. Reiss. Pionnier de la criminalistique. Les années lausannoises et fondation de l'Institut de police scientifique et criminologie*», **Revue suisse d'histoire : Les sorcières, les seigneurs et les juges**, том 52, бр. 2, 2002, стр. 242-244.

2003

1. Auer, Michèle: *Collection M.+M. Auer: une histoire de la photographie: Théâtre de la photographie, Nice, du 13 janvier au 14 mars 2004; Musée d'art et d'histoire, Genève, du 22 avril au 12 septembre 2004*, Hermance 2003 /краће библиографије са фотографијама знаменитих швајцарских личности, међу којима је и Pajc/.
2. Mikić, Dejan; Sommer, Erika: *Rudolphe Archibald Reiss* /у књизи/: **Als Serbe warst du plötzlich nichts mehr wert»: Serben und Serbinnen in der Schweiz**, стр. 76 и 161, Zürich 2003.

2004

1. Delay, Vincent: *The Swiss Sherlock Holmes: Rodolphe Archibald Reiss (1875–1929)*, **The Sherlock Holmes journal**, London 2004, том 27, св. 1, стр. 6.

2005

1. Susanne Bieri; Schweizerische Landesbibliothek (Bern); Ausstellung Vom General zum Glamour-Girl - ein Portrait der Schweiz (2005, Bern): *Vom General zum Glamour-Girl - ein Portrait der Schweiz: [die Ausstellung Vom General zum Glamour-Girl - ein Portrait der Schweiz findet in der Schweizerischen Landesbibliothek vom 10. Juni bis 18. September 2005 statt]*, Basel 2005, стр. 95.
2. Stingelin, Martin: *Das «Unvermessbare»: Berechenbarkeit versus Unwägbarkeit Alphouse Bertillon, Hanns Gross, Edmond Locard und*

Rudolf Archibald Reiss in den Kriminalromanen von Friedrich Glauser /у књизи: Theile, Gert: **Anthropometrie**, стр. 125-138/, München 2005.

3. *Rudolf Archibald Reiss: éminent savant suisse d'origine allemande* /u knjizi: **Histoire du peuple serbe**/, Lausanne 2005, стр. 252-253.

2006

1. Quinche, Nikolas: *Crime, science et identité: anthologie des textes fondateurs de la criminalistique européenne (1860-1930)* /*Rodolphe Archibald Reiss*/ Genève 2006, стр. 368.
2. Шипинкаровски, Петко: *Рудолф Арчибалд Рајс – за Македонија и за Македонците*, Струга 2006.

2007

1. Ausburger, Marius; Molles, Geoges; Molles, Roger; Quinche Nikolas: *Les mystères de Lausanne : 30 ans dans la police de Lausanne, mémoires de Marius Augsburger (1864-1939)*, Genéve: Slatkine 2007 /у књизи се, местимично, спомиње и Рајс и његово дело/.
2. Петровић, Драгош: *Извештај Арчибалда Рајса о страдању Пожаревачког краја од Бугара 1916–1918* /излагање на конференцији/ /Б.м. : б.и./, 2007.
3. Старчевић, Милан: *Аустроугарски злочини у Србији 1914–1918: Родолф Арчибалд Рајс*, Београд: Геополитика, 2007.
4. Марковић, Живко: *Војник истине и правде: Родолф Арчибалд Рајс* /у књизи: Старчевић, Милан: *Аустроугарски злочини 1914–1918: Родолф Арчибалд Рајс*, Београд: Геополитика, 2007/.

2008

1. Quinche, Nikolas: *Les victimes, les mobiles et le modus operandi du criminaliste suisse R.-A. Reiss. Enquête sur les cmpatégies discursives d'un expert du crime (1906–1922)*/сепарат из: **Revue Suisse d'Histoire**, том 58, св. 4, децембар 2008, стр. 426–444, Lausanne 2008.

2009

1. *Le théâtre du crime : Rodolphe A. Reiss 1875-1929*: [индивидуална изложба], Musée de l'Elysée, Lausanne [27 juin au 25 octobre 2009/ avec les contrib. de Christophe Champod ... [et al.], Lausanne, 2009.

2. Reiss, Rodolphe Archibald; Champod, Christophe et al: *Le théâtre du crime*, Lausanne, Presses polytechniques et universitaires romandes 2009.
3. Quinche, Nikolas: *L'ascension du criminaliste Rodolphe Archibald Reiss*. In: *Le théâtre du crime: Rodolphe A. Reiss (1875–1929)*, **Presses polytechniques et universitaires romandes**, стр. 231-250, Lausanne 2009.
4. Quinche, Nikolas: *Reiss et la Serbie: Des scènes de crime aux champs de bataille, l'enquête continue*. In: *Le théâtre du crime: Rodolphe A. Reiss (1875–1929)*, **Presses polytechniques et universitaires romandes**, стр. 289-306, Lausanne 2009.
5. Quinche, Nikolas: *Le tatouage dans l'œil du criminaliste*. In: *Le théâtre du crime: Rodolphe A. Reiss (1875–1929)*, **Presses polytechniques et universitaires romandes**, стр. 307-310, Lausanne 2009.
6. Boškovska, Nada: *Rudolphe Archibald Reiss* /у књизи: **Das jugoslavische Makedonien 1918–1941 : Eine Randregion zwischen Repression und Intergration**, стр. 19, 22, 235, 265-266/ Böhlau 2009.
7. Delay, Vincent: *R. A. Reiss et Sherlock Holmes*, **Memoires et documents: Société d'Etudes Holmésiennes de la Suisse Romande**, 2009, том 11, /Lausanne/ 2009.

2010

1. Умељић, Владимир: *Тетралогос Сорабије 2, Арчибалдов свет: (о љубави према ближњему)*, Београд, 2010.
2. Gianinaz, Elisa: *Expertise en écriture de R. A. Reiss: approche historique et comparative: historical and comparative approach = Forensic handwriting examination by R. A. Reiss*, **Expertises de documents**, том 15, стр. 88-158, Lausanne 2010.
3. Stamenković, Nikola: *«Devant le crime, pas de neutralité possible!»: vie de Rodolphe Archibald Reiss* /Diplomarbeit/ Dissertation/ , Neuchâtel: Université de Neuchâtel, 2010.
4. Марковић, Живко: *Родолф Арчибалд Рајс*, **Глас са Цера**, бр. 17 (27. новембар, Јошева под Цером 2010.
5. Quinche, Nikolas: *Bombes et engins explosifs sous l'œil du criminaliste: le travail de l'expert à l'Institut de police scientifique de l'Université de Lausanne (1904-1919)*, **Revue historique vaudoise**, 2010, стр. 175–191, Lausanne 2010.

6. Čalić, Marie-Janine: /*Rodolphe Archibald Reiss in Belgrade*/, у књизи: **Geschichte Jugoslawiens im 20. Jahrhudert**, München 2010, стр. 73.
7. Nora Mathys: *Institut de police scientifique de l'Université de Lausanne und Musée de l'Élysée, Lausanne (Hg.): Le Théâtre du crime. Rodolphe A. Reiss 1875-1929*, Lausanne: Presses polytechniques et universitaires romandes, 2009, у часопису **Fotogeschichte**, свеска 115, 2010.

2011

1. Hälg, Ralf: *Rudolph Archibald Reiss und Serben* /Lizentiatsarbeit; Dozentin Nada Boškovska/, Zürich 2011.
2. Трифковић, Драгана: *Тестамент Арчибалда Рајса*, http://www.slobodanjovanovic.org (6.8.2011).
3. Wirth, Ingo: *Rudolphe Archibald Reiss* /u knjizi: **Kriminalistik-Lexikon**, 4. изд., стр. 465/, Hüthig Jehle Rehm 2011.
4. Girardin, Daniel: *Reiss, Roldolphe Archibald*, in: **Historisches Lexikon der Schweiz**, Basel, 2011, том 10.
5. Bachhiesl, Christian; Bachhiesl Sonja Maria: *Rudolphe Archibald Reiss* /у књизи: **Kriminologische Theorie und Praxis – Einleitung**, Münster 2011, стр. 7-8.
6. Scianna, Bastian Matteo: Reporting Atrocities: Archibald Reiss in Serbia, 1914-1918, **The Journal of Slavic Military Studies**, London 2012, бр. 25(4), стр. 596-617.

2013

1. *Како су познати говорили о Србија – Родолф Арчибалд Рајс*, www.in4s.net (30. септембар 2013).
2. *Нисмо ценили Рајса, зато смо данас сами*, **Блиц**, 26. 7. 2013, Београд.
3. *Председнику Николићу уручена Плакета „Арчибалд Рајс"*, **Правда** (Београд), 15.7.2013, Београд 2013.
4. Hannover Moser, Brigitta Gabriela: *Archibald* Reiss (стр. 141), **Београд–Нови Сад** /монографија/, Берлин 2013.
5. Müller, Christin (Hg.): *Cross Over. Fotografie in der Wissenschaft + Wissenschaft in der Fotografie*, Leipzig: Spector 2013.
6. Николић, А.: *Нисмо ценили Рајса, зато смо данас сами: о Немцу који нас је волео и његовом делу „Чујте, Срби"*, **Блиц**, 26. 7. 2013, Београд.

2014

1. Тадић, Љубивоје: *Арчибалд Рајс*: /драма/, Београд 2014. – Напомена: Премијера драме изведена у Народном позоришту у Београду, 15. фебруара 2014.
2. *Стравични злочини Аустроугара над српским цивилима*, Франкфурт, **Вести** (1. јун 2014).
3. Белић, Н.: *Зла судбина Рајсове виле „Добро поље"*, Београд, **Политика** (3. јун 2014).
4. Басара, Светислав: *Наивчина Арчибалд*, **Данас** (6. јун 2014), Београд.
5. Д. Б.: *Арчибалд Рајс је један од нас: обележено 100 година од почетка рада*, **Блиц** (6. јун 2014), Београд.
6. Милинковић, Наташа: *Све је исто, само њега нема: /Арчибалд Рајс/*, **Актер** /недељник/, бр. 233, (8. јун 2014), Београд.
7. Цодан, Невен: *Тајне фотографије Арчибалда Рајса: ексклузивни детаљи из филма „Чујте, Срби"*, **Блиц** (8. јун 2014), Београд.

Радови Арчибалда Рајса из области хемије, фотографије и криминалистике, као и ратне и политичке публикације и новински прилози

1894

1. /*Фотографије Арчибалда Рајса*/: **Internationale Ausstellung der Phototgraphie**, Milano 1894.

1896

1. /*Фотографије Арчибалда Рајса*/: **Photographische Ausstellung**, Berlin 1896.

1898

1. *Über die Einwirkung von Alkali-Persulfaten auf einige organische Verbindungen. Über neue geschwefelte Dichroine* (докторска дисертација), Lausanne 1898.

1900

1. *Die Photographie von Krankheitserscheinungen*. Сепарат из часописа **Internat: Photograph: Monatschrift, f. Medizin**, München : Seitz & Schauer, 1900, бр. 6, стр. 1-7.

2. *Die Photographie makroskopischer anamoмischer Präparate.* **Internat: Photograph: Monatschrift: Medizin**, бр. 7, стр. 1-11, München 1900.

3. *Die Photographie von Krankheitserscheinungen,* **Photographie générale**, том 4, стр. 80-95, München 1900.

1902

1. *Die Entwicklung der Photographischen Bromsilbertrockenplatte und die Entwickler,* Halle a. S., 1902.

2. *Développement des papiers au gélatino-bromure (Quelques observations sur le),* **Revue suisse de photographie**, Lausanne 1902 (јануар), стр. 20-29.

3. *Bichlorure de mercure (Influence du) sur les papiers au gélatinobromure avant le développement,* **Revue suisse de photographie**, Lausanne 1902 (фебруар), стр. 49-54.

4. *Emploi de la photographie comme moyen d'enquéte judiciaire au temps de la daquerréotipie,* **Revue suisse de photographie**, Lausanne 1902 (фебруар), стр. 72-74.

5. *Einige Bemerkungen über rasch und langsam arbeitende Entwickler,* **Revue suisse de photographie**, Lausanne 1902 (март), стр. 112-118.

6. *Fixage des plaques au gélatino-bromure,* **Revue suisse de photographie**, Lausanne 1902 (април), стр. 145-154.

7. *Urine pour le développement des plaques photographiques,* **Revue suisse de photographie**, Lausanne 1902 (мај), стр. 193-198.

8. *Emulsions auto-révelatices,* **Revue suisse de photographie**, Lausanne 1902 (јун), стр. 312-315.

9. *La decmpuction de l'image latente par les sels de métaux,,* **Revue suisse de photographie**, Lausanne 1902 (јул), стр. 364-373.

10. *Chaleur sur la plaque au gélatino-bromure exposée à la lumière mais non développée,* **Revue suisse de photographie**, Lausanne 1902, стр. 463-470.

11. *Einiges über die signaletische Photographie (Sistem Bertillon) und ihre Anwendung in der Anthropologie und Medizin,* **Photographie judiciaire**, том 3, стр. 29-44, München 1902.

12. *La decmpuction de l'image latente par les sels de métaux,* **Photographie générale**, том 4, стр. 40-76, Lausanne 1902.

13. *L'emploi de l'urine pour le développement des plaques photographiques,* **Photographie générale**, том 4, стр. 96-101, Lausanne 1902.

14. *Über die Zerstörung des latenten Bildes durch Metallsalze*, **Photographie générale**, том 4, стр. 117-120, Lausanne 1902.
15. *Anleitung für die Bearbeitung von Kapitalverbrechen*, **Traces diverses**, том 1, стр. 265-273, Laussane 1902.
16. *Des émulsions auto-développatrices*, **Photographie générale**, том 4, стр. 102-105, Lausanne 1902 /сепарат из: **Revue Suisse de Photographie**/.
17. *Über die Anwendung des Magnesiumlichtes*, **Photographie générale**; том 4, стр. 77-79.
18. *L'emploi de l'urine pour le développement des plaques photographiques*, **Photographie générale**, том 4, стр. 96-101, Lausanne: /s.a./.
19. *La decmpuction de l'image latente par les sels de métaux*, **Photographie générale**, том 4, стр. 70-76, Lausanne 1902 /сепарат из: **Revue suisse de photographie**/.

1903
1. *La photographie judiciaire*, Paris : Payot, 1903.
2. *Altération des plaques et des papiers photographiques déterminée par Actinomyces chromogenes. Gasp. Contenu dans l'eau de lavage*, **Revue suisse de photographie**, Lausanne 1903, стр. 289-299.
3. *Emploi de la photographie pour l'expertise des documents écrits*, **Revue suisse de photographie**, Lausanne 1903, стр. 390-410.
4. *Euregicmpeur de la lumière bleue*, **Revue suisse de photographie**, Lausanne 1903, стр. 419-424.
5. *Image latende de la plaque photographique*, **Revue suisse de photographie**, Lausanne 1903, стр. 325-328.
6. *Photographie judiciaire*, **Revue suisse de photographie**, Lausanne 1903, стр. 1-9.
7. *Photographie de nuit*, **Revue suisse de photographie**, Lausanne 1903, стр. 169-174.
8. *Sources lumineuses artificielles*, **Revue suisse de photographie**, Lausanne 1903, стр. 337-344.
7. *La photographie judiciaire* (на енглеском) /Е-издање: http://www.amazon.de/photographie-judiciaire-Rodolphe-Archibald-1875-1929/dp.
8. *Über die Zerstörung des latenten Bildes durch Metallsalze* /сепарат из: **Photographisches Centralblatt**, год. 8, св. 19/, München 1903.

9. *Recherches sur l'altération des plaques et des papiers photographiques*, **Photographie générale**; том 4, стр. 106-116, Lausanne 1903 / сепарат из: **Revue suisse de photographie/**.
10. Rabow, Siegfried; Wilczek, Ernest; Reiss, Rodolphe Archibald: *Die officiellen Drogen und ihre Präparate*, Стpassbourg : L. Beust, 1903.
11. /*Фотографије Арчибалда Рајса*/: **Photographische Ausstellung**, Graz 1903.
12. / *Фотографије Арчибалда Рајса* /: **Union internationale de photographie**, Exposition de la Grenette, Lausanne 1903.

1904

1. *Où allons-nous?*, **Revue Suisse de Photographie**, Lausanne 1904.
2. *Examen photographique des document ecrits (Contribution à la pratique de l')*, **Revue Suisse de Photographie**, Lausanne 1904 (април), стр. 193-200.
3. *Contribution à la pratique de l'examen photographique des documents écrits*, **Photographie générale**; том 4, стр. 1-10-, Lausanne 1904 /сепарат из: **Revue Suisse de Photographie**, април, стр. 193-200, Lausanne 1904/.
4. *Contribution à la pratique de l'examen photographique des documents écrits*, **Photographie judiciaire**, том 3, стр. 45-54, München 1904 /сепарат из: **Revue Suisse de Photographie**, Lausanne, 1904, стр. 193-200/.
5. *Papier à la gomme arabique et au nitrate d'argent*, **Revue Suisse de Photographie**, Lausanne, 1904 (мај), стр. 241-246.
6. *Affaiblisseur d?Eder*, **Revue Suisse de Photographie**, Lausanne, 1904 (август), стр. 337-342.
7. Production des clichés à projection, **Revue Suisse de Photographie**, Lausanne, 1904 (новембар), стр. 505-516.
8. /*Фотографије Арчибалда Рајса*/ : **Internationale Ausstellung der Phototgraphie**, Wien 1904.

1905

1. *Quelques mots sur la Révélateur à l‹oxalate ferreux*, **Revue Suisse de Photographie**, Lausanne, 1905 (јул), стр. 211-217.
2. *La photographie de L›eclipse du out 1905*, **Revue Suisse de Photographie**, Lausanne 1905 (август), стр. 236-238.
3. *Le reconstitution photographique de documents carbonisés contenant*

une écriture au crayon, **Revue Suisse de Photographie**, Lausanne 1905 (август), стр. 239-241.
4. *Le décèlement photographique des «décharges invisibles» des encres*, **Revue Suisse de Photographie**, Lausanne 1905 (септембар), стр. 225-229.
5. *L'Union internationale de Photographie*, **Revue Suisse de Photographie**, Lausanne 1905 (септембар), стр. 281-291.
6. *A propos de l'art photographique*, **Revue Suisse de Photographie**, Lausanne 1905 (септембар), стр. 272-275.
7. *Un peu d'histoire de la photographie judiciaire*, **Revue Suisse de Photographie**, Lausanne 1905 (октобар), стр. 327-336.
8. *11 4 a 46 ans!* /о развоју фотографије/, **Revue Suisse de Photographie**, Lausanne 1905 (новембар), стр. 341-351.
9. *Ein neues Gummi-Silberdruckverfahren*, **Photographie générale**, том 4, стр. 121-125, /сепарат из: **Jahrbuch für Photographie und Reproduktionstechnik** за1905/.
10. *Manuel du Portrait parlé (Méthode Alphonse Bertillon), à l'usage de la police, avec vocabulaire français, allemand, italien et anglais*, Lausanne & Paris 1905.
11. /*Фотографије Арчибалда Рајса*/: **Weltausstellung**, Lštisch 1905.

1906

1. *Les méthodes scientifiques dans les enquêtes judiciaires et policières*, **Archiv d'anthropologie criminelle**, 6p. 156, стр.1-20, Lyon 1906.
2. *Les méthodes scientifiques dans les enquêtes judiciaires et policières*, **Ouvrages généraux**, стр. 134-144, Lyon 1906 /сепарат из: **Archiv d'anthropologie criminelle de criminologie et de psychologie normale et pathologique**/.
3. *Contribution à l'étude de la police scientifique: [quelques nouvelles méthodes photographiques appliquées dans les enquêtes judiciaires]*, **Publications diverses**, том 3, стр. 195-199, Lyon 1906 / Сепарат из: **Archiv d'anthropologie criminelle de criminologie et de psychologie normale et pathologique**, nos 151-153. juillet-septembre 1906 ; Communication faite au VIe congrès international d'anthropologie criminelle, Turin, juin 1906/.
4. Alphonse Bertillon und R. A. Reiss: *Das portrait parlé, Identification, signalements*, том 1, стр. 151-154, //S.l./, 1906 /сепарат из: **Das Recht**, X. Jahrg. Nr. 1, 10. Januar 1906 und Nr. 7, 10. April 1906.

5. *Rapport sur le Groupe 83 de l'Exposition Internationale de Milan*, **Revue Suisse de Photographie**, Lausanne 1906 (октобар), стр. 323-330.
6. *Exposition internationale de Milan, 1906: Suisse* /аутори: **Hermann Thorens; Oswald Grosjean; Joseph Ribordy; Charles Perrier; Gustave Fonjallaz; Gaspard Gay; Georges Hantz; Rodolphe Archibald Reiss; Hermann Linck; Alfred Burnier; Eugène Fonjallaz; Antoine Muller; Charles-Eugène Guye; Edouard Tissot; Théodore Turrettini; Schweiz. Schweizerisches Handels-, Inductpie- und Landwirtschaftsdepartement/**, Berne: Rösch & Schatzmann: W. Wälchli: K. J. Wyss; Neuchâtel: L.-A. Borel, 1907.

1907

1. *Un code télégraphique du portrait parlé*, Paris (Documents de Criminologie et de médecine légale): A. Maloine, 1907.
2. *Einiges über die forensische Photographie*, **Photographie judiciaire**, том 3, стр. 72-85, Wien 1907.
3. *L'examen photographique des documents écrits et quelques nouvelles recherches: comunication faite à la 11è Session de l'Union Internationale de Photographie, à Lausanne*, **Photographie judiciaire**, том 3, стр. 15-28, Lausanne /s.a/.
4. *Einiges über die forensische Photographie*, /сепарат из: „**Photographische Korrespondenz**", бр. 564, стр. 1-14/, Wien 1907.
5. [*Irrtum über die Identität von Sachen oder Personen*], **Identification, signalements**; том 3, стр. 76-77, /S.l./, 1907 /сепарат из: **Archiv für Kriminal Anthropologie und Kriminalistik**/, Leipzig 1907.
6. *Quelques applications nouvelles de la photographie dans les enquêtes*, **Photographie judiciaire**; том 3, стр. 55-65, Wien 1907.
7. *Quelques applications nouvelles de la photographie dans les enquêtes*, **Actes du 6è Congrès International d'Anthropologie Criminelle**, Turin, 1906.
8. *Neue Versuche, unsichtbare Tintenabdrücke auf photographischem Wege sichtbar zu machen*, **Photographie judiciaire**, том 3, стр. 66-71, Halle a. S., 1907 /сепарат из: **Jahrbuch für Photographie und Reproduktionstechnik**/.
9. *Über die Methode der «vision oblique»*, **Expertises de documents**, том 2, стр. 77-80, Leipzig 1907 /сепарат из: **Archiv für gerichtliche Schriftuntersuchungen und verwandte Gebiete**, св. 1/.

10. *Manuale del ritratto parlato; (metodo di A. Bertillon) con vocabolario italiano, francese, tedesco, inglese; Identificazione, fotografia giudiziaria; indagini, ricerche ed impiego dei cani per uso della ploizia*, Bologna: Beltrami 1907.
11. *Manuale del ritratto parlato (metodo di A. Bertillon): con vocabolario* /приредио D Pico Cavalieri/, Ferrara : Laboratorio di fotografia scientifica, 1907.
12. *Exposition internationale de Milan, 1906, Suisse, Groupe 83, Photographie: rapport présenté au Département fédéral du commerce /* фотографије/, Milan 1907.
13. *Etude sur l'escroquerie au trésor, Lyon 1907* /сепарат из: **Archiv d'anthropologie criminelle de médecine légale et de psychologie normale et pathologique**, том XXII, бр. 164-165, 15. август -15. септембар1907/.
14. *L'Escroquerie au trésor*, Lyon 1907.
15. *Photographie: rapport* /Hermann Linck; Rodolphe Archibald Reiss; Schweiz. Schweizerisches Handels-, Inducтpie- und Landwirtschaftsdepartement: Exposition internationale de Milan, 1906. Suisse. Rapport, groupe 83, Berne: Wälchli, 1907.

1908

1. *Signalementslehre* (у сарадњи са Хансом Шнаикертом /Hans Schneickert/), **Handbuch für Polizeischulen**, München 1908.
2. *Russische Passfälschungen* /сепарат из: **Archiv für gerichtliche Schriftuntersuchungen und verwandte Gebiete**, I, стр. 294-303, Leipzig 1908.
3. *Russische Passfälschungen*, **Expertises de documents**, том 2, стр. 81-86, Leipzig 1908 /сепарат из: „**Archiv für gerichtliche Schriftuntersuchungen und verwandte Gebiete**"/.

1909

1. *Eine Lücke in den Signalements*, **Identification, signalements**, том 3, стр. 78-79, Lausanne, 1908.

1910

1. *Einiges über Hoteldiebe (Rats d'hôtel)*, **Archiv für Kriminalanthropologie und Kriminalistik**, св. 37, стр. 122-131, Leipzig 1910.

1911

1. *Kriminalistik*, **Angewandte Photographie in Wissenschaft und Technik**, св. IV, стр. 35-55, Berlin 1911.
2. *Manuel de Police scientifique (technique,* I. **Vols et homicides**, Lausanne: Paris: Payot, F. Alcan, 1911.
3. *Kleinere Mitteilungen*, Publications diverses, том 3, стр. 193-194. Lausanne 1911 /Сепарат из: **Archiv für Kriminal-anthropologie und Kriminalistik/**.
4. *Manuel de police scientifique (technique)* ... /предговор на енглеском језику: Louis Jean Baptiste Lépine, sa илустрацијама/, Lausanne-Paris 1911.
5. R. A. Reiss; A. Bertillon; Willem Frederik Hesselink: *Handleiding voor het signalement («le portrait parlé»; methode A. Bertillon) ten dienste van de politie : met woordenlyst in de Fransche, Duitsche, Engselsche en Nederlandsche taal*, Haarlem, 1911.

1912

1. Locard, Edmond: *Le Manuel de police scientifique (technique) de Reiss*, /Репринт издање из: **Archiv d'anthropologie criminelle de médecine légale et de psychologie normale et pathologique**, том XXVII, бр. 217, јануар 15, 1912, Lyon: A. Rey, 1912.
2. *Научнаја текхника расзлиедованија преступлениј; курс лектсиј, протеннукх в г. Лозанние профессором Рейссом цхинам русскаго судебнаго виедомства лиетон 1911 года*, Ст. Петербург: Сенатскаја тип., 1912.

1914

1. *Contribution à la réorganisation de la police*, Paris: Payot, 1914.
2. *Policia technica, Resumo das conferencies realizedas no Rio* /сепарат из: **Bibliotheca do "Boletim policial"**, XXI, том 3, стр. 153-168/. Rio de Janeiro 1914.
3. *Policia technica, Resumo das conferencies realizedas em S. Paulo* / сепарат из: **Bibliotheca do «Boletim policial»**, XXI, том 3, стр. 169-192/, Rio de Janeiro 1914.
4. *Le sport et le crime*, **Archiv d'anthropologie criminelle**, том XXIX, бр. 247, стр. 500-508, Lyon 1914.
5. *Une expertise «en ressemlance»*, **Archiv d'anthropologie criminelle de médecine légale et de psychologie normale et pathologique**, том 29, стр. 250-254, Lyon 1914.

6. *Manuel du portrait parlé (Signalement) et Code télégraphique du portrait parlée*, 2. izd., Lausanne-Paris 1914.
7. *Le sport et le crime: communication faite au Congrès international de Psychologie et Physiologie sportives (CIO) de Lausanne, mai 1913* /сепарат из: **Archiv d'anthropologie criminelle**, том XXIX, бр. 247, стр. 500-508/, Lyon 1914.
8. *Une expertise «en ressemblance»*, **Romans, mémoires et causes célèbres**, том 1, стр. 235-239, Paris 1914 /сепарат из: **Archiv d'anthropologie criminelle de médecine légale et de psychologie normale et pathologique**, том 29/.
9. *Manuel du portrait parlé (signalement) (méthode Alphonse Bertillon) d l'usage de la police avec vocabulaire francois, allemand italien et anglois et code télégraphique du portrait parlé*, Paris: Roustan, 1914.
10. *L'état d'esprit en Serbie*, **Gazette de Lausanne** (15. 10. 1914).
12. *Chez les prisonniers autrichiens*, **Gazette de Lausanne** (16. 10. 1914).
13. *Les balles explosives autrichienns*, **Gazette de Lausanne** (19. 10. 1914).
14. *Une visite à Belgrade assiegée*, **Gazette de Lausanne** (26. 10. 1914).
15. *Courage civil et courage militaire*, **Gazette de Lausanne** (1. 11. 1914).
16. *Les incmpuctions aux troupes autrichiennes*, **Gazette de Lausanne** (4. 11. 1914).
17. *Les Autrichiens en Serbie*, **Gazette de Lausanne** (24. 11. 1914).
18. *Lettre de Macedoine*, **Gazette de Lausanne** (15. 12. 1914).
19. *De la Serbie*, **Gazette de Lausanne** (24. 12. 1914).

1915
1. *Принципи модерне полиције*, Београд 1915.
2. *Les Balles explosibles autrichiennes* /Lyon/ 1915 /сепарат из: **Revue militaire Suisse**, Lausanne 1915, бр. 2, стр. 70-84/.
3. *Les Balles explosibles autrichiennes*, **Revue militaire Suisse**, бр. 2, стр. 70-84, Lausanne 1915.
4. *Abhandlungen und Dokumente über den Krieg* /збирка докумената више аутора, међу којима је и Арчибалд Рајс: *Wie die Österreicher und Ungaren in Serbien Krieg führten*/, Lausanne 1915.
5. *Contestación a los artículos del profesor [Rodolphe Archibald] Reiss*, Buenos Aires, 1915.

6. *Los procedimientos de guerra de los Austro-Húngaros en Servia: observaciones directas de un neutral por R.-A. Reiss* /превод на шпански: P. Salinas/, Paris 1915.
7. *Øcmpig-Ungarernés Krigsførelse i Serbien*, København 1915 /превод на дански и предговор: Ахел Брое/.
8. *Report upon the atrocities committed*, London: Simpkin 1915.
9. *How Аустриа-Hungary waged war in Serbia: personal investigations of a neutral* /превео J. S./, Paris : Armand Colin, 1915.
10. *How Аuсmpиа-Hungary waged war in Serbia;personal investigations of a neutral* /превео J. C.; на енглеском E-изд./: **http://www.amazon.de/Аустриа-Hungary-Serbia-personal-investigations-neutral**.
11. *Come gli Austro-Ungheresi hanno fatto la guerra in Serbia. Osservazioni di un neutrale* /превео са француског Антонио Роса/, Paris 1915.
12. *Wie die Österreicher und Ungaren in Serbien Krieg führten ...* /са француског превео Jacques Hatt/, Lausanne 1915.
13. *Comment les Austro-Hongrois oni fait la guerre en Serbie. Observations directes d'un neutre (Etudes et documents sur la guerre)*, Paris: A. Colin, 1915.
14. *Wie die Österreicher und Ungaren in Serbien den Krieg führten. Persönliche Beobachtungen eines Neutralen*, Paris 1915.
15. *Les armées Austro-hongroises en Serbie. Notes d'un criminaliste praticien*, **La Revue de Paris**, бр. 7, стр. 449-480, Paris 1915.
16. *Le soldat serbe*, **Revue militaire suisse**, бр. 11, стр. 457-473, Lausanne 1915.
17. *Les trupes Austro-hongroises en Serbie*, **Gazette de Lausanne** (6. 1. 1915).
18. *La guerre en Serbie*, **Gazette de Lausanne** (12. 1. 1915).
19. *Les Bulgares en Macédoine*, **Gazette de Lausanne** (20. 2. 1915).
20. *L'armée Austro-hongroise en Serbie*, **Gazette de Lausanne** (17. 3. 1915).
21. *Lettre de Serbie*, **Bibliothèque universelle et Revue suisse**, LXXIX, бр. 235, 24-33.
22. *La question dalmate*, **Gazette de Lausanne** (29. 5. 1915).
23. *Lettre de Belgrade*, **Gazette de Lausanne** (15. 6. 1915).
24. *Un voyage sur le front*, **Gazette de Lausanne** (1. 7. 1915).
25. *La situation politique générale*, **Gazette de Lausanne** (8. 7. 1915).

26. *La question albanaise*, **Gazette de Lausanne** (19. 7. 1915).
27. *La question albanaise*, **Bibliothèque universele et Revue suisse**, бр. 237, 534-540.
28. *Une interwiew de Jivoïne Dachiitch*, **Gazette de Lausanne** (10. 8. 1915).
29. *Une interview de M.N.Pachitch*, **Gazette de Lausanne** (18. 8. 1915).
30. *Lettre de Serbie*, **Gazette de Lausanne** (23. 8. 1915).
31. *Encore la question albanaise*, **Gazette de Lausanne** (11. 9. 1915).
32. *L'Entente et le sentiment serbe*, **Gazette de Lausanne** (18. 9. 1915).
33. *Lettre de Serbie*, **Gazette de Lausanne** (28. 9. 1915).
34. *Sur le bord du Danube*, **Gazette de Lausanne** (2. 10. 1915).
35. *Le long de la frontiére serbe. Le landsturm serbe*, **Gazette de Lausanne** (4. 10. 1915).
36. *De Nich à Athènes*, **Gazette de Lausanne** (7. 10. 1915).
37. *Sur le chemin de retour*, **Gazette de Lausanne** (8. 10. 1915).
38. *Le masque est mombé*, **Gazette de Lausanne** (13. 10. 1915).
39. *Autour de la guerre balkanique*, **Gazette de Lausanne** (21. 10. 1915).
40. *Pour la population civile serbe. Un appel au Conseil fédéral*, **Gazette de Lausanne** (25. 10. 1915).
41. *Mauvaise polèmique*, **Gazette de Lausanne** (28. 10. 1915).
42. *Pour les orphelins serbes*, **Gazette de Lausanne** (2. 11. 1915).
43. *La Bulagence*, **Gazette de Lausanne** (10. 11. 1915).
44. *Serbie, Roumanie, Grèce*, **Gazette de Lausanne** (27. 11. 1915).
45. *La future Serbie*, **Gazette de Lausanne** (7. 12. 1915).
46. *Une visite chez le vieux roi Pierre*, **Gazette de Lausanne** (25/26. ˙2. 1915).
47. *La paix Austro-serbe*, **Gazette de Lausanne** (30. 12. 1915).

1916

1. *L'espionnage* /сепарат из: **Bibliothèque universelle et Revue suisse**, фебруар-март 1916/, Lausanne 1916.
2. *Kiel la Austro-Hungaroj faris la militon en Serbujo* /esperanto/, Paris 1916.
3. *Как австро-венгру вели войну в Сербии. Разслиедовании апроизведеннуе на миестакх подданум нейтрал'ной дерзхаву* /превод: В. Л. Кублитскиј-Пиотик/, Петроград /1916/.

4. *Ce que fera la Serbie*, Genève/Lyon 1916 / Предговор и поговор књизи: Ж. Петковића/.
5. *Report upon the atrocities commited by the Austro-Hungarian Army during the first invasion of Serbia*, English translation by Fanny S. Copeland, London 1916.
6. *Како су Аустро-Мађари ратовали у Србији* /са француског превео М. Крстић; предговор Франко Поточњак/, Одеса 1916.
7. *How Aucmpia Hungary wagod war in Serbia; personal investigations of a neutral* /За потребе Париске мировне конференције, 1926, овај текст преведен је на енглески језик: **A Catalogue of Paris Peace Conference Delegation: Propaganda authenticated by the Delegations**, стр. 59/.
8. *Montenegro et Serbie*, **Gazette de Lausanne** (19. 1. 1916).
9. *L'Autriche et la Serbie*, **Gazette de Lausanne** (27. 1. 1916).
10. *Secours aux Serbes*, **Gazette Lausanne** (28. 1. 1916).
11. *Italie et Serbie*, **Gazette de Lausanne** (10. 2. 1916).
12. *En Serbie. On meurt de faim!* **Gazette de Lausanne** (18. 2. 1916).
13. *Serbes et Albanais*, **Gazette de Lausanne** (19. 2. 1916).
14. *En Serbie*, **Gazette de Lausanne** (7. 3. 1916).
15. *Propagande allemande*, **Gazette de Lausanne** (19. 3. 1916).
16. *La censure*, **Gazette de Lausanne** (6. 4. 1916).
17. *L'Autriche-Hongrie et les pays yougoslaves*, **Gazette de Lausanne** (23. 4. 1916).
18. *Le procès de Banjaluka*, **Gazette de Lausanne** (6. 5. 1916).
19. *Les sacrifices de la Serbie*, **Gazette de Lausanne** (27. 5. 1916).
20. *Les procédés Austro-hongrois*, **La Serbie de Lausanne** (30. 7. 1916).
21. *L'espionnage en Suisse*, **Gazette de Lausanne** (3. 8. 1916).
22. *La propagande allemande*, **Gazette de Lausanne** (19. 9. 1916).
23. *Dans la Serbie envahie*, **Gazette de Lausanne** (23. 7. 1916).
24. *Corfou, ville Serbe*, **Gazette de Lausanne** (30. 10. 1916).
25. *En route pour Salonique*, **Gazette de Lausanne** (16. 11. 1916).
26. *Le Kajmaktchalan*, **Gazette de Lausanne** (16. 11. 1916).
27. *Devant Monastir*, **Gazette de Lausanne** (20. 11. 1916).
28. *Lettre de Serbie (Bitola)*, **La Serbie** (24. 12. 1916).
29. *La collaboration franco-serbe*, **Le petit Parisien** (28. 11. 1916).
30. *Avec l'armée serbe victorieuse*, **Gazette de Lausanne** (12. 12. 1916).
31. *A Bitola-Monastir*, **Gazette de Lausanne** (14. 12. 1916).
32. *Un héros*, **Gazette de Lausanne** (22. 12. 1916).

БИБЛИОГРАФИЈА

1917
1. *The kingdom of Serbia*, London 1917.
2. *Le martyre de la ville Monastir-Bitolj*, Salonique: Hachette et Cie (agence d'Orient) 1917.
3. *Dans une ville bombardée*, **Gazette de Lausanne** (13. 1. 1917).
4. *Un combat d'avions*, **Gazette de Lausanne** (20. 1. 1917).
5. *La fin d'année sur le front d'Orient*, **Gazette de Lausanne** (23. 1. 1917).
6. *La collaboration italo-serbe*, **Gazette de Lausanne** (27. 1. 1917).
7. *Une visite dans les villages delivrés*, **Gazette de Lausanne** (10. 2. 1917).
8. *Les Bulgares à Bitol-Monastir*, **Gazette de Lausanne** (13. 2. 1917).
9. *Sur le front hivernal*, **Gazette de Lausanne** (23. 2. 1917).
10. *Ce qui est fait et ce qui reste à faire*, **Gazette de Lausanne** (10. 3. 1917).
11. *En Macédoine grecque*, **Gazette de Lausanne** (6. 4. 1917).
12. *Le printemps sur le front macédonien-serbe*, **Gazette de Lausanne** (12. 4. 1917).
13. *Silhouette de chef*, **Gazette de Lausanne** (2. 6. 1917).
14. *Bombardement de nuit*, **Gazette de Lausanne** (22. 6. 1917).
15. *Ce que racontent les prisonniers bulgares*, **Gazette de Lausanne** (24. 6. 1917).
16. *En proximitée des lignes ennemies*, **Gazette de Lausanne** (1. 7. 1917).
17. *Les Bulgares et la paix*, **Gazette de Lausanne** (5. 7. 1917).
18. *Journées de printemps*, **Gazette de Lausanne** (7. 7. 1917).
19. *Les Serbes et le trialisme*, **Gazette de Lausanne** (24. 7. 1917).
20. *Dans la Moglena*, **Gazette de Lausanne** (25. 7. 1917).
21. *Un document bulgare*, **Gazette de Lausanne** (4. 8. 1917).
22. *A propos d'une manifestation*, **Gazette de Lausanne** (7. 8. 1917).
23. *Lettre de Salonique*, **Gazette de Lausanne** (9. 8. 1917).
24. *Le future Etat serbe-croate-slovéne*, **Gazette de Lausanne** (22. 8. 1917).
25. *Un document*, **Gazette de Lausanne** (10. 9. 1917).
26. *A Monastir-Bitola*, **Gazette de Lausanne** (2. 8. 1917).
27. *La propagande bulgare*, **Gazette de Lausanne** (7. 9. 1917).
28. *Le martyre des Serbes*, **Gazette de Lausanne** (11. 9. 1917).
29. *Le elndemain d'une catacmpophe*, **Gazette de Lausanne** (15. 9. 1917).

30. *Les Bulgaro-Allemands en Serbie envahie*, **Gazette de Lausanne** (3. 10. 1917).
31. *Les infractions aux lois de la guerre commises par les adversaires de la Serbie, Nouvelles preuves*, **Gazette de Lausanne** (6. 10. 1917).
32. *Salonique aprés l'encendie*, **Gazette de Lausanne** (11. 10. 1917).
33. *L'esprit dans l'armée serbe*, **Gazette de Lausanne** (12. 10. 1917).
34. *Les Austro-Hongrois et les Serbes en Suisse*, **Gazette de Lausanne** (11. 11. 1917).
35. *Les prétentions bulgares sur la Macédoine*, **La Serbie** (16. 12. 1917).
36. Reiss, Rodolphe Archibald; Petrovitch, Edouard: *Impressions de guerre d'un volontaire serbe de 17 ans*, Genève: Atar, 1917.

1918
1. *Rapport sur la situation des Macédoniens et des Musulmans dans les nouvelles provinces grecques*, Paris 1918.
2. *Royaume de Serbie: réponses aux accusations Austro-hongroises contre les Serbes: contenues dans les deux Recueils de témoignages concernant les actes de violation du droit des gens commis par les états en guerre avec l'Autriche-Hongrie*, Lausanne 1918.
3. *Les infractions aux règles et lois de la guerre*, Lausanne 1918.
4. *Les infractions aux lois & conventions de la guerre commises par les ennemis de la Serbie depuis la retraite Serbe de 1915*. Résumé de l'enquête exécutée sur le front de Macédoine, Paris 1918.
5. *Les infractions aux lois conventions de la guerre commises par les ennemis de la Serbie depuis la retraite serbe de 1915* /За потребе Париске мировне конференције, 1926, овај текст је преведен на српски и енглески језик: **A Catalogue of Paris Peace Conference Delegation: Propaganda authenticated by the Delegations**, стр. 59/.
6. *Одговори на аустроугарске оптужбе против Срба*, Крф 1918 / За потребе Париске мировне конференције, 1926, овај текст је преведен на француски и енглески језик: **A Catalogue of Paris Peace Conference Delegation: Propaganda authenticated by the Delegations**, стр. 59/.
7. *Réponses aux accusations Austrohongroises contre les Serbes*, Paris 1918.
8. *Royaume de Serbie: Les Infractions aux lois & conventions de la guerre commises par les ennemis de la Serbie depuis la retraite serbe de*

1915: Resumé de l'enquête exécutée sur le front de Macédoine, Paris: Grasset, 1918.
9. *Rapport du professeur Dr. R.-A. Reiss sur la situation des Macedoniens et des musulmans dans les nouvelles provinces grecques* / Mikrofiche: Mikrofilm: Master-Mikroform/, Paris 1918.
10. *Réponses aux accusations Austro-hongroises contre les Serbes contenues dans les deux Recueils de Témoignages concernant les actes de violation du droit des gens commis par les États en guerre avec l'Autriche-Hongrie. Par R.A. Reiss* /na engleskom/, Lausanne, Paris 1918.
11. *Аустро-бугаро-немачке повреде ратних закона и правила. Дописи једног практичара – криминалисте са српског маћедонског фронта*, Крф 1918 /За потребе Париске мировне конференције, 1926, овај текст је преведен на француски и енглески језик: **A Catalogue of Paris Peace Conference Delegation: Propaganda authenticated by the Delegations**, стр. 59/.
13. *Одговори на аустро-угарске оптужбе Срба*, Крф, 1918.
13. Teodor de Wyzewa; Rodolphe Archibald Reiss; L H Grondijs; Joseph Bédier: *Praticas extra-militares dos exercitos Austro-allemães* /збирка докумената о злочинима Аустроугара: **Documentos para a historia geral da guerra de 1914.**, 2, / Stamford, Inglaterra, Impresso por J.E.C. Potter, 1918/.
14. *Предговор брошури Кнеза Лихновског*: **Моје послаништво у Лондону (1912–1914)**, Солун 1918.
15. *Живела бесмртна Србија!*, Нови Сад 1918.
16. *Les événements de Russie et les Serbes*, **Gazette de Lausanne** (30. 1. 1918).
17. *Un exemple de la cruauté bulgare*, **Gazette de Lausanne** (2. 3. 1918).
18. *Grèce et Serbie*, **Gazette de Lausanne** (19. 3. 1918).
19. *Les manoeuvres Austro-hongroises*, **Gazette de Lausanne** (22. 3. 1918).
20. *L'Autriche-Hongrie et les Yougoslaves*, **Gazette de Lausanne** (29. 3. 1918).
21. *La révolte serbe en 1917*, **Gazette de Lausanne** (3. 4. 1918).
22. *Lettre du front de Macédoine*, **Gazette de Lausanne** (2. 7. 1918).
23. *Une journée au front serbe*, **Gazette de Lausanne** (2. 7. 1918).
24. *Lettre de Salonique*, **Gazette de Lausanne** (9. 7. 1918).

25. *En Bulgarie*, **Gazette de Lausanne** (26. 7. 1918).
26. *Pourquoi il y a des revoltes en Bulgarie*, **Gazette de Lausanne** (3. 8. 1918).
27. *Chez les Yougoslaves*, **Gazette de Lausanne** (10. 8. 1918).
28. *Ce qui se passe dans l'armée bulgare*, **Gazette de Lausanne** (18. 9. 1918).

1919

1. *The Kingdom of Serbia: infringements of the rules and laws of war committed by the Austro-Bulgaro-Germans: letters of a criminologist on the Serbian Macedonian front*, London /1919/, /За потребе Париске мировне конференције, 1926, овај текст је преведен на француски и српски језик: **A Catalogue of Paris Peace Conference Delegation: Propaganda authenticated by the Delegations**, стр. 59/.
2. *Les Austro-Hongrois en Serbie enhavie; rapport présenté à M. le Président du Conseil des Minicmpes du Royaume de Serbie*, Paris 1919.
3. *Sourdoulitza. Rapport presenté au G.Q.G. de l'armée*, Paris 1919.
4. *La traitement des prisonniers et des blessés par les Austro-Germano-Bulgares*, Paris 1919.
5. *Rapport sur les atrocités comunises par les troupes Austro-hongroises pendant la première invasion de la Serbie, Presenté au Gouvernement Serbe*, Paris 1919 /За потребе Париске мировне конференције, 1926, овај текст је преведен на енглески језик: **A Catalogue of Paris Peace Conference Delegation : Propaganda authenticated by the Delegations**, стр. 59/.
6. Requisitoire *contre la Bulgarie* /са A. Bonnassieux-om/, Paris 1919.
7. *Les Austro-Hongrois en Serbie envahie*, Paris 1919.
8. *Bulgares et Turcs contre les Grecs. Rapport presenté à M. Venizelos*, Paris 1919.

1920

1. *Прилог за реорганизацију полиције* /превео с француског М. Ј. Тодосић/, Београд 1920.

1921

1. *Lettres du front Macédono-Serbe (1916-1918)* /са фотографијама/, Genève 1921.

БИБЛИОГРАФИЈА

1924
1. *La question des Comitadjis en Serbie du sud*, Београд: /Време/,1924.
2. *The Comitadji question in Southern Serbia*, London 1924.
3. *A L'institut de police scientifique*, **Tribune de Lausanne** (28.10.1924).
4. *Писма са српско-македонског фронта (1916–1918)* /превео С. Микић; предговор Димитрије С. Калафатовић/, Тузла 1924. (Ово издање обухвата и девет чланака више него оригинално француско-швајцарско издање, објављено у Женеви 1921).

1928
1. *Слике* /Рајс, Арчибалд Родолф/, Београд : Државна штампарија 1928 /на руском/.
2. *Шта сам видео и проживео у великим данима. Саопштења једнога пријатеља из тешких времена* /превео с француског Вељко Милићевић; фотографије/, Боград 1928.
3. *Econtez, Serbes!* /Необјављени рукопис: *Чујте, Срби!*/, Београд 1928.

1929
1. Говор Арчибалда Рајса којим је поздравио ратнике XI пештадијског пука „Карађорђе" приликом прославе десетогодишњице ослобођења и уједињења у Крагујевцу, Ратнички гласник (Београд), 1929, бр. 12, стр. 632-634.

1991
3. *Шта сам видео и проживео у великим данима* /превод: Вељко Милићевић/, Београд: Дерета, 1991.

1995
1. *Извештај поднесен српској влади о зверствима која је аустроугарска војска починила за време првог упада у Србију* / превод Александра Милић/, Београд; Горњи Милановац: Дечје новине, 1995.

1997
1. *О злочинима Аустроугара-Бугара-Немаца у Србији 1914–1918: изабрани радови* /приређивачи: Милоје Пршић, Слађана Бојковић; превод с француског Јелица Рељић/, Београд: Историјски музеј Србије, 1997.

2. *Шта сам видео и преживео у великим данима: онима који се нису вратили: саопштење једног пријатеља из тешких времена* /превео Вељко Милићевић/, Београд: Младост турист: Итака, 1997.
3. *Чујте Срби!* /Приредили: Милић Ф. Петровић, Слађана Бојковић; превод Драган Кебељић; фотографије Вукадин Шљукић/, Горњи Милановац: Дечје новине, 1997.

1998

1. *Чујте Срби!* /Превод с француског Драган Кебељић; фотографије Вукадин Шљукић/, Београд: Историјски музеј Србије, 1998.
2. *Чујте Срби!* /Приредили: Милић Ф. Петровић, Слађана Бојковић; превод Драган Кебељић; фотографије Вукадин Шљукић/, Горњи Милановац: Дечје новине, 1997.

2002

3. Porret, Michel: «*Mathyer, J.: Rodolphe A. Reiss. Pionnier de la criminalistique.*
   Les années lausannoises et fondation de l'Institut de police scientifique et criminologie».
   Revue suisse d'histoire : Les sorcières, les seigneurs et les juges.
   Vol. 52, no 2, 2002, pp. 242-244.

2003

1. *Чујте Срби!: политички тестамент* /с француског превео Драган Кебељић/, Ваљево: Интелекта, 2003.
2. *Завештање: (Знаменити Срби о...)* /Аутори: Доситеј Обрадовић, Јован Стерија Поповић, Петар II Петровић Његош, Светозар Марковић, Јован Скерлић, Слободан Јовановић, Јован Дучић, Исидора Секулић, Иво Андрић, Николај Д. Велимировић, Милан Кашанин, Меша Селимовић, Михајло Лалић, Душан Радовић, **Родолф Арчибалд Рајс**/, Нови Београд: Иванишевић, 2003.

2004

1. *Чујте, Срби! Чувајте се себе: Чувајте се! Од кога? Од себе* /уредници: Секула Пијевчевић, Милутин М. Ненадовић/, Београд: Српски привредни и културни клуб, 2004.

2. *Чујте, Срби!* /превод: Дејан Стојићевић; предговор: Чедомир Антић/, Београд: Етхос, 2004 /Напомена: II изд. 2005/.
3. *Чујте, Срби!: чувајте се себе* /превео Драган Кебељић/, Цирих; Београд: Фондација „Др. Арчибалд Рајс"; Шабац: Епархија шабачко-ваљевска; Ваљево: Глас Цркве, 2004.
4. *Чујте, Срби!: чувајте се себе* /чланак у књизи: Борка Жужа/, /S.l. : S.a./

2005
1. *Чујте, Срби: чувајте се себе*, Београд ; СПИК – Српски привредни и културни клуб, 2005.
2. *Последње писмо Србима* /приредио Александар Милинковић/, Београд : Злаја, 2005.

2006
1. *Срби: чувајте се себе* /фотографије Милена Димитријевић/, Београд: Београдска књига: Партенон, 2006 /Напомена: II издање: 2007/.
2. *Чујте, Срби!: чувајте се себе*, Београд: Акиа М. Принц, 2006 / Напомена: II издање: 2008; III 2009; IV 2010; V 2011; VI 2012; VII 2013/.
3. *Чујте, Срби!: чувајте се себе*, Београд: Логос-Арт, 2006.

2007
1. *Чујте, Срби!: чувајте се себе* /превела Сунчица Селимоновић/, Земун: Феникс Либрис, 2007.
2. *Аустроугарски злочини у Србији 1914-1918* /у књизи: Старчевић, Милан: *Аустроугарски злочини у Србији 1914-1918: Родолф Арчибалд Рајс*, Београд: Геополитика, 2007/.

2008
1. *Чујте, Срби!: /чувајте се себе/*, Шабац: Глас цркве, 2008.
2. *Чујте, Срби!: чувајте се себе* /приредио Недељко Никодиновић/, Бања Лука: Графид, 2008.
3. *Чујте, Срби!: чувајте се себе*, Бања Лука: Бесједа, 2008.
4. *Чујте, Срби!: чувајте се себе*, Београд: Беокњига /2008/.
5. *Чујте, Срби!: чувајте се себе*, Београд: Добра, 2008.
6. *Чујте, Срби!: чувајте се себе*, Београд: Златоусти, 2008.

7. *Огледало Арчибалда Рајса* /уредник Дејан Михаиловић/, Београд: Просвјета, 2008.

2009
1. *Чујте, Срби!: чувајте се себе*, Београд: Јован, 2009.
2. *Чујте, Срби!: чувајте се себе*, Београд: Ленто, 2009.
3. *Чујте, Срби!: чувајте се себе*, Београд: Alba Craeca book, 2009.
4. *Чујте, Срби!: чувајте се себе*, Београд: Book, 2009.
5. *Чујте, Срби!: чувајте се себе*, Бања Лука: Каспер, 2009.
6. *Чујте, Срби!* Лесковац : Златна књига, 2009.

2010
1. *Чујте, Срби!: чувајте се себе*, Београд: Ганеша клуб, 2010.
2. *Чујте, Срби : чувајте се себе* (звучни снимак, CD) /предговор Добрица Ћосић; говоре Љуба Тадић, текст књиге; Вјера Мујовић, најаве/, Београд: Службени гласник, 2010 /Напомена: II изд. 2011, истоветно, с редитељем Драгославом Боканом/.
3. *Чујте, Срби!: чувајте се себе* /превод Дејан Стојићевић; фотографије Милена Димитријевић/, Београд: Партенон: Београдска књига, 2010.
4. *Чујте, Срби!* Београд: Едиција, 2010.
5. *Чујте, Срби!* /Са француског Александар Јовановић/, Крагујевац: Империја књига, 2010.

2011
1. *Comment les Austro-Hongrois ont Fait la Guerre en Serbie : observations directes d'un neutre* /S.L.: Nabu Press, 2011?/.
2. *Чујте, Срби, чувајте се себе*, Пирот: Пи-Пресс, 2011.
3. *Чујте, Срби, чувајте се себе*, Београд : Makibook : Kameleon books, 2011.
4. *Чујте, Срби!: чувајте се себе* /приредио Драган Вуксановић/, Београд: Дадо култ, 2011.

2012
1. *Чујте, Срби!: чувајте се себе* /уредник Милутин М. Ненадовић/, Београд: Фондација „Др Лаза К. Лазаревић", 2012.

2013
1. *Report upon the atrocities committed by the Austro-hungarian army during the first invasion of Serbia*, /S.l./: Book On Demand Ltd, 2013.

2. *Чујте, Срби!: чувајте се себе*, Београд : НИН, 2013.
3. /*Фотографије Арчибалда Рајса*/: **Fotografie in der Wissenschaft + Wissenschaft in der Fotografie**, Wihterthur: Fотомuseum, 2013.
4. Müller, Christin (Hg.): /*R. A. Reiss*/; **Cross Over. Fotografie in der Wissenschaft + Wissenschaft in der Fotografie**, Leipzig: Spector, 2013.

2014
1. „*Чујте, Срби*", **Политика** (5. јун 2014), Београд.
2. „*Чујте, Срби*", **Блиц** (7. јун 2014), Београд.

Електронска издања Рајсових научних и других текстова и популарних чланака о њему

1. Janischfeld, Erwin: *Ein Schreiben an die gesittete Welt und drei Briefe an Prof. Reiss in Lausanne* /**http://books.google.ch/books/about/ Kultur.html**/.
2. *Rudolf Archibald Reiss*, **Kriminologische Schriftenreihe**,1964, св. 13, стр. 140-141 /**books.google.ch/books**/.
3. Levental, Zdenko: *Rodolphe Archibald Reiss – criminaliste et moraliste de la Grande Guerre* (Lausanne 1992) /**https://www.google.ch/search?tbm= bks&hl= de&q**/.
4. Levental, Zdenko: *Rodolphe Archibald Reiss – criminaliste et moraliste de la Grande Guerre* (Lausanne 1992) /**http://www.chapitre.com**/.
5. *Др Арчибалд Рајс* /**www.forum.srpskinacionalisti.com**/
6. *Rodolphe A. Reiss und die Anfänge der forensischen Fotografie in der Schweiz* /**www.fotointern.ch/archiv**/.
7. *Rodolphe Archibald Reiss: un Suisse qui passionne les Serbes* / blog lista Tribune de Genève /**http://regardscroises.blog.tdg.ch/ archive/2009/09/14/rodolph-archibald-reiss-un-suisse-qui-passionne-les-serbes.html**/.
8. Beaudoin, Francois: *Rodolphe Archibald Reiss : la criminalistique avant tout*, /**www.criminalistique.org/PantheonRAReiss.pdf**/.
9. Sütterlin, Georg: /*Reiss, Rodolphe Archibald* /u knjizi/: **Fotostiftung Schweiz, Lexikon Fotografie**, новембар 2011 / **www.fotostiftung.ch/de/schweizer-fotografie-a-z/index-der-fotografinnen/?&autor=992**/.
10. Матевски, Владимир: *Рајсове опомене Србима* /**www.slavicnet. com/sokolac**/

11. Рођен Арчибалд Рајс, РТ Војводине, Времеплов /www.rtv.rs/ (08.07.2012).
12. *Умро је Арчибалд Рајс*, РТ Војводина, **Времеплов** /www.rtv.rs/ (08.08.2012).
13. М.В. Шепитко: *Рейсс Рудольф Арчибальд (Rodolphe Archibald Reiss)* /Конгресс Криминалистов/, Харьков (Украина), 2012 / http://crimcongress.com/portretnaya/rejs-rudolf-archibald/.
14. Bastian, Matteo Scianna: *Archibald Reiss in Serbia 1914-1918*, The Journal of Slavic Military Studies, октобар 2012, бр. 25(4), стр. 596-617 /http://www.tandfonline.com/.
15. Bianchi, Bruna: *Crimini di guerra e contro l'umanità. Le violenze ai civili sul fronte orientale (1914-1919)* /Други део књиге посвећен Рајсовим ратним извештајима о злочинима почињеним над српским народом/, Roma : Deastore, 2012 /**http://www.abebooks.com/**.
16. Jens, Jaeger: *Police and forensic photography*, http://www.answers.com/topic/police-and-forensic-photography/.
17. Филм РТС из 1984, говорење делова из књиге „Чујте Срби", сарадник Института за криминалистику из Лозане прича о А. Рајсу http://explicit.bing.net/videos/?q=Archibald+Reiss/.
18. *Archibald Rudolphe Reiss* /http://**www.absoluteacтpoнoмy.com/**topics/Archibald_ Reiss/.
19. *Rodolphe Archibald Reiss* /**http://savoir-du-monde.fr/Archibald_Reiss**/.
20. *Einiges Uber Die Signaletische Photographie, System Bertillon: Und Ihre Anwendung in Der Anthropologie Und Medizin* /http://www.amazon.de/Einiges-Signaletische-Photographie-System-Bertillon/dp/, Kessinger Pub Co, 2010, 16. стр.
21. *Einiges Ber Die Signaletische Photographie (System Bertillon) Und Ihre Anwendung in Der Anthropologie Und Medizin* /http://www.amazon.de/Signaletische-Photographie-Bertillon-Anwendung-Anthropologie/dp/, Nabu Press, 2010, 22. стр.
22. *La photographie judiciaire* [na engleskom] /**http://www.amazon.de/photographie-judiciaire-Rodolphe-Archibald-1875-1929/dp/**.
23. *La Photographie Judiciaire [Französisch]* /http://www.amazon.de/Photographie-Judiciaire-Rodolphe-Archibald-1875-1/dp/124709717X/ref=sr_1_6?ie=UTF8&qid=1389341148&sr=8-6&keywords=rodolphe+archibald+reiss/.

БИБЛИОГРАФИЈА

24. *Manuel du Portrait parlé (Méthode Alphonse Bertillon), à l'usage de la police, avec vocabulaire français, allemand, italien et anglais* / http://gallica.bnf.fr/ark:/.
25. *Manuel Du Portrait Parl L'Usage de La Police: M Thode Alphonse Bertillon*... [Französisch] /http://www.amazon.de/ Manuel-Portrait-Parl-LUsage-Police/dp /1276955960/ref= sr_1_15?ie=UTF8&qid=1389341148&sr=8-15&keywords= rodolphe+archibald+reiss/.
26. *Contribution à la réorganisation de la police* /http://gallica.bnf.fr/ark/. *How Aucmpia-Hungary waged war in Serbia; personal investigations of a neutral* / превео J. C. на енглески језик/ / http://www.amazon.de/Аустріа-Hungary-Serbia-personal-investigations-neutral/.
27. *Report Upon the Atrocities Committed by the Austro-Hungarian Army During the First Invasion of Serbia* [Englisch] /http://www.amazon.de/Report-Atrocities-Committed-Austro-Hungarian-Invasion/dp/1147756880/ref=sr_1_2?ie=UTF8&qid= 1389340879 &sr=8-2&keywords=rodolphe+archibald+reiss/.
28. *Comment Les Austro-Hongrois Ont Fait La Guerre En Serbie; Observations Directes D'Un Neutre [Französisch]* /http://www.amazon.de/Comment-Austro-Hongrois-Guerre-Observations-Directes/dp/1175652709/ref=sr_1_13?ie=UTF8&qid=13893411 48&sr=8-13&keywords=rodolphe+archibald+reiss/.
29. *Réponses* aux *accusations Austro-Hongroises contre* les *Serbes contenues* dans les *deux recueils* de *témoignages concernant* les *actes* de *violation* du *droit des gens commis par les États en guerre avec l'Autriche-Hongrie*: Royaume de *Serbie* /http://reader. digitale-sammlungen.de/de/fs1/object/display (стр. 62)/.
30. *Royaume de Serbie. Réponses aux accusations Austro-hongroises contre les Serbes contenues dans les deux Recueils de témoignages concernant les actes de violation du droit des gens commis par les états en guerre avec l'Autriche-Hongrie* / http://www.amazon. fr /accusations -Austro-hongroises-témoignages-concernant-lAutriche-Hongrie (стр. 58)/.
31. *Royaume de Serbie. Réponses aux accusations Austro-hongroises contre les Serbes contenues dans les deux Recueils de témoignages concernant les actes de violation du droit des gens commis par les états en guerre avec l'Autriche-Hongrie* /http://www.worldcat.org/.

32. *La Question Des Comitadjis En Serbie Du Sud/ Par R. A. Reiss... /* http://www.amazon.de/Question-Des-Comitadjis-Serbie-Reiss/ dp/B004VBIR1S/ref= sr_1_8?ie=UTF8&qid=1389341148&sr=8-8&keywords=rodolphe+archibald+reiss/.
31. *The kingdom of Serbia. Infringements of the rules and laws of war committed by the Austro-Bulgaro-Germans; letters of a criminologist on the Serbian Macedonian front [Englisch]* /http://www.amazon.de/Infringements-committed-Austro-Bulgaro-Germans-criminologist-Macedonian/dp/B009S5S4WY/ref=sr_1_4?ie=UTF8&qid= 1389341148&sr =8-4&keywords=rodolphe+archibald+reiss/.
32. *Réponses aux accusations Austro-hongroises contreles Serbes : contenues dans les deux recueils de témoignages concernant les actes de violation du droit des gens commis par les États en guerre avec l'Autriche-Hongrie* /http://www.worldcat.org/title/-reponses-aux-accusations-Austro-hongroises-contreles-serbes-contenues-dans-les-deux-recueils-de-temoignages-concernant-les-actes-de-violation-du-droit-des-gens-commis-par-les-etats-en-guerre-avec-lautriche-hongrie/oclc/.
33. *Le traitement des prisonniers et des blessés par les Austro-Germano-Bulgares : résultats de l'enquête exécutée sur le front de Salonique /* http://www.worldcat.org/title/traitement-des-prisonniers-et-des-blesses-par-les-Austro-germano-bulgares-resultats-de-lenquete-executee-sur-le-front-de-salonique/oclc/.
34. *Report upon the atrocities committed by the Austro-Hungarian army during the first invasion of Serbia (1916) [Englisch]* /http://www.amazon.de/Report-atrocities-committed-Austro-Hungarian-invasion/dp/B001IQCIPK/ref=sr_1_14?ie=UTF8&qid= 1389341148 &sr=8-14&keywords=rodolphe+archibald+reiss/.
35. *Report Upon the Atrocities Committed by the Austro-Hungarian Army During the First Invasion of Serbia, Cambridge* (Cambridge Scholars Publishing), 2009, 108 стр. /http://www.thalia.ch/.
36. *Report upon the Atrocities Committed by the Austro-Hungarian Army during the First Invasion of Serbia* /jedan manji deo Rajsovog Izveštaja, sa predgovorom Aleksandre Rebić,www. heroesofserbia.com/.
37. *Les Infractions Aux Regles Et Lois de La Guerre* [Französisch] / http://www.amazon.de /Les-Infractions-Regles-LoisGuerre/

dp/1289349606/ref=sr_1_16?ie=UTF8&qid= 1389341148&sr =8-16&keywords=rodolphe+archibald+reiss/.
38. *Un Code Tlgraphique Du Portrait Parl* [Französisch] /http:// www.amazon.de/Un-Code-Tlgraphique-Portrait-Parl/ dp/1149713658/e=UTF8&qid=1389341148&sr=89&- keywords=rodolphe+archibald+reiss/.
39. *Rodolphe Archibald Reiss, pionnier de la Crminalistique : les annees Lausannoises et la Fondation de l'Institut de Police scientifique et de criminologie* (Divers) [Französisch] /http://www. amazon.de /RODOLPHE-ARCHIBALD-REISS-PIONNIER- CRIMINALISTIQUE/dp/2601032782 /ref=sr_1_7?ie=UTF8&qi d=1389341148&sr=8-7&keywords=rodolphe+archibald+reiss/.
40. *Арчибалд Рајс – Чујте, Срби* /са предговором Ч. Антића/, www.krajinaforce.com/.
41. *Čujte Srbi!* /www.recslobodoumna.blogspot.ch/.
42. *Родолф Арчибалд Рајс: Чујте, Срби: чувајте се себе* /фељтон, http://www.nezavisne.com/novosti/drustvo/Feljton-Rodolf-Ar- cibald-Rajs-Cujte-Srbi-cuvajte-se-sebe-I-71522.html/.
43. *Чујте, Срби!* /одломак, www.akter.co.rs/.
44. *Рајсове опомене Србима* /делови књиге „Чујте, Срби" и краћи Рајсов животопис/, http://slavicnet.com/sokolac/sokolac_arci- bald_rajs_forum.html/.
45. *Како су познати говорили о Србији – Родолф Арчибалд Рајс* / www.in4s.net/.
46. *Арчибалд Рајс: Срце завештано Србији*, http://ejbre. com/2014/04/arcibald-rajs-srce-zavestano-srbiji-29488/

Регистар личних имена и географских појмова

Напомена: у регистар нису унете следеће одреднице: Србија (Срби), Аустрија (Аустријанци), Мађарска (Мађари), Немачка (Немци), Бугарска (Бугари), Швајцарска (Швајцарци), Француска (Французи), као ни име Арчибалда Рајса, јер се односе на основну тему ове књиге и појављују се готово на свакој њеној страници.

А
Авинемом, 56
Адамовић, Антоније 44, 45
Адамовић, Војислав 44
Адамовић, Добривоје 44
Адамовић, Драгиша 44, 45
Адамовић, Живко 44, 45
Адамовић, Зорка 44, 45
Адамовић, Олга 44, 45
Адамовић, Павле 44, 45
Адамовић, Петар 44, 45
Адамовић, Ранко 44, 45
Адамовић, Станко 44, 45
Адор 308
Азбуковица 34
Азија 405
Акиф-паша 88
Албанија 10, 11, 50, 56, 57, 85, 86, 87, 88, 89, 97, 102, 103, 104, 105, 106, 107, 108, 121, 159, 161, 168, 169, 173, 179, 181, 182, 183, 185, 188, 189, 190, 200, 212, 213, 218, 244, 269, 299, 334, 349, 356, 263, 377, 399
Александар (краљ Грчке) 345
Алексинац 25
Алжир 359
Алзас-Лорен 124
Алтипармаков, Никола 258, 261
Амиге, Марсел (француски сликар) 405
Амстердам 9, 398
Ангелов 303
Андријевица 179
Антанта 84, 108, 110, 111, 121, 122, 123, 125, 126, 127, 132, 133, 134, 154, 156, 160, 161, 163, 173, 175, 195, 213, 215, 219, 225, 231, 252, 253, 254, 255, 268, 273, 287, 288, 289, 294, 295, 306,

РЕГИСТАР ЛИЧНИХ ИМЕНА И ГЕОГРАФСКИХ ПОЈМОВА

307, 310, 317, 323, 343, 349, 358, 361, 362, 364, 366, 367, 375, 399
Антић, Чолак (изасланик Србије у Софији) 98
Арад 200
Аранђеловац 25
Асбуг 40
Атанасијадес (грчки лекар) 324, 326, 327
Атина 71, 121, 122, 123, 128, 151, 155, 156, 157, 158, 159, 229, 253, 272
Африка 129
Афтовац 292
Ахмет (из Мата) 107
Ахтари (грчки лекар) 263

Б
Бабуне 158
Баден (град у Немачкој) 216, 381
Бадовинци 53
Бакарел 302
Балкан 60, 78, 84, 94, 106, 110, 124, 132, 133, 135, 171, 184, 185, 189, 214, 218, 270, 276, 283, 317, 343, 377, 279
Балкански ратови (Први и Други) 20, 57, 59, 60, 74, 83, 98, 133, 134, 140, 151, 152, 213, 234, 235, 254, 299, 357, 366
Банат 83, 93, 109, 116
Бања Ковиљача 94
Бањалука 200, 202, 205, 212, 296
Барби, Анри 152
Барби, Морис 181
Барловац, М. (бивши конзул у Паризу) 33, 51
Бастава 35
Батинић, Никола 210
Белгија 140, 154, 160, 253, 305, 339
Бенет 174

Бенкир 236
Бенко, Хелена 221
Београд 7, 12, 14, 20, 21, 22, 26, 27, 30, 60, 76, 77, 78, 80, 83, 90, 93, 98, 116, 118, 120, 137, 139, 162, 164, 167, 172, 173, 185, 186, 187, 192, 193, 208, 219, 220, 221, 224, 225, 240, 242, 243, 272, 277, 294, 299, 326, 329, 358, 380, 396, 400, 402, 403, 404, 405
„Београдске новине" 193, 219, 220, 221, 224, 225
Бергић, Стана 55
Бери (проф. др из Лондона) 192
Берлин 100
Берн 62, 97, 170, 181, 198, 264, 318, 392
Бертион, Алфонс (криминолог) 383, 389
Бертхолд (гроф и министар иностраних послова Аустроугарске) 137
Бећир, Јово 171
Беч 13, 19, 42, 43, 51, 73, 74, 93, 95, 99, 100, 124, 138, 162, 170, 173, 175, 183, 200, 202, 206, 207, 208, 211, 227, 274, 296, 311, 323, 346
Бечки конгрес 73, 90
Бизмарк, фон Ото (немачки канцелар) 380
Билио (француски генерал) 165
Бирчанин, Илија (четнички војвода) 402
Битољ 109, 158, 204, 231, 233, 234, 235, 236, 238, 239, 240, 243, 246, 247, 249, 250, 252, 255, 258, 260, 261, 263, 265, 269, 270, 272, 276, 291, 292, 307, 314, 315, 316, 340, 347
Бихаћ 205
Блаце 351
Бодић, Милић 329

Божачић, Петар 221
Божидаревац 330
Божановић (генерал) 158
Бољетинац, Иса 105
Бозен 330, 331
Бојаџијев, Александар 261, 262
Бојовић, Петар (генерал) 348
Бокић, Паун 220
Бонжбол, Димче 137
Боно 305
Борис (бугарски принц) 374
Босна (Босна и Херцеговина) 17, 74, 87, 90, 92, 93, 95, 96, 100, 106, 110, 168, 200, 202, 205, 206, 221, 354, 368
Бостон 142
Брадстилов (генерал-мајор бугарске војске) 303
Бразил 396
Браловић, Војислав 204
Брач 251, 258, 259
Брегалница 150
Брезјак 64
Брод 159, 239, 258
Брус 204, 351
Будимпешта 93, 99, 193, 202, 206, 211, 222
Будисављевић (адвокат) 208
Букурешт 124, 162, 193
Букурешки мир 39, 41, 132, 151, 154, 155, 334
Бурже (професор) 384
„Beau Ravage" (хотел) 171
„Belgrader Nachrichten" (аустроугарске новине за време окупације Србије) 187
„Berliner Tageblatt" (новине) 200
„Bosnische Post" (аустроугарске новине штампане у Сарајеву) 200
„Bulagence" (бугарске новине) 149, 150, 151, 152, 153

„Bulletin de l'Alliance française" (француски билтен) 196, 198, 199

В

Вајх (секретар бугарског краља Фердинанда) 122, 133
Валандово 136
Вале (кантон у Швајцарској) 265
Валона 75, 182
Валпи 329
Ваљево 13, 18, 19, 20, 23, 30, 33, 55, 63, 64, 90, 91, 112, 167
Вардар 110
Ватенвил (новинар) 308
Вашингтон 365
Велес 109, 372, 374, 375
Велесдорф 19
Велико Трново 327
Величков, Ђорђе (комесар) 363
Венеција 73
Венизелос, Елефтериос (грчки политичар) 128, 156, 157, 228, 229, 290, 308, 319, 323, 333, 334, 343, 344, 345
Венчац 167
Веселиновић, Анђа 220
Веселиновић, Милена 220
Веселиновић, Милица 220
Ветерна 40
Вид (принц) 87, 88
Видин 135, 136
Вилсон, Вудро (председник САД) 253, 349, 364
Виљем Тел (швајцарски епски јунак) 149, 150
Владов, Наум (председник општине Битољ) 261, 263
Власина (висораван на југоистоку Србије) 244
Власотинце 312, 351

Во (кантон у Швајцарској) 145, 181, 182, 382, 384
Волфцетол (аустроугарски капетан) 17
Вошњак 311
Вражевић, Дело 259
Врање 158, 281, 312
Врбница 87, 107
Врњачка Бања 190, 191, 192
Вуковић, Властимир 351

Г
Гавчић, Ристо 260
Галипоље 145, 358
Ганица 330
Гацко 201
Георгијев (бугарски министар привреде) 223
Гњилане 158
Голић, Обрад 209
Горачић 329
Горњи Милановац 220
Гостивар 158
Грђић 296
Григоровић, Ванко 264
Григоровић, Шисула 264
Грунишће 282
Грчка (Грци) 58, 59, 60, 61, 84, 89, 91, 110, 122, 123, 132, 135, 150, 153, 154, 155, 155, 157, 268, 269, 272, 325, 343, 344, 345, 360
Гудас (префект) 122
Гунарис (министар) 122, 307
Гучево 113
„Gazette des Ardennes" (новине) 194
„Gazette de Voss" (новине) 189
„Gazette de Lausanne" (тиражни двевни лист у романској Швајцарској) 8, 13, 61, 151, 164, 169, 170, 216

Д
Далмација 71, 72, 73, 74, 82, 109, 110, 200, 296, 349, 354, 368
Дарданели 128
Дарев, Аца 261
Дачић, Живојин (директор Државне штампарије) 89, 90, 91, 93
Дебар 103, 158
Дебетас, Ерик (директор Федералне банке Швајцарске) 181
Девала, Мехмед-паша 105
Дедеагач 123, 125, 127
Демир капија (град у Македонији) 372
Демир Хисар 39, 40, 151
Димитријев, Ратко (генерал бугарске војске) 134, 303
Димовић (адвокат) 209
Добровени 258
Добруџа 83, 367
Доксат 39
Драгацис, Илија 40
Дракополи 190, 191, 192, 193
Драма 151
Драч 10, 106, 180
Драшковић (министар јавних послова) 97
Дрим 86, 88, 106
Дрина 54, 244
Дринковић 296
Друо, Винсент (лекар) 176, 177
Дубица 370
Дунав 78, 80, 81, 87, 101, 114, 116, 117, 119, 186
Дунђије 370
Дунов (командант полиције) 133
Дурјацов Кочо 38
Дусманис 185, 307
„De Telegraaf" (дневни лист из Холандије) 9

Ђ

Ђаковица 86, 103, 178
Ђевђелија 67, 109
Ђечкић, Коста 220
Ђорђевић, Милан (ађутант) 24
Ђорђевић, Милан (капетан) 20
Ђумулдушина 133
Ђунис 282
Ђурукоф (војвода) 204

Е

Егли (новинар) 308
Едвард, др Рајан (лекар) 77, 78
Елбасан 85, 88, 89, 106
Елеонора (бугарска краљица) 133
Емануел II (краљ Италије) 183, 255
Енвер-паша 131
Енглеска (Енглези) 15, 33, 50, 56, 60, 67, 77, 81, 84, 109, 123, 125, 126, 127, 128, 129, 130, 132, 145, 155, 157, 158, 160, 161, 166, 176, 194, 195, 214, 218, 226, 227, 230, 267, 268, 273, 274, 287, 288, 290, 293, 294, 298, 300, 307, 323, 324, 332, 341, 343, 253, 358, 359, 381, 399
Ернест, Дени 197
Есад-паша (министар рата) 190
Ескич 40
„Echo de Bulgarie" (новине) 58
„Echo de Salonique" (новине) 122

Ж

Жабари 221
Женева 31, 51, 98, 165, 166, 181, 193, 295, 305, 306, 318, 328, 336, 337, 395, 396
Живковић, Михајло (генерал) 20, 58

З

Зајечар 135, 150, 329, 330, 351
Зара (лука) 75
Заровић, Такија 263
Зелимировић 97
Земун 76, 77, 101, 222
Зувет, Барјам 105
Зуев, Паулина 317
„Zukunft" (новине) 56

И

Игнатијев 214
Израелити (Јевреји) 121, 122, 293, 294, 323, 333, 334
Илић, Петар 312
Индија 294
Индов, Вилип 258
Индуси 129
Исиков (професор) 317
Ислаше 360
Италија (Италијани) 51, 57, 71, 72, 73, 74, 75, 82, 85, 97, 106, 107, 109, 125, 129, 160, 161, 166, 172, 181, 182, 183, 184, 185, 188, 193, 212, 215, 248, 253, 254, 255, 256, 257, 267, 268, 269, 273, 290, 294, 295, 307, 310, 324, 330, 332, 341, 350, 355, 267, 375, 399
„Independent" (британски дневни лист) 122

Ј

Јагодина 70, 92, 33.
Јадар (област и река у западној Србији) 34, 45, 53, 63, 81, 106, 113, 163, 174, 299
Јадран (Јадранско море) 75, 85, 87, 96, 106, 170, 184, 215, 255, 257, 295
Јастребац 351
Јевић ,Жељка 25
Јевремовац 69
Јеличић, Ђорђе 25
Јермени 140, 359

РЕГИСТАР ЛИЧНИХ ИМЕНА И ГЕОГРАФСКИХ ПОЈМОВА

Јовановац 46
Јовановић, Слободан (правник, историчар, књижевник и политичар) 98
Јозеф, Франц (аустријски цар) 36, 95, 133, 199, 202
Југославија (Југословени) 11, 71, 75, 109, 161, 162, 163, 172, 183, 184, 199, 202, 205, 206, 207, 295, 309, 310, 346, 349, 353, 354, 355, 367, 368, 369
„Jeni Asr" (новине) 122

К
Кајзеровић, Ибрахим 221
Кајмакчалан (највиши врх планине Нице) 8, 229, 230, 231, 235, 244, 266, 269, 270, 299, 340, 362, 380, 405
Кала Тепе 301
Камик 302
Кантарђев 363
Капетановић (бивши министар) 405
Кара Саид-паша 87
Карађорђевић, Александар (принц регент) 155, 167, 168, 169, 172, 241, 243, 261, 345, 346, 248, 355, 405
Карађорђевић, Ђорђе (принц) 24, 25, 166
Карађорђевић, Петар (краљ) 22, 77, 86, 89, 100, 120, 131, 138, 163, 166, 167, 169, 172, 173, 174, 175, 183, 210, 213, 227, 229, 236, 253, 254, 255, 284, 325, 344, 346, 399
Карлов 302
Карнеги комисија 39, 41, 150, 152
Карслуе (град у Немачкој) 381
Кастејковић, Загор 35
Катопорова 40
Качаник 158
Квинш, Никола (швајцарски професор) 395
Кенали 231, 232, 235, 236 239, 249, 260
Кијено, Франк 181
Кине, Никола 259
Кинези 394
Кирил (бугарски принц) 87
Кирк-Килис 132, 152
Кичево 158
Кленак 201
Книн 71
Књажевац (Кнежевац) 150, 312, 351
Кобиље 352
Ковин 330
Колубара (река у западној Србији) 68, 81, 113, 163, 174, 400
Комб (лекарка) 182
Константин (краљ Грчке) 156, 226, 251, 253, 254, 268, 269, 272, 307, 342, 344.
Косово, 71, 74, 105, 158, 159
Костовић, Алекса 259
Костурно 58
Котка 299
Котор 72, 75
Крагујевац 66, 68, 71, 78, 81, 85, 95, 98, 102, 108, 112, 134, 137, 174, 176, 183, 242, 329
Кракутевић, Димитрије 38
Кракутевић, Загор 35
Кракутевић, Марија 38
Краљевина СХС 8, 309, 404
Краљевић Марко 110, 111, 151
Крђали 302
Крива Паланка 109
Кристов (бугарски официр) 362
Кристов, Иван 262
Кристов, Кирил 317
Кристов, Павле 258, 261
Крстановић, Трифко 209

Крстановић, Трифко 92
Крушевац 177, 178, 179, 180, 192, 204, 234, 326, 370
Крушево 234, 370
Крф 9, 212, 213, 214, 225, 226, 227, 266, 268, 309, 310, 340, 346, 350, 398, 400
Кувре, Ежен 181
Кузмић, Шериф 210
Кукавица (каплар) 210, 211
Куклиш 209
Куманово 25, 105, 116, 243, 376
Кун, В. (швајцарски лекар) 295
Купиново 45, 46
Курвинград 312, 351
Курјашница 244
Куршумлија 351
Кутеловов, Ангел 136
„Kirikeriki" (новине) 197

Л
Ла Валета 129
Лазић (окружни начелник) 33, 51
Лајтнер (аустроугарски конзул у Женеви) 336
Лариса 254
Лебане 158, 312
Левентал, др Зденко (књижевник) 8
Лемнос 127
Лењин, Илич Владимир (бошљевик и вођа руске револуције) 307, 338
Лесковац 158, 281, 351
Лефтеров (бугарски официр) 136
Лешница 36, 244
Липарска острва 182
Липолист 35, 299
Ловчевић, Загорка 45
Ловчевић, Јован 45
Ловчевић, Светозар 45
Лозана 9, 10, 15, 42, 43, 51 56, 58, 59, 144, 146, 152, 153, 165 171, 172, 181, 182, 193, 198, 216, 217; 223, 317, 333, 336. 337, 373, 380, 381, 382, 383, 384, 385, 386, 389, 390, 391, 395, 398, 404, 406
„Лозанска газета" (новине) 9, 10, 11, 47, 50, 71, 143, 149, 160, 173, 174, 183, 185, 188, 189, 198, 215
Лозница, 37, 53, 205, 207
Локар, Емонд (криминолог) 383, 393
Ломбардија 73
Лондон 86, 87, 89, 129, 130, 154, 161, 192, 269, 289
Лубковић (принц) 192
Лукенбах Цимер, Илза 382
Луково (река) 106
Луксембург 392
Луцерн 165, 171
„La Journal" (новине) 198
„L' Echo de France" (новине) 319
„L' Ukranien" (новине) 197
„La Lithuanie" (новине) 197
„Le pettit Parisien" (новине) 9

Љ
Љиљан 351
Љума 104

М
Магдебург 238
Маздра 302
Мазини (италијански ратни јунак) 256
Македонија 38, 39, 57, 84, 109, 110, 121, 122, 124, 131, 133, 150, 151, 152, 156, 157, 158, 159, 213, 223, 230, 231, 242, 243, 250, 252, 257, 258, 259, 261, 268, 270, 272, 287, 289, 296, 300, 314, 326, 341, 342, 344, 350, 359, 363, 377, 399

РЕГИСТАР ЛИЧНИХ ИМЕНА И ГЕОГРАФСКИХ ПОЈМОВА

Макензен (немачки маршал) 186, 281
Мала Крсна 331
Малинов 361
Мандрапа, Милан 210
Манолов 151
Марђиломан 168, 169
Маринковић (дописник „Њујорк хералда") 20
Маринковић, Драгомир 35
Маринковић, Марко 35
Маринковић, Ружица 35
Маринковић, Теодор 35
Марсељ 130
Мата (река) 107, 180
Мачва 28, 29, 65, 113, 203, 299
Мачица 40
Мачков камен 25, 113, 166
Мексико 77
Меленик 40
Мерсије, Андре (швајцарски професор) 305
Месопотамија 273, 358
Мехмед, Осман 250
Миков (професор) 317
Милано 176
Милчев, Милчо 318
Минхен 384
Митровица 221
Мишар 48.
Мишић, Живојин (војвода) 276, 277, 278, 378
Могленска долина 287
Мојсије (старозаветни пророк) 174
Монтреј 181
Морава 150
Морине 87, 107
Москва 339
Мостар 205
Мразек (генерал-мајор аустроугарске војске) 101
Мрђановац 55
Мудрос 126, 128

Н
Народна одбрана (организација) 89, 90, 91, 92, 95, 206, 207, 212
„Народни права" (новине) 224
Наполеон, Бонапарта (француски владар) 72
Настић, Ђорђе 207, 208
Неји 404
Немањић, Душан (цар) 72, 151
Нешател 165
Нешић, Милан 329
Нешић, Стеван 329
Нигрита 39
Николић, Петар 262
Ниш 15, 16, 25, 67, 68, 77, 95, 96, 97, 121, 131, 134, 136, 154, 155, 172, 175, 177. 183, 283, 326, 327, 328, 351, 363, 396, 397
Новацен 302
Нови Пазар 105
Ново село 342
„Nouvelliste" (новине) 51
„Nouveau Siècle" (новине) 122
„Nineteenth Century" (новине) 174
„Nation tchèque" (новине) 196
„Neue Freie Presse" (новине) 201, 224
„Neue Zürcher Zeitung" (дневни лист, основан 1780.) 144, 146

Њ
Њујорк 393, 142
„Њујорк хералд" (новине) 20

О
„Обзор" (новине) 220
Обреновић, Милан (краљ) 214

Османско царство 103, 359, 360
Охрид 87, 103, 107, 109, 137, 159
„Opinion" (новине) 122

П
Падова 72
Палацки 295
Пантић, Илија 53
Панчево 116, 368
Пападоглу, Крисафис 41, 341, 342
Папрашиков, 152
Параћин 330
Парашница 43
Париз 33, 51, 146, 154, 161, 186, 193, 187, 234, 289, 319, 389, 393, 398, 399
Пасмакли 302, 304
Пачу, Лазар (министар финансија) 97
Пашић, Никола (председник Владе) 95, 96, 97, 98, 102, 164, 169, 170, 189, 201, 217, 227, 346, 396, 398
Перистер 266
Петков 133
Петковица 53
Петров 136
Петрова 40
Петровић, Вукашин 176
Петровић, Ђорђе (Карађорђе) 154
Петровић, Миладин 220
Петровић, Никола (конзул у Женеви) 98, 395
Петровић, Никола (краљ) 159, 172, 210
Петроград (Санкт Петербург) 133, 154, 161, 214, 189, 339, 280, 386
Пећ 103, 178, 187, 234
Пиреј 128
Пирот 150, 176 351
Пишкопија 107
Плавшић, Никола 262
Побитикамик 302
Побратимство (организација) 206
Подгорица 180
Подриње 69
Пожаревац 312, 313, 351
Полог 236
Пољска 105, 396
Попов, Ђорђе 258
Поповић, Војин (војвода Вук) 242
Поћорек, Оскар (генерал), 141, 174, 299, 395
Прајс (дописник „Тајмса") 20
Прахово 78
Преспанско језеро 234
Прибићевић, Светозар 95
Призрен 52, 86, 103, 178
Прилеп 109, 110, 158, 159, 223, 234, 238, 243, 251, 262, 264, 299
Принцип, Гаврило 94, 95
Приштина 105, 158, 178, 179, 325, 326
Прњавор (Мачвански) 35, 53, 54, 206, 341
Прокупље 312, 313, 351
Просвета (организација) 206
Протић (министар) 97
Прохаске (конзул) 52
Пруси 165
Путник, Радомир (војвода) 173, 276
„Petit Parisien" (француске новине) 9, 146

Р
Равње 55
Рагуза 71, 74, 75
Радиловић, Витез 330
Радиновац 158
Рађевина 34
Рајс, Емил 381
Рајс, Паулина Забина Ана Габрије-

ла 381
Рајс, Фердинанд 380, 381
Рајс, Фриц 381
Рестелица 88, 107
Рато, Жил 319
Ратно острво 22
Раух (барон) 207
Рафусдовић, Андра 220
Рашид, Омер 259
Редут 340
Рећан, Ахмед 300
Ренс 314
Ресна 261.
Рибарска Бања 351
Ријека 78
Рим 161, 181, 182, 185, 193, 256, 289, 355
Рисов 261
Ристић 182
Ристић, Стојче 259
Ристовац 351
Ристовић, Марија 38
Робов, Патре 261
„Ројтерс" (новинска агенција), 377
Рона 218
Рорето, ди Петити (италијански генерал) 256
Рудник 81, 113, 163, 175
Ружичић, Видосава 44
Ружичић, Павле 44
Румунија 17, 82, 83, 109, 122, 128, 153, 154, 155, 261, 173, 302, 354, 392
Рунда, др Васа 207
Русија 43, 60, 67, 84, 91, 109, 122, 125, 126, 127, 130, 131, 132, 134, 135, 151, 160, 165, 214, 235, 236, 240, 253, 254, 272, 288, 289, 290, 302, 317, 338, 339, 340, 342, 343, 349, 353, 354, 365, 367, 368, 392, 396, 399
„Revue militaire Suisse" (швајцарски војни часопис) 62
„Reichspost" (новине) 132

С

Сава (река) 23, 192
Савина (манастир) 71
Савов (генерал) 60
Савојски, Емануел (принц Италије) 256
САД (Америка) 77, 91, 125, 139, 142, 156, 178, 287, 293, 294, 341, 354, 361, 362, 364
Сандерс, фон Лиман 359, 360
Санџак 20
Саравац 331
Сарај (генерал) 159, 240, 268, 332
Сарајево 31, 93, 368
Сарачевић, Хераклија 262
Саркотић 202
Свилајнац 326
Севедал 330
Секретан, Емил 10, 181, 235
Секуловић, Сотир 263
Сен Сир 167
Сенегал 275
Сер 39, 140
Симић, Коста 330
Сицилија 182
Сјеница 242
Скерлић, Јован (књижевни критичар) 98
Скопље 80, 158, 159
Скутаре 180
Славонија 93
Слатина 363
„Словенски југ" (клуб) 208
„Словенски народ" (новине) 220
Словенци 49, 354, 368
Смедерево 80, 100
Смирна 360

Смолнецот, Динев, Никола 263
Сович 260
Соко Бања 25
Соколско друштво 212
Солдатовић (две старице) 35
Солдо, Спиро 208
Солун 38, 39, 42, 51, 57, 59, 84, 122, 123, 124, 125, 130, 134, 156, 158, 178, 182, 212, 218, 228, 241, 252, 253, 254, 255, 260, 267, 268, 269, 273, 276, 286, 290, 293, 294, 299, 301, 304, 307, 311, 314, 317, 318, 319, 320, 322, 323, 324, 328, 329, 332, 333, 334, 336, 338, 341, 342, 343, 345, 348, 350, 351, 354, 355, 358, 361, 364, 367, 369, 374, 377, 378, 388, 400, 401
Сонча 25
Софија 158, 160, 175, 220, 225, 258, 261, 281, 282 288, 289, 301, 303, 314, 317, 344, 350, 351, 365, 361, 362, 365, 375
Спас, 88, 89
Срем 93
Сремски Карловци 93
Српске новине 227
Стамболов 133
Стамбуловски 151
Станојловић, Спасо 259
Стартиста 40
Стевано 317
Степановић, Степа (војвода) 276, 298
Стерица 88, 107
Стерковић, Милутин 35
Стефан Немања (жупан) 71
Стоиљковић, Данка 262
Стоиљковић, Светозар 262
Стојков, Таве 38
Стојковић, Веселин 35
Стојковић, Марта 35

Стрејт 307
Струга 86
Струмица 58, 59, 110, 131, 132, 135, 150, 151, 152
Суден 330
Сулцбах 216
„Secolo" (новине) 159
„Simplicissimus" (новине) 13
„Slovence" (новине) 220

Т
Талев, Дело 258
Танкосић, Војислав (војвода) 79
Татар, Пазарчик 363
Текериш 48
Теодоровић, Станислав 55
Тетово 80, 105, 158
Тимок 227, 344, 350
Тирана 85, 87, 88, 89
Тирол 330
Товдимајал, 330
Товитовић, Јован 44
Тодоровић, Коста 205, 206, 207
Томазео, Николас 74
Топола 163, 164
Торлак 299
Требиње 201, 205
Тридент 340
Трифковић, Ристо 210
Тромлан (генерал) 17
Троцки, Лав (бољшевик) 338
Трст 75, 184
Трумбић 163, 311
Тузла 205
Турска (Турци) 21, 39, 41, 50, 57, 59, 83, 86, 91, 105, 107, 116, 121, 122, 124, 127, 131, 136, 160, 162, 170, 171, 175, 242, 243, 254, 259, 271, 272, 288, 300, 310, 334, 358, 359, 360, 363, 375, 376, 377

РЕГИСТАР ЛИЧНИХ ИМЕНА И ГЕОГРАФСКИХ ПОЈМОВА

Туртулис, др 104, 106, 107, 183, 188, 189
„Tagblatt" (новине) 63

Ђ
Ђафасан 107
Ћуприја 25, 92
Ћустендил 301

У
Улица генерала Бојовића 291
Улица краља Петра 22
Улица Пепине 149
Улица Рајићева 22
Улица Роне 165, 336
Урошевац 105
„Утро" (новине) 225

Ф
Фезола, Абдурахман 40
Фејси, Бел 88
Фердинанд (краљ Бугарске) 60, 84, 109, 123, 124, 126, 130, 132, 133, 135, 140, 152, 214, 235, 239, 257, 263, 266, 274, 280, 283, 312, 316, 317, 329, 361, 364, 365, 374
Фердинанд, Франц (престолонаследник) 65
Феризовић 105
Филипов 301
Филиполи 342
Фишер, Џон (новинар) 44, 45
Флорине 235, 244
Флосек 270
Фон Галвиц 158
Фридјунгов процес 52, 62, 94, 286

Х
Хабзбуршка монархија 82, 162, 183, 200, 309, 349, 367

Хајнихсгрин, 330, 331
Халкис 229
Харден, Максимилијан 56
Хаузах 380, 381, 385
Хашка конвенција 142, 246, 283, 331
Хехтсберг 380
Хинковић 163, 208, 296
Хоенцолерн, Вилхелм (принц Аустроугарске) 250, 316
Холандија 392
Холмс, Шерлок 379, 393
Хорштајн (генерал) 201
Хофман 196, 308
Хрвати 17, 49, 74, 93, 109, 199, 221
„Хрватски дневник" (новине) 222
Хребељановић Лазар (кнез) 72
Хусеин, Демир 262

Ц
Цариград 57, 87, 104, 105, 107, 124, 127, 132, 312, 313, 342, 377
Цер 45, 53, 63, 65, 81, 113, 163, 165, 174, 175, 244, 299
Цетиње 180, 207, 184
Цигани (Роми) 271, 293
Цигановић 95
Цирих 14, 195, 198
Црвени крст 77
Црвено море 174
Црна Бара 43
Црна Гора 89, 159, 171, 172, 178, 179
Црна Река 233, 264, 266, 269, 286, 296
Цуљковић 44, 47
„Correspondance europeenee" (новине) 51, 56

Ч
Чабриновић, Недељко 94
Чаталгинос, Гиоргос 40
Чаталца 111

Чеси 49
Чикертили 41
Чука 231, 232, 236, 238, 265, 257
Чулаев 136

Џ
Џавид-паша 104
Џоган, Антоније 220
Џомадровић, Јован 263
Џорџ, Лојд (премијер Велике Британије) 349
Џумеровић, Мусел 221

Ш
Шабац 14, 16, 25, 27, 28, 30, 33, 37, 44, 45, 48, 51, 53 56, 64, 69, 90, 91, 201, 220, 240
Шварц (пуковник) 78
Шведска 365
Шевкет-паша 104
Шенк (барон) 122
Шибеник 74
Шикарпили 342
Широка Лука 302, 304
Шкумбе 86, 88
Шкутари 88
Шпрехер, фон (194)
Штип 109, 110, 150, 372
Шумадија 162, 164, 168, 227, 266, 344
„XX siècle" (новине) 51

Регистар фотографија

Експлозивна зрна која су користили Аустроугари, 26
Ране од експлозивних зрна, 26
Порушени објекти у Београду, 26
Изглед Националног музеја у Београду након бомбардовања Аустроугара, 27
Пустош у Шапцу после аустроугарске офанзиве, октобра 1914. 27
Шабац и видне последице ратних дејстава, 28
Јесен, 1914: после повлачења аустроугарских трупа из Мачве, остали су лешеви деце, жена и стараца, 28
Стрељање везаних Срба у Мачви, августа 1914. 29
Вешање српских сељанки у Мачви, септембра 1914. 29
Аустроугари пале и пљачкају куће у Подрињу, 69
Јевремовац код Шапца: побијени рањеници 14. пука у дворишту апотекара Гошића, 69
Јавно погубљење браће Радић и њихове тетке Ћуприји, у режији немачко-бугарских завојевача, 70
Аустријанци вешају цивиле у Јагодини, 70
Рајсов извештај у „Лозанској газети" „La future Serbie" из 1915. 143
Болничарке превијају српске рањенике, 203
Егзекуција цивила у Мачви, 203
Вешање виђенијих грађана Крушевца, први на вешалу је Војислав Браловић, управник поште из Бруса, 204
Повешани цивили из Лешнице, 204
Бугарске комите војводе Ђурукофа у Битољу, 204
Демолирани Битољ, 291
Опустела Улица генерала Бојовића у Битољу, 291
Битољ, дистрибуција основних намирница бескућницима и избеглицама, 292

Вешање недужног становништва у Афтовцу, 292
Жртве отровног гаса у Битољу, 347
Група немачких и бугарских официра у Битољу, 347
Изгинули српски војници на Солунском фронту, 348
Престолонаследник Александар и, лево од њега, генерал Бојовић, пред положајима око Брегалнице, 348
Два новинска чланка др Рајса у „Лозанској газети" од 28. септембра 1918, 373.
Војвода Живојин Мишић са сином Александром на Солунском фронту, 378
Рајсова родна кућа у Хаузаху, 385
Р. А. Рајс 1892. године, 385
За време студирања у Лозани, 385
Арчибалд Рајс у вожњи бициклом кроз Лозану, 1894, 386
1903. Доцент Универзитетау Лозани, 386
Др Рајс на улицама Санкт Петербурга, 1912, 386
Фотографија Р. А. Рајса пред почетак Првог светског рата, 387
Пропусница обавештајног одсека оперативног одељења Врховне команде за рад професора Рајса, 387
Пропусница за ратне дописнике на Солунском фронту, 388
Рајсов портрет са Солунског фронта, 388
Професор Рајс као извештач са Солунског фронта, 401
Година 1917, Рајс у пратњи српске лекарке на Солунском фронту, 401
Др Рајс прима на дар сабљу од Удружења резервних официра и ратника Србије, 401
Фотографија са четничке славе у Београду под председништвом војводе Илије Бирчанина, др Рајс седи у другом реду, у средини, 402
Посета швајцарског пуковника Фајлера Рајсовом дому на Сењаку, 402
9. август 1929, доктор Рајс на одру у Официрском дому у Београду, 403
Поворка испред Официрског дома у Београду за време сахране др Рајса, 403

Садржај

Арчибалд Рајс у мојој души поред Светог Саве 5

Предговор 7

Др Арчибалд Рајс
Ратни извештаји из Србије и са Солунског фронта
GAZETTE DE LAUSANNE

1914. година
Стање духа у Србији 13
Писмо из Србије, Међу аустријским затвореницима 15
Писмо из Србије, Аустријска експлозивна зрна 18
Писмо из Србије, Посета Београду под опсадом 20
Писмо из Србије, Војничка и грађанска храброст 23
Писмо из Србије, Упутства аустријским трупама 30
Писмо из Србије, Аустријанци у Србији 33
Писмо из Македоније 38
О Србији 42

1915. година
Аустроугарске трупе у Србији 47
Рат у Србији 50
Бугари у Македонији 57
Аустроугарска војска у Србији 61
Писмо из Србије 66
Далматинско питање 71
У Србији 76
Писмо из Србије, Једно путовање на фронт 78

Писмо из Србије, Општа политичка ситуација 81
Албанско питање 85
Писмо из Србије, Интервју са Живојином Дачићем 89
Писмо из Србије, Интервју са господином Н. Пашићем 95
Писмо из Србије 98
Поново о албанском питању 102
Писмо из Србије, Српска схватања и осећања 108
Писмо из Србије 111
Писмо из Србије, На обалама Дунава (комите) 114
Дуж српске границе 118
Од Ниша до Атине 121
На путу повратка 125
Маске су пале 131
О балканском рату 135
У Швајцарској 140
Једна ружна полемика 144
За српску сирочад 147
„La Bulagence" 149
Србија, Румунија, Грчка 153
Војна ситуација у Србији 157
Србија у будућности 160
Посета старом краљу Петру 163
Аустријско-српски мир 168

1916. година
Црна Гора и Србија 171
Аустрија и Србија 173
Српско повлачење 176
Помоћ Србима 180
Италија и Србија 183
У Србији, Срби умиру од глади! 186
Срби и Албанци 188
У Србији 190
Немачка пропаганда 194
Цензура 196
Аустроугарска и југословенске земље 199

Бањалучки процес 205
Српске жртве 212
Шпијунажа у Швајцарској 215
У окупираној Србији 219
Најновије вести 225
Ка српском фронту 228
Савезници у Монастиру (Битољу) 233
Са српском победничком војском 235
У Битољу – Монастиру 238
Један јунак 241

1917. година
Писмо из Србије, У бомбардованом граду 246
Писмо из Србије, Једна ваздушна битка 249
Писмо из Србије, Крај године на Источном фронту 252
Италијанско-српска сарадња 254
Писмо из Србије, Једна посета ослобођеним селима 257
Писмо из Србије, Бугари у Битољу (Монастиру) 260
Писмо из Србије, На зимском фронту 264
Писмо из Србије, Оно што је урађено и оно шта треба урадити 267
У „Грчкој" Македонији 270
Пролеће на македонско-српском фронту 273
Писмо из Србије, Портрет команданта 276
Ноћно бомбардовање 278
Шта причају бугарски заробљеници 281
У близини непријатељских линија 283
Бугари и мир 286
Пролећни дани 290
Срби и тријализам 294
У Моглени 297
Један бугарски документ 301
Писмо из Србије, О једним демонстрацијама 304
Писмо из Солуна 307
Будућа српско-хрватско-словеначка држава 309
Писмо из Солуна 311

У Монастиру – Битољу 314
Писмо из Солуна, Бугарска пропаганда 317
Пожар у Солуну 319
Дан после катастрофе 322
Бугаро-Немци у окупираној Србији 324
Писмо из Солуна, Повреде ратног права које су починили противници Србије – нови докази 328
Солун после пожара 332
Морал у српској армији 334
Аустроугари и Срби у Швајцарској 336

1918. година
Срби и догађаји у Русији 338
Један пример бугарске окрутности 341
Грчка и Србија 343
Аустроугарска подметања 346
Српски устанак из 1917. 350
Писмо са македонског фронта 353
Писмо из Солуна, Један дан на српском фронту 355
Писмо из Солуна 358
У Бугарској 361
Зашто долази до побуна у Бугарској 364
Код Југословена 367
Писмо из Солуна, Шта се дешава у бугарској армији 369
Срби у Велесу 372
Бугарски крах 374
Марш са српском армијом ка победи 374
Услови примирја 375
Како Бугари извршавају овај споразум 376
Повратак у Србију са српском војском 377

Др Арчибалд Рајс – искрени пријатељ српског народа 379
Библиографија 407
Регистар личних имена и географских појмова 444
Регистар фотографија 457
Садржај 459

ДР АРЧИБАЛД РАЈС
Ратни извештаји из Србије и са Солунског фронта
Необјављени текстови на српском језику

Издавач
ИП „Геополитика пресс д.о.о"
Мурска 1, 11000 Београд,
☎ (+381 11) 3808-912, 2404-364
geopolitika@sbb.rs, www.geopolitika.rs

Уредник
Слободан Ерић

Приређивачи књиге
Мр Живко В. Марковић
Милан Старчевић

Превод са француског језика
Сенка Јоксимовић – Мања

Prepress
Александар Ћосић

Дизајн корице
Јован Жељко Рајачић

Лектура и коректура
Маја Бањац Кесић

Тираж
2.500

Штампа
„Графостил"
Каницева 5в, Крагујевац

Захваљујемо се на материјалној помоћи за издавање ове књиге господину Нићифору Аничићу, председнику Друштва српских домаћина, Канцеларији за сарадњу с дијаспором и Србима у региону Владе Републике Србије, Удружењу грађана ALTS Verein на челу са координатором господином Бобаном Петковићем, господину Радосаву Поповићу и госпођи Радинки Дамњановић, са пребивалиштима у Цириху.

CIP - Каталогизација у публикацији
Народна библиотека Србије, Београд

94(497.11)"1914-1918"
341.322.5(497.11)"1914-1918"

РАЈС, Родолф Арчибалд, 1875-1929
  Ратни извештаји из Србије и са Солунског фронта : необјављени текстови на српском језику / Арчибалд Рајс ; [приређивачи књиге Живко В. Марковић, Милан Старчевић ; превод са француског језика Сенка Јоксимовић-Мања].
- Београд : Геополитика прес, 2014 (Крагујевац : Графостл). - 462 стр. : илустр. ; 20 cm

Тираж 2.500. - Стр. 5-6: Арчибалд Рајс у мојој души поред Светога Саве / Нићифор Аничић. - Стр. 7-12: Предговор / Живко В. Марковић. - Напомене и библиографске референце уз текст. - Библиографија: стр. 407-443. - Регистри.

ISBN 978-86-87871-05-2

a) Први светски рат 1914-1918 - Србија b) Србија - Ратни злочини - 1914-1918
COBISS.SR-ID 209585676

www.ingramcontent.com/pod-product-compliance
Lightning Source LLC
Chambersburg PA
CBHW051031160426
43193CB00010B/901